9급공무원

최근3개년 기출문제

필수 과목

www.**goseowon**.co.kr

Preface

심각한 취업난 속에 많은 이들이 공무원시험으로 눈을 돌리기 시작한 것은 이미 오래다. 그러나 엄청난 경쟁률 속에서 합격선이 점점 높아지고 있기 때문에, 무턱대고 공부한다고 하여 뜻을 이룰 수 있는 것은 아니다. 좋은 스승을 만나야 바른 길로 갈 수 있듯, 좋은 책을 만나야 합격의 영광을 누릴 수 있다.

이에 우리는 수험생들의 합격을 위한 지침서가 될 수 있기를 바라며 본서를 출간하였다. 최근 3개년 간 시행된 9급 공무원시험의 필수과목인 국어, 영어, 한국사를 실어, 수험생으로 하여금 자주 출제되는 핵심내용을 확인하고 최근 출제경향을 파악할 수 있도록 하였다.

기출문제의 내용은 유형을 달리하여 반드시 다시 출제된다. 따라서 최근 시험에서 중요하게 부각되고 있는 내용은 철저하게 확인하고 넘어가야 한다.

본서를 통해 수험생 모두가 자신의 뜻을 이루길 바란다.

Structure

각 과목별로 최근까지 시행된 기출문제를 수록하여 수험생 스스로 출제경향과 난이도를 한눈에 파악할 수 있다. 매년 변화하는 출제경향을 파악하고 이에 충분히 대비할 수 있도록 하였다. 문제마다 상세하고 완벽한 해설을 수록하여 문제의 이해도를 높이고 심화학습이 이루어질 수 있도록 하였다. 또한, 핵심 내용에 대한 보충 설명 추가와 개정된 내용의 반영을 통해 시험에 보다 철저히 대비할 수 있다.

국어

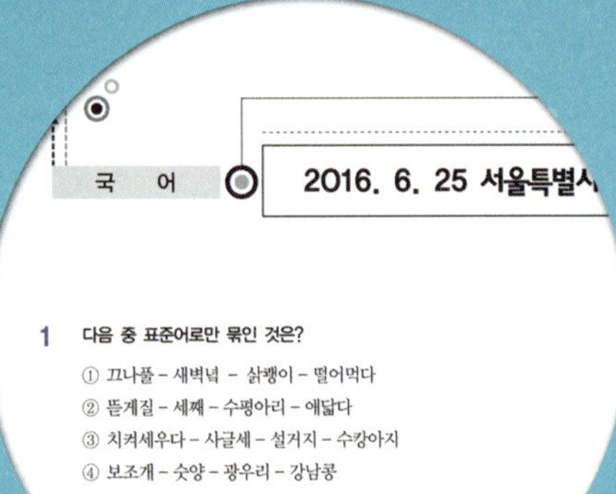

영어

한국사

Contents

제1과목 국어

제2과목 영어

제3과목 한국사

독해 지문이 길어지고 문제가 다양해지고 있다. 즉 수능 문제 유형과 비슷해졌다고 볼 수 있다. 문법도 실생활에 필요한 맞춤법과 어법 중심으로 출제되었다.

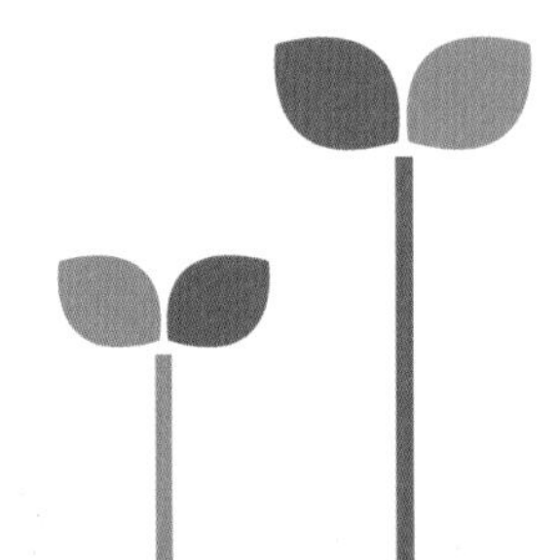

국어

01

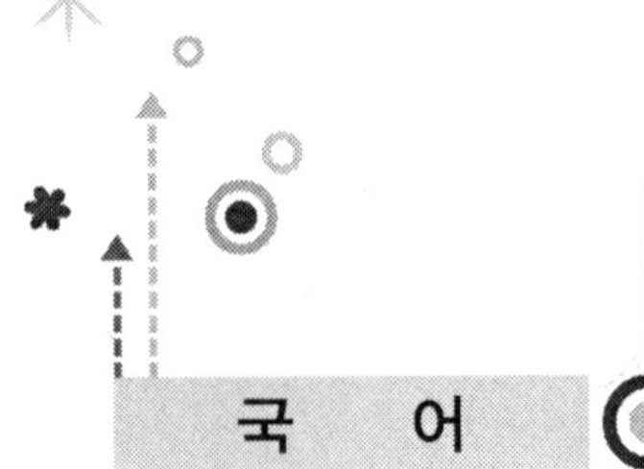

2014. 4. 19 안전행정부 시행

1 국어의 로마자 표기가 옳지 않은 것은?

① 왕십리 – Wangsimri　　　　② 울릉 – Ulleung

③ 백마 – Baengma　　　　④ 학여울 – Hangnyeoul

> ✳ TIP ✳ ① 왕십리[왕심니]–Wangsimni : 지명은 고유명사로 발음이 나는 대로 비음화를 적용시켜 적는다.
> ② 'ㄹㄹ'은 'll'로 적는다.
> ③④ 로마자 표기법은 기본적으로 국어의 표준 발음법에 따라 적는 것이 원칙이므로 발음이 나는 대로 적는다.

2 밑줄 친 부분의 띄어쓰기가 바르지 않은 것은?

① <u>집에서만이라도</u> 제발 편히 쉬어라.

② 요즘 <u>세대간</u> 갈등이 심화되었다.

③ 이번 출장은 현지 시장 조사를 <u>위해서입니다.</u>

④ 열심히 공부를 <u>했는데도</u> 성적이 떨어졌다.

> ✳ TIP ✳ ② 한글맞춤법 제5장 제2절 제42항에 보면 '의존명사는 띄어 쓴다'라고 규정되어 있다. 여기서 쓰인 '간(間)'은 대상 사이의 거리나 관계를 나타내는 의존명사로 쓰였으므로 띄어 써야 한다.

3 밑줄 친 말의 쓰임이 바르지 않은 것은?

① 그와 나는 전부터 <u>알음</u>이 있는 사이이다.

② 된장찌개가 입맛을 <u>돋운다.</u>

③ 약속 날짜를 너무 <u>바투</u> 잡았다.

④ 그는 <u>설레이는</u> 가슴을 가라앉히지 못하였다.

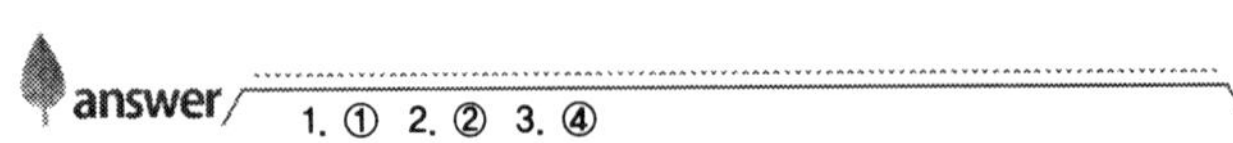

answer　1. ① 2. ② 3. ④

✿ TIP ✿ ④ 설레이는 : '설레이다'는 기본형 '설레다'의 잘못된 표현으로 '설레이는' 역시 '설레는'이 옳은 표현이다.

4 다음 중 표준어가 아닌 것은?

① 윗목   ② 윗돈

③ 위층   ④ 웃옷

✿ TIP ✿ ② 윗돈 : 상하의 구별이 없는 경우에는 '웃-'으로 표기한다. 따라서 '웃돈'이 표준어이다.
  ① 상하의 구분이 있는 경우에는 '윗-'으로 표기한다.
  ③ 뒷말의 첫소리가 된소리나 거센소리일 경우 '위-'로 표기한다.
  ④ 겉옷을 뜻하는 표준어이며 상의(上衣)를 뜻할 때에는 '윗옷'이 맞는 표기이다.

5 다음 글의 설명 방식과 가장 가까운 것은?

> 여름 방학을 맞이하는 학생들이 잊지 말아야 할 유의 사항이 있다. 상한 음식이나 비위생적인 음식 먹지 않기, 물놀이를 할 때 먼저 준비 운동을 하고 깊은 곳에 들어가지 않기, 외출할 때에는 부모님께 행선지와 동행인 말씀드리기, 외출한 후에는 손발을 씻고 몸을 청결하게 하기 등이다.

① 이등변 삼각형이란 두 변의 길이가 같은 삼각형이다.

② 그 친구는 평소에는 순한 양인데 한번 고집을 피우면 황소 같아.

③ 나는 산·강·바다·호수·들판 등 우리 국토의 모든 것을 사랑한다.

④ 잣나무는 소나무처럼 상록수이며 추운 지방에서 자라는 침엽수이다.

✿ TIP ✿ 제시문은 학생들이 잊지 말아야 할 유의사항들을 구체적 '예시'를 들어 설명하고 있으므로 답지도 이와 같이 '예시'로 이루어진 문장을 찾으면 된다.
  ① 정의 ② 비유 ③ 예시 ④ 비교

6 밑줄 친 말의 품사를 잘못 밝힌 것은?

① 그는 하루에 책 <u>다섯</u> 권을 읽었다. [수사]

② 나도 좋은 시를 많이 읽고 <u>싶다</u>. [형용사]

③ 학교에서 재미있는 노래를 배웠어<u>요</u>. [조사]

④ 정치, 경제 <u>및</u> 문화 [부사]

> ✽ TIP ✽ ① '수 관형사'는 관형사의 일종으로 단위성 의존 명사 앞에서 조사가 붙지 않고 띄어 쓰며 '수사'는
> 체언의 일종으로 뒤에 조사가 붙는다.
> ② 싶다(보조형용사)
> ③ 요(보조사)
> ④ 및(부사)

7 다음 국어사전의 정보를 참고할 때, 접두사 '군−'의 의미가 다른 것은?

> 군 − 접사 ((일부 명사 앞에 붙어)) ①'쓸데없는'의 뜻을 더하는 접두사. ②'가외로 더한',
> '덧붙은'의 뜻을 더하는 접두사.

① 그녀는 신혼살림에 <u>군식구</u>가 끼는 것을 원치 않았다.

② 이번에 지면 깨끗이 <u>군말</u>하지 않기로 합시다.

③ 건강을 유지하려면 운동을 해서 <u>군살</u>을 빼야 한다.

④ 그는 꺼림칙한지 <u>군기침</u>을 두어 번 해 댔다.

> ✽ TIP ✽ ① '가외로 더한', '덧붙은'의 의미를 가짐
> ②③④ '쓸데없는'의 의미를 가짐

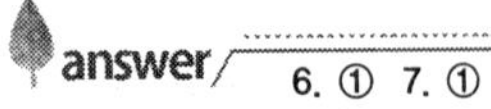

8 밑줄 친 한자 성어의 쓰임이 옳지 않은 것은?

① 황제는 <u>논공행상(論功行賞)</u>을 통해 그의 신하를 벌하였다.

② 그들은 산야를 떠돌며 <u>초근목피(草根木皮)</u>로 목숨을 이어 나갔다.

③ 부모를 <u>반포지효(反哺之孝)</u>로 모시는 것은 자식의 마땅한 도리이다.

④ 오늘의 영광은 <u>각고면려(刻苦勉勵)</u>의 결과이다.

> ✷ TIP ✷ ① 논공행상(論功行賞) : 공로를 논하여 그에 맞는 상을 준다는 의미로 보기의 문장과는 어울리지 않는다.
>
> ② 초근목피(草根木皮) : 풀뿌리와 나무껍질이라는 뜻으로 곡식이 없어 산나물 따위로 만든 험한 음식을 이르거나 영양가가 적은 음식을 이르는 말로 쓰인다.
>
> ③ 반포지효(反哺之孝) : 까마귀가 다 자란 뒤에 자신의 늙은 부모에게 먹이를 물어다 주는 효성을 나타낸 말로 자식이 자라 부모를 봉양함을 의미한 말이다.
>
> ④ 각고면려(刻苦勉勵) : 몸과 마음을 괴롭히고 노력함, 매우 고생하여 힘써 정성을 들임을 의미하는 말이다.

9 다음 대화에서 A가 범한 어법 사용의 오류와 가장 유사한 것은?

> A : 여보세요.
> B : 여보세요. 김 선생님 계신가요?
> A : 지금 안 계시는데요.
> B : 어디 멀리 가셨나요?
> A : 예, 지금 수업 중이십니다.
> B : 수업은 언제 끝나나요?
> A : 글쎄요, 수업 끝나고 학생들과 면담이 계시다고 하셨어요.
> B : 아유, 그럼 통화하기가 어렵겠군요.

① 내일 서울역전 앞에서 만나자.

② 손님, 주문하신 햄버거 나오셨습니다.

③ 국장님, 과장님이 외부에 나갔습니다.

④ 선생님은 학교에 볼일이 있으셔서 일찍 학교에 가셨습니다.

② 햄버거를 통해 주체인 손님을 간접적으로 높이는 것이기 때문에 주체높임 선어말어미 '-시-'를 사용할 필요가 없다.

① 의미가 중복된 표현으로 '전(前)'과 '앞' 중 하나만 사용해야 한다.

③ 회사 내에서의 언어예절을 나타낸 것으로 회사 내에서는 군이 압존법을 사용할 필요가 없다. 즉, 청자가 지칭 대상보다 비록 상급자라 할지라도 지칭대상이 화자보다 상급자이면 높임법을 사용할 수 있다.

④ '볼일'을 통해 선생님을 간접적으로 높였으므로 '볼일이 있으시다.'는 맞는 표현이다. 하지만 이 문제에서는 유사한 오류를 고르는 문제이므로 정답으로 인정되지 않는다.

※ 회사 내에서의 **압존법**… 국립국어원에서 발행하는 "표준 언어 예절"(국립국어원, 2011.)에 따르면 다음과 같이 직장 내 압존법에 대해 설명하고 있다.

※ **직장, 사회에서**… 지칭 상이 말하는 사람보다 상급자인 경우, 듣는 사람의 지위와 나이를 고려하여 '총무과장이', '총무과장님이', '총무과장께서', '총무과장님께서' 가운데 어떤 것을 써야 할지 또 '하시었-'이라고 할 것인지 '했-'이라고 할 것인지를 결정하기 어렵다. 듣는 사람이 지칭 대상보다 윗사람이거나 듣는 사람이 회사 밖의 사람인 경우에 '총무과장이 이 일을 했습니다.'처럼 말해야 한다고 잘못 알고 있는 사람도 있고, 또 사원들에게 이렇게 말하도록 교육하는 회사도 있다. 그러나 직장에서의 압존법은 우리의 전통 예절과는 거리가 멀다. 윗사람 앞에서 그 사람보다 낮은 윗사람을 낮추는 것이 가족 간이나 사제 간처럼 사적인 관계에서는 적용될 수도 있지만 직장에서 쓰는 것은 어색하다. 따라서 직장에서 윗사람을 그보다 윗사람에게 지칭하는 경우, '총무과장님께서'는 곤란하여도 '총무과장님이'라고 하고 주체를 높이는 '-시-'를 넣어 '총무과장님이 이 일을 하셨습니다.'처럼 높여 말하는 것이 언어 예절에 맞다.

10 다음은 '청소년의 디지털 중독의 폐해와 해결 방안'이라는 주제로 글을 쓰기 위한 개요이다. 수정·보완하기 위한 방안으로 적절하지 않은 것은?

Ⅰ. 서론: 청소년 디지털 중독의 심각성

Ⅱ. 본론:

1. 청소년 디지털 중독의 폐해 ------ ㉠
  가. 타인과의 관계를 원활하게 하지 못하는 사회 부적응 야기
  나. 다양한 기능과 탁월한 이동성을 가진 디지털 기기의 등장 ------ ㉡

2. 청소년 디지털 중독에 영향을 미치는 요인
  가. 디지털 중독의 심각성에 대한 개인적, 사회적 인식 부족
  나. 뇌의 기억 능력을 심각하게 퇴화시키는 디지털 치매의 심화 ------ ㉢
  다. 신체 활동을 동반한 건전한 놀이를 위한 시간 및 프로그램의 부족
  라. 자극적이고 중독적인 디지털 콘텐츠의 무분별한 유통

3. 청소년 디지털 중독을 해결하기 위한 방안
  가. 디지털 중독의 심각성에 대한 교육과 홍보를 위한 전문 기관 확대
  나. 학교, 지역 사회 차원에서 신체 활동을 위한 시간 및 프로그램의 확대
  다. (   ) ------ ㉣

Ⅲ. 결론: 청소년 디지털 중독을 줄이기 위한 개인적, 사회적 노력의 촉구

---

① ㉠의 하위 항목으로 '우울증이나 정서 불안 등의 심리적 질환 초래'를 추가한다.

② ㉡은 'Ⅱ－1'과 관련된 내용이 아니므로 삭제한다.

③ ㉢은 'Ⅱ－2'의 내용과 어울리지 않으므로, 'Ⅱ－1'의 하위 항목으로 옮긴다.

④ ㉣에는 'Ⅱ－2'와의 관련성을 고려하여 '청소년을 대상으로 디지털 기기의 사용 시간 제한'이라는 내용을 넣는다.

❀ TIP ❀ ④ 'Ⅱ-2'는 청소년 디지털 중독에 영향을 미치는 요인에 대한 내용이고 'Ⅱ-3'은 청소년 디지털 중독을 해결하기 위한 방안에 대한 내용이다. 특히 ㉣은 학교, 지역 사회 차원에서 신체 활동을 위한 시간 및 프로그램의 확대에 대한 내용을 담고 있기 때문에 신체 활동과 관련된 내용이 들어가야 한다.

10. ④  answer

11 다음 글을 통해 알 수 있는 내용으로 적절하지 않은 것은?

우리나라를 찾는 외국인들이 가장 즐겨 찾는 곳은 이태원이다. 여기서 '원(院)'이란 이곳이 과거에 여행자들을 위한 휴게소였다는 것을 말해 준다. 사리원, 조치원 등의 '원'도 마찬가지이다. 조선 전기에는 여행자가 먹고 자고 쉴 수 있는 휴게소를 '원'이라고 불렀다. 1530년에 발간된 「신증동국여지승람」에 따르면 원은 당시 전국에 무려 1,210개나 있었다고 한다.

조선 전기에도 여행자를 위한 편의 시설은 잘 갖추어져 있었다. 주요 도로에는 이정표와 역(驛), 원(院)이 일정한 원칙에 따라 세워졌다. 10리마다 지명과 거리를 새긴 작은 장승을 세우고, 30리마다 큰 장승을 세워 길을 표시했다. 그리고 큰 장승이 있는 곳에는 역과 원을 설치했다. 주요 도로마다 30리에 하나씩 원이 설치되다 보니, 전국적으로 1,210개나 될 정도로 많아진 것이다.

역이 국가의 명령이나 공문서, 중요한 군사 정보의 전달, 사신 왕래에 따른 영송(迎送)과 접대 등을 위해 마련된 교통 통신 기관이었다면, 원은 그런 일과 관련된 사람들을 위해 마련된 일종의 공공 여관이었다. 원은 주로 공공 업무를 위한 여관이었지만 민간인들에게 숙식을 제공하기도 했다.

원은 정부에서 운영했기 때문에 재원도 정부에서 마련했는데, 주요 도로인 대로와 중로, 소로 등에 설치된 원에는 각각 원위전(院位田)이라는 땅을 주어 운영 경비를 마련하도록 했다. 그렇다면 누가 원을 운영했을까? 역에는 종육품 관리인 찰방(察訪)이 파견되어 여러 개의 역을 관리하며 역리와 역노비를 감독했지만, 원에는 정부가 일일이 관리를 파견할 수 없었다. 그래서 대로변에 위치한 원에는 다섯 가구, 중로에는 세 가구, 소로에는 두 가구를 원주(院主)로 임명했다. 원주는 승려, 향리, 지방 관리 등이었는데 원을 운영하는 대신 각종 잡역에서 제외시켜 주었다.

조선 전기에는 원 이외에 여행자를 위한 휴게 시설이 따로 없었으므로 원을 이용하지 못하는 민간인 여행자들은 여염집 대문 앞에서 "지나가는 나그네인데, 하룻밤 묵어 갈 수 있겠습니까?"라고 물어 숙식을 해결할 수밖에 없었다. 그러나 임진왜란과 병자호란을 거치면서 점사(店舍)라는 민간 주막이나 여관이 생기고, 관리들도 지방 관리의 대접을 받아 원의 이용이 줄어들게 되면서 원의 역할은 점차 사라지고 지명에 그 흔적만 남게 되었다.

① 여행자는 작은 장승 두 개를 지나 10리만 더 가면 '역(驛)'이 나온다는 것을 알았을 것이다.

② '원(院)'을 운영하는 승려는 나라에서 요구하는 각종 잡역에서 빠졌을 것이다.

③ 외국에서 사신이 오면 관리들은 '역(驛)'에서 그들을 맞이하거나 보냈을 것이다.

④ 민간인 여행자들도 자유롭게 '원(院)'에서 숙식을 해결했을 것이다.

✽ TIP ✽ ④ 위 글의 밑에서 다섯 번째 줄에 '원을 이용하지 못하는 민간인 여행자들은'이라고 나온 것으로 보아 보기 ④의 '민간인 여행자들도 자유롭게 '원(院)'에서 숙식을 해결했을 것이다.'라는 내용은 적절하지 않다.

12 밑줄 친 용언의 종류가 다른 것은?

① 어머니가 바구니를 들고 <u>가셨다</u>. ② 그녀는 화가 나 밖으로 나가 <u>버렸다</u>.

③ 자고 <u>나서</u> 어디로 갈 거야? ④ 나도 그거 한번 먹어 <u>보자</u>.

> ✽ TIP ✽ ① 본용언(들다)+본용언(가다)
> ② 본용언(나가다)+보조용언(버리다)
> ③ 본용언(자다)+보조용언(나다)
> ④ 본용언(먹다)+보조용언(보다)
> ※ 본용언과 보조용언
> ㉠ **본용언** : 주어의 행동을 서술하는 서술기능을 가지며 독립적으로 사용가능한 용언.
> ㉡ **보조용언** : 주어의 행동을 서술하는 서술기능이 없으며 독립적으로 사용할 수 없는 용언으로 단지 본용언의 의미를 더해주는 기능만 한다.

13 다음 글의 연결 순서로 가장 적절한 것은?

> ㉠ 과학은 현재 있는 그대로의 실재에만 관심을 두고 그 실재가 앞으로 어떠해야 한다는 당위에는 관심을 가지지 않는다.
> ㉡ 그러나 각자 관심을 두지 않는 부분에 대해 상대방으로부터 도움을 받을 수 있기 때문에 상호 보완적이라고 보는 것이 더 합당하다.
> ㉢ 과학과 종교는 상호 배타적인 것이 아니며 상호 보완적이다.
> ㉣ 반면 종교는 현재 있는 그대로의 실재보다는 당위에 관심을 가진다.
> ㉤ 이처럼 과학과 종교는 서로 관심의 영역이 다르기 때문에 배타적이라고 볼 수 있다.

① ㉠ - ㉣ - ㉡ - ㉢ - ㉤ ② ㉠ - ㉣ - ㉤ - ㉢ - ㉡

③ ㉢ - ㉠ - ㉣ - ㉤ - ㉡ ④ ㉢ - ㉡ - ㉠ - ㉣ - ㉤

> ✽ TIP ✽ ㉢은 위 글의 중심문장으로 맨 앞에 와야 하고 ㉢의 뒤를 이어 과학과 종교에 대해 이야기 하고 있는 ㉠과 ㉣이 와야 한다. 하지만 ㉣이 '반면 ~'으로 시작함으로 ㉣ 앞에 ㉠이 옴을 알 수 있다. 그리고 ㉤은 앞에 나온 과학과 종교에 대한 내용을 한 문장으로 요약하였기 때문에 ㉣ 뒤에 와야 한다. 끝으로 ㉡은 다시 앞에 나온 ㉤의 내용의 반론이자 저자의 중심 생각을 강조한 내용이므로 마지막 부분에 온다. 따라서 ③이 옳은 정답이다.

12. ① 13. ③ answer

14 다음 글에 대한 이해로 적절하지 않은 것은?

> 한국 건축은 '사이'의 개념을 중요시한다. 그리고 '사이'의 크기는 기능과 사회적 위계에 영향을 받는다. 또한 공간, 시간, 인간 모두를 '사이'의 한 동류로 보기도 한다. 서양의 과학적 사고가 물체를 부분들로 구성되었다고 보고 불변하는 요소들을 분석함으로써 본질 파악을 추구하였다면, 동양은 사이 즉, 요소들 간의 관련성에 초점을 두고, 거기에서 가치와 의미의 원천을 찾았던 것이다. 서양의 건축이 내적 구성, 폐쇄적 조직을 강조한 객체의 형태를 추구했다면, 동양의 건축은 그보다 객체의 형태와 그것이 놓이는 상황 및 자연환경과의 어울림을 통해 미를 추구하였던 것이다.
>
> 동양의 목재 가구법(낱낱의 재료를 조립하여 구조물을 만드는 법)에 의한 건축 구성 양식에서 '사이'의 중요성을 알 수 있다. 이 양식은 조적식(돌·벽돌 따위를 쌓아 올리는 건축 방식)보다 환경에 개방적이고, 우기에도 환기를 좋게 할 뿐 아니라 내·외부 공간의 차단을 거부하고 자연과의 대화를 늘 강조한다. 그로 인해 건축이 무대나 액자를 설정하고 자연이 끝을 내 주는 기분을 느끼게 한다.

① 동양과 서양 건축의 차이를 요소들 간의 관련성으로 설명하고 있다.

② 동양의 건축 재료로 석재보다 목재가 많이 쓰인 이유를 알 수 있다.

③ 한국 건축에서 '사이'의 개념은 공간, 시간, 인간 모두를 포함하고 있다.

④ 동양의 건축은 자연환경에 개방적이지만 인공 조형물에 대해서는 폐쇄적이다.

✱ TIP ✱ ④ 위 글에서는 인공조형물에 대한 설명이 없으므로 보기 ④가 적절하지 않은 것이다.

15 ㉠～㉣에 대한 풀이로 가장 적절한 것은?

> ㉠天텬根근을 못내 보와 望망洋양亭뎡의 올은말이, 바다 밧근 하늘이니 하늘 밧근 므서신고. ㉡ᄀᆞᆺ득 노흔 고래, 뉘라셔 놀래관ᄃᆡ, 블거니 씀거니 어즈러이 구ᄂᆞᆫ디고. ㉢銀은山산을 것거 내여 六뉵合합의 ᄂᆞ리ᄂᆞᆫ 듯, 五오月월 長댱天텬의 ㉣白빅雪셜은 므스일고.
>
> — 정철, 「관동별곡」 중에서 —

① ㉠ – 은하수 　　　　② ㉡ – 성난 파도

③ ㉢ – 태백산 　　　　④ ㉣ – 흰 갈매기

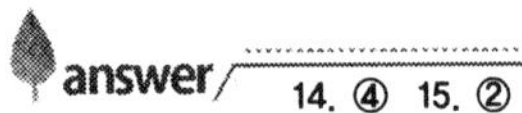

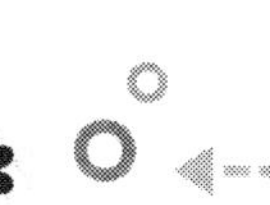

✽ TIP ✽ ② ⓛ <u>怒노 濤도</u> 노호 고래: 성난 파도
① ㉠ <u>天텬根근</u> : 하늘의 끝
③ ㉢ <u>銀은山산</u> : 흰 물결(파도)
④ ㉣ <u>白백雪셜</u> : 포말(파도)

16 다음 발표에서 사용한 전략이 아닌 것은?

여러분은 지금부터 제 질문에 "받아들일 만하다!"와 "불공정하다!"의 두 가지 대답 중 하나만을 선택할 수 있습니다. 첫 번째 질문은 다음에 관한 내용입니다. 어떤 자동차가 매우 잘 팔려서 물량이 부족한 상황입니다. 이에 한 자동차 대리점은 지금까지와는 달리 상품 안내서에 표시된 가격에 20만 원을 덧붙여서 팔기로 했습니다. 자동차 대리점의 결정은 받아들일 만한 것일까요, 아니면 불공정한 것일까요?

두 번째 질문은 다음과 같습니다. 어떤 자동차가 매우 잘 팔려서 물량이 부족한 상황입니다. 20만 원 할인된 가격으로 차를 팔아 왔던 한 자동차 대리점이 할인을 중단하고 원래 가격대로 팔기로 했습니다. 이러한 결정은 받아들일 만한 것일까요, 아니면 불공정한 것일까요?

실제로 캐나다에서 130명을 상대로 이러한 질문을 했습니다. 그 결과에 따르면, 첫 번째 질문에 불공정하다고 답한 응답자는 71 %인 반면, 두 번째 질문에 불공정하다고 답한 응답자는 42 %에 불과합니다. 두 경우 모두 가격을 20만 원 올렸는데, 이러한 차이가 발생한 이유는 무엇일까요? 이에 대해 노벨 경제학상을 받은 대니얼 카너먼은 가격을 올리는 방식에 대해 정반대의 생각을 하기 때문이라고 했습니다. 기존의 가격에서 인상하는 것은 손해로, 할인을 없애는 것은 이득을 볼 기회를 잃어버리는 것으로 여긴다는 것입니다.

① 전문가의 견해를 인용하고 있다.
② 물음을 통해 청중의 주의를 환기하고 있다.
③ 구체적인 사례와 조사 결과를 제시하고 있다.
④ 매체의 특성을 고려해 발표 내용을 조절하고 있다.

✽ TIP ✽ 위 글은 전문가의 견해를 인용하고 물음을 통해 청중의 주의를 환기시키고 있으며 구체적인 사례를 들어 설명하고 있지만 매체의 특성을 고려하여 발표 내용을 조절하고 있지는 않다.

16. ④  **answer**

17 다음 작품에 대한 설명으로 가장 적절한 것은?

> 그 녀석은 박 씨 앞에 삿대질을 하듯이 또 거센 소리를 질렀다. 검초록색 잠바에 통이 좁은 깜장색 바지 차림의 서른 남짓 되어 보이는 사내였다. 짧게 깎은 앞머리가 가지런히 일어서 있고 손에는 올이 굵은 깜장 모자를 들었다. 칼칼하게 야윈 몸매지만 서슬이 선 눈매를 지녔고, 하관이 빠르고 얼굴색도 까무잡잡하다. 앞니에 금니 두 개를 해 박았다. 구두가 인상적으로 써늘하게 생겼다. 구둣방에 진열되어 있는 구두는 구두에 불과하지만 일단 사람의 발에 신기면 구두도 그 주인의 위인과 더불어 주인을 닮아 가게 마련이다. 끝이 뾰족하고 반들반들 윤기를 내고 있다.
> 헤프고, 사근사근하고, 무르고, 게다가 병역 기피자인 박 씨는 대번에 꺼칠한 얼굴이 되었다. 처음부터 나오는 것이 예사 손님 같지는 않다.
> "글쎄, 앉으십쇼. 빨리 해 드릴 테니."
> "얼마나 빨리 되어? 몇 분에 될 수 있소?"
> "허어, 이 양반이 참 급하기도."
> "뭐? 이 양반? 얻다 대구 반말이야? 말조심해."
> 앉았던 손님 두엇이 거울 속에서 힐끗 쳐다보았다. 그리고 거울 속에서 눈길이 부딪힐 듯하자 급하게 외면을 하였다. 세발대의 두 소년도 우르르 머리들을 이편으로 내밀고 구경을 하고 손이 빈 민 씨와 김 씨도 구석 쪽 빈 이발 의자에 앉아 묵은 신문을 보다가 말고 몸체만을 엉거주춤히 돌렸다.
>
> — 이호철, 「1965년, 어느 이발소에서」 중에서 —

① 개인과 사회의 갈등을 중심으로 사건이 전개되고 있다.

② 외모와 말투를 통해서 등장인물의 성격이 드러나고 있다.

③ 초점이 되는 인물의 내면 심리를 중심으로 서술되고 있다.

④ 등장인물 중의 하나인 서술자가 자신의 관점에서 상황을 서술하고 있다.

✽ TIP ✽ ② 전체적으로 등장인물들의 외모와 대화를 통해 등장인물의 성격을 드러내고 있다.

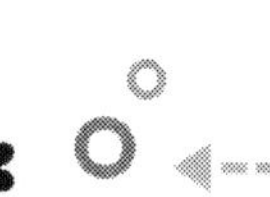

18 다음 글의 서술 방식으로 적절하지 않은 것은?

> 대개 사람은 스스로 자신의 잘못을 깨닫는다. 지난번 우리 조정에서는 부끄러움을 무릅쓰고 너를 달래기 위하여 지방의 요직에 임명한 일이 있었다. 그런데도 너는 만족할 줄 모르고 오히려 못된 독기를 발산하여 가는 곳마다 사람을 죽이고 군주를 욕되게 하여, 결국 황제의 덕화(德化)를 배신하고 말았다.
>
> 「도덕경」에 이르기를, "갑자기 부는 회오리바람은 한나절을 지탱하지 못하고, 쏟아지는 폭우는 하루를 계속하지 못한다." 하였다. 천지에 갑작스럽게 일어난 변화도 이와 같이 오래 가지 못하는 법인데 하물며 사람의 일이야 말할 나위가 있겠는가?
>
> 지금 너의 흉포함이 쌓이고 쌓여 온 천지에 가득 찼다. 그러나 이러한 위험 속에서 스스로 안주하고 반성할 줄 모르니, 이는 마치 제비가 불이 붙은 초막 위에 집을 지어 놓고 만족해하는 것과 같고, 물고기가 솥 안에서 즐거워하며 헤엄치는 것과 같다. 눈앞에 닥친 삶을 즐겨 죽을 운명을 생각지 못하고 말이다.
>
> 나는 지금 현명하고 신기로운 계획으로 온 나라의 군대를 규합하니 용맹스러운 장수가 구름처럼 모여들고, 죽음을 가벼이 여기는 용사들이 소나기처럼 몰려온다. 진격하는 깃대를 높이 세워 남쪽 초(楚)나라에서 불어오는 바람을 잠재우고, 전함과 누선을 띄워 오(吳)나라 강의 풍랑을 막으려고 한다.
>
> — 최치원, 「토황소격문」 중에서 —

① 단호한 어조로 상대의 오만함을 지적하고 있다.
② 역사적 사례를 들어 상대의 미묘한 심리를 언급하고 있다.
③ 상대가 행한 일을 나열하며 부당한 처사였음을 지적하고 있다.
④ 상대가 처한 상황을 비유적으로 표현하며 반성을 촉구하고 있다.

✱ TIP ✱ 단지 '도덕경'의 내용을 인용할 뿐 실제 역사적 사례를 들어 상대의 미묘한 심리를 언급하지는 않았다.

18. ②  answer

19 밑줄 친 어휘의 뜻풀이로 바르지 않은 것은?

① 그는 속이 매우 <u>슬겁다</u>.
   - 슬겁다 : 마음씨가 너그럽고 미덥다.
② 그는 <u>해거름</u>에 가겠다고 말했다.
   - 해거름 : 해가 서쪽으로 넘어갈 때.
③ 그는 <u>길섶</u>에 핀 코스모스를 보았다.
   - 길섶 : 시골 마을의 좁은 골목길.
④ 그는 책장을 <u>데면데면</u> 넘긴다.
   - 데면데면 : 성질이 꼼꼼하지 않아 행동이 신중하거나 조심스럽지 않은 모양.

✿ TIP ✿ 길섶 … 길의 가장자리로 흔히 풀이 나 있는 곳을 가리키는 말이다.

20 다음 작품이 지닌 특징으로 적절하지 않은 것은?

> 새끼오리도 헌신짝도 소똥도 갓신창도 개니빠디도 너울쪽도 짚검불도 가랑잎도 머리카락도
> 헝겊조각도 막대꼬치도 기왓장도 닭의 깃도 개 터럭도 타는 모닥불 //
> 재당도 초시도 문장 늙은이도 더부살이 아이도 새사위도 갓사돈도 나그네도 주인도 할아버
> 지도 손자도 붓장수도 땜장이도 큰 개도 강아지도 모두 모닥불을 쪼인다 //
> 모닥불은 어려서 우리 할아버지가 어미 아비 없는 서러운 아이로 불쌍하니도 몽동발이가 된
> 슬픈 역사가 있다 //
>
> — 백석, 「모닥불」 —

① 구체적 대상을 열거하여 시상을 전개하고 있다.
② 특정한 조사를 반복하여 운율을 형성하고 있다.
③ 사물을 의인화하여 대상의 속성을 강조하고 있다.
④ 토속적 시어를 활용하여 향토색을 드러내고 있다.

✿ TIP ✿ ③ 사물을 의인화하여 표현하고 있지는 않다.
   ① 1연에서는 모닥불에 타는 여러 사물들을 열거하였고 2연에서는 모닥불을 쪼이는 여러 인물 및 동
      물들을 열거하였다.
   ② 1연과 2연 모두에서 조사 '도' 반복하여 나타나고 있다.'갓신창',
   ④ 1연의 '갓신창', '개니빠디', '너울쪽', '짚검불', '개 터럭', 2연의 '재당', '초시', '갓사돈', 3연의 '몽
      동발이' 등과 같은 토속적 시어를 통해 향토색을 드러내고 있다.

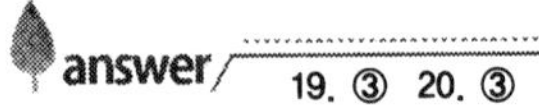

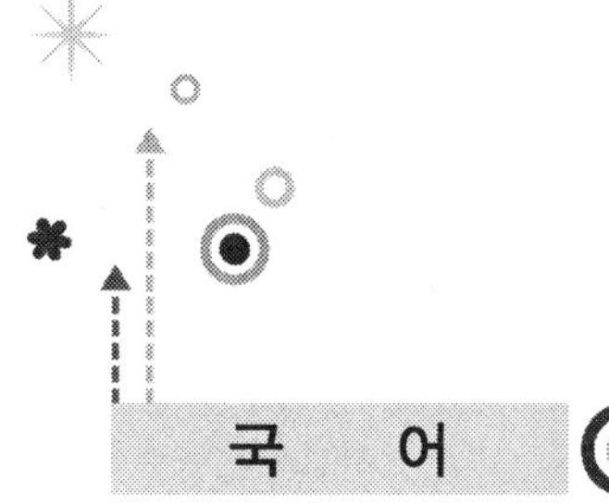

2014. 6. 21 제1회 지방직 시행

1 밑줄 친 '마'의 뜻이 다른 하나는?

① 마이동풍

② 주마간산

③ 천고마비

④ 절차탁마

> ✽ TIP ✽ ④ 절차탁마(切 끊을 절, 磋 갈 차, 琢 다듬을 탁, 磨 갈 마) : 옥이나 돌 따위를 갈고 닦아서 빛을
> 낸다는 뜻으로, 부지런히 학문과 덕행을 닦음을 이르는 말
> ① 마이동풍(馬 말 마, 耳 귀 이, 東 동녘 동, 風 바람 풍) : 동풍이 말의 귀를 스쳐 간다는 뜻으로,
> 남의 말을 귀담아듣지 아니하고 지나쳐 흘려버림을 이르는 말
> ② 주마간산(走 달릴 주, 馬 말 마, 看 볼 간, 山 뫼 산) : 말을 타고 달리며 산천을 구경한다는 뜻
> 으로, 자세히 살피지 아니하고 대충대충 보고 지나감을 이르는 말
> ③ 천고마비(天 하늘 천, 高 높을 고, 馬 말 마, 肥 살찔 비) : 하늘이 높고 말이 살찐다는 뜻으로,
> 하늘이 맑아 높푸르게 보이고 온갖 곡식이 익는 가을철을 이르는 말

2 외래어 표기가 모두 맞는 것은?

① 리포트, 서비스, 워크숍, 콤플렉스

② 색소폰, 쥬스, 텔레비전, 판타지

③ 심포지엄, 로케트, 앙케트, 타월

④ 난센스, 리더십, 싸인, 파일

> ✽ TIP ✽ ② 쥬스→주스
> ③ 로케트→로켓
> ④ 싸인→사인

1. ④ 2. ① **answer**

3 밑줄 친 부분의 의미와 가장 가까운 것은?

> 농악에는 우리 민족의 정서가 <u>배어</u> 있다.

① 욕이 입에 <u>배어</u> 큰일이다.

② 그는 속이 너무 <u>배어</u> 큰 인물은 못 된다.

③ 갓난아이 몸에는 항상 젖내가 <u>배어</u> 있다.

④ 이 책에는 아이에 대한 부모의 고민과 애정이 <u>배어</u> 있다.

> ✽TIP✽ ④ 제시문의 '베어'는 '느낌, 생각 따위가 깊이 느껴지거나 오래 남아 있다'의 의미로 사용되었다. 이
> 와 같은 의미로 사용된 것은 ④이다.
> ① 버릇이 되어 익숙해지다.
> ② 생각이나 안목이 매우 좁다.
> ③ 냄새가 스며들어 오래도록 남아 있다.

4 밑줄 친 단어 중 명사를 모두 고른 것은?

> • 십 년 만에 그 친구를 <u>만남</u>으로써 갈등이 다소 해결되었다.
> • 가능한 <u>한</u> 깨끗하게 청소하여라.
> • 그녀는 웃을 <u>뿐</u> 말이 없었다.
> • 나를 <u>보기</u> 위해 왔니?

① 만남, 한, 뿐   ② 한, 뿐

③ 한, 뿐, 보기   ④ 만남, 보기

✿ TIP ✿ · 십 년 만에 그 친구를 만남으로써 갈등이 다소 해결되었다.
　　　→ '만남으로써'는 만나다 + 그럼으로써의 형태로, '만남'은 '만나 + ㅁ(명사형 어미)'의 형태이다. (동사)
　　· 가능한 한 깨끗하게 청소하여라.
　　　→ '가능한'은 형용사 '가능하다'의 관형사형으로 뒤에 명사나 의존 명사가 온다는 특징이 있다. '한' 은 주로 '-는 한'의 형태로 쓰여 조건의 뜻을 나타낸다. (의존명사)
　　· 그녀는 웃을 뿐 말이 없었다.
　　　→ '뿐'은 어미 '-을' 뒤에 쓰여 다만 어떠하거나 어찌할 따름이라는 뜻을 나타낸다. (의존명사)
　　· 나를 보기 위해 왔니?
　　　→ '보기 위해'는 보다 + 그러기 위해의 형태로, '보기'는 '보 + 기(명사형 어미)'의 형태이다. (동사)

5 다음 글의 제목으로 가장 적절한 것은?

> 예술에 해당하는 '아트(art)'는 '조립하다', '고안하다'라는 의미를 가진 라틴어의 '아르스(ars)'에서 비롯되었고, 예술을 의미하는 독일어 '쿤스트(Kunst)'는 '알고 있다', '할 수 있다'라는 의미의 '퀸넨(können)'에서 비롯되었다. 이러한 의미 모두 일정한 목적을 가진 일을 잘 해낼 수 있는 숙련된 기술을 의미한다. 따라서 이들 용어는 예술뿐만 아니라 수공이나 기타 실용적인 기술들을 모두 포괄하고 있다고 볼 수 있다.
>
> 미적인 의미로 한정해서 쓰이는 예술의 개념은 18세기에 들어와서야 비로소 두드러지게 나타나기 시작했으며 예술을 일반적인 기술과 구별하기 위하여 특별히 '미적 기술(영어 : fine arts, 프랑스어 : beaux-arts)'이라고 하는 표현이 사용되었다. 생활에 유용한 것을 만들기 위한 실용적인 기술과 구별되는 좁은 의미의 예술은 조형 예술에 국한되기도 하지만, 일반적으로는 조형 예술 이외의 음악, 문예, 연극, 무용 등을 포함한 미적 가치의 실현을 본래의 목적으로 하는 기술을 가리키는 것으로 이해된다.

① '예술'과 '기술'의 차이　　　　② '예술'의 변천과 그 원인
③ '예술'의 속성과 종류　　　　④ '예술'의 어원과 그 의미의 변화

✿ TIP ✿ 화자는 첫 문단에서 예술의 어원과 예술의 포괄적 의미에 대해 언급한 후, 두 번째 문단에서 18세 기에 와서야 예술이 '미적 가치 실현을 본래의 목적으로 하는 기술'의 한정적 의미로 사용되었음을 밝히고 있다. 따라서 이 글의 제목으로는 ④가 적절하다.

6 형태소의 개수가 가장 많은 것은?

① 남겨진 적도 물리쳤겠네.

② 너를 위해서 땀을 흘렸어.

③ 훔쳐 갔을 수도 있겠군요.

④ 단팥죽이라도 가져와야지.

> ✿ TIP ✿ ① 남-/-기-/-어/지-/-ㄴ 적/도/ 물리-/-치-/-었-/-겠-/-네 → 현대 국어 기준 12개
> 남-/-기-/-어/지-/-ㄴ 적/도/ 무르-/-이-/-치-/-었-/-겠-/-네 → 어원 기준 13개
> ② 너/를/ 위-/-하-/-여서/ 땀/을/ 흐르-/-이-/-었-/-어 → 11개
> ③ 훔치-/-어/ 가-/-았-/-을 수/도/ 있-/-겠-/-군/요 → 11개
> ④ 달-/-ㄴ/팥/죽/이라도/ 가지-/-어/오-/-아야지 → 9개
> ※ 형태소 분석에 대한 기준은 학자마다 달라 논란의 여지가 있다.

7 다음 글의 전개 순서로 가장 자연스러운 것은?

> (가) 상품 생산자, 즉 판매자는 화폐를 얻기 위해 자신의 상품을 시장에 내놓는다. 하지만 생산자가 만들어 낸 상품이 시장에 들어서서 다른 상품이나 화폐와 관계를 맺게 되면, 이제 그 상품은 주인에게 복종하기를 멈추고 자립적인 삶을 살아가게 된다.
> (나) 이처럼 상품이나 시장 법칙은 인간에 의해 산출된 것이지만, 이제 거꾸로 상품이나 시장 법칙이 인간을 지배하게 된다. 이때 인간 및 인간들 간의 관계가 소외되는 현상이 나타난다.
> (다) 상품은 그것을 만들어 낸 생산자의 분신이지만, 시장 안에서는 상품이 곧 독자적인 인격체가 된다. 사람이 주체가 아니라 상품이 주체가 된다.
> (라) 또한 사람들이 상품들을 생산하여 교환하는 과정에서 시장의 경제 법칙을 만들어 냈지만, 이제 거꾸로 상품들은 인간의 손을 떠나 시장 법칙에 따라 교환된다. 이런 시장 법칙의 지배 아래에서는 사람과 사람 간의 관계가 상품과 상품, 상품과 화폐 등 사물과 사물 간의 관계에 가려 보이지 않게 된다.

① (개) - (대) - (내) - (래)

② (개) - (대) - (래) - (내)

③ (대) - (래) - (개) - (내)

④ (대) - (래) - (내) - (개)

✱ TIP ✱ (개)시장에 나온 상품의 자립성→(대)주체가 된 상품→(래)시장 법칙에 지배를 받는 상품→(내) 인간을 지배하게 된 상품

8 다음은 연설문의 일부이다. 화자의 논지 전개 방식으로 가장 적절한 것은?

> 조금만 생각하면 우리의 환경을 위해 할 수 있는 일이 아주 많습니다. 먼저 조금 귀찮더라도 일회용 물품들을 사용하지 않도록 합시다. 우리가 잠깐 쓰고 버리는 일회용 물품들 중에는 앞으로 오백 년 동안 지구를 괴롭히게 되는 것도 있다고 합니다. 조금 귀찮겠지만 평소에 일회용 도시락과 종이컵을 사용하지 않는 것도 우리들이 어렵지 않게 지구를 보호할 수 있는 방법 가운데 하나라고 생각합니다.

① 문제 해결을 위한 사례를 제시하고 있다.

② 문제 해결을 위한 방법을 제시하고 있다.

③ 문제 해결을 위한 기존의 방법과는 다른 대안을 제시하고 있다.

④ 문제 해결을 위한 사례의 장단점을 분석하고 있다.

✱ TIP ✱ 연설문의 마지막 부분에서 '지구를 보호할 수 있는 방법 가운데 하나'라고 언급하고 있다. 즉, 이 글은 환경 문제를 해결하기 위한 방법을 사례를 들어 제시하고 있다고 보는 것이 적절하다.

8. ②  answer

9 다음 글의 내용에 부합하지 않는 것은?

책은 인간이 가진 그 독특한 네 가지 능력의 유지, 심화, 계발에 도움을 주는 유효한 매체이다. 하지만, 문자를 고안하고 책을 만들고 책을 읽는 일은 결코 '자연스러운' 행위가 아니다. 인간의 뇌는 애초부터 책을 읽으라고 설계된 것이 아니기 때문이다. 문자가 등장한 역사는 6천 년, 지금과 같은 형태의 책이 등장한 역사 또한 6백여 년에 불과하다. 책을 쓰고 읽는 기능은 생존에 필요한 다른 기능들을 수행하도록 설계된 뇌 건축물의 부수적 파생 효과 가운데 하나이다. 말하자면 그 능력은 덤으로 얻어진 것이다.

그런데 이 '덤'이 참으로 중요하다. 책이 없어도 인간은 기억하고 생각하고 상상하고 표현할 수 있기는 하나 책과 책 읽기는 인간이 이 능력을 키우고 발전시키는 데 중대한 차이를 낳기 때문이다. 또한 책을 읽는 문화와 책을 읽지 않는 문화는 기억, 사유, 상상, 표현의 층위에서 상당한 질적 차이를 가진 사회적 주체들을 생산한다. 그렇기는 해도 모든 사람이 맹목적인 책 예찬자가 될 필요는 없다. 그러나 중요한 것은, 인간을 더욱 인간적이게 하는 소중한 능력들을 지키고 발전시키기 위해서 책은 결코 희생할 수 없는 매체라는 사실이다. 그 능력을 지속적으로 발전시키는 데 드는 비용은 적지 않다. 무엇보다 책 읽기는 결코 손쉬운 일이 아니기 때문이다. 책 읽기에는 상당량의 정신 에너지와 훈련이 요구되며, 독서의 즐거움을 경험하는 습관 또한 요구된다.

① 책 읽기는 별다른 훈련이나 노력 없이도 마음만 먹으면 가능한 일이다.

② 책을 쓰고 읽는 기능은 인간 뇌의 본래적 기능은 아니다.

③ 책과 책 읽기는 인간의 기억, 사유, 상상 등과 관련된 능력을 키우는 데 상당히 중요한 변수로 작용한다.

④ 독서 문화는 특정 층위에서 사회적 주체들의 질적 차이를 유발한다.

✿ TIP ✿ ① 글의 마지막에 책 읽기는 결코 손쉬운 일이 아니며 읽기에는 상당량의 정신 에너지와 훈련이 요구된다고 언급하고 있으므로 별다른 훈련이나 노력 없이 마음만 먹으면 가능한 일이라고 보는 것은 이 글의 내용과 부합하지 않는다.

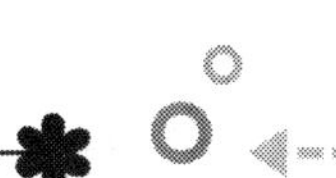

10 다음 글의 중심 내용으로 가장 적절한 것은?

> 한 번에 두 가지 이상의 일을 할 때 당신은 마음에게 흩어지라고 지시하는 것입니다. 그것은 모든 분야에서 좋은 성과를 내는 데 필수적인 요소가 되는 집중과는 정반대입니다. 당신은 자신의 마음이 분열되는 상황에 처하도록 하는 경우도 많습니다. 마음이 흔들리도록, 과거나 미래에 사로잡히도록, 문제들을 안고 낑낑거리도록, 강박이나 충동에 따라 행동하는 때가 그런 경우입니다. 예를 들어, 읽으면서 동시에 먹을 때 마음의 일부는 읽는 데 가 있고, 일부는 먹는 데 가 있습니다. 이런 때는 어느 활동에서도 최상의 것을 얻지 못합니다. 다음과 같은 부처의 가르침을 명심하세요. '걷고 있을 때는 걸어라. 앉아 있을 때는 앉아 있어라. 갈팡질팡하지 마라.' 당신이 하는 모든 일은 당신의 온전한 주의를 받을 가치가 있는 것이어야 합니다. 단지 부분적인 주의를 받을 가치밖에 없다고 생각하면, 그것이 진정으로 할 가치가 있는지 자문하세요. 어떤 활동이 사소해 보이더라도, 당신은 마음을 훈련하고 있다는 사실을 명심하세요.

① 일을 시작하기 전에 먼저 사소한 일과 중요한 일을 구분하는 습관을 기르라.

② 한 번에 두 가지 이상의 일을 성공적으로 수행할 수 있도록 훈련하라.

③ 자신이 하는 일에 전적으로 주의를 집중하라.

④ 과거나 미래가 주는 교훈에 귀를 기울이라.

✽TIP✽ 화자는 문두에서 한 번에 두 가지 이상의 일을 하는 것은 마음에게 흩어지라고 지시하는 것이라고 언급한다. 또한 글의 중후반부에서 당신이 하는 모든 일은 당신의 온전한 주의를 받을 가치가 있는 것이어야 한다고 강조한다. 따라서 이 글의 중심 내용은 ③이 적절하다.

10. ③ \ answer 

11 다음 문장과 관련된 속담으로 가장 적절한 것은?

> 그 동네에 있는 레스토랑의 음식은 보기와는 달리 너무 맛이 없었어.

① 보기 좋은 떡이 먹기도 좋다.

② 볶은 콩에 싹이 날까?

③ 빛 좋은 개살구

④ 뚝배기보다 장맛이 좋다.

> ✿ TIP ✿ ③ 겉보기에는 먹음직스러운 빛깔을 띠고 있지만 실은 맛없는 개살구라는 뜻으로, 겉만 그럴듯하고 실속이 없는 경우를 비유적으로 이르는 말
> ① 내용이 좋으면 겉모양도 반반함을 비유적으로 이르는 말. 또는 겉모양새를 잘 꾸미는 것도 필요함을 비유적으로 이르는 말
> ② 불에 볶은 콩은 싹이 날 리가 없다는 뜻으로, 아주 가망이 없음을 비유적으로 이르는 말
> ④ 겉모양은 보잘것없으나 내용은 훨씬 훌륭함을 이르는 말

12 사전 등재 순서에 맞게 배열된 것은?

① 두다, 뒤켠, 뒤뜰, 따뜻하다

② 냠냠, 네모, 넘기다, 늴리리

③ 얇다, 앳되다, 여름, 에누리

④ 괴롭다, 교실, 구름, 귀엽다

> ✿ TIP ✿ ① 두다 – 뒤뜰 – 뒤켠 – 따뜻하다
> ② 냠냠 – 넘기다 – 네모 – 늴리리
> ③ 앳되다 – 얇다 – 에누리 – 여름
> ※ 사전 등재 순서
> ㉠ 자음 : ㄱ ㄲ ㄴ ㄷ ㄸ ㄹ ㅁ ㅂ ㅃ ㅅ ㅆ ㅇ ㅈ ㅉ ㅊ ㅋ ㅌ ㅍ ㅎ
> ㉡ 모음 : ㅏ ㅐ ㅑ ㅒ ㅓ ㅔ ㅕ ㅖ ㅗ ㅘ ㅙ ㅚ ㅛ ㅜ ㅝ ㅞ ㅟ ㅠ ㅡ ㅢ ㅣ

13 밑줄 친 단어의 쓰임이 적절하지 않은 것은?

① 동아리 활성화를 위한 프로그램 <u>개발</u>이 필요하다.
② 사람들의 후원금이 방송국에 <u>답지</u>하고 있다.
③ 빙산이 바다 위를 <u>부상하는</u> 것은 온난화 때문이다.
④ 세입자에게 밀린 집세를 너무 자주 <u>채근하지</u> 마라.

> ✱ TIP ✱ ③ 부상(浮上)은 '물 위로 떠오르다'는 의미로 이 문장에서는 문맥상 '물 위나 물속, 또는 공기 중에 떠다님'의 뜻을 가지는 부유(浮遊)가 쓰이는 것이 적절하다.

14 다음 글의 괄호 안에 들어갈 말로 가장 적절한 것은?

> 우리는 대체로 머리끝에서 발끝까지를 서양식(西洋式)으로 꾸미고 있다. "목은 잘라도 머리털은 못 자른다."라고 하던 구한말(舊韓末)의 비분강개(悲憤慷慨)를 잊은 지 오래다. 외양(外樣)뿐 아니라, 우리가 신봉(信奉)하는 종교(宗敎), 우리가 따르는 사상(思想), 우리가 즐기는 예술(藝術), 이 모든 것이 대체로 서양적(西洋的)인 것이다.
> 우리가 연구하는 학문(學問) 또한 예외가 아니다. 피와 뼈와 살을 조상(祖上)에게서 물려받았을 뿐, 문화(文化)라고 일컬을 수 있는 거의 모든 것이 서양(西洋)에서 받아들인 것들인 듯싶다. 이러한 현실(現實)을 앞에 놓고서 민족 문화(民族文化)의 전통(傳統)을 찾고 이를 계승(繼承)하고자 한다면, 이것은 편협(偏狹)한 배타주의(排他主義)나 국수주의(國粹主義)로 오인(誤認)되기에 알맞은 이야기가 될 것 같다.
> 그러면 민족 문화의 전통을 말하는 것이 반드시 보수적(保守的)이라는 멍에를 메어야만 하는 것일까? 이 문제(問題)에 대한 올바른 해답(解答)을 얻기 위해서는, 전통이란 어떤 것이며, 또 (   )를 살펴보아야 할 것이다.

① 전통은 서구 문화와 어떤 관계를 맺고 있는가
② 전통은 어떻게 계승되어 왔는가
③ 전통은 앞으로 어떤 변화를 겪을 것인가
④ 전통은 서구 문화와 어떤 차이가 있는가

> ✱ TIP ✱ 화자는 두 번째 문단 중간부분에서 '이러한 현실을 앞에 놓고서 민족 문화의 전통을 찾고 이를 계승하고자 한다면'이라고 언급하고 있다. 글의 흐름으로 볼 때 화자가 이 글을 통해 이야기하고자 하는 것은 민족 문화와 그 계승이라는 것을 추론해 볼 수 있다. 따라서 괄호 안에 들어갈 말로 가장 적절한 것은 ②이다.

15 밑줄 친 단어의 표기가 옳은 것은?

① 어제 선생님을 <u>뵀습니다</u>.

② 오늘따라 피아노가 잘 안 <u>쳐져요</u>.

③ 삼촌이 그러는데요, 민희가 무척 <u>예뻐졌데요</u>.

④ 놀이터에서 놀고 있는 두 아이는 <u>쌍둥이에요</u>.

> ✽TIP✽ ② 치(어간) + 어지(피동) + 어(연결어미) + 요(상대 높임 보조사)
> ① 뵀습니다 → 뵀습니다
> ③ 예뻐졌데요 → 예뻐졌대요
> ④ 쌍둥이에요 → 쌍둥이예요/쌍둥이여요

16 다음 시조에 드러난 화자의 정서와 가장 가까운 것은?

> 흥망(興亡)이 유수(有數)ᄒ니 만월대(滿月臺)도 추초(秋草) ㅣ 로다.
> 오백 년(五百年) 왕업(王業)이 목적(牧笛)에 부쳐시니
> 석양(夕陽)에 지나는 객(客)이 눈물계워 ᄒ노라.

① 서리지탄(黍離之歎)　　　　　② 만시지탄(晩時之歎)

③ 망양지탄(亡羊之歎)　　　　　④ 비육지탄(髀肉之歎)

> ✽TIP✽ ① 나라가 멸망하여 옛 궁터에는 기장만이 무성한 것을 탄식한다는 뜻으로, 세상의 영고성쇠가 무상함을 탄식하며 이르는 말
> ② 시기에 늦어 기회를 놓쳤음을 안타까워하는 탄식
> ③ 갈림길이 매우 많아 잃어버린 양을 찾을 길이 없음을 탄식한다는 뜻으로, 학문의 길이 여러 갈래여서 한 갈래의 진리도 얻기 어려움을 이르는 말
> ④ 재능을 발휘할 때를 얻지 못하여 헛되이 세월만 보내는 것을 한탄함을 이르는 말

17 다음 글의 괄호 안에 들어갈 말로 가장 적절한 것은?

베이징이나 시안 등지에서 볼 수 있는 중국의 유적들은 왜 그리도 클까? 이들 유적들은 크기만 한 것이 아니라 비인간적이라 할 만큼 권위적이다. 왜 그런가? 중국은 광대한 나라였다. 그러므로 그 넓은 나라를 효과적으로 통치하기 위해서는 천자로 대표되는 정치적 권위가 절실하게 요구되었다. 이 넓은 나라의 통일성을 유지하기 위해서는 예상되는 지방의 반란에 대비하고 중앙의 권위에 복종하지 않는 지방 세력가들을 다스릴 수 있는 무자비한 권력이 절대로 필요하였다. 그래서 중국의 황제는 천자로 불리었으며, 그 권위에는 누구든지 절대 복종할 것을 요구하였다. 그러므로 중국의 황제는 단순한 세속인이 아니라 일종의 신적인 존재이기도 하였다. 중국 황제의 절대 권위, 이것을 온 천하에 확실하게 보여 주지 않는다면 중국의 중심이 어디에 있는지 모를 것이며, 그러면 그 나라는 다시 분열된 여러 왕국으로 나뉘게 될 것이었다. 이런 이념으로 만들어진 중국의 정치적 유물들은 그 규모가 장대할 뿐 아니라 고도로 권위적인 것이 될 수밖에 없었다.

반면에 우리나라는 그렇게 광대한 나라는 아니었다. 그렇다고 해서 우리나라가 권위를 강조하지 않은 것은 아니었다. 그러한 사실은 조선 시대를 통해서도 잘 드러난다. 그러나 조선 시대의 왕들은 중국의 황제와 같은 권위를 (㉠)할 수는 없었다. 두 나라의 사회 구조, 정치 이념, 자연 환경 등 모든 것이 다르기 때문이었다. 그로 인해 조선의 왕들은 주변의 정치 세력에 대하여 훨씬 더 (㉡)이어야만 하였다. 더욱이 중국은 황토로 이루어진 광대한 평원 위에 도시를 만들 수밖에 없었지만, 우리는 높고 낮은 수많은 산으로 이루어진 지형을 이용하여 왕성을 건설할 수밖에 없었다. 이러한 차이점들이 복합적으로 어울려 양국의 역사와 문화의 성격을 서로 다르게 만들었다. 큰 것이 선천적으로 잘나서도 아니며, 그렇다고 작은 것이 못나서도 아닌 것이다. 한중 양국은 각자의 (㉢)에 따라 오랜 세월에 걸쳐 이처럼 서로 다른 문화를 발전시켜 온 것이다.

	㉠	㉡	㉢
①	강조(强調)	위압적(威壓的)	전망(展望)
②	향유(享有)	정략적(政略的)	능력(能力)
③	구축(構築)	타협적(妥協的)	필요(必要)
④	행사(行使)	당파적(黨派的)	권고(勸告)

17. ③ answer

 ③ **구축(構築)** : 어떤 시설물을 쌓아 올려 만듦. 또는 체제, 체계 따위의 기초를 닦아 세움

타협적(妥協的) : 어떤 일을 서로 양보하는 마음으로 협의해서 하거나 협의하려는 태도를 보이는. 또는 그런 것

필요(必要) : 반드시 요구되는 바가 있음

① **강조(強調)** : 어떤 부분을 특별히 강하게 주장하거나 두드러지게 함

위압적(威壓的) : 위엄이나 위력 따위로 압박하거나 정신적으로 억누르는. 또는 그런 것

전망(展望) : 앞날을 헤아려 내다봄. 또는 내다보이는 장래의 상황

② **향유(享有)** : 누리어 가짐

정략적(政略的) : 정치상의 책략을 목적으로 하는. 또는 그런 것

능력(能力) : 일을 감당해 낼 수 있는 힘

④ **행사(行使)** : 어떤 일을 시행함. 또는 그 일

당파적(黨派的) : 한 덩어리가 되지 않고 파(派)로 갈리는. 또는 그런 것

권고(勸告) : 어떤 일을 하도록 권함. 또는 그런 말

18 다음 글에 대한 평가로 가장 적절한 것은?

> ㉠관용구는 어떤 표현이 습관적으로 굳어져 사용됨으로써 원래의 뜻을 잃어 버린 언어 표현을 의미한다. ㉡'내 코가 석 자', '배가 남산만 하다'라는 말은 코의 길이나 배의 크기에 대한 내용을 담고 있는 것이 아니다. ㉢즉 이 표현들을 이루고 있는 단어들의 표면적인 뜻만 가지고는 그 의미를 알 수가 없는 것이다. ㉣이러한 관용어는 우리의 전통 문화를 잘 보여 주고 있다는 점에서 큰 의의를 지닌다고 할 수 있다.

① ㉠은 정의의 형식을 갖추고 있으나 단락의 완결성을 해치므로 삭제하는 것이 좋다.

② ㉡에 제시된 두 예는 원래의 뜻으로 해석될 수 있으므로 다른 예로 바꾸어야 한다.

③ ㉢은 앞 문장과의 연결이 부자연스러워 긴밀성을 해친다.

④ ㉣은 전체 제시문의 주제와 관련이 없으므로 단락의 통일성을 해친다.

 ① ㉠은 단락의 완결성을 해치지 않는다.

② ㉡에 제시된 두 예는 관용구에 해당하는 적절한 예로 다른 예로 바꿀 필요가 없다.

③ ㉢은 앞 문장과의 연결이 자연스럽다.

answer / 18. ④

19 밑줄 친 부분이 표준 발음법에 맞지 않는 것은?

① 색연필[생년필] 사러 문방구에 갔다 올게요.

② 불볕더위[불변더위]가 연일 기승을 부리고 있다.

③ 너도 그렇게 차려입으니 옷맵시[온맵씨]가 난다.

④ 서점 가는 길에 식용유[시공뉴]도 좀 사 오너라.

> ✽ TIP ✽ ② 불볕[불볃(음절의 끝소리 규칙)] + 더위 = [불볃떠위(된소리되기)]
> - 음절의 끝소리 규칙 : 음절의 끝에 받침으로는 'ㄱ, ㄴ, ㄷ, ㄹ, ㅁ, ㅂ, ㅇ'의 일곱 가지만 올 수 있다는 규칙
> - 된소리되기 : 두 개의 안울림소리가 서로 만나면 뒤의 소리가 된소리로 발음되는 현상

20 ㉠~㉣을 어법에 맞게 고친 것으로 적절하지 않은 것은?

> 선생님, 그동안 안녕하셨어요? 선생님과 함께 생활했던 시간이 엊그제 같은데 벌써 졸업한 지 반 년이 지났습니다. 전 아직도 선생님과 함께했던 소중한 시간들을 잊지 못하고 있습니다. 선생님과 함께 ㉠운동도, 도시락도 먹던 기억이 고스란히 남아 있습니다. 그리고 종례 시간마다 해 주셨던 말씀은 제 인생에서 중요한 지침이 되고 있습니다. 특히 선생님께서 고3 때 아무리 어려운 상황에서도 ㉡희망을 잃지 않았다는 말은 당시 저에게 큰 도움이 되었습니다. 제가 대학에 들어 온 이후 취미를 갖게 되었는데, ㉢기악부 동아리에서 악기를 연주하고 있다는 것입니다. 고등학교 시절에는 공부에 쫓겨 엄두도 못 냈었는데 지금은 여유롭게 음악에 몰두할 수 있어서 좋습니다. 조만간 꼭 찾아뵐게요. ㉣항상 건강 조심하십시오.

① ㉠ : '운동도 하고, 도시락도 먹던'으로 바꾸어 필요한 성분을 모두 갖춘다.

② ㉡ : '희망을 잃지 않으셨다는 말씀은'으로 바꾸어 높임 표현을 바르게 한다.

③ ㉢ : '그것은 기악부 동아리에서 악기를 연주하는 일입니다.'로 바꾸어 주어와 서술어가 호응을 이루도록 한다.

④ ㉣ : '조심하다'는 명령형으로 쓰일 수 없으므로 해요체 '조심하세요'를 사용한다.

> ✽ TIP ✽ ④ '조심하다'는 동사이므로 명령형으로 쓰일 수 있다. 따라서 고칠 필요가 없다.

2014. 6. 28 서울특별시 시행

1 다음 중 70세를 가리키는 말로 옳은 것은?

① 이순(耳順) ② 종심(從心)

③ 지천명(知天命) ④ 불혹(不惑)

⑤ 이립(而立)

> ✸ TIP ✸ ① 60세 ② 70세 ③ 50세 ④ 40세 ⑤ 30세
>
> ※ 「논어(論語)」, 위정(爲政)편에 나오는 나이에 대한 구절
> 子曰(자왈), 吾十有五而志于學(오십유오이지우학)하고 三十而立(삼십이립)하고 四十而不惑(사십이
> 불혹)하고 五十而知天命(오십이지천명)하고 六十而耳順(육십이이순)하고 七十而從心所欲不踰矩(칠
> 십이종심소욕불유구)니라.
> 현대어 풀이 : 공자가 말하기를, 나는 열다섯이 되어 배움에 뜻을 두었고 서른이 되어 확고히 섰으
> 며 마흔이 되어서는 미혹됨이 없었고 오십이 되어서는 천명을 알게 되었고 예순이 되어서는 들음
> 을 순히 하게 되었고 일흔이 되어서는 마음 내키는 대로 행하더라도 법도를 넘는 일이 없었다.

2 문장의 호응이 어색한 것은?

① 절대로 이것은 사실이 아닙니다.

② 아직 학교에 도착하지 않았습니다.

③ 모름지기 교통법규를 지키는 일은 중요합니다.

④ 그다지 돈은 중요하지 않습니다.

⑤ 오직 모든 것을 하늘에 맡길 뿐입니다.

> ✸ TIP ✸ ③ '모름지기'는 '사리를 따져 보건대 마땅히. 또는 반드시'의 의미를 갖는 부사로 '～해야 한다' 등과
> 호응하는 것이 자연스럽다. 따라서 '모름지기 교통법규를 지켜야 한다.' 등으로 고쳐야 한다.

answer 1. ② 2. ③

3 국어의 어휘 의미 변화에 대한 다음의 진술 중 올바르지 못한 것은?

① '다리(脚)'가 사람이나 짐승의 다리만 가리켰으나 현대에는 '책상'에도 쓰인다.

② '짐승'은 '衆生'에서 온 말로 생물 전체를 가리켰으나 지금은 사람을 제외한 동물을 가리킨다.

③ '사랑하다'는 '생각하다' 라는 의미가 있었으나 지금은 이 의미가 없다.

④ '어여쁘다'는 '조그맣다' 라는 뜻이었으나 지금은 '아름답다'의 의미이다.

⑤ '어리다'는 '어리석다'의 뜻이었다가 지금은 '나이가 적다'의 의미로 쓰인다.

> ✽ TIP ✽ ④ 중세 국어에서 '어여쁘다'는 '불쌍하다'라는 뜻을 가졌으나, 근대 국어에서는 '불쌍하다, 가엽다', '예쁘다, 사랑스럽다'의 두 가지 뜻으로 모두 쓰이다가 현대 국어에서 '아름답다'의 의미로만 쓰이고 있다.

4 다음 예문의 밑줄 친 단어 가운데 품사가 다른 하나는?

> 봄·여름·가을·겨울, <u>두루</u> 사시(四時)를 두고 자연이 우리에게 내리는 혜택에는 제한이 없다. 그러나 그중에도 그 혜택을 <u>가장</u> <u>풍성히</u> <u>아낌없이</u> 내리는 시절은 봄과 여름이요, 그 중에도 그 혜택이 가장 <u>아름답게</u> 나타나는 것은 봄, 봄 가운데도 만산(萬山)에 녹엽(綠葉)이 우거진 이때일 것이다.
>
> – 이양하, 〈신록예찬〉 중에서

① 두루   ② 가장

③ 풍성히   ④ 아낌없이

⑤ 아름답게

> ✽ TIP ✽ ⑤ '아름답게'의 기본형은 '아름답다'로 형용사이다.
> ① '두루'는 '빠짐없이 골고루'의 의미를 갖는 부사이다.
> ② '가장'은 '여럿 가운데 어느 것보다 정도가 높거나 세게'의 의미를 갖는 부사이다.
> ③ '풍성히'는 '넉넉하고 많이'의 의미를 갖는 부사이다.
> ④ '아낌없이'는 '주거나 쓰는 데 아까워하는 마음이 없이'의 의미를 갖는 부사이다.

3. ④ 4. ⑤ \ answer 

5 다음 예문 중 문장 구조가 다른 하나는?

① 철수는 그 예쁜 소녀가 자꾸 생각났다.

② 농부들은 비가 오기를 고대했다.

③ 봄이 되니까 온 강산에 꽃이 가득 피었다.

④ 돌이는 지금이 중요한 때임을 직감했다.

⑤ 철수는 김 선생님이 돌아가셨다고 말했다.

> ✽ TIP ✽ ③ 종속적으로 이어진문장
> ① 관형절을 안은문장
> ②④ 명사절을 안은문장
> ⑤ 인용절을 안은문장

6 다음 단어들 모두에 공통적으로 적용되는 외래어 표기의 원칙은?

> 콩트, 더블, 게임, 피에로

① 파열음 표기에는 된소리를 쓰지 않는 것을 원칙으로 한다.

② 외래어를 표기할 때는 받침으로 'ㄱ, ㄴ, ㄷ, ㄹ, ㅁ, ㅂ, ㅅ, ㅇ' 만을 쓴다.

③ 외래어의 1 음운은 원음에 가깝도록 둘 이상의 기호로 적는 것을 원칙으로 한다.

④ 이미 굳어진 외래어도 발음에 가깝도록 바꾸는 것을 원칙으로 한다.

⑤ 원음에 더욱 가깝게 적기 위해 새로 문자나 기호를 만들 수 있다.

> ✽ TIP ✽ ① 외래어 표기법 제1장(표기의 원칙) 제4항 '파열음 표기에는 된소리를 쓰지 않는 것이 원칙이다.'
> 에 따라 '꽁트/떠블/께임/삐에로'가 아닌 '콩트/더블/게임/피에로'로 적는다.
> ② 외래어 표기법 제1장 제3항 받침에는 'ㄱ, ㄴ, ㄹ, ㅁ, ㅂ, ㅅ, ㅇ' 만을 쓴다.
> ③ 외래어 표기법 제1장 제2항 외래어의 1 음운은 원칙적으로 1 기호로 적는다.
> ④ 외래어 표기법 제1장 제5항 이미 굳어진 외래어는 관용을 존중하되, 그 범위와 용례는 따로 정한다.
> ⑤ 외래어 표기법 제1장 제1항 외래어는 국어의 현용 24 자모만으로 적는다.

answer / 5. ③ 6. ①

7 다음 문장들은 두 가지 이상의 의미로 해석될 수 있는 모호한 문장들이다. 모호성의 이유가 나머지 넷과 다른 것은?

① 내가 지난번에 만난 친구의 동생이 오늘 결혼을 한다고 한다.
② 그 연속극은 가정에 충실한 주부와 남편에게 불쾌감을 주었다.
③ 나는 국어 선생님과 교장 선생님을 찾아뵈었다.
④ 아내는 남편보다 아들을 더 좋아했다.
⑤ 그 배는 보기가 아주 좋았다.

> ✸TIP✸ ⑤ 어휘적 중의성 ①②③④ 구조적 중의성
> ⑤ '배가 과일(梨), 탈 것(船), 신체의 일부(腹) 등의 다양한 의미로 해석할 수 있다.
> ① 만난 대상이 친구인지, 친구의 동생인지 모호하다.
> ② 가정에 충실한 것이 주부만인지, 주부와 남편 모두인지 모호하다.
> ③ 내가 국어 선생님과 함께 교장 선생님을 찾아뵌 것인지, 내가 국어 선생님과 교장 선생님 둘을 찾아뵌 것인지 모호하다.
> ④ 아내가 남편이 아닌 아들을 더 좋아한다는 것인지, 아내가 아들을 좋아하는 크기가 남편이 아들을 좋아하는 것보다 크다는 것인지 모호하다.

8 다음 문장에 쓰인 수사법과 같은 수사법이 쓰인 것은?

> 우리 옹기는 양은 그릇에 멱살을 잡히고 플라스틱류에 따귀를 얻어맞았다.

① 그는 30년 동안 입고 있던 유니폼을 벗고서 붓을 들기 시작했다.
② 지금껏 역사를 굽어본 강물은 말없이 흐른다.
③ 돈을 잃는 것은 적게 잃는 것이지만 명예를 잃는 것은 많이 잃는 것이고 건강을 잃는 것은 모든 것을 잃는 것이다.
④ 보고 싶어요, 붉은 산이, 그리고 흰 옷이.
⑤ 내 마음은 호수요 그대 노 저어 오오.

> ✸TIP✸ 제시문은 사람이 아닌 것을 사람처럼 표현하는 '의인법'이 사용되었다.
> ① 대유법 ③ 점층법, 대조법 ④ 도치법, 대유법 ⑤ 은유법

9 다음 글에 이어질 내용으로 부적합한 것은?

인간은 흔히 자기 뇌의 10%도 쓰지 못하고 죽는다고 한다. 또 사람들은 천재 과학자인 아인슈타인조차 자기 뇌의 15%이상을 쓰지 못했다는 말을 덧붙임으로써 이 말에 신빙성을 더한다. 이 주장을 처음 제기한 사람은 19세기 심리학자인 윌리암 제임스로 추정된다. 그는 "보통 사람은 뇌의 10%를 사용하는데 천재는 15~20%를 사용한다." 라고 말한 바 있다. 인류학자 마가렛 미드는 한발 더 나아가 그 비율이 10%가 아니라 6%라고 수정했다. 그러던 것이 1990년대에 와서는 인간이 두뇌를 단지 1% 이하로 활용하고 있다고 했다. 최근에는 인간의 두뇌 활용도가 단지 0.1%에 불과해서 자신의 재능을 사장시키고 있다는 연구 결과도 제기됐다.

① 인간의 두뇌가 가진 능력을 제대로 발휘하지 못하도록 하는 요소가 무엇인지 연구해야 한다.

② 어른들도 계속적인 연구와 노력을 통하여 자신의 능력을 충분히 발휘할 수 있도록 해야 한다.

③ 학교는 자라나는 학생이 재능을 발휘할 수 있도록 여건을 조성해 주어야 한다.

④ 인간의 두뇌 개발을 촉진시킬 수 있는 프로그램을 개발해야 한다.

⑤ 어린 시절부터 개성적인 인간으로 성장할 수 있도록 조기교육을 실시해야 한다.

> ✽ TIP ✽ 이 글은 첫 문장에서 인간은 자기 뇌의 10%도 쓰지 못하고 죽는다고 언급하며 심지어 10%도 안 되는 활용을 한다는 주장들을 예로 들며 내용을 전개하고 있다. 따라서 뒤에 이어질 내용은 인간의 두뇌 활용에 관련된 내용이 오는 것이 적합하다.
> ⑤ 개성적인 인간으로 성장하기 위한 조기 교육은 이 글 뒤에 이어질 내용으로 부적합하다.

10 다음 예문에서 밑줄 친 부분이 맞춤법에 맞는 것은?

① 올해 신입생 <u>입학율</u>이 저조하다.

② 네 기사가 <u>어린이란</u>에 실렸다.

③ 알고도 모르는 <u>채하였다.</u>

④ 남술의 처는 또 한번 웃기 잘하는 그의 입술을 <u>방끗</u> 벌리었다.

⑤ <u>껍질채</u> 먹는 것이 몸에 좋다.

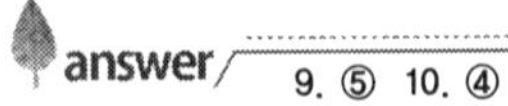 answer / 9. ⑤   10. ④

✽ TIP ✽ ① 입학율→입학률('렬/률'은 모음 또는 ㄴ 뒤에만 '열/율'로 적는다.)
② 어린이란→어린이난(란(欄)/량(量)/룡(龍)/릉(陵) 등은 한자어가 아닌 고유어나 외래어와 결합할 경우 난/양/용/능으로 적는다.)
③ 채하였다→체하였다(앞말이 뜻하는 행동이나 상태를 거짓으로 그럴듯하게 꾸밈을 나타내는 보조동사)
⑤ 껍질채→껍질째(그대로, 또는 전부의 뜻을 더하는 접미사)

11 다음은 사이시옷을 받치어 적는 예들 중 일부이다. 아래 보기의 설명 가운데 이 예들을 통해서 알기 어려운 것은?

잇몸, 바닷가, 뒷일, 전셋집

---

① 순 우리말로 된 합성어로서 앞말이 모음으로 끝난 경우, 뒷말의 첫소리가 된소리로 날 때 사이시옷을 받치어 적는다.

② 순 우리말로 된 합성어로서 앞말이 모음으로 끝난 경우, 뒷말의 첫소리 'ㄴ', 'ㅁ' 앞에서 'ㄴ' 소리가 덧날 때 사이시옷을 받치어 적는다.

③ 순 우리말로 된 합성어로서 앞말이 모음으로 끝난 경우, 뒷말의 첫소리 모음 앞에서 'ㄴㄴ' 소리가 덧날 때 사이시옷을 받치어 적는다.

④ 순 우리말과 한자어로 된 합성어로서 앞말이 모음으로 끝난 경우, 뒷말의 첫소리가 된소리로 날 때 사이시옷을 받치어 적는다.

⑤ 순 우리말과 한자어로 된 합성어로서 앞말이 모음으로 끝난 경우, 뒷말의 첫소리 모음 앞에서 'ㄴㄴ' 소리가 덧날 때 사이시옷을 받치어 적는다.

✽ TIP ✽ ⑤의 원칙에 해당하는 사례로는 '가외(한자어) + 일(고유어) = 가욋일[가왼닐/가웬닐]', '사사(한자어) + 일(고유어) = 사삿일[사산닐]' 등이 있다.
① 바다(고유어) + 가(고유어) = 바닷가[바다까/바닫까]
② 이(고유어) + 몸(고유어) = 잇몸[인몸]
③ 뒤(고유어) + 일(고유어) = 뒷일[뒨: 닐]
④ 전세(한자어) + 집(고유어) = 전셋집[전세찝/전섿찝]

11. ⑤ \ answer

12 다음 중 띄어쓰기가 맞는 문장은? (∨는 띄어쓰기 부호)

① 옷∨한벌∨살∨돈이∨없다.

② 큰∨것은∨큰∨것∨대로∨따로∨모아∨둬라.

③ 강아지가∨집을∨나간∨지∨사흘∨만에∨돌아왔다.

④ 이∨나무는∨10∨미터가∨넘는다.

⑤ 합격했다는∨말에∨뛸듯이∨기뻐하였다.

> ✽ TIP ✽ ③ 의존명사 '지', '만'은 모두 띄어 쓰는 것이 옳다.
> ④ 10 미터/ 10미터 모두 가능하다.
> ※ 한글맞춤법 제5장 제43항 단위를 나타내는 명사는 띄어 쓴다. 다만, 순서를 나타내는 경우나 숫자와 어울리어 쓰이는 경우에는 붙여 쓸 수 있다.
> ① 옷∨한∨벌∨살∨돈이∨없다.
> ② 큰∨것은∨큰∨것대로∨따로∨모아∨둬라.('대로'는 체언과 함께 쓰이면 의존명사가 아닌 조사이므로 앞 말에 붙여 쓴다.)
> ⑤ 합격했다는∨말에∨뛸∨듯이∨기뻐하였다.

13 제시된 단어의 뜻풀이가 바르지 않은 것은?

① 궁도련님 : 부유한 집에서 자라나 세상의 어려운 일을 잘 모르는 사람

② 윤똑똑이 : 사리에 어둡고, 아는 것이 없는 사람

③ 책상물림 : 책상 앞에 앉아 글공부만 하여 세상일을 잘 모르는 사람

④ 두루치기 : 한 사람이 여러 방면에 능통함. 또는 그런 사람

⑤ 대갈마치 : 온갖 어려운 일을 겪어서 아주 야무진 사람

> ✽ TIP ✽ ② 윤똑똑이 : 자기만 혼자 잘나고 영악한 체하는 사람을 낮잡아 이르는 말

14 다음은 같은 의미를 지닌 단어들을 묶은 것이다. 이들 가운데 표준어가 아닌 예가 들어 있는 것은?

① 눈대중 – 눈어림 – 눈짐작

② 보통내기 – 여간내기 – 예사내기

③ 멀찌감치 – 멀찌가니 – 멀찍이

④ 넝쿨 – 덩굴 – 덩쿨

⑤ 되우 – 된통 – 되게

✿TIP✿ ④ '덩쿨'은 비표준어이다. '넝쿨' 또는 '덩굴'로 써야 한다.

---

15 다음 문장들의 의미를 고려할 때 밑줄 친 부분을 한자로 순서대로 바르게 옮긴 것은?

> 그는 <u>부정</u>이나 불의를 보면 참지 못한다.
> 그 집에 가면 <u>부정</u>을 탄다는 소문이 있다.
> 답이 무수히 많은 방정식을 <u>부정</u> 방정식이라 한다.
> 그의 대답은 긍정도 <u>부정</u>도 아니어서 혼란스럽다.

① 不淨- 不正- 不正- 否定　　　② 不正- 不淨- 不定- 否定
③ 不定- 不淨- 否定- 不定　　　④ 不貞- 否定- 不淨- 不定
⑤ 不貞- 不定- 否定- 不淨

✿TIP✿ ② 不正 – 不淨 – 不定 – 否定
　　　• 不正(不 아닐 부, 正 바를 정) : 올바르지 아니하거나 옳지 못함
　　　• 不淨(不 아닐 부, 淨 깨끗할 정) : 깨끗하지 못함. 또는 더러운 것
　　　• 不定(不 아닐 부, 定 정할 정) : 일정하지 아니함
　　　• 否定(否 아닐 부, 定 정할 정) : 그렇지 아니하다고 단정하거나 옳지 아니하다고 반대함

---

16 다음 사자성어 중 그 의미가 다른 하나는?

① 桑麻之交　　　　　　　　② 刎頸之交
③ 膠漆之交　　　　　　　　④ 金蘭之交
⑤ 水魚之交

✿TIP✿ ① **桑麻之交**(상마지교) : 뽕나무와 삼나무를 벗 삼아 지낸다는 뜻으로, 전원에 은거하여 시골 사람들과 사귀며 지냄을 비유적으로 이르는 말.
　　　② **刎頸之交**(문경지교) : 서로를 위해서라면 목이 잘린다 해도 후회하지 않을 정도의 사이라는 뜻으로, 생사를 같이할 수 있는 아주 가까운 사이, 또는 그런 친구를 이르는 말
　　　③ **膠漆之交**(교칠지교) : 아주 친밀하여 서로 떨어질 수 없는 교분을 이르는 말
　　　④ **金蘭之交**(금란지교) : 친구 사이의 매우 두터운 정을 이르는 말
　　　⑤ **水魚之交**(수어지교) : 물이 없으면 살 수 없는 물고기와 물의 관계라는 뜻으로, 아주 친밀하여 떨어질 수 없는 사이를 비유적으로 이르는 말

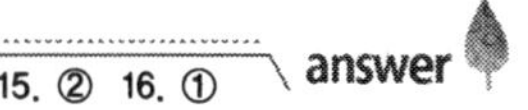

15. ② 16. ① answer

17 다음 중 창작군담소설(일명 영웅소설)의 특징이 아닌 것은?

① '영웅의 일생'이라는 전형적 구조로 되어 있다.
② 대중소설적 성격이 강하다.
③ 비현실적인 요소가 많다.
④ 시 · 공간적 배경은 16~17세기 조선인 경우가 대부분이다.
⑤ 조선 후기에 활발하게 창작되었다.

✽TIP✽ ④ 창작군담소설의 공간적 배경은 중국인 경우가 대부분이다.

18 다음 시의 시상 전개 방식을 설명한 것으로 옳은 것은?

> 머언 산 청운사(靑雲寺)/ 낡은 기와집
> 산은 자하산(紫霞山)/ 봄눈 녹으면
> 느릅나무/ 속잎 피어가는 열두 굽이를
> 청노루/ 맑은 눈에
> 도는/ 구름
>
> — 박목월, 〈청노루〉

① 시상이 시선의 이동에 따라 전개되고 있다.
② 시상이 시간의 흐름에 따라 전개되고 있다.
③ 시상이 화자의 심리 변화에 따라 전개되고 있다.
④ 시상이 계절의 변화에 따라 전개되고 있다.
⑤ 시상이 점층적으로 전개되고 있다.

✽TIP✽ 이 시는 머언 산 청운사 낡은 기와집→자하산→느릅나무→열두 굽이 길→청노루의 순으로 시
적 화자의 시선의 이동(원경→근경)에 따라 전개되고 있다.
※ 박목월, '청노루'
　　㉠ 성격 : 낭만적, 서경적, 전통적, 관조적, 향토적
　　㉡ 표현 : 'ㄴ'음(비음)을 반복 사용함으로써 아늑하고 은은한 분위기 형성
　　㉢ 시상 전개 : 시선의 이동(원경→근경)
　　㉣ 심상 : 정중동(靜中動)의 심상
　　㉤ 제재 : 청노루
　　㉥ 주제 : 봄의 정경과 정취

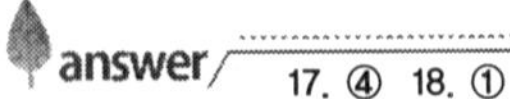

19 1930년대 문단의 상황에 대한 다음 진술 중 잘못된 것은?

① 김동리, 김유정 등 동반자 작가들이 활동했다.

② 예술성을 강조하는 순수 문학이 크게 유행했다.

③ 모더니즘 문학이 도입되고 다양한 기법이 실험되었다.

④ 전원파, 청록파, 생명파 등이 등장했다.

⑤ 일제의 탄압으로 카프(KAPF)가 해체되었다.

> ✽ TIP ✽ 동반자 작가 … 프롤레타리아문학에 동조한 작가들의 총칭. 정식 카프(KAPF, 조선프롤레타리아 예술
> 가동맹)의 회원은 아니었으나 사상적으로 그 방향을 같이하며, 또 자연생성적인 작품을 써서 카프
> 의 뒤를 따르려고 하는 작가들을 동반자작가라고 하였다. 실제로 카프에서는 동반자작가로 이효석
> 과 유진오 정도를 꼽는다.

20 다음 중 괄호 안의 한자어가 적절히 사용된 것은?

① <u>가상(假像)</u>현실에서는 실제로 경험할 수 없는 체험을 할 수 있다.

② <u>가시(可示)</u>적인 성과보다는 내실이 중요하다.

③ 그의 작품에는 다양한 인생 <u>편력(遍歷)</u>이 드러나 있다.

④ 그 이야기는 <u>과장(誇長)</u> 없는 사실이다.

⑤ 삶에 대한 <u>통찰(通察)</u>이 묻어나는 말씀이다.

> ✽ TIP ✽ ③ 편력(遍歷) : 이곳저곳을 널리 돌아다님. 또는 여러 가지 경험을 함
> 　① 가상(假像) → 가상(假想)
> 　• 가상(假像) : 실물처럼 보이는 거짓 형상
> 　• 가상(假想) : 사실이 아니거나 사실 여부가 분명하지 않은 것을 사실이라고 가정하여 생각함
> 　② 가시(可示) → 가시(可視)
> 　• 가시(可視) : 눈으로 볼 수 있는 것
> 　④ 과장(誇長) → 과장(誇張)
> 　• 과장(誇張) : 사실보다 지나치게 불려서 나타냄
> 　⑤ 통찰(通察) → 통찰(洞察)
> 　• 통찰(通察) : 책이나 글을 처음부터 끝까지 모두 훑어봄
> 　• 통찰(洞察) : 예리한 관찰력으로 사물을 꿰뚫어 봄

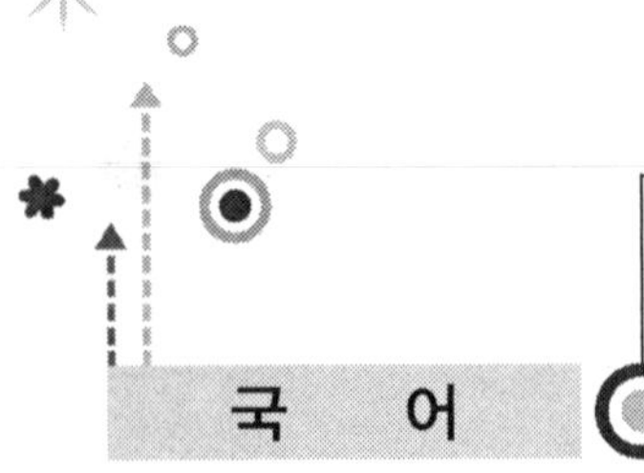

2015. 4. 18 인사혁신처 시행

1 어법에 맞게 쓰인 것은?

① 내일 야유회 간데요?

② 그이가 말을 아주 잘하대.

③ 연예인을 보니 그렇게 좋던?

④ 제가 직접 봤는데 너무 크대요.

> ✱ TIP ✱ ③ '-던'은 과거에 직접 경험하여 새로이 알게 된 사실에 대한 물음을 나타내는 종결 어미이다.
> ① 간데요? → 간대요?
> ② 잘하대 → 잘하데
> ④ 크대요 → 크데요
> ※ '-대'와 '-데'
> ㉠ -대
> • '-다고 해'가 줄어든 형태로 간접 경험을 강조할 때 사용한다.
> • 어떤 사실을 주어진 것으로 치고 그 사실에 대한 의문을 나타내는 종결 어미로 놀라거나 못마땅하게 여기는 뜻이 섞여 있다.
> ㉡ -데 : 과거 어느 때에 직접 경험하여 알게 된 사실을 현재의 말하는 장면에 그대로 옮겨 와서 말함을 나타내는 종결 어미이다.

2 띄어쓰기가 바른 것은?

① 그 사고는 여러 가지 규칙을 도외시 하였기 때문이야.

② 사실상 여자 대 남자의 대리전으로 밖에는 보이지 않아.

③ 반드시 거기에 가겠다면 내키는 대로 행동해서는 안 돼.

④ 금연을 한 만큼 네 건강이 어느 정도까지 회복될 지 궁금해.

answer 1. ③ 2. ③

✱ TIP ✱ ① 그 사고는 여러 가지 규칙을 <u>도외시하였기</u> 때문이야.
② 사실상 여자 대 남자의 <u>대리전으로밖에는</u> 보이지 않아.
④ 금연을 한 만큼 네 건강이 어느 정도까지 <u>회복될지</u> 궁금해.

3 밑줄 친 조사의 쓰임이 옳지 <u>않은</u> 것은?

① 건축 면적은 설계도<u>에서</u> 정한 기준에 따라 산정한다.
② 제안서 및 과업 지시서는 참가 신청자<u>에게</u> 한하여 교부한다.
③ 관계 조서 사본을 관리 사무소<u>에</u> 비치하고 일반인에게 보인다.
④ 제5조 제1항의 규정<u>에도</u> 불구하고 다음 각 목의 평가는 1년 유예를 둔다.

✱ TIP ✱ ② '어떤 조건, 범위에 제한되거나 국한되다'의 뜻을 가지는 '한하다'는 필수 부사어로 '–에'를 취한다. 따라서 '신청자에 한하여 교부한다'의 형태로 사용해야 한다.

4 다음 글에서 경계하고자 하는 태도와 유사한 것은?

> 비판적 사고는 지엽적이고 시시콜콜한 문제를 트집 잡아 물고 늘어지는 것이 아니라 문제의 핵심을 중요한 대상으로 삼는다. 비판적 사고는 제기된 주장에 어떤 오류나 잘못이 있는가를 찾아내기 위해 지엽적인 사항을 확대하여 문제로 삼는 태도나 사고방식과는 거리가 멀다.

① 격물치지(格物致知)　　　② 본말전도(本末顚倒)
③ 유명무실(有名無實)　　　④ 돈오점수(頓悟漸修)

✱ TIP ✱ ② 본말전도 : 중요한 것과 중요하지 않은 것이 구별되지 않거나 일의 순서가 잘못 바뀐 상태가 되다.
① 격물치지 :「대학」에 나오는 말로, 실제 사물의 이치를 연구하여 지식을 완전하게 한다는 의미이다.
③ 유명무실 : 이름만 그럴듯하고 실속은 없음을 이른다.
④ 돈오점수 : 불교 용어로 돈오(頓悟), 즉 문득 깨달음에 이르는 경지에 이르기까지는 반드시 점진적 수행단계가 필요하다는 말이다.

3. ② 4. ②  answer

5 다음을 논리적 순서로 배열한 것은?

> ㉠ 그 덕분에 인류의 문명은 발달될 수 있었다.
> ㉡ 그 대신 사람들은 잠을 빼앗겼고 생물들은 생체 리듬을 잃었다.
> ㉢ 인간은 오랜 세월 태양의 움직임에 따라 신체 조건을 맞추어 왔다.
> ㉣ 그러나 밤에도 빛을 이용해 보겠다는 욕구가 관솔불, 등잔불, 전등을 만들어 냈고, 이에
>   따라 밤에 이루어지는 인간의 활동이 점점 많아졌다.

① ㉠ – ㉡ – ㉢ – ㉣   ② ㉡ – ㉠ – ㉣ – ㉢
③ ㉢ – ㉣ – ㉠ – ㉡   ④ ㉣ – ㉢ – ㉡ – ㉠

❋ TIP ❋ 그 덕분에, 그 대신, 그러나 등이 문두에 오는 ㉠, ㉡, ㉣은 처음에 오기 어렵다. 따라서 제일 처음
에 나올 문장은 ㉢이다. 인간은 오랜 세월 태양의 움직임에 신체 조건을 맞추어 왔지만(㉢) 밤에도
빛을 이용해 보겠다는 욕구가 관솔불, 등잔불 등을 만들어 냈고, 이에 따라 밤에 이루어지는 인간
의 활동이 증가했다(㉣). 그 덕분에 인류의 문명은 발달할 수 있었으나(㉠) 그 대신 사람들은 잠을
빼앗겼고, 생물들은 생체 리듬을 잃었다(㉡).

6 리더십 부재와 잘못된 정책을 '등산'에 빗대어 설명한 것으로 가장 적절한 것은?

① 사공이 많으면 배가 산으로 간다는 속담처럼 말이 많으면 어느 산을 오를 것인지 결정할
수 없습니다.

② 등산로를 잘 알지 못하더라도 길잡이가 용기 있는 결단을 내리면 많은 사람들이 등산에
성공할 수 있습니다.

③ 길잡이가 방향을 잘못 가리키고 혼자 가 버리면 많은 사람들이 산 정상에 오를 수 없어
등산의 기쁨을 맛볼 수 없습니다.

④ 등산의 목적은 다른 사람들보다 먼저 봉우리에 올랐다는 기쁨 그 자체이므로 길잡이는
항상 등산하는 사람들이 경쟁할 수 있도록 도와야 합니다.

❋ TIP ❋ ③ 등산에서의 길잡이를 리더라고 하면, 길잡이가 방향을 잘못 가리킨 것은 잘못된 정책이 되고 혼
자 가 버린 것은 리더십 부재로 볼 수 있다.

7 다음 글에서 알 수 있는 내용이 아닌 것은?

> 사물놀이는 사물(四物), 즉 꽹과리, 징, 장구, 북의 네 가지 타악기만으로 연주하는 음악을 말한다. 사물놀이는 풍물놀이와는 좀 다르다. 풍물놀이를 무대 공연에 맞게 변형한 것이 사물놀이인데, 풍물놀이가 대체로 자기 지역의 가락만을 연주하는 데 비해 사물놀이는 거의 전 지역의 가락을 모아 재구성해서 연주한다.
>
> 사물놀이 연주자들은 흔히 쟁쟁거리는 꽹과리를 천둥이나 번개에, 잦게 몰아가는 장구를 비에, 둥실대는 북을 구름에, 여운을 남기며 울리는 징을 바람에 비유한다. 천둥이나 번개, 비, 구름, 바람이 어우러지며 토해 내는 소리가 사물놀이 소리라는 것이다. 사물놀이는 앉아서 연주하는 사물놀이와 서서 연주하는 사물놀이의 두 가지 형태로 나뉘어 있는데, 전자를 '앉은반', 후자를 '선반'이라고 한다.

① 사물놀이의 가치　　　　　　② 사물놀이의 소리

③ 사물놀이의 악기 종류　　　　④ 사물놀이의 연주 형태

✽ TIP ✽　① 사물놀이의 가치에 대해서는 언급하고 있지 않다.
　　　　　② 두 번째 문단 두 번째 문장을 통해 알 수 있다.
　　　　　③ 첫 번째 문단 첫 번째 문장을 통해 알 수 있다.
　　　　　④ 두 번째 문단 마지막 문장을 통해 알 수 있다.

8 다음 글의 내용과 부합하지 않는 것은?

> 글의 기본 단위가 문장이라면 구어를 통한 의사소통의 기본 단위는 발화이다. 담화에서 화자는 발화를 통해 '명령', '요청', '질문', '제안', '약속', '경고', '축하', '위로', '협박', '칭찬', '비난' 등의 의도를 전달한다. 이때 화자의 의도가 직접적으로 표현된 발화를 직접 발화, 암시적으로 혹은 간접적으로 표현된 발화를 간접 발화라고 한다.
>
> 일상 대화에서도 간접 발화는 많이 사용되는데, 그 의미는 맥락에 의존하여 파악된다. '아, 덥다.'라는 발화가 '창문을 열어라.'라는 의미로 파악되는 것이 대표적인 예이다. 방 안이 시원하지 않다는 상황을 고려하여 청자는 창문을 열게 되는 것이다. 이처럼 화자는 상대방이 충분히 그 의미를 파악할 수 있다고 판단될 때 간접 발화를 전략적으로 사용함으로써 의사소통을 원활하게 하기도 한다.
>
> 공손하게 표현하고자 할 때도 간접 발화는 유용하다. 남에게 무언가를 요구하려는 경우 직접 발화보다 청유 형식이나 의문 형식의 간접 발화를 사용하면 공손함이 잘 드러나기도 한다.

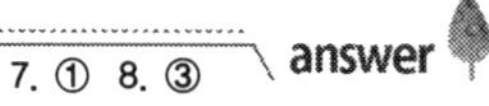

7. ① 8. ③　**answer**

① 발화는 구어를 통한 의사소통의 기본 단위이다.

② 간접 발화의 의미는 언어 사용 맥락에 기대어 파악된다.

③ 간접 발화가 직접 발화보다 화자의 의도를 더 잘 전달한다.

④ 요청할 때 청유문이나 의문문을 사용하면 더 공손해 보이기도 한다.

✿ TIP ✿ ③ 첫 번째 문단 세 번째 문장에 따르면 화자의 의도가 직접적으로 표현된 발화를 직접 발화, 암시적으로 혹은 간접적으로 표현된 발화를 간접 발화라고 한다. 따라서 직접 발화가 간접 발화보다 화자의 의도를 더 잘 전달한다.

9 다음 글에 대한 설명으로 적절하지 않은 것은?

> 나는 집이 가난하여 말이 없어서 간혹 남의 말을 빌려 탄다. 노둔하고 여윈 말을 얻게 되면 일이 비록 급하더라도 감히 채찍을 대지 못하고 조심조심 금방 넘어질 듯 여겨서 개울이나 구렁을 지날 때는 말에서 내려 걸어가므로 후회할 일이 적었다. 발굽이 높고 귀가 쫑긋하여 날래고 빠른 말을 얻게 되면 의기양양 마음대로 채찍질하고 고삐를 늦추어 달리니 언덕과 골짜기가 평지처럼 보여 매우 장쾌하지만 말에서 위험하게 떨어지는 근심을 면치 못할 때가 있었다. 아! 사람의 마음이 옮겨지고 바뀌는 것이 이와 같을까? 남의 물건을 빌려서 하루아침의 소용에 쓰는 것도 이와 같은데, 하물며 참으로 자기가 가지고 있는 것이야 어떻겠는가?
>
> – 이곡, 「차마설(借馬說)」 –

① 경험을 통한 통찰력이 돋보인다.

② 우의적 기법을 적절히 활용하고 있다.

③ 대상들 사이의 유사점을 통해 대상의 특성을 설명하고 있다.

④ 일상사와 관련지어 글쓴이의 주장을 설득력 있게 드러내고 있다.

✿ TIP ✿ ③ 전반부에서는 '노둔하고 여윈 말'과 '날래고 빠른 말'을 얻었을 때 상황의 대조를 통해 깨달음을 얻고 있다.

10 다음 글과 같은 방식으로 논리를 전개한 것은?

> 진리가 사상의 체계에 있어 제일의 덕이듯이 정의는 사회적 제도에 있어 제일의 덕이다. 하나의 이론은 그것이 아무리 멋지고 간명한 것이라 하더라도 만약 참되지 않다면 거부되거나 수정되어야 한다. 이와 마찬가지로 법과 제도는 그것이 아무리 효율적으로 잘 정비되어 있다고 하더라도 만약 정의롭지 않다면 개혁되거나 폐기되어야 한다.

① 의지의 자유가 없는 사람에게는 책임을 물을 수 없다. 그런데 인간에게는 책임을 물을 수 있다. 그러므로 인간의 의지는 자유롭다고 보아야 한다.

② 여자는 생각하는 것이 남자와 다른 데가 있다. 남자는 미래를 생각하지만 여자는 현재의 상태를 더 소중하게 여긴다. 남자가 모험, 사업, 성 문제를 중심으로 생각한다면 여자는 가정, 사랑, 안정성에 비중을 두어 생각한다.

③ 우리 강아지는 배를 문질러 주면 등을 바닥에 대고 누워 버려. 그리고 정말 기분 좋은 듯한 표정을 짓지. 그런데 내 친구 강아지도 그렇더라고. 아마 모든 강아지가 그런 속성을 가지고 있는 것 같아.

④ 인생은 여행과 같다. 간혹 험난한 길을 만나기도 하고, 예상치 않은 일을 당하기도 한다. 우연히 누군가를 만나고 그들과 관계를 맺기도 한다. 여행을 끝내고 집으로 돌아왔을 때 편안함을 느끼는 것처럼 생을 끝내고 죽음을 맞이할 때 우리는 더없이 편안해질 것이다.

✱ TIP ✱ 제시문에 사용된 논리 전개 방식은 유추이다.
　　　　① 3단 논법(연역법)
　　　　② 대조
　　　　③ 귀납법

10. ④　answer

11 밑줄 친 부분이 맞춤법에 맞지 않는 것은?

① 하나에 백 원씩 <u>처주마</u>.
② 여름이 되니 몸이 축축 <u>처지네</u>.
③ 아궁이에서 쓰레기를 <u>처대고</u> 있지.
④ 오는 길에 <u>처박힌</u> 자전거를 보았어.

✿ TIP ✿ ① 처주마 → 쳐주마, '치다 + 주다'의 형태로 '쳐주다'로 표기한다.

12 밑줄 친 부분 중 보조 용언이 결합되지 않은 것은?

① 창문 너머로 날이 <u>밝아 온다</u>.
② 동생이 내 과자를 <u>먹어 버렸다</u>.
③ 우체국에 들러 선배의 편지를 <u>부쳐 주었다</u>.
④ 그는 환갑이 지났지만 40대처럼 <u>젊어 보인다</u>.

✿ TIP ✿ ④ '젊어 보인다'는 서술어 2개가 모두 원래의 뜻으로 사용된 본용언 + 본용언의 결합이다.

13 밑줄 친 부분의 의미 관계가 나머지 셋과 다른 것은?

① 세 시간이 흐르도록 <u>분분</u>했던 의견들이 마침내 하나로 <u>합치</u>하였다.
② 아무리 논리적 <u>사고</u>라 하더라도 거기에는 <u>비판</u>이 따르게 마련이다.
③ 사회적 지위가 높은 사람이 보여주는 <u>겸손</u>은 가끔 <u>오만</u>으로 비칠 수도 있다.
④ <u>결미</u>에 제시된 결론이 모두에서 진술한 내용과 관련을 맺는다면 좀 더 긴밀한 구성이 될
   것이다.

✿ TIP ✿ ①, ③, ④는 밑줄 친 부분의 의미 관계가 반의 관계인 것에 비해 ②는 상하 관계이다.

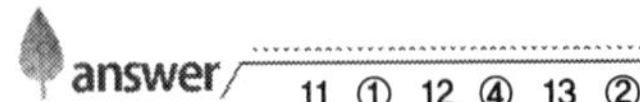

answer 11. ① 12. ④ 13. ②

14 밑줄 친 사자성어의 쓰임이 적절하지 않은 것은?

① 그는 결단력이 없어 <u>좌고우면(左顧右眄)</u>하다가 적절한 대응 시기를 놓쳐 버렸다.

② 다수의 기업이 새로운 투자보다 변화에 대한 <u>암중모색(暗中摸索)</u>을 시도하고 있다.

③ 그 친구는 <u>침소봉대(針小棒大)</u>하는 경향이 있어서 하는 말을 곧이곧대로 믿기 어렵다.

④ 그 사람이 경제적으로 매우 어려운 상황에서 성공한 것은 <u>연목구어(緣木求魚)</u>나 마찬가지이다.

   ✱ TIP ✱ ④ 연목구어 : 나무에 올라가서 물고기를 구한다는 뜻으로, 도저히 불가능한 일을 굳이 하려 함을 비유적으로 이르는 말
      ① 좌고우면 : 이쪽저쪽을 돌아본다는 뜻으로, 앞뒤를 재고 망설임을 이르는 말
      ② 암중모색 : 물건 따위를 어둠 속에서 더듬어 찾음. 어림으로 무엇을 알아내거나 찾아내려 함. 은밀한 가운데 일의 실마리나 해결책을 찾아내려 함 등의 의미로 쓰인다.
      ③ 침소봉대 : 작은 일을 크게 불리어 떠벌림

15 ㉠~㉣에 대한 설명으로 적절하지 않은 것은?

> 삼동(三冬)에 ㉠베옷 입고 암혈(巖穴)에 ㉡눈비 맞아
> 구름 낀 볕뉘도 쬔 적이 없건마는
> ㉢서산에 해 지다 하니 ㉣눈물겨워 하노라.

① ㉠ : 화자의 처지나 생활을 추측할 수 있게 한다.

② ㉡ : 화자와 중심 대상 사이를 연결하는 매개체이다.

③ ㉢ : 화자가 머물고 있는 공간과 구별되는 공간이다.

④ ㉣ : 상황에 대한 화자의 감정이 직접 표출되고 있다.

   ✱ TIP ✱ ② ㉠과 ㉡은 화자가 벼슬에 나가지 않고 자연 속에 은거하고 있음을 보여주는 시어이다. 따라서 화자와 중심 대상(해 = 임금)을 연결하는 매개체로 보기는 어렵다.

16 다음 글을 읽은 독자의 반응으로 적절한 것은?

> 인문학은 세상에 대한 종합적이고 비판적인 해석과 시각을 제공한다. 인문학이 해석하는 세상은 지금 우리가 살고 있는 세상이다. 현대 사회는 사회의 복잡성이 비교할 수 없을 정도로 증가함에 따라 위험과 불확실성이 커졌으며, 다양한 정보 통신 기술이 정보와 지식의 생산, 유통, 소비를 혁신적으로 바꾸면서 사람들 사이의 새로운 상호 의존 관계를 만들어 낸다는 점에서 과거와는 다른 차별성을 지니고 있다. 이것은 현대 사회가 불확실하고 복잡하며 매일 매일 바쁘게 돌아가는 세상이 되었다는 것, 나아가 지구 구석구석에 존재하는 타인과의 상호 관계가 내 삶에 예기치 못한 영향을 미치는 세상이 되었다는 것을 의미한다. 이러한 세상을 살아가는 데에 인문학은 실질적인 지침을 제공해야 한다.

① 현대 사회에서 인문학이 담당해야 할 역할에 대해 말하고 있어.

② 현대 사회의 문제점을 부각시키면서 바람직한 해결 방안을 제시하고 있어.

③ 과거와 현대 사회의 모습을 구체적으로 대조하면서 현대 사회의 특징을 드러내고 있어.

④ 사회의 복잡성으로 인해 타인과의 소통에 장애가 생긴다는 점을 현대 사회의 주요한 특징으로 말하고 있어.

✱ TIP ✱ 제시문의 소재는 '인문학'으로 인문학이 현대 사회를 살아가는 데에 실질적인 지침을 제공해야 한다고 주장하고 있다.

17 ( ) 안에 들어갈 말로 적절한 것은?

> '개살구', '잠', '새파랗다' 등은 어휘 형태소인 '살구', '자-', '파랗-'에 '개-', '-ㅁ', '새-'와 같은 접사가 덧붙어서 파생된 단어들이다. 이처럼 직접 구성 요소 중 접사가 확인되는 단어들을 '파생어'라고 한다. 반면, ( ) 등은 각각 실질적 의미를 지닌 두 요소가 결합하여 한 단어가 된 경우인데, 이를 '파생어'와 구분하여 '합성어'라고 한다.

① 고추장, 놀이터, 손짓, 장군감

② 면도칼, 서릿발, 쉰둥이, 장난기

③ 깍두기, 선생님, 작은형, 핫바지

④ 김치찌개, 돌다리, 시나브로, 암탉

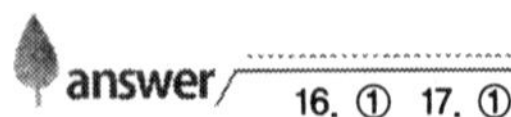

✸ TIP ✸ ① 고추(어근) + 장(어근), 놀이(어근) + 터(어근), 손(어근) + 짓(어근), 장군(어근) + 감(어근) → 합성어

② 면도(어근) + 칼(어근), 서리(어근) + 발(어근) → 합성어, 쉰(어근) + 둥이(접사), 장난(어근) + 기(접사) → 파생어

③ 깍둑(어근) + 이(접사), 선생(어근) + 님(접사), 핫(접사) + 바지(어근) → 파생어, 작은(어근) + 형(어근) → 합성어

④ 김치(어근) + 찌개(어근), 돌(어근) + 다리(어근) → 합성어, 시나브로 → 단일어, 암ㅎ(접사) + 닭(어근) → 파생어

18 다음 자료를 활용하여 글을 쓰려고 할 때, 적절하지 않은 것은?

(단위 : %, 중복 응답)

인터넷의 순기능	88.4	59.0	46.6	13.1	12.9
	다양한 정보의 습득	편리한 커뮤니케이션	온라인 교육 및 여가 활용	다양한 의견의 장	다양한 동호회 참여 및 활동
인터넷의 역기능	84.3	83.9	56.2	16.1	10.2
	욕설, 비방, 허위 사실 유포	성인 음란물 유통	개인 정보 유출	저작권 침해	반국가 행위

① 인터넷을 이용하면 필요한 정보를 다양하게 얻을 수 있음을 서술한다.

② 자신의 권리가 침해되지 않도록 보안 강화 방안을 적극적으로 제안한다.

③ 타인의 권리를 침해하지 않도록 인터넷 윤리 교육의 필요성을 강조한다.

④ 인터넷이 잘못된 여론을 형성할 수 있으므로 인터넷 사용을 금지할 것을 주장한다.

✸ TIP ✸ 인터넷의 역기능으로 허위 사실 유포가 지적되었지만, 모든 순기능을 배제한 채 이것을 근거로 인터넷 사용을 금지하는 것은 적절하지 않다.

18. ④ 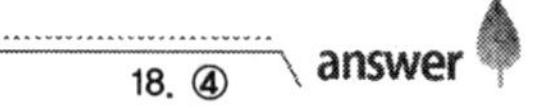 answer

> 〈보기〉
>
> 이용악은 1945년 해방이 되자 고향인 함경북도 경성에 가족을 두고 홀로 상경한다. '그리움'은 몹시 추웠던 그해 겨울밤 고향에 두고 온 가족을 그리워하며 쓴 시이다.

눈이 오는가 ㉠북쪽엔
함박눈 쏟아져 내리는가.

험한 벼랑을 굽이굽이 돌아간
백무선 철길 위에
느릿느릿 밤새워 달리는
화물차의 검은 지붕에

연달린 산과 산 사이
㉡너를 남기고 온
작은 마을에도 복된 눈 내리는가.

잉크병 얼어드는 ㉢이러한 밤에
어쩌자고 ㉣잠을 깨어
그리운 곳 차마 그리운 곳.

눈이 오는가 북쪽엔
함박눈 쏟아져 내리는가.

— 이용악, 「그리움」 —

① ㉠은 자신이 떠나온 공간인 고향을 가리키는 것이겠군.
② ㉡은 고향에 남겨 두고 온 가족을 의미하는 표현이겠군.
③ ㉢은 극심한 추위 속에서도 가족을 떠올리는 시간이겠군.
④ ㉣은 그리운 이를 볼 수 없는 화자의 절망적 심정을 투영한 대상물이겠군.

❈ TIP ❈ 가족에 대한 그리움과 걱정으로 잠을 이루지 못하고 깨어난 화자의 상황을 표현한 것으로 절망적 심정을 투영한 대상이라고 보기는 어렵다.

answer / 19. ④

20 다음 글에 나타난 '그림 : 액자'의 관계와 가장 비슷한 것은?

> 2000년이 된 기념으로 ○○화랑에서 화가 200인의 작품 전시회를 개최하였다. 큐레이터가 보내 준 카탈로그를 보고 전화로 김○○ 화백의 그림을 바로 예약했다. 큐레이터는 "작품이 작은데 병 속에 세 명이 들어가 있어 답답한 느낌이 들지 않느냐?"라고 했지만, 나는 내가 설정한 '가족'이라는 주제에 어울린다고 생각하여 구입하기로 하였다.
> 전시회가 끝난 뒤 작품을 받아 보니 액자가 그림보다 훨씬 컸다. 이렇게 액자가 크니, 큐레이터의 걱정과는 달리 그림이 답답해 보이지는 않았다. 이것이 바로 '액자의 힘'이다. 내가 아는 어떤 애호가는 좋은 액자를 꾸준히 모은다. 갖고 있는 그림의 액자를 바꾸기 위해.

① 유명 인사들의 사회적 성공은 어디에서 비롯되었을까. 그들은 그 요인으로 하나같이 좋은 습관을 든다. – '성공 : 습관'

② 나는 가끔 책을 장난감 블록처럼 다양하게 쌓아 본다. 책의 무거움, 진부함, 지루함을 해소하고, 즐겁고 유쾌하게 책을 재발견하고자 하는 것이다. – '책 : 장난감 블록'

③ 로댕은 돌을 바라봅니다. 그 안에서 손을 발견합니다. 그리고 자신의 손을 움직여 돌 속의 손을 끄집어내려고 합니다. 그러다 실패하지요. 실패했다고 포기하지 않고 로댕은 다시 새 돌을 꺼내 바라봅니다. – '돌 : 손'

④ 인간은 단 몇 초 만에 상대방에 대한 호감도를 결정한다고 한다. 몇 초 만에 자신의 내면을 드러내기가 쉽지 않다는 것을 고려하면, 내면을 돋보이게 할 수 있는 옷차림은 분명 무시할 수 없는 요인이다. – '내면 : 옷차림'

❀ TIP ❀ 제시문에 나타난 그림과 액자의 관계는 내적인 것과 외적인 것의 관계이면서, 외적인 것이 내적인 것에 영향을 미치는 관계이다.

20. ④  answer

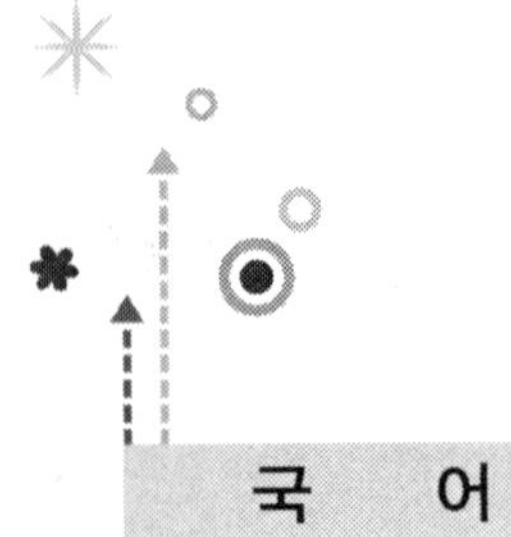

2015. 6. 13 서울특별시 시행

1 다음 중 표준어로만 짝지어진 것은?

① 덩쿨 - 눈두덩이 - 놀이감

② 윗어른 - 호루라기 - 딴지

③ 계면쩍다 - 지리하다 - 삐지다

④ 주책 - 두루뭉술하다 - 허드레

> ✽ TIP ✽ ① 덩쿨(×) → 넝쿨/덩굴(O)(복수표준어)
> 눈두덩/눈두덩이(O)(2014년에 복수표준어로 인정)
> 놀이감(×) → 놀잇감(O)(2014년에 장난감과 뜻이나 어감이 차이가 나는 별도의 표준어로 인정)
> ② 윗어른(×) → 웃어른(O)
> 딴죽/딴지(O)(2014년에 딴죽과 뜻이나 어감이 차이가 나는 별도의 표준어로 인정)
> ③ 지리하다(×) → 지루하다(O)

2 다음 중 〈보기〉의 설명에 해당되지 않는 단어는?

> 〈보기〉
> 접미사는 품사를 바꾸거나 자동사를 타동사로 바꾸는 기능을 한다.

① 보기   ② 낯섦

③ 낮추다   ④ 꽃답다

> ✽ TIP ✽ ② 낯섦 : 형용사 '낯설다'의 어간 '낯설-'에 명사형 전성어미 '-ㅁ'이 붙은 것으로 어미는 품사를 바꾸지는 않는다.
> ① 보기 : 동사 '보다'의 어간 '보-'에 접미사 '-기'가 붙어 명사가 되었다.
> ③ 낮추다 : 형용사 '낮다'의 어간 '낮-'에 접미사 '-추-'가 붙어 동사가 되었다.
> ④ 꽃답다 : 명사 '꽃'에 접미사 '-답다'가 붙어 형용사가 되었다.

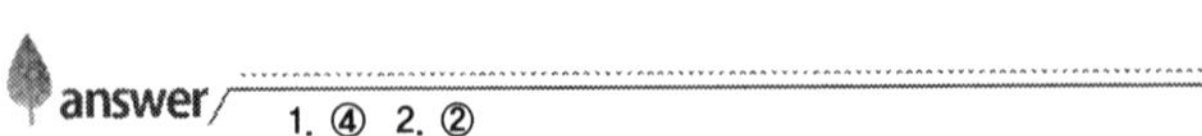

3 국어의 음운 현상에는 아래의 네 가지 유형이 있다. 〈보기〉의 ㈎와 ㈏에 해당하는 음운 현상의 유형을 순서대로 고르면?

> ㉠ XAY → XBY(대치) ㉡ XAY → XØY(탈락)
> ㉢ XØY → XAY(첨가) ㉣ XABY → XCY(축약)

> 〈보기〉
> 솥+하고 → [솓하고] → [소타고]
> ㈎   ㈏

① ㉠, ㉡ ② ㉠, ㉣
③ ㉡, ㉢ ④ ㉣, ㉡

> ✿ TIP ✿ ㈎ : '솥'이 [솓]으로 발음되는 것은 받침소리로 'ㄱ, ㄴ, ㄷ, ㄹ, ㅁ, ㅂ, ㅇ'의 7개로 발음된다는 음절의 끝 소리 규칙에 의한 것이다. 그러므로 ㉠ 대치에 해당한다.
> ㈏ : [솓하고]가 [소타고]로 발음되는 것은 'ㄷ'이 'ㅎ'을 만나 'ㅌ'으로 축약된 것으로 자음축약에 의한 것이다. 그러므로 ㉣ 축약에 해당한다.

4 다음 중 띄어쓰기가 옳은 것은?

① 차라리 얼어서 죽을망정 겻불은 아니 쬐겠다.
② 마음에 걱정이 있을 지라도 내색하지 마라.
③ 그녀는 얼굴이 예쁜대신 마음씨는 고약하다.
④ 그 사람이 친구들 말을 들을 지 모르겠다.

> ✿ TIP ✿ ① '-ㄹ망정'은 어미이므로 앞 말에 붙여 쓰는 것이 맞다.
> ② 있을 지라도(×) → 있을지라도(O) : '-ㄹ지라도'는 어미이므로 앞말에 붙여 써야 한다.
> ③ 예쁜대신(×) → 예쁜 대신(O) : '대신'은 의존명사이므로 띄어 쓰는 것이 옳다.
> ④ 들을 지(×) → 들을지(O) : '-ㄹ지'는 추측에 대한 막연한 의문이 있는 어미이므로 붙여 쓰는 것이 옳다.

3. ② 4. ①　answer

5 다음 중 국어의 형태적 특징은?

① 수식어는 반드시 피수식어 앞에 온다.

② 동사와 형용사의 활용이 유사하다.

③ 문장 성분의 순서를 비교적 자유롭게 바꿀 수 있다.

④ 언어 유형 중 '주어-목적어-동사'의 어순을 갖는 SOV형 언어이다.

> ✽TIP✽ 국어의 형태적 특징은 단어와 관련된 특성을 말한다. 동사와 형용사는 어미에 의해 활용되는 첨가
> 어로서의 특징을 갖는다.
> ①③④ 국어의 통사적 특징에 해당한다.

6 다음 중 외래어 표기법에 따라 바르게 표기된 것으로만 묶인 것은?

① 서비스 – 소시지 – 소파 – 싱크대 – 팜플렛

② 리더쉽 – 소세지 – 싱크대 – 서비스 – 스카우트

③ 쇼파 – 씽크대 – 바디로션 – 수퍼마켓 – 스카웃

④ 소파 – 소시지 – 슈퍼마켓 – 보디로션 – 팸플릿

> ✽TIP✽ ① 팜플렛(×) → 팸플릿(O)
> ② 리더쉽(X) → 리더십(O), 소세지(×) → 소시지(O)
> ③ 쇼파(×) → 소파(O), 씽크대(×) → 싱크대(O), 바디로션(×) → 보디로션(O), 수퍼마켓(×) → 슈퍼
> 마켓(O), 스카웃(×) → 스카우트(O)

7 다음 중 밑줄 친 단어의 한자로 가장 적합한 것은?

> 무언가를 <u>상실</u>해버린 느낌을 지니고 <u>성장</u>했어요. 그래서 어머니에게 내가 기억나지 않는 어
> 린 시절에 대한 이야기를 꼬치꼬치 캐물을 때가 종종 있지요. 게다가 시골마을에서 벌어지는
> 일이 내 눈엔 참 <u>이상</u>했어요. 마당에다 애써서 기른집짐승들을 잡아먹는 것도 이상했고, 겨
> 울을 잘 넘기고 <u>해동</u>이 될 때면 마을에 상여가 나가는 일이 많은 것도 이상해서 계속 따라갔
> 던 기억이 납니다.

① 상실 : 喪失 　　　　　　② 성장 : 盛裝

③ 이상 : 異狀 　　　　　　④ 해동 : 解冬

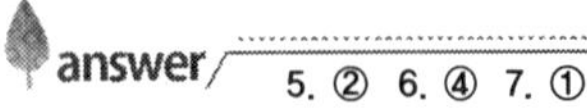

❋ TIP ❋ ① 喪失(잃을 상, 잃을 실) : 어떤 것이 아주 없어지거나 사라짐
② 成長(이룰 성, 길 장) : 사람이나 동식물 따위가 자라서 점점 자람
　成裝(성할 성, 꾸밀 장) : 잘 차려입음, 또 그런 차림
③ 異常(다를 이, 항상 상) : 정상적인 상태와 다름
　異狀(다를 이, 형상 상) : 평소와는 다른 상태
④ 解凍(풀 해, 얼 동) : 얼었던 것이 녹아서 풀림
　解冬(풀 해, 겨울 동) : 〈불교〉 동안거의 끝. 선원에서는 정월 보름날에 끝남

8 다음 중 한글 맞춤법에 따라 바르게 표기된 것은?

① 철수는 우리 반에서 키가 열둘째이다.
② 요즘 재산을 떨어먹는 사람이 많다.
③ 나는 집에 사흘 동안 머무를 예정이다.
④ 숫병아리가 내게로 다가왔다.

❋ TIP ❋ ① 열둘째→열두째 : '열둘째'는 맨 앞에서부터 세어 모두 열두 개째가 됨을 이르는 말이고 '열두째'는 순서가 열두 번째가 되는 차례를 이르는 말이다.
② 떨어먹는→털어먹는 : 재산이나 돈을 함부로 써서 몽땅 없앤다는 의미를 가지는 말은 '털어먹다'이다.
④ 숫병아리→수평아리 : 접두사 '수-' 다음에 거센소리를 인정하는 형태로 '수평아리'가 표준어이다.

9 다음 중 〈보기〉와 같은 서술 방식이 쓰인 문장은?

〈보기〉

포장한 지 너무 오래되어 길에는 흙먼지가 일고 돌이 여기저기 굴러 있었다. 길 양쪽에 다 쓰러져가는 집들, 날품팔이 일꾼들이 찾아가는 장국밥집, 녹슨 함석지붕이 찌그러져 있었고, 흙먼지가 쌓인 책방, 조선기와를 올린 비틀어진 이층집, 복덕방 포장이 찢기어 너풀거린다.

① 탈피 후 조금 쉬었다가 두 번째 먹이를 먹고 자리를 떠났다.
② 잎은 어긋나게 붙고 위로 올라갈수록 작아지면서 윗줄기를 감싼다.
③ 사람을 접대하는 것은 글을 잘 짓는 것과 같다.
④ 성장이 둔화 되어 일자리가 늘지 않았기 때문이다.

8. ③　9. ②

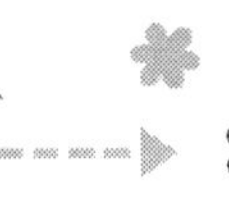

10 다음 문장들을 미괄식 문단으로 구성하고자 할 때 문맥상 전개 순서로 가장 옳은 것은?

> ㉠ 숨 쉬고 마시는 공기와 물은 이미 심각한 수준으로 오염된 경우가 많고, 자원의 고갈, 생태계의 파괴는 더 이상 방치할 수 없는 지경에 이르고 있다.
> ㉡ 현대인들은 과학 기술이 제공하는 물질적 풍요와 생활의 편리함의 혜택 속에서 인류의 미래를 낙관적으로 전망하기도 한다.
> ㉢ 자연 환경의 파괴뿐만 아니라 다양한 갈등으로 인한 전쟁의 발발 가능성은 도처에서 높아지고 있어서, 핵전쟁이라도 터진다면 인류의 생존은 불가능해질 수도 있다.
> ㉣ 이런 위기들이 현대 과학 기술과 밀접한 관계가 있다는 사실을 알게 되는 순간, 과학 기술에 대한 지나친 낙관적전망이 얼마나 위험한 것인가를 깨닫게 된다.
> ㉤ 오늘날 주변을 돌아보면 낙관적인 미래 전망이 얼마나 가벼운 것인지를 깨닫게 해 주는 심각한 현상들을 쉽게 찾아볼 수 있다.

① ㉠ – ㉢ – ㉤ – ㉣ – ㉡   ② ㉡ – ㉣ – ㉤ – ㉠ – ㉢
③ ㉡ – ㉤ – ㉠ – ㉢ – ㉣   ④ ㉤ – ㉣ – ㉠ – ㉢ – ㉡

11 다음 글의 논리적 구조로 가장 옳은 것은?

> 자유란 인간의 특성 중의 하나로서 한 개인이 스스로 판단하고 행동하며 그 결과에 대해 책임질 수 있는 능력을 의미한다. 그러한 능력을 극대화하기 위해서는 개인이 사회적인 여러 제약들, 가령 정치적, 경제적 및 문화적 제도나 권위, 혹은 억압으로부터 어느 정도의 거리를 유지하지 않으면 안 된다. 그러나 그 거리가 확보되면 될수록 개인은 사회로부터 고립되고 소외당하며 동시에 안정성과 소속감을 위협받을 뿐만 아니라 새로운 도전에 적나라하게 노출될 수밖에 없다. 이와 같이 새롭게 나타난 고독감이나 소외감, 무력감이나 불안감으로부터 벗어나기 위해 '자유로부터의 도피'를 감행하게 된다.

① 원인 – 결과

② 보편 – 특수

③ 일반 – 사례

④ 주장 – 근거

✹ TIP ✹ 이 글은 인간이 자유로부터의 도피를 감행하게 된다는 결과를 마지막에 놓고 그 앞에서는 인간이 자유로부터 도피를 감행하게 되는 원인을 밝히고 있다. 따라서 원인과 결과의 논리적 구조를 취하고 있다.

12 다음 중 서울을 주요 배경으로 한 소설이 아닌 것은?

① 박태원의 「천변풍경」

② 염상섭의 「두 파산」

③ 박완서의 「엄마의 말뚝」

④ 이청준의 「당신들의 천국」

✹ TIP ✹ ④ 이청준의 「당신들의 천국」: 소록도를 배경으로 일제시대부터 1960년대까지의 한센병 환자들의 지도자와 그 원생들 간의 갈등을 그린 소설이다.
　　① 박태원의 「천변 풍경」: 1930년대 청계천변을 중심으로 한 서민들의 일상사를 그린 세태소설이다.
　　② 염상섭의 「두 파산」: 해방 직후 서울을 배경으로 정례 모친의 경제적 파산과 옥임의 정신 파산을 통해 혼란한 사회상을 풍자한 소설이다.
　　③ 박완서의 「엄마의 말뚝」: 시골에서 남편을 잃은 후 어린 남매만 데리고 서울로 상경한 어머니가 집 한 채를 마련하기까지의 과정을 그린 소설이다.

11. ① 12. ④  answer

13 다음 밑줄 친 ㉠~㉣ 중 그 의미가 나머지 셋과 가장 다른 것은?

> 뭐락카노, 저 편 강기슭에서
> ㉠ <u>니 뭐락카노, 바람에 불려서</u>
>   이승 아니믄 저승으로 떠나는 뱃머리에서
> ㉡ <u>나의 목소리도 바람에 날려서</u>
>   뭐락카노 뭐락카노
> ㉢ <u>썩어서 동아밧줄은 삭아 내리는데</u>
>   하직을 말자 하직을 말자
> ㉣ <u>인연은 갈밭을 건너는 바람</u>
>
> — 박목월, 「이별가」 —

① ㉠   ② ㉡

③ ㉢   ④ ㉣

✱ TIP ✱ ㉠~㉢는 시적 대상과의 '단절'을 나타내고 있지만 ㉣에서는 이승과 저승을 넘나드는 인연을 나타내고 있다. 결국 삶과 죽음은 단절이 아니라 하나라는 새로운 인식전환을 통해 생사를 초월하는 인연의 깨달음을 보여준다.

14 다음 시조와 가장 유사한 정서가 나타난 것은?

> 방안에 혓는 촛불 눌과 이별 ᄒᆞ엿관ᄃᆡ
> 겻츠로 눈물 디고 속 타는 줄 모르는고
> 뎌 촛불 날과 갓트여 속 타는 줄 모르도다

① 이화에 월백ᄒᆞ고 은한이 삼경인 제 / 일지춘심을 자규야 알랴마는/ 다정도 병인냥ᄒᆞ여 줌못 드러 ᄒᆞ노라

② 흔 손에 막ᄃᆡ 잡고 ᄯᅩ 흔 손에 가싀 쥐고 / 늙는 길은 가싀로 막고 오는 백발은 막ᄃᆡ로 칠엿튼이 / 백발이 제 몬져 알고 지름길로 오건야

③ 이화우 훗쌜릴 제 울며 잡고 이별흔 님 / 추풍낙엽에 저도 날 싱각는가 / 천리에 외로운 쑴만 오락가락 ᄒᆞ노매

④ ᄆᆞ을 사름들아 올흔 일 ᄒᆞ쟈스라 / 사름이 되어 나셔 올티옷 못ᄒᆞ면 / ᄆᆞ쇼를 갓 곳갈 싀워 밥머기나 다르랴

answer / 13. ④ 14. ③

✽ TIP ✽ 제시문의 시조는 이개의 시조로 단종과 이별하는 슬픔을 나타내고 있다. 이와 같은 정서를 가지고
있는 보기는 ③이다. ③은 계랑의 이별가이다.
① 이조년의 시조로 봄밤의 정서를 시각적·청각적 이미지의 대비를 통해 형상화하고 있다.
② 우탁의 시조로 늙음에 대한 한탄을 나타내고 있다.
④ 송강 정철의 훈민가로 사람이 지켜야 할 기본적인 예절을 알려주고 있다.

15 다음에서 설명하는 훈민정음 제자 원리에 해당하는 것은?

> 'ㄱ, ㄷ, ㅂ, ㅅ, ㅈ, ㆆ' 등을 가로로 나란히 써서 ㄲ, ㄸ, ㅃ, ㅆ, ㅉ, ㆅ 을 만드는 것인데,
> 필요한 경우에는 'ㅺ, ㅼ, ㅽ, ㅲ, ㅳ, ㅄ, ㅶ, ㅄ' 등도 만들어 썼다.

① 象形　　　　　　　　② 加畫
③ 竝書　　　　　　　　④ 連書

✽ TIP ✽ 제시문은 훈민정음 글자 운용법으로 나란히 쓰기인 병서에 대한 설명이다. 병서는 'ㄲ, ㄸ, ㅃ, ㅆ'
과 같이 서로 같은 자음을 나란히 쓰는 각자병서와 'ㅺ, ㅳ, ㅵ'과 같이 서로 다른 자음을 나란히
쓰는 합용병서가 있다.
① 象形(상형) : 훈민정음 제자원리의 하나로 발음기관을 상형하여 기본자를 만들었다.
② 加畫(가획) : 훈민정음 제자원리의 하나로 상형된 기본자를 중심으로 획을 더하여 가획자를 만들
었다.
④ 連書(연서) : 훈민정음 글자 운용법의 하나로 이어쓰기의 방법이다.

16 다음의 밑줄 친 부분이 〈보기〉의 ㉠과 가장 유사한 의미로 쓰인 것은?

> 〈보기〉
> 그는 집에 갈 때 자동차를 ㉠ 타지 않고 걸어서 간다.

① 그는 남들과는 다른 비범한 재능을 <u>타고</u> 태어났다.
② 그는 가야금을 발가락으로 <u>탈</u> 줄 아는 재주가 있다.
③ 그는 어릴 적부터 남들 앞에 서면 부끄럼을 잘 <u>탔다</u>.
④ 그는 감시가 소홀한 야밤을 <u>타서</u> 먼 곳으로 갔다.

15. ③　16. ④

17 〈보기〉의 홍길동 씨가 처한 상황을 가장 잘 표현한 한자 성어는?

〈보기〉

홍길동 씨는 내일 열릴 동창회에 참석할 마음이 없었지만 친구들의 성화로 어쩔 수 없이 나간다고 약속을 했다. 그런데 당일 아침 갑작스레 배탈이 나서 도저히 동창회에 참석할 수 없는 상황이 되었다. 그는 동창회 총무에게 전화해서 사정을 설명했지만 상대방은 곧이곧대로 듣지 않고 동창회에 나오기 싫은 핑계라고 생각했다.

① 錦上添花
② 烏飛梨落
③ 苦盡甘來
④ 一擧兩得

18 다음 한자 성어 중 의미가 나머지 셋과 가장 다른 것은?

① 道聽塗說
② 心心相印
③ 拈華微笑
④ 以心傳心

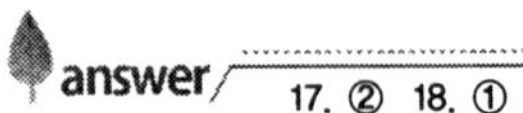

19 다음 중 〈보기〉의 뜻으로 옳은 것은?

> 〈보기〉
> 털을 뽑아 신을 삼는다.

① 힘든 일을 억지로 함

② 자신의 온 정성을 다하여 은혜를 꼭 갚음

③ 모든 물건은 순리대로 가꾸고 다루어야 함

④ 사리를 돌보지 아니하고 남의 것을 통으로 먹으려 함

✽ TIP ✽ 털을 뽑아 신을 삼는다는 말은 자신의 온 정성을 다하여 은혜를 꼭 갚는다는 말이다.

20 다음 제시된 단어 중 뜻풀이가 옳지 않은 것은?

① 여봐란듯이 : 우쭐대고 자랑하듯이

② 가뭇없이 : 보이던 것이 전혀 보이지 않아 찾을 곳이 감감하게

③ 오롯이 : 모자람이 없이 온전하게

④ 대수로이 : 그다지 훌륭하지 아니하게

✽ TIP ✽ 대수로이 … 중요하게 여길 만한 정도로

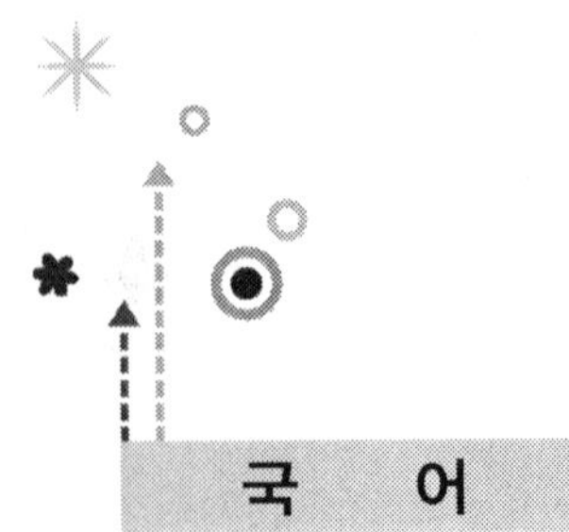

2015. 6. 27 제1회 지방직 시행

1 나머지 셋과 의미가 다른 사자성어는?

① 갑남을녀(甲男乙女)
② 초동급부(樵童汲婦)
③ 장삼이사(張三李四)
④ 부창부수(夫唱婦隨)

✽ TIP ✽ ①②③ 평범한 사람을 뜻한다.
　　　④ 남편이 주장하고 아내가 이에 따름. 가정에서의 부부 화합의 도리를 이르는 말이다.

2 다음 내용에 부합하는 사자성어는?

> 다양한 의견을 지닌 사회의 주체들이 서로 어우러지면서도 개개인의 의견을 굽혀 야합하지 않는 열린 토론의 장을 만들자.

① 동기상구(同氣相求)
② 화이부동(和而不同)
③ 동성이속(同聲異俗)
④ 오월동주(吳越同舟)

✽ TIP ✽ ② 다양한 의견을 지닌 주체들이 서로 어우러지면서도 야합하지 않는다고 했으므로 '남과 사이좋게 지내기는 하나 무턱대고 어울리지는 아니함'을 뜻하는 ②가 적절하다.
　　　① 같은 소리끼리는 서로 응하여 울린다는 뜻으로, 같은 무리끼리 서로 통하고 자연히 모인다는 말이다.
　　　③ 사람이 날 때는 다 같은 소리를 가지고 있으나, 자라면서 그 나라의 풍속으로 인해 서로 달라짐을 이르는 말이다.
　　　④ 서로 적의를 품은 사람들이 한자리에 있게 된 경우나 서로 협력하여야 하는 상황을 비유적으로 이르는 말이다.

answer 　　1. ④ 2. ②

3 ㉠~㉢에 들어갈 단어로 가장 적절한 것은?

> • 리포트 자료를 종류별로 (㉠)해 두어라.
> • 재활용할 쓰레기를 제대로 (㉡)해야 한다.
> • 그는 언제나 옳고 그른 일을 정확하게 (㉢)할 줄 안다.

	㉠	㉡	㉢
①	分類	分離	區分
②	分類	區分	分離
③	分離	區分	分類
④	分離	分類	區分

✳ TIP ✳ ㉠ 분류(分類) : 종류에 따라서 가름
㉡ 분리(分離) : 서로 나뉘어 떨어짐 또는 그렇게 되게 함
㉢ 구분(區分) : 일정한 기준에 따라 전체를 몇 개로 갈라 나눔

4 밑줄 친 단어의 뜻풀이로 바르지 않은 것은?

① 나이도 먹을 만큼 먹었는데 어쩌면 저렇게 <u>숫저울까</u>?
　－ 숫접다 : 순박하고 진실하다.

② 그녀는 그가 떠날까 <u>저어하였다</u>.
　－ 저어하다 : 염려하거나 두려워하다.

③ 나는 <u>곰살궂게</u> 이모의 팔다리를 주물렀다.
　－ 곰살궂다 : 일이나 행동이 적당하다.

④ 아이들이 놀이방에서 <u>새살거렸다</u>.
　－ 새살거리다 : 샐샐 웃으면서 재미있게 자꾸 지껄이다.

✳ TIP ✳ ③ '곰살궂다'는 '태도나 성질이 부드럽고 친절하다', '꼼꼼하고 자세하다'를 뜻한다.

3. ① 4. ③  answer

5 다음과 같은 뜻의 속담은?

> 임시변통은 될지 모르나 그 효력이 오래가지 못할 뿐만 아니라 결국에는 사태가 더 나빠진다
> 는 것을 말한다.

① 빈대 잡으려다 초가삼간 태운다.

② 언 발에 오줌 누기

③ 여름 불도 쬐다 나면 서운하다.

④ 밑 빠진 독에 물 붓기

❋ TIP ❋ ② '언 발에 오줌 누기'란 언 발을 녹이려고 오줌을 누어 봤자 효력이 별로 없다는 뜻으로, 임시변
통은 될지 모르나 그 효력이 오래가지 못할 뿐만 아니라 결국에는 사태가 더 나빠짐을 비유적으
로 이르는 말이다.
① 손해를 크게 볼 것을 생각지 아니하고 자기에게 마땅치 아니한 것을 없애려고 그저 덤비기만 하
는 경우를 비유적으로 이르는 말이다.
③ 쓸데없는 것이라도 없어지고 보면 섭섭하다.
④ 밑 빠진 독에 아무리 물을 부어도 독이 채워질 수 없다는 뜻으로, 아무리 힘이나 밑천을 들여도
보람 없이 헛된 일이 되는 상태를 비유적으로 이르는 말이다.

6 밑줄 친 부분의 표기가 잘못된 것은?

① 나는 그 일을 <u>시답지</u> 않게 생각한다.

② 그에게는 다섯 <u>살배기</u> 딸이 있다.

③ 밖에 있던 그가 <u>금세</u> 뛰어왔다.

④ 건물이 <u>부숴진</u> 지 오래되었다.

❋ TIP ❋ ④ 부숴진→부서진
'목재 따위를 짜서 만든 물건이 제대로 쓸 수 없게 헐어지거나 깨어지다'라는 뜻을 나타낼 때는 '부
서지다'로 써야 한다. '단단한 물체를 여러 조각이 나게 두드려 깨뜨리다'라는 뜻을 나타낼 때는 '부
수다'로 쓴다.

7 **묶음표의 쓰임이 잘못된 것은?**

① 나는 3 · 1 운동(1919) 당시 중학생이었다.

② 그녀의 나이(年歲)가 60세일 때 그 일이 터졌다.

③ 젊음[희망(希望)의 다른 이름]은 가장 아름다운 꽃이다.

④ 국가의 성립 요소 $\left\{\begin{array}{l}\text{국토}\\\text{국민}\\\text{주권}\end{array}\right\}$

✽ TIP ✽ ② 고유어에 대응하는 한자어를 함께 보일 때는 대괄호를 쓴다. 따라서 '나이[年歲]'로 써야 한다.

8 **다음 글에 대한 설명으로 적절하지 않은 것은?**

> 몽타주는 두 개 이상의 상관성이 없는 장면을 배치함으로써 새로운 의미를 도출하는 것이다. 에이젠슈테인은 몽타주의 개념을 설명하기 위해 상형문자가 합해져서 회의문자가 만들어지는 과정에서 아이디어를 빌려 왔다. 그는 두 개의 묘사 가능한 것을 병치하여 시각적으로 묘사 불가능한 것을 재현하려 했다. 가령 사람의 '눈'과 '물'의 이미지를 충돌시켜 '슬픔'의 의미를 드러내며, '문' 그림 옆에 '귀' 그림을 놓아 '도청'의 이미지를 나타내는 식이다. 의미에 있어서 단일하고, 내용에 있어서 중립적이고 묘사적인 장면을 연결시켜 지적인 의미를 만들어 내는 것이 그가 구현하려 했던 몽타주의 개념이다.

① 몽타주는 상형문자의 형성 원리를 바탕으로 만들어진 기법이다.

② 몽타주는 묘사 가능한 대상을 병치하여 묘사 불가능한 것을 재현한다.

③ '눈'과 '물'의 이미지가 한 장면에 배치되어 '슬픔'이 표현된다.

④ '문'과 '귀'의 이미지가 결합하여 '도청'이라는 의미를 나타낸다.

✽ TIP ✽ ① 몽타주는 상형문자가 합해져서 회의문자가 만들어지는 과정에서 아이디어를 빌려온 것이지 상형 문자의 형성 원리를 바탕으로 만들어진 기법은 아니다.

7. ② 8. ①

9 다음 글에 대한 설명으로 가장 적절한 것은?

> 노동 시장은 생산물 시장과 본질적으로 유사하지만, 생산물 시장이나 타 생산요소 시장과 다른 특징을 지니고 있다. 그중 가장 중요한 특징은 인간이 상품의 일부라는 점이다. 생산물 시장에서 일반 재화는 구매자와 판매자 간에 완전한 이전이 가능하고, 수요자와 공급자는 상대방이 누구인가에 대해 전혀 신경 쓸 필요 없이 오로지 재화 그 자체의 가격과 품질을 고려하여 수요·공급 의사를 결정한다. 그러나 노동 시장에서 노동이라는 상품은 공급자 자신과 분리될 수 없기 때문에 노동의 수요자와 공급자는 단순히 물건을 사고파는 것 이상의 인간적 관계를 맺게 되고, 수요·공급에 있어서 봉급, 부가 급여, 직업의 사회적 명예, 근무 환경, 직장의 평판 등 가격 이외의 비경제적 요소가 많은 영향을 미친다. 따라서 노동 시장은 가격의 변화에 따라 수요·공급이 유연성 있게 변화하지 않는 동시에 수요·공급의 불균형이 발생해도 가격의 조절 기능이 즉각적으로 작동하지 않는다.

① 여러 이론을 토대로 노동 시장에 대한 다양한 관점을 소개하고 있다.

② 여러 사례를 근거로 삼아 노동 시장에 대한 통념을 비판하고 있다.

③ 대비의 방식을 사용하여 노동 시장이 가지는 특징을 설명하고 있다.

④ 노동 시장에 관한 기존의 논의를 분석하여 새로운 주장을 제시하고 있다.

✧ TIP ✧ ③ 노동 시장이 생산물 시장 및 타 생산요소 시장과 어떻게 다른가를 제시하면서 노동 시장의 특징을 설명하고 있다.

10 다음 중 고친 문장이 적절하지 않은 것은?

① 그는 창작 활동과 전시회를 열었다.

→그는 창작 활동을 하고 전시회를 열었다.

② 그는 천재로 불려졌다.

→그는 천재로 불렸다.

③ 그는 마음씨 좋은 할머니의 손자이다.

→그는 마음씨가 좋은 할머니의 손자이다.

④ 나는 오늘 아침 나무에게 물을 주었다.

→나는 오늘 아침 나무에 물을 주었다.

✧ TIP ✧ ③ 제시된 문장은 중의성 표현이다. '마음씨가 좋은' 사람이 '할머니'인지, '그'인지 명확하지 않다. 고친 문장의 조사 '가'도 중의성을 해소시키진 못하였다.

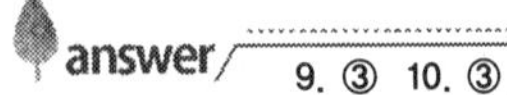

11 밑줄 친 용언의 활용이 잘못된 것은?

① 그는 <u>허구헌</u> 날 술만 마신다.

② 네가 시험에 합격했으니 동네 어른들과 잔치라도 <u>벌여야겠구나</u>.

③ 무슨 말을 해도 괜찮으니 내게 <u>서슴지</u> 말고 말해 보아라.

④ 담당자의 <u>서투른</u> 일 처리 때문에 창구에서 큰 혼란이 있었다.

> ✱TIP✱ ① 허구헌→허구한
>
> '날, 세월 따위가 매우 오래다'를 뜻하는 말은 '허구하다'이므로 '허구한 날'이라고 써야 한다.

12 밑줄 친 단어의 품사가 나머지 셋과 다른 것은?

① 비 온 뒤에 땅이 <u>굳는</u> 법이다.

② 성격이 <u>다른</u> 사람끼리는 함께 살기 어렵다.

③ 새해에는 으레 <u>새로운</u> 마음이 생기기 마련이다.

④ 몸이 <u>아픈</u> 사람은 교실에 남아 있었다.

> ✱TIP✱ ① 동사 ②③④ 형용사
>
> '굳다'는 동사와 형용사의 의미를 모두 가진다. ①에서는 현재 관형사형 어미로 동사에 붙는 '–는'을 썼으므로 동사가 된다.

11. ① 12. ①  answer

 다음 글에 대한 설명으로 적절하지 않은 것은?

> 소장은 혼자서 빙긋 웃었다. 감독조를 짐짓 3공사장으로 보내길 잘했다고 그는 생각했다. 사실은 그들이 없으면 인부들을 통솔하기가 매우 어려운 실정이었다. 원하는 대로 모두 수걱수걱 들어주고 나면 길 잘못 들인 강아지 새끼처럼 또 무엇을 달라고 보챌지 몰라 불안할수록, 더욱 감독조는 필요했다. 그래서 잠잠해질 때까지 당분간 보냈다가 인부들과는 낯선 다른 패들로 교대시킬 뿐이었다. 현재 노임도 올렸고 시간 노동제도 실시하고 있는 척할 수밖에 없지만, 우선 내일의 행사를 위해 숨 좀 돌려보자는 게 그의 속셈이었다. 그 다음엔 주동자들을 먼저 아무도 모르게 경찰에 데려다가 책임을 물어 따끔하게 본때를 보인 후, 여비나 두둑이 주어 구슬리며 딴 지방으로 쫓아 보낼 작정이었다. 그의 손에는 쟁의에 참가했던 인부들의 명단이 저절로 들어와 있는 셈이었다. 그들 불평분자의 절반쯤은 3공사장 인부들과 교대시키고, 나머지는 남겨 두되 각 함바에 뿔뿔이 흩어지게 배당할 거였다. 점차로 시간을 보내면서 하나둘씩 해고해 나갈 것이었다. 차츰차츰 작업량을 늘리고 작업장을 줄여 가면 남는 인부가 많게 될 테니 열흘도 못 가서 감원할 구실이 생길 거였다. 따라서 인상되었던 노임을 차츰 낮추며 도급을 계속시키면서 인부들이 모르는 사이에 전과 같이 나가면 어항에 물 갈아 넣는 것처럼 인부들은 모두 새 사람으로 바뀔 것이었다. 소장은 이 모든 일들을 열흘 안으로 해치우고 원상 복구를 해 놓을 자신이 있었다.
>
> — 황석영, 「객지」 중에서 —

① 소장은 내일의 행사를 원만하게 치르려고 한다.
② 소장은 쟁의를 해결할 수 있다는 강한 자신감을 갖고 있다.
③ 소장은 쟁의의 주동자들을 해고할 생각을 갖고 있다.
④ 소장은 감독조를 해체하여 상황을 원상 복구할 계획이다.

✿ TIP ✿ ④ 감독조를 3공사장으로 보내기는 했지만 '더욱 감독조는 필요했다', '잠잠해질 때까지 당분간 보냈다가 ~ 교대시킬 뿐이었다'는 것으로 보아 감독조를 해체한 게 아니라는 것을 알 수 있다.

14 밑줄 친 부분을 고친 것 중 가장 적절한 것은?

> <u>사업자는</u> 절전형 기기 보급 제도가 <u>에너지를</u> 합리적이고 효율적인 이용을 증진하여 에너지 소비로 인한 환경 피해를 <u>줄임으로써</u> 국민 경제의 건전한 <u>발전과</u> 국민 복지의 증진에 이바지한다는 것에 동의한다.

① 사업자는→사업자의
② 에너지를→에너지의
③ 줄임으로써→줄임으로서
④ 발전과→발전보다

✽ TIP ✽ ① '사업자는 ~ 이바지한다는 것에 동의한다'로 호응하므로 고치지 않아도 된다.
③ 자격을 나타낼 때는 '–로서', 수단을 나타낼 때는 '–로써'를 쓴다.
④ '국민 경제의 건전한 발전'과 '국민 복지의 증진' 두 가지를 이어주는 대등 접속 조사인 '과'를 쓰는 것이 적절하다.

15 다음 중 올바른 우리말 표현은?

① (초청장 문안에서) 귀하를 이번 행사에 꼭 모시고자 하오니 많이 참석해 주시기 바랍니다.
② (전화 통화에서) 과장님은 지금 자리에 안 계십니다. 뭐라고 전해 드릴까요?
③ (직원이 고객에게) 주문하신 상품은 현재 품절이십니다.
④ (방송에 출연해서) 저희나라가 이번에 우승한 것은 국민 여러분의 뜨거운 성원 덕택입니다.

✽ TIP ✽ ① '귀하'는 '듣는 이를 높여 이르는 이인칭 대명사'이다. 특정인을 지칭하는 '귀하'는 '많이'와 호응하지 않는다.
③ '상품'은 간접 높임의 대상이 되지 않으므로 '품절입니다'라고 써야 한다.
④ '저희나라'를 '우리나라'로 써야 한다.

16 다음 글의 내용과 가장 가까운 것은?

> 정보의 가장 기본적인 원천은 인간이 체험하는 감각이다. 돌이 단단하고 물이 부드럽다는 것은 감각을 통해서 알 수 있다. 그러나 감각이 체계적인 지식으로 발전하는 데는 문제가 있다. 그것은 바로 감각이 주관적이어서 사람과 시기에 따라 동일하지 않기 때문이다. 그래서 예로부터 철학자들은 감각을 중시하지 않았지만, 존 로크와 같은 경험론자들은 감각의 기능을 포기하지 않았다. 왜냐하면 감각을 통하지 않고서는 어떤 구체적인 것도 얻을 수 없다고 생각했기 때문이다.

① 나는 생각한다. 그러므로 나는 존재한다.

② 마음을 다하면 인간의 본성을 알게 되고, 인간의 본성을 알게 되면 천명을 알게 될 것이다.

③ 종 치는 것을 보지 못했다면 종을 치면 소리가 난다는 것을 모를 것이다.

④ 세계의 역사는 다름이 아니라 바로 자유 의식의 진보이다.

❋ TIP ❋ ③ '감각을 통하지 않고서는 어떤 구체적인 것도 얻을 수 없다'고 하여 감각을 중시하고 있다. 종 치는 것을 봄으로써 종을 치면 소리가 난다는 것을 알게 된다는 ③이 제시된 글의 내용과 가장 가깝다.

17 다음 글의 등장인물에 대한 설명으로 적절하지 않은 것은?

> 양반이라는 말은 선비 족속의 존칭이다. 강원도 정선군에 한 양반이 있었는데, 그는 어질면서도 글 읽기를 좋아하였다. 군수가 새로 부임하면 반드시 그 집에 몸소 나아가서 경의를 표하였다. 그러나 그는 집안이 가난해서 해마다 관가에서 환곡을 빌려 먹다 보니 그 빚이 쌓여서 천 석에 이르렀다. 관찰사가 각 고을을 돌아다니다가 이곳의 환곡 출납을 검열하고는 매우 노하여, "어떤 놈의 양반이 군량을 이렇게 축내었느냐?"라고 하였다. 그리고는 명령을 내려 그 양반을 잡아 가두라고 하였다. 군수는 마음속으로 그 양반이 가난해서 갚을 길이 없는 것을 불쌍히 여겼지만 그렇다고 해서 가두지 않을 수도 없었다.
> 그 양반은 밤낮으로 훌쩍거리며 울었지만 별다른 대책도 생각해 낼 수 없었다. 그런 상황에서 그의 아내가 몰아세우기를, "당신은 한평생 글 읽기를 좋아했지만 관가의 환곡을 갚는 데 아무런 도움이 못 되는구려. 양반 양반 하더니 양반은 한 푼 가치도 못 되는구려."라고 하였다.
>
> – 박지원, 「양반전」 중에서 –

① 양반은 자구책을 마련하지 못하고 있다.
② 군수는 양반에게 측은지심을 느끼고 있다.
③ 관찰사는 공평무사하게 일을 처리하고 있다.
④ 아내는 남편에 대해 외경하는 마음을 지니고 있다.

> ✻ TIP ✻ ④ 아내는 '양반 양반하더니 양반은 한 푼 가치도 못 되는구려'라고 하면서 남편을 몰아세우고 있
> 다. 따라서 '공경하면서 두려워함'을 뜻하는 '외경'과는 거리가 멀다.

18 다음 글에 대한 설명으로 적절하지 않은 것은?

> "심청은 시각이 급하니 어서 바삐 물에 들라."
> 심청이 거동 보소. 두 손을 합장하고 일어나서 하느님 전에 비는 말이,
> "비나이다, 비나이다. 하느님 전에 비나이다. 심청이 죽는 일은 추호라도 섧지 아니하되, 병
> 든 아비 깊은 한을 생전에 풀려 하고 이 죽음을 당하오니 명천(明天)은 감동하사 어두운 아
> 비 눈을 밝게 띄워 주옵소서."
> 눈물지며 하는 말이,
> "여러 선인네 평안히 가옵시고, 억십만금 이문 남겨 이 물가를 지나거든 나의 혼백 불러내어
> 물밥이나 주시오."
> 하며 안색을 변치 않고 뱃전에 나서 보니 티 없이 푸른 물은 월러렁 쾰넝 뒤둥구리 굽이쳐서
> 물거품 북적찌데한데, 심청이 기가 막혀 뒤로 벌떡 주저앉아 뱃전을 다시 잡고 기절하여 엎
> 딘 양은 차마 보지 못할 지경이었다.
>
> — 「심청가」 중에서 —

① 사건에 대한 서술자의 주관적 서술이 나타나 있다.
② 등장인물들의 발화를 통해 사건의 상황을 보여준다.
③ 죽음을 초월한 심청의 면모와 효심이 드러나 있다.
④ 대상을 나열하여 장면을 다양하게 제시하고 있다.

> ✻ TIP ✻ ① '심청이 거동 보소', '차마 보지 못할 지경이었다'를 통해 사건에 대한 서술자의 주관적 서술이 나
> 타나 있음을 알 수 있다.
> ② 등장인물들의 대화를 통해 사건의 상황을 보여주고 있다.
> ③ 병든 아버지를 위해 죽는 일은 추호라도 싫지 않다는 것으로 보아 죽음을 초월한 심청의 면모와
> 효심을 알 수 있다.

18. ④　answer

19 다음 글의 내용과 시적 상황이 가장 유사한 것은?

> 이때는 추구월망간(秋九月望間)이라. 월색이 명랑하여 남창에 비치고, 공중에 외기러기 응응한 긴 소리로 짝을 찾아 날아가고, 동산의 송림 사이에 두견이 슬피 울어 불여귀를 화답하니, 무심한 사람도 마음이 상하거든 독수공방에 눈물로 세월을 보내는 송이야 오죽할까. 송이가 모든 심사를 저버리고 책상머리에 의지하여 잠깐 졸다가 기러기 소리에 놀라 눈을 뜨고 보니, 남창에 밝은 달 허리에 가득하고 쓸쓸한 낙엽송은 심회를 돕는지라, 잊었던 심사가 다시 가슴에 가득해지며 눈물이 무심히 떨어진다. 송이가 남창을 가만히 열고 달빛을 내다보며 위연탄식하는데,
>
> "달아, 너는 내 심사를 알리라. 작년 이때 뒷동산 명월 아래 우리 임을 만났더니, 달은 다시 보건마는 임을 어찌 보지 못하는고. 심양강의 탄금녀는 만고문장 백낙천을 달 아래 만날 적에, 설진심중무한사(說盡心中無限事)를 세세히 하였건마는, 나는 어찌 박명하여 명랑한 저 달 아래서 부득설진심중사(不得說盡心中事)하니 가련하지 아니할까. 사람은 없어 말하지 못하나, 차라리 심중사를 종이 위에나 그리리라."
>
> 하고, 연상을 내어 먹을 흠씬 갈고 청황모 무심필을 듬뿍 풀어 백능화주지를 책상에 펼쳐 놓고, 섬섬옥수로 붓대를 곱게 쥐고 탄식하면서 맥맥이 앉았다가, 고개를 돌려 벽공의 높은 달을 두세 번 우러러보더니, 서두에 '추풍감별곡(秋風感別曲)' 다섯 자를 쓰고, 상사가 생각 되고, 생각이 노래 되고, 노래가 글이 되어 붓끝을 따라오니, 붓대가 쉴 새 없이 쓴다.
>
> – 「채봉감별곡」 중에서 –

① 임이여 물을 건너지 마오 / 임은 기어이 물을 건너갔네 / 물에 빠져 돌아가시니 / 이제 임이여 어이할꼬.

② 가위로 싹둑싹둑 옷 마르노라 / 추운 밤 열 손가락 모두 굳었네 / 남 위해 시집갈 옷 항상 짓건만 / 해마다 이내 몸은 홀로 잔다네.

③ 펄펄 나는 저 꾀꼬리 / 암수 서로 정다운데 / 외로울사 이내 몸은 / 누구와 함께 돌아갈꼬.

④ 비 개인 긴 언덕에 풀빛 짙은데 / 님 보내는 남포에는 서러운 노래 퍼지네 / 대동강 물은 언제나 마를까 / 이별의 눈물 해마다 푸른 물결 더하니.

> ❋ TIP ❋ 사랑하는 사람과 이별하여 달을 보며 외로운 자신의 처지를 한탄하고 있다. ③은 「황조가」로 짝을 잃은 슬픔과 외로움을 나타내고 있어 글의 내용과 시적 상황이 가장 유사하다.
> ① 「공무도하가」로 임을 여읜 슬픔을 나타내고 있다.
> ② 허난설헌의 「빈녀음」으로 가난한 여인의 처지를 나타내고 있다.
> ④ 정지상 「송인」으로 이별의 슬픔을 나타내고 있다.

answer / 19. ③

20 다음 글의 전개 순서로 가장 자연스러운 것은?

(가) 21세기 인류의 운명은 과학 기술 체계에 부여된 힘이 어떻게 사용되는가에 따라서 좌우될 것이다. 기술 공학에 의해 새로운 유토피아가 도래할 것이라는 소박하고 성급한 희망과, 기술이 인간을 대신해서 역사의 주체로 등극하리라는 허무주의적인 전망이 서로 엇갈리는 기로에 우리는 서 있다. 기술 공학적 질서의 본질과 영향력을 고려하지 않은 모든 문화론은 공허할 수밖에 없다.

(나) 그러나 모든 생산 체제가 중앙 집중적인 기업 문화를 포기할 수는 없으며, 기업 문화의 전환은 어디까지나 조직의 자기 보존, 생산의 효율성, 이윤의 극대화 등을 달성하기 위한 것이다. 또 무엇보다 기업 내부의 문화적 전환을 떠나서 환경이나 자원, 에너지 등의 범사회적인 문제들이 심각해질수록 사람들은 기술 공학의 마술적 힘에 매달리고, 그러한 위기들을 중앙 집중적 권력에 의해 효과적으로 통제·관리하는 기술 사회에 대한 유혹을 강하게 느낄 것이다.

(다) 기술적 질서는 자연은 물론 인간들의 삶의 방식에도 심층적인 변화를 초래했다. 관리 사회로의 이행이나 노동 과정의 자동화 등은 사회 공학적 기술이 정치 부문과 생산에 적용된 대표적인 사례들이다. 물론 기술 사회가 반드시 획일화된 관리 사회나 중앙 집권적 기업 문화로만 대표되지는 않는다. 소프트웨어 중심의 컴퓨터 산업이나 초전도체 산업 등 고도 기술 사회의 일부 산업 분야는 중앙 집권적 기업 문화를 지양하고 자율성과 개방성을 특징으로 지니는 유연한 체제를 채택할 것이라는 견해가 상당히 유력하다.

(라) 생활 세계의 질서를 좌우하고 경제적 행위의 목적으로 자리 잡은 기술은 더 이상 상품의 부가 가치를 높여 주는 생산 수단만으로 이해되지 않는다. 기술의 체계는 이제 여러 연관된 기술들과 기술적 지식들에 의해서 구성된 유기적인 앙상블로 기능하는 것이다. 기술은 그 자체의 질서와 역동성을 지니는 체계이며 유사 주체로서의 양상을 보이기 때문이다.

① (가) - (나) - (다) - (라) ② (가) - (나) - (라) - (다)

③ (가) - (다) - (나) - (라) ④ (가) - (라) - (다) - (나)

✿ TIP ✿ 문맥상 (가)가 가장 먼저 올 수 있는 내용이다. (나)에서 '그러나'가 오는 것으로 보아 앞에는 상반된 내용이 와야 한다. (다)에서는 일부 산업 분야가 중앙 집권적 문화 지양한다는 것에 대해 설명하고 있으므로 (나)와 상반된 내용임을 알 수 있다. 따라서 (가)→(다)→(나)→(라)의 순서가 된다.

1 외래어 표기가 옳지 않은 것은?

① flash – 플래시
② shrimp – 쉬림프
③ presentation – 프레젠테이션
④ Newton – 뉴턴

✽ TIP ✽ ② 'shrimp'는 [ʃrɪmp]로 소리 난다. 자음 앞의 [ʃ]는 '슈'로 적으므로 '슈림프'가 옳은 표기이다.

2 밑줄 친 보조사의 의미를 설명한 것으로 옳지 않은 것은?

① 그렇게 천천히 가다가는 지각하겠다.
　－는: 어떤 대상이 다른 것과 대조됨을 나타냄
② 웃지만 말고 다른 말을 좀 해 보아라.
　－만: 다른 것으로부터 제한하여 어느 것을 한정함을 나타냄
③ 단추는 단추대로 모아 두어야 한다.
　－대로: 따로따로 구별됨을 나타냄
④ 비가 오는데 바람조차 부는구나.
　－조차: 이미 어떤 것이 포함되고 그 위에 더함을 나타냄

✽ TIP ✽ ①에서 '는'은 (받침 없는 체언이나 부사어, 일부 연결 어미 뒤에 붙어) 강조의 뜻을 나타내는 보조사로 쓰였다.

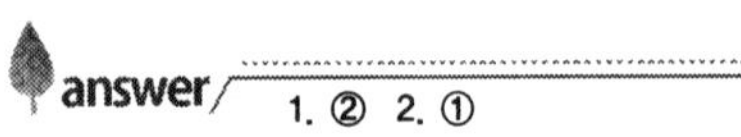 answer 　1. ② 2. ①

3 다음의 상황에 어울리는 한자 성어로 가장 적절한 것은?

> 김만중의 '사씨남정기'에서 사씨는 교씨의 모함을 받아 집에서 쫓겨난다. 사악한 교씨는 문객인 동청과 작당하여 남편인 유한림마저 모함한다. 그러나 결국은 교씨의 사악함이 만천하에 드러나고 유한림이 유배지에서 돌아오자 교씨는 처형되고 사씨는 누명을 벗고 다시 집으로 돌아오게 된다.

① 교언영색(巧言令色) 　　② 절치부심(切齒腐心)

③ 만시지탄(晚時之歎) 　　④ 사필귀정(事必歸正)

✽ TIP ✽ ④ 사필귀정 : 모든 일은 반드시 바른길로 돌아감
　　　　① 교언영색 : 아첨하는 말과 알랑거리는 태도
　　　　② 절치부심 : 몹시 분하여 이를 갈며 속을 썩임
　　　　③ 만시지탄 : 시기에 늦어 기회를 놓쳤음을 안타까워하는 탄식

4 다음 글을 읽고 추론한 내용으로 가장 적절한 것은?

> 한 연구원이 어떤 실험을 계획하고 참가자들에게 이렇게 설명했다.
> "여러분은 지금부터 둘씩 조를 지어 함께 일을 하게 됩니다. 여러분의 파트너는 다른 작업장에서 여러분과 똑같은 일을, 똑같은 노력을 기울여 할 것입니다. 이번 실험에 대한 보수는 각 조당 5만 원입니다."
> 실험 참가자들이 작업을 마치자 연구원은 참가자들을 세 부류로 나누어 각각 2만 원, 2만 5천 원, 3만 원의 보수를 차등 지급하면서, 그들이 다른 작업장에서 파트너가 받은 액수를 제외한 나머지 보수를 받은 것으로 믿게 하였다.
> 그 후 연구원은 실험 참가자들에게 몇 가지 설문을 했다. '보수를 받고 난 후에 어떤 기분이 들었는지, 나누어 받은 돈이 공정하다고 생각하는지'를 묻는 것이었다. 연구원은 설문을 하기 전에 3만 원을 받은 참가자가 가장 행복할 것이라고 예상했다. 그런데 결과는 예상과 달랐다. 3만 원을 받은 사람은 2만 5천 원을 받은 사람보다 덜 행복해 했다. 자신이 과도하게 보상을 받아 부담을 느꼈기 때문이다. 2만 원을 받은 사람도 덜 행복해 한 것은 마찬가지였다. 받아야 할 만큼 충분히 받지 못했다고 생각했기 때문이다.

3. ④ 4. ① **answer**

① 인간은 공평한 대우를 받을 때 더 행복해 한다.
② 인간은 남보다 능력을 더 인정받을 때 더 행복해 한다.
③ 인간은 타인과 협력할 때 더 행복해 한다.
④ 인간은 상대를 위해 자신의 몫을 양보했을 때 더 행복해 한다.

✽ TIP ✽ ① 더 많이 받은 사람도, 더 적게 받은 사람도 모두 공평한 금액을 받은 사람보다 덜 행복해 했으므로 인간은 공평한 대우를 받을 때 더 행복해 한다는 것을 추론할 수 있다.

5 다음 글의 필자가 궁극적으로 강조하는 내용으로 가장 적절한 것은?

> 로마는 '마지막으로 보아야 하는 도시'라고 합니다. 장대한 로마 유적을 먼저 보고 나면 다른 관광지의 유적들이 상대적으로 왜소하게 느껴지기 때문일 것입니다. 로마의 자부심이 담긴 말입니다. 그러나 나는 당신에게 제일 먼저 로마를 보라고 권하고 싶습니다. 왜냐하면 로마는 문명이란 무엇인가라는 물음에 대해 가장 진지하게 반성할 수 있는 도시이기 때문입니다. 문명관(文明觀)이란 과거 문명에 대한 관점이 아니라 우리의 가치관과 직결되어 있는 것입니다. 그리고 과거 문명을 바라보는 시각은 그대로 새로운 문명에 대한 전망으로 이어지기 때문입니다.

① 여행할 때는 로마를 가장 먼저 보는 것이 좋다.
② 문명을 반성적으로 볼 수 있는 가치관이 필요하다.
③ 문화 유적에 대한 로마인의 자부심은 본받을 만하다.
④ 과거 문명에서 벗어나 새로운 문명을 창조해야 한다.

✽ TIP ✽ 주어진 글에서 필자가 강조하고자 하는 내용은 '그러나' 뒤에 언급되는 내용이다. 필자는 로마가 문명이 무엇인가를 반성할 수 있게 만드는 도시이기 때문에 제일 먼저 로마를 보라고 권하고 있으며, 문명이 우리의 가치관과 직결되어 있다고 강조하고 있다.

answer 5. ②

6 글의 제목으로 가장 적절한 것은?

> 평화로운 시대에 시인의 존재는 문화의 비싼 장식일 수 있다. 그러나 시인의 조국이 비운에 빠졌거나 통일을 잃었을 때 시인은 장식의 의미를 떠나 민족의 예언가가 될 수 있고, 민족혼을 불러일으키는 선구자적 지위에 놓일 수도 있다. 예를 들면 스스로 군대를 가지지 못한 채 제정 러시아의 가혹한 탄압 아래 있던 폴란드 사람들은 시인의 존재를 민족의 재생을 예언하고 굴욕스러운 현실을 탈피하도록 격려하는 예언자로 여겼다. 또한 통일된 국가를 가지지 못하고 이산되어 있던 이탈리아 사람들은 시성 단테를 유일한 '이탈리아'로 숭앙했고, 제1차 세계대전 때 독일군의 잔혹한 압제 하에 있었던 벨기에 사람들은 베르하렌을 조국을 상징하는 시인으로 추앙하였다.

① 시인의 생명(生命)

② 시인의 운명(運命)

③ 시인의 사명(使命)

④ 시인의 혁명(革命)

✿ TIP ✿ 조국이 처한 상황에 따라 시인에게 맡겨지는 임무에 대해 사례와 함께 제시하고 있으므로 이 글의 제목으로는 '시인의 사명'이 가장 적절하다.

6. ③ \ answer 

7 ㉠~㉢을 시의 흐름에 맞게 설명한 것으로 적절하지 않은 것은?

> 열무 삼십 단을 이고
> 시장에 간 우리 엄마
> 안 오시네, ㉠해는 시든 지 오래
> 나는 ㉡찬밥처럼 방에 담겨
> ㉢아무리 천천히 숙제를 해도
> 엄마 안 오시네, 배춧잎 같은 발소리 타박타박
> 안 들리네, 어둡고 무서워
> ㉣금 간 창틈으로 고요히 빗소리
> 빈방에 혼자 엎드려 훌쩍거리던
>
> 아주 먼 옛날
> 지금도 내 눈시울을 뜨겁게 하는
> 그 시절, 내 유년의 윗목.
>
> — 기형도, 「엄마 걱정」 —

① ㉠ : 해가 지고 밤이 깊어간 시간의 경과가 나타나 있다.

② ㉡ : 관심 받지 못해 외로운 상황이 나타나 있다.

③ ㉢ : 공부하기 싫은 어린이의 마음이 나타나 있다.

④ ㉣ : 넉넉하지 않은 가정 형편이 나타나 있다.

❋ TIP ❋ 기형도의 「엄마 걱정」은 시장에 간 엄마를 기다리는 외롭고 애틋한 마음을 노래한 시이다.
③ ㉢의 숙제를 천천히 하는 행위는 엄마를 기다리며 혼자 있는 무서움과 외로움을 극복하기 위한 행동으로 공부하기 싫은 마음이라고 보기는 어렵다.

answer 7. ③

8 밑줄 친 단어가 상징하는 것과 가장 유사한 것은?

> 나 하늘로 돌아가리라.
> 새벽빛 와 닿으면 스러지는
> <u>이슬</u> 더불어 손에 손을 잡고,
>
> 나 하늘로 돌아가리라.
> 노을빛 함께 단둘이서
> 기슭에서 놀다가 구름 손짓하면은,
>
> 나 하늘로 돌아가리라.
> 아름다운 이 세상 소풍 끝내는 날,
> 가서, 아름다웠더라고 말하리라……
>
> — 천상병, 「귀천(歸天)」 —

① 어머니는 눈물로 진주를 만드신다.

② 반짝이는 <u>나뭇잎</u>은 어린 아이들의 웃음 같다.

③ 잠을 깨고 나니 고된 인생도 한바탕 <u>꿈</u>처럼 여겨졌다.

④ 얽매인 삶보다는 <u>구름</u> 같은 삶이 훨씬 좋을 때가 있다.

❖ TIP ❖ 밑줄 친 이슬은 아름다운 존재이지만 소멸해 버리는 유한한 존재로, 인생의 덧없음과 연결되어 ③
　　　　　의 꿈과 유사한 의미라고 할 수 있다.
　　　　　① 눈물 : 어머니의 희생을 상징
　　　　　② 나뭇잎 : 생명력을 상징
　　　　　④ 구름 : 자유를 상징

9 두 한자어의 의미 관계가 나머지 셋과 다른 것은?

① 광정(匡正) − 확정(廓正)　　　　② 부상(扶桑) − 함지(咸池)

③ 중상(中傷) − 비방(誹謗)　　　　④ 갈등(葛藤) − 알력(軋轢)

❖ TIP ❖ ② 서로 반대되는 의미의 한자어
　　　　　①③④ 서로 유사한 의미의 한자어

10 다음 대담에 대한 설명으로 적절하지 않은 것은?

> 진행자 : 오늘은 우리의 전통 선박에 대해 재미있게 설명한 책인 「우리나라 배」에 대해 교수님
> 과 이야기를 나눠보겠습니다. 김 교수님, 우리나라 전통 선박에 담긴 선조들의 지혜
> 를 설명한 책 내용이 참 흥미롭던데요, 구체적인 사례 하나만 소개해 주시겠습니까?
> 김 교수 : 판옥선에 담긴 선조들의 지혜를 소개해 드릴까 합니다. 혹시 판옥선에 대해 들어
> 보셨나요?
> 진행자 : 자세히는 모르지만 임진왜란 때 사용된 선박이라고 들었습니다.
> 김 교수 : 네, 판옥선은 임진왜란 때 활약한 전투함인데, 우리나라 해양 환경에 적합한 평저
> 구조로 만들어졌습니다.
> 진행자 : 아, 그렇군요. 교수님, 평저 구조가 무엇인지 말씀해 주시겠습니까?
> 김 교수 : 네, 그건 밑 부분이 넓고 평평하게 만든 구조입니다. 그 때문에 판옥선은 수심이
> 얕은 바다에서는 물론, 썰물 때에도 운항이 가능했죠. 또한 방향 전환도 쉽게 할
> 수 있었습니다.
> 진행자 : 결국 섬이 많고 수심이 얕으면서 조수 간만의 차가 큰 우리나라 바다 환경에 적합한
> 구조라는 말씀이시군요?
> 김 교수 : 네. 그렇습니다.
> 진행자 : 선조들의 지혜가 참 대단합니다. 이런 특징을 가진 판옥선이 전투 상황에서는 얼마
> 나 위력적이었는지 궁금한데, 더 설명해 주시겠습니까?

① 진행자는 김 교수에게 추가 설명을 요청하고 있다.

② 김 교수는 진행자의 의견에 동조하며 자신의 견해를 수정하고 있다.

③ 김 교수는 진행자의 부탁에 따라 소개할 내용을 선정하여 제시하고 있다.

④ 진행자는 김 교수의 설명을 듣고 자신의 이해가 맞는지 질문을 하고 있다.

✸ TIP ✸ ② 김 교수는 진행자의 의견에 동조하고 있지만, 자신의 견해를 수정하고 있지는 않다.

 answer 10. ②

11 띄어쓰기가 옳은 것은?

① 그는 우리 시대의 스승이라기 보다는 자상한 어버이이다.

② 그는 황소 같이 일을 했다.

③ 하루 종일 밥은 커녕 물 한 모금도 마시지 못했다.

④ 내 모자는 그것하고 다르다.

> ✽ TIP ✽ ① 그는 우리 시대의 <u>스승이라기보다는</u> 자상한 어버이이다. (격조사＋보조사)
> ② 그는 <u>황소같이</u> 일을 한다. (격조사)
> ③ 하루 종일 <u>밥은커녕</u> 물 한 모금도 마시지 못했다. (보조사)

12 밑줄 친 어휘의 뜻풀이가 옳지 않은 것은?

① <u>해미</u> 때문에 한 치 앞도 보이지 않았다.

　－ 해미 : 바다 위에 낀 짙은 안개

② 이제는 <u>안갚음</u>할 때가 되었다.

　－ 안갚음 : 남에게 해를 받은 만큼 저도 그에게 해를 다시 줌

③ 그 울타리는 오랫동안 살피지 않아 영 <u>볼썽</u>이 아니었다.

　－ 볼썽 : 남에게 보이는 체면이나 태도

④ <u>상고대</u>가 있는 풍경을 만났다.

　－ 상고대 : 나무나 풀에 내려 눈처럼 된 서리

> ✽ TIP ✽ ② '안갚음'은 까마귀 새끼가 자라서 늙은 어미에게 먹이를 물어다 주는 일 또는 자식이 커서 부모를 봉양하는 일을 의미한다. 남에게 해를 받은 만큼 저도 그에게 해를 다시 준다는 의미를 가진 어휘는 '앙갚음'이다.

11. ④　12. ②

13 밑줄 친 어휘 중 표준어가 아닌 것은?

① 그는 얼금얼금한 얼굴에 <u>콧망울</u>을 벌름거리면서 웃음을 터뜨렸다.

② 그 사람 <u>눈초리</u>가 아래로 축 처진 것이 순하게 생겼어.

③ 무슨 일인지 <u>귓밥</u>이 훅 달아오르면서 목덜미가 저린다.

④ 등산을 하고 났더니 <u>장딴지</u>가 땅긴다.

❋ TIP ❋ ① 콧망울 → 콧방울

14 다음 글에 대한 설명으로 옳지 않은 것은?

거사는 이렇게 대답했다.
"얼굴이 잘생기고 예쁜 사람은 맑고 아른아른한 거울을 좋아하겠지만, 얼굴이 못생겨서 추한 사람은 오히려 맑은 거울을 싫어할 것입니다. 그러나 잘생긴 사람은 적고 못생긴 사람은 많기 때문에, 만일 맑은 거울 속에 비친 추한 얼굴을 보기 싫어할 것인즉 흐려진 그대로 두는 것이 나을 것입니다. 그래서 차라리 깨쳐 버릴 바에야 먼지에 흐려진 그대로 두는 것이 나을 것입니다. 먼지로 흐리게 된 것은 겉뿐이지 거울의 맑은 바탕은 속에 그냥 남아 있는 것입니다. 만약 잘생기고 예쁜 사람을 만난 뒤에 닦고 갈아도 늦지 않습니다. 아! 옛날에 거울을 보는 사람들은 그 맑은 것을 취하기 위함이었지만, 내가 거울을 보는 것은 오히려 흐린 것을 취하는 것인데, 그대는 이를 어찌 이상스럽게 생각합니까?"
하니 나그네는 아무 대답이 없었다.

– 이규보, 「경설」 중에서 –

① 잘생긴 사람이 적고 못생긴 사람이 많다는 말에서 거사의 현실인식을 알 수 있다.

② 용모에 대한 거사의 논의는 도덕성, 지혜, 안목 등을 비유한 것으로 볼 수 있다.

③ 잘생기고 예쁜 사람을 만난 후 거울을 닦겠다는 말에서 거사가 지닌 처세관을 엿볼 수 있다.

④ 이상주의적이고 결백한 자세로 현실에 맞서고자 하는 거사의 높은 의지가 드러나 있다.

❋ TIP ❋ ④ 거사는 흐린 것을 취하기 위해 거울을 본다고 언급하고 있다. 따라서 이상주의적이고 결백한 자세(맑고 아른아른한 거울)로 현실에 맞서고자 한다고 보기는 어렵다.

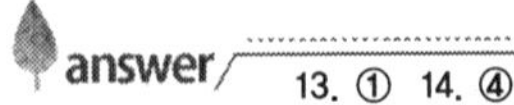

15 ㉠~㉣을 고친 내용으로 적절하지 않은 것은?

> 자본주의 체제에서 모든 계층의 사람이 똑같이 많이 벌고 잘살기를 바랄 수는 없다. 어느 정도의 소득 격차는 경쟁을 유발하는 동기가 될 수 있다는 것을 부인할 수 없다. ㉠따라서 우리와 같은 양극화 현상의 심화 추세를 그대로 방치한 채 자연 치유되도록 기다릴 수만은 없다. 그동안 단편적인 대책이 나오기는 했으나 ㉡떡 먹은 입 씻어 치듯 개선은 되지 않고 오히려 악화되어 가고 있음이 역력히 드러나고 있다.
>
> 과거의 실패를 거울삼아 저소득층 소득 향상을 통한 근본적인 빈부 격차 개선책을 제시하여 빈자에게 희망을 불어넣어야 한다. 그렇다고 고소득자와 대기업을 욕하거나 ㉢경원되어서는 안 된다. 무엇보다 기업 투자와 내수 경기를 일으키는 일이 긴요하다. 그래야 일자리가 생기고 서민 소득도 늘어나게 된다. ㉣또한 자본의 원활한 흐름을 위해 고소득층의 해외 소비 활동도 촉진해야 한다. 그리고 세제 개혁을 통한 재분배 정책을 추진할 필요가 있다. 세제만큼 유효한 재분배 정책 수단도 없다. 동시에 장기적인 관점에서 각 부문의 양극화 개선을 위해 경제 체질과 구조 개선을 서두르지 않으면 안 된다.

① ㉠ – 문맥에 맞도록 '그러나'로 수정한다.

② ㉡ – 의미가 통하도록 '아랫돌 빼서 윗돌 괴듯'으로 수정한다.

③ ㉢ – 어법에 맞도록 '경원을 사서는'으로 수정한다.

④ ㉣ – 문단의 통일성에 어긋나므로 삭제한다.

   ✽ TIP ✽ ③ 목적어(고소득자와 대기업)와 서술어(경원하다)가 자연스럽게 호응을 이루도록 '경원해서는'으로 고치는 것이 적절하다.
       ※ '경원하다'
         ㉠ 공경하되 가까이하지는 아니하다.
         ㉡ 겉으로는 공경하는 체하면서 실제로는 꺼리어 멀리하다.

15. ③  answer

16 안긴문장이 주성분으로 쓰이지 않은 것은?

① 그 학교는 교정이 넓다.

② 농부들은 비가 오기를 학수고대했다.

③ 아이들이 놀다 간 자리는 항상 어지럽다.

④ 대화가 어디로 튈지 아무도 몰랐다.

✽ TIP ✽ ③ '아이들이 놀다 가다'라는 안긴문장이 '자리'를 수식하는 관형어로 쓰였다.
　　　　① '교정이 넓다'라는 안긴문장이 전체 문장의 서술어로 쓰였다.
　　　　② '비가 오다'라는 안긴문장이 '-기'와 결합하여 목적어로 쓰였다.
　　　　④ '대화가 어디로 튀다'라는 안긴문장이 '-ㄹ지'와 결합하여 목적어로 쓰였다.

17 ㉠~㉢의 밑줄 친 어휘의 한자가 옳지 않은 것은?

> • 그는 적의 ㉠사주를 받아 내부 기밀을 염탐했다.
> • 남의 일에 지나친 ㉡간섭을 하지 않기 바랍니다.
> • 그 선박은 ㉢결함을 지닌 채로 출항을 강행하였다.
> • 비리 ㉣척결이 그가 내세운 가장 중요한 목표였다.

① ㉠ – 使嗾　　　　　　② ㉡ – 間涉

③ ㉢ – 缺陷　　　　　　④ ㉣ – 剔抉

✽ TIP ✽ ② 간섭(干涉) : 직접 관계가 없는 남의 일에 부당하게 참견함
　　　　① 사주(使嗾) : 남을 부추겨 좋지 않은 일을 시킴
　　　　③ 결함(缺陷) : 부족하거나 완전하지 못하여 흠이 되는 부분
　　　　④ 척결(剔抉) : 나쁜 부분이나 요소들을 깨끗이 없애 버림

18 다음 글이 독자에게 웃음을 유발하는 이유를 바르게 설명한 것은?

> 개의 몸에 기생하는 진드기가 있다. 미친 듯이 제 몸을 긁어 대는 개를 붙잡아서 털 속을 헤쳐 보라. 진드기는 머리를 개의 연한 살에 박고 피를 빨아 먹고 산다. 머리와 가슴이 붙어 있는데 어디까지가 배인지 꼬리인지도 분명치 않다. 수컷의 몸길이는 2.5밀리미터, 암컷은 7.5밀리미터쯤으로 핀셋으로 살살 집어내지 않으면 몸이 끊어져 버린다.
> 한번 박은 진드기의 머리는 돌아 나올 줄 모른다. 죽어도 안으로 파고들다가 죽는다. 나는 그 광경을 '몰두(沒頭)'라고 부르려 한다.
>
> – 성석제, 「몰두」 중에서 –

① 소리는 같지만 뜻은 전혀 다른 두 단어를 의도적으로 혼란스럽게 섞어 사용해서
② 일반적으로 예상되는 사건 대신 아주 엉뚱한 사건을 전개해서
③ 묘사하는 대상의 우스꽝스러운 생태를 충분한 거리를 유지한 채 객관적으로 전달해서
④ 어떤 단어를 보통 쓰이는 의미 대신 글자 그대로의 의미로 짐짓 받아들여서

✸ TIP ✸ '몰두(沒頭)'의 한자를 보면 '沒(빠질 몰), 頭(머리 두)'로 보통 쓰이는 의미인 '어떤 일에 온 정신을 다 기울여 열중함'이 아닌, 글자 그대로의 의미로 짐짓 받아들여서 독자에게 웃음을 유발한다.

18. ④

19 다음 글의 서술자에 대한 설명으로 가장 적절한 것은?

그들은 여전히 이야기를 계속하고 있다.

"그래 촌에 들어가면 위험하진 않은가요?"

조선에 처음 간다는 시골자가 또다시 입을 벌렸다.

"뭘요, 어델 가든지 조금도 염려 없쉐다. 생번이라 하여도 요보는 온순한 데다가, 가는 곳마다 순사요 헌병인데 손 하나 꼼짝할 수 있나요. 그걸 보면 데라우치 상이 참 손아귀 힘도 세지만 인물은 인물이야!"

매우 감격한 모양이다.

"그래 촌에 들어가서 할 게 뭐예요?"

"할 것이야 많지요. 어델 가기로 굶어 죽을 염려는 없지만, 요새 돈 몰 것이 똑 하나 있지요. 자본 없이 힘 안 들고……. 하하하."

　표독한 위인이 충동이는 수작이다.

… (중략) …

나는 여기까지 듣고 깜짝 놀랐다. 그 불쌍한 조선 노동자들이 속아서 지상의 지옥 같은 일본 각지의 공장과 광산으로 몸이 팔리어 가는 것이 모두 이런 도적놈 같은 협잡 부랑배의 술중(術中)에 빠져서 속아 넘어가는구나 하는 생각을 하며 나는 다시 한 번 그자의 상판대기를 치어다보지 않을 수 없었다.

– 염상섭, 「만세전」 중에서 –

① 작품 밖의 전지적 서술자가 일어난 사건의 전말을 전달하고 있다.

② 작품 속에 등장하는 인물이 다른 인물을 관찰하며 평가하고 있다.

③ 작품 밖에 있는 서술자가 관찰자가 되어 등장인물의 행동을 묘사하고 있다.

④ 작품 속의 서술자가 작품 밖의 서술자와 교차하며 사건을 입체적으로 서술하고 있다.

❊ TIP ❊ ② 1인칭 관찰자 시점으로 작품 속에 등장하는 '나'가 다른 인물들을 관찰하며 평가하고 있다.

answer　19. ②

20 다음 글을 근거로 할 때, 〈보기〉의 대화에서 ⓛ의 대답이 갖는 특징으로 적절하지 않은 것은?

그라이스(Grice)는 원활한 대화 진행을 위한 요건으로 네 가지의 '협력의 원리'를 제시한 바 있다. 첫째, 주고받는 대화의 목적에 필요한 만큼만 정보를 제공하고 필요 이상의 정보를 제공하지 말라는 양의 격률이다. 둘째, 진실한 정보만을 제공하도록 노력하고 증거가 불충한 것은 말하지 말라는 질의 격률이다. 셋째, 해당 대화 맥락과 관련되는 말을 하라는 관련성의 격률이다. 넷째, 모호하거나 중의적인 표현을 피하고 간결하고 조리 있게 말하라는 태도의 격률이다. 그러나 모종의 효과를 위해 이 네 가지의 격률을 위배하는 일은 일상 대화에서 빈번하게 이루어지는데, 일반적으로 언중들은 그것을 자연스럽게 받아들일 뿐 아니라 때에 따라서는 협력의 원리를 지키는 것이 예의에 어긋난 경우도 많다.

〈보기〉

대화(1) ㉠ : 체중이 얼마나 되니?
　　　ⓛ : 55 kg인데 키에 비해 가벼운 편입니다.
대화(2) ㉠ : 얼마 전 시민 운동회가 있었다며?
　　　ⓛ : 응. 백 미터 달리기에서 비행기보다 빠른 사람을 봤어.
대화(3) ㉠ : 너 몇 살이니?
　　　ⓛ : 형이 열일곱 살이고, 저는 열다섯 살이지요.
대화(4) ㉠ : 점심은 뭐 먹을래?
　　　ⓛ : 생각해 보고 마음 내키는 대로요.

① 대화(1) : 관련성의 격률을 위배하였다.
② 대화(2) : 질의 격률을 위배하였다.
③ 대화(3) : 양의 격률을 위배하였다.
④ 대화(4) : 태도의 격률을 위배하였다.

❋ TIP ❋ 대화 (1)에서 ㉠ 체중이 얼마냐는 질문에 대해 55kg이라고 대답했으므로 관련성의 격률을 위배하였다고 볼 수 없다. 단, 질문하지 않은 내용을 추가로 제공하였고 그 내용에 대한 근거가 없으므로 양의 격률과 질의 격률을 위배하였다.

20. ①　answer

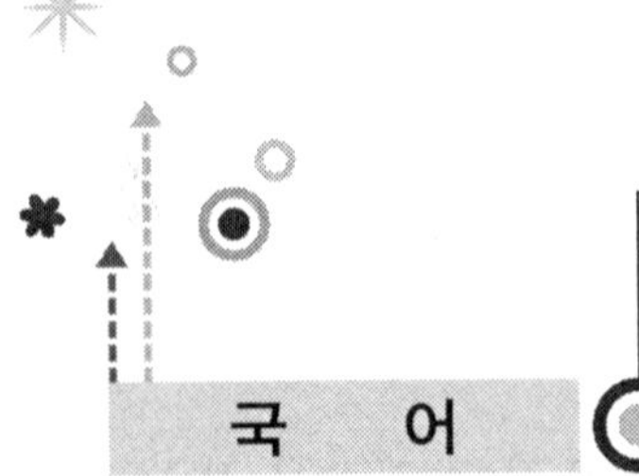

2016. 6. 18 제1회 지방직 시행

1 비통사적 합성어로만 묶인 것은?

① 열쇠, 새빨갛다

② 덮밥, 짙푸르다

③ 감발, 돌아가다

④ 젊은이, 가로막다

✱ TIP ✱ ② 덮밥은 '덮-(어미 생략)+밥'으로 어미가 생략된 용언과 체언이 결합한 비통사적 합성어이다. 짙푸르다는 '짙-(어미 생략)+푸르다'로 어미가 생략된 용언과 용언이 결합한 비통사적 합성어이다.
① 새+빨갛다(파생어), 열-(어간의 ㄹ탈락)+-ㄹ(관형사형 전성어미)+쇠(통사적 합성어)
③ 감(어미 생략)+발(비통사적 합성어), 돌+아+가다(통사적 합성어)
④ 젊은+이(통사적 합성어), 가로+막다(통사적 합성어)

2 맞춤법에 맞는 것은?

① 희생을 치뤄야 대가를 얻을 수 있다.

② 내로라하는 선수들이 뒤쳐진 이유가 있겠지.

③ 방과 후 삼촌 댁에 들른 후 저녁에 갈 거여요.

④ 가스 밸브를 안 잠궈 화를 입으리라고는 전혀 생각지 못했다.

✱ TIP ✱ ① 치뤄야→치러야
② 뒤쳐진→뒤처진
④ 잠궈→잠가

answer 1. ② 2. ③

3 띄어쓰기가 바른 것은?

① 지금으로부터 십여 년 전에 작은 소요가 있었다.

② 우리는 모임에서 정한대로 일정을 짤 수밖에 없다.

③ 수정 요청시 연관된 항목을 재조정 하여야 할 것이다.

④ 그것을 감당할 만한 능력뿐 아니라 추진력 마저 없는 사람이다.

> ✿ TIP ✿ ② 우리는 모임에서 <u>정한 대로</u> 일정을 짤 수밖에 없었다.
> ③ 수정 <u>요청 시</u> 연관된 항목을 재조정 하여야 할 것이다.
> ④ 그것을 감당할 만한 능력뿐 아니라 <u>추진력마저</u> 없는 사람이다.

4 다음 글을 고쳐 쓰기 위한 생각으로 적절하지 않은 것은?

> 창의적 사고는 기존의 사고방식을 ㉠돌파하는 데서 출발한다. 기본적으로 기존의 이론과 법칙을 비판적으로 살펴보고 자신만의 독창적 아이디어를 만들어 내는 일이 중요하다. ㉡그러나 이러한 창의적 사고가 단순히 개인의 독특함에서만 비롯되는 것은 아니다. 더욱 중요한 것은 창의적 사고가 사회적·문화적 환경과 적절한 교육을 통해 ㉢길러진다. 따라서 ㉣자신의 창의성을 계발하기 위해 주변의 사물을 비판적이고 새로운 시각으로 보는 노력을 게을리해서는 안 된다.

① ㉠ : 단어의 쓰임이 어색하므로 '탈피하는'으로 고친다.

② ㉡ : 앞뒤 문장을 자연스럽게 잇지 못하므로 '또한'으로 고친다.

③ ㉢ : 주술 호응이 되지 않으므로 '길러진다는 점이다'로 고친다.

④ ㉣ : 주장을 포괄하지 못하므로 '환경과 교육의 중요성'을 강조하는 내용으로 고친다.

> ✿ TIP ✿ ㉡에서 '그러나'는 앞 문장에서 언급한 내용을 긍정하면서도 뒤에 나올 문장을 강조하는 역할의 접속 부사로 쓰였다. 고치지 않아도 되는 문장이다.

5 단어의 밑줄 친 부분의 음이 다른 것은?

① <u>否</u>認 　　　　　　　　② <u>否</u>定

③ <u>否</u>決 　　　　　　　　④ <u>否</u>運

> ✽ TIP ✽ ④ 비운 : 막혀서 어려운 처지에 이른 운수. 또는 불행한 운명
> ① 부인 : 어떤 내용이나 사실을 옳거나 그러하다고 인정하지 아니함
> ② 부정 : 그렇지 아니하다고 단정하거나 옳지 아니하다고 반대함
> ③ 부결 : 의논한 안건을 받아들이지 아니하기로 결정함. 또는 그런 결정

6 밑줄 친 부분의 예로 가장 적절한 것은?

> <u>생각은 큰 그릇이고 말은 생각 속에 들어가는 작은 그릇이어서 생각에는 말 외에도 다른 것이 더 있다.</u> 그러나 아무리 생각이 말보다 범위가 넓고 큰 것이라고 하여도 그것을 말로 바꾸어 놓지 않으면 그 생각의 위대함이나 오묘함이 다른 사람에게 전달되지 않는다. 그 때문에 생각이 형님이요, 말이 동생이라고 할지라도 생각은 동생의 신세를 지지 않을 수가 없게 되어 있다.

① '사과'는 언제부터 '사과'라고 부르기 시작했는지 알 수 없어.

② 동일한 사물을 두고 영국에서는 [tri:], 한국에서는 [namu]라 표현해.

③ 이 소설은 정말 감동적이야. 내가 받은 감동은 말로는 설명이 안 돼.

④ 시간의 흐름을 초, 분, 시간 단위로 나눠 사용해 온 것은 인간의 사회적 약속이야.

> ✽ TIP ✽ 밑줄 친 문장은 '생각 ⊃ 말'의 포함관계를 보여 주는 문장이다. 따라서 말로는 감동을 설명할 수 없다고 하는 ③이 그 예로 적절하다.

7 '샛강을 어떻게 살릴 수 있을까?'라는 주제에 대해 토의하고자 한다. 이에 대한 설명으로 적절하지 않은 것은?

> 토의는 어떤 공통된 문제에 대해 최선의 해결안을 얻기 위하여 여러 사람이 의논하는 말하기 양식이다. 패널 토의, 심포지엄 등이 그 대표적 예이다. ⊙패널 토의는 3~6인의 전문가들이 사회자의 진행에 따라, 일반 청중 앞에서 토의 문제에 대한 정보나 지식, 의견이나 견해 등을 자유롭게 주고받는 유형이다. 토의가 끝난 뒤에는 청중의 질문을 받고 그에 대해 토의자들이 답변하는 시간을 갖는다. 이 질의·응답 시간을 통해 청중들은 관련 문제를 보다 잘 이해하게 되고 점진적으로 해결 방안을 모색하게 된다. ⊙심포지엄은 전문가가 참여한다는 점, 청중과 질의·응답 시간을 갖는다는 점에서는 패널 토의와 그 형식이 비슷하다. 다만 전문가가 토의 문제의 하위 주제에 대해 서로 다른 관점에서 연설이나 강연의 형식으로 10분 정도 발표한다는 점에서는 차이가 있다.

① ⊙과 ⊙은 모두 '샛강 살리기'와 관련하여 전문가의 의견을 들은 이후, 질의·응답 시간을 갖는다.

② ⊙과 ⊙은 모두 '샛강을 어떻게 살릴 수 있을까?'라는 문제에 대해 최선의 해결책을 얻기 위함이 목적이다.

③ ⊙은 토의자가 샛강의 생태적 특성, 샛강 살리기의 경제적 효과 등의 하위 주제를 발표한다.

④ ⊙은 '샛강 살리기'에 대해 찬반 입장을 나누어 이야기한 후 절차에 따라 청중이 참여한다.

✱ TIP ✱ ④ 패널 토의는 찬반 입장을 나누어 이야기하기에 적합하지 않다. 찬반 입장을 나누어 자기의 주장을 펼치고 상대방을 설득하는 말하기 방법은 토론이다.

8 밑줄 친 부분의 함축적 의미로 가장 적절한 것은?

> 그는 피아노를 향하여 앉아서 머리를 기울였습니다. 몇 번 손으로 키를 두드려 보다가는 다시 머리를 기울이고 생각하고 하였습니다. 그러나 다섯 번 여섯 번을 다시 하여 보았으나 아무 효과도 없었습니다. 피아노에서 울려 나오는 음향은 규칙 없고 되지 않은 한낱 소음에 지나지 못하였습니다. 야성? 힘? 귀기? 그런 것은 없었습니다. <u>감정의 재</u>뿐이 있었습니다.
> "선생님, 잘 안 됩니다."
> 그는 부끄러운 듯이 연하여 고개를 기울이며 이렇게 말하였습니다.
> "두 시간도 못 되어서 벌써 잊어버린담?"
> 나는 그를 밀어 놓고 내가 대신하여 피아노 앞에 앉아서 아까 베낀 그 음보를 펴 놓았습니다. 그리고 내가 베낀 곳부터 다시 시작하였습니다.
> 화염! 화염! 빈곤, 주림, 야성적 힘, 기괴한 감금당한 감정! 음보를 보면서 타던 나는 스스로 흥분이 되었습니다.
>
> — 김동인, 「광염 소나타」 중에서 —

① 화려한 기교가 없는 연주

② 악보와 일치하지 않는 연주

③ 도저히 이해할 수 없는 연주

④ 기괴한 감정이 느껴지지 않는 연주

✽TIP✽ "두 시간도 못 되어서 벌써 잊어버린담?"이라는 나의 대사를 통해 두 시간 전 그의 연주는 야성, 힘, 귀기가 담겨있는 연주였음을 유추할 수 있다. 따라서 밑줄 친 '감정의 재'는 그런 것이 느껴지지 않는 연주를 말한다.

9 두 사람의 대화에 대한 설명으로 적절한 것은?

> "저어기, 개천에서 올라오는 저 사람이 인제 어딜 가는지 알아내시겠에요?"
> "어디, 누구?"
> "저거, 땅꾼 아니냐?"
> "땅꾼요?"
> "거지 대장 말야."
> "저건 둘째 대장예요. 근데 지금 어딜 가는지 아시겠에요?"
> "인석, 그걸 내가 으떻게 아니?"
> 그러면 소년은 가장 자랑스러이,
> "인제 보세요. 저어 다리께 가게루 갈 테니."
> "어디 ……. 참, 딴은 가게로 들어가는구나. 저눔이 담뱃 사러 갔을까?"
> "아무것두 안 사구 그냥 나올 테니 보세요. 자아, 다시 돌쳐서서 이쪽으로 오죠?"
> "그래 인젠 저눔이 어딜 가누."
> "인제, 개천가 선술집으루 들어갈 테니 보세요."
> "어디 ……. 참, 딴은 술집으루 들어가는구나. 그래두 저눔이 가게서 뭐든지 샀겠지, 그냥 거기 갔다 올 까닭이 있나?"
> "왜 들어가는지 아르켜 드릴까요? 저 사람이, 곧잘, 다리 밑으루 들어가서, 게서, 거지들한테 돈을 십 전이구 이십 전이구, 얻어 갖거든요. 그래 그걸루 술두 사 먹구, 밥두 사 먹구 허는데, 그게 거지들이 동냥해 들인 거니, 이십 전이구, 삼십 전이구 간에, 모두 동전 한 푼짜릴 거 아녜요? 근데 저 사람이 동전 가지군 절대 술집엘 안 들어가거든요. 그래 은제든지 꼭 가게루 가서 그걸 모두 십 전짜리루 바꿔 달래서 ……."
>
> — 박태원, 「천변풍경」 중에서 —

① 두 사람의 관심사가 달라서 대화가 지속되지 못하고 있다.
② 한 사람이 대화를 주도하면서 상대방의 관심을 끌어들이고 있다.
③ 상대방의 질문에 답하는 가운데 현실의 문제점을 확인하고 있다.
④ 서로 간의 의견 차이를 조정하면서 절충점을 찾아내고 있다.

✿ TIP ✿ ② 소년은 대화를 주도하면서 거지 대장에 대한 상대방의 관심을 끌어들이고 있다.

9. ② answer

10 다음 글의 제목으로 가장 적절한 것은?

> 어느 대학의 심리학 교수가 그 학교에서 강의를 재미없게 하기로 정평이 나 있는, 한 인류학 교수의 수업을 대상으로 실험을 계획했다. 그 심리학 교수는 인류학 교수에게 이 사실을 철저히 비밀로 하고, 그 강의를 수강하는 학생들에게만 사전에 몇 가지 주의 사항을 전달했다. 첫째, 그 교수의 말 한 마디 한 마디에 주의를 집중하면서 열심히 들을 것. 둘째, 얼굴에는 약간 미소를 띠면서 눈을 반짝이며 고개를 끄덕이기도 하고 간혹 질문도 하면서 강의가 매우 재미있다는 반응을 겉으로 나타내며 들을 것.
>
> 한 학기 동안 계속된 이 실험의 결과는 흥미로웠다. 우선 재미없게 강의하던 그 인류학 교수는 줄줄 읽어 나가던 강의 노트에서 드디어 눈을 떼고 학생들과 시선을 마주치기 시작했고 가끔씩은 한두 마디 유머 섞인 농담을 던지기도 하더니, 그 학기가 끝날 즈음엔 가장 열의 있게 강의하는 교수로 면모를 일신하게 되었다. 더욱 더 놀라운 것은 학생들의 변화였다. 처음에는 실험 차원에서 열심히 듣는 척하던 학생들이 이 과정을 통해 정말로 강의에 흥미롭게 참여하게 되었고, 나중에는 소수이긴 하지만 아예 전공을 인류학으로 바꾸기로 결심한 학생들도 나오게 되었다.

① 학생 간 의사소통의 중요성
② 교수 간 의사소통의 중요성
③ 언어적 메시지의 중요성
④ 공감하는 듣기의 중요성

> ✽ TIP ✽ 제시된 글은 실험을 통해 학생들의 열심히 듣기와 강의에 대한 반응이 교수의 말하기에 미친 영향을 보여 주고 있다. 즉, 경청, 공감하며 듣기의 중요성에 대해 보여 주는 것이다.

11 다음에 제시된 의미와 가장 가까운 속담은?

> 가난한 사람이 남에게 업신여김을 당하기 싫어서 허세를 부리려는 심리를 비유적으로 이르는 말

① 가난한 집 신주 굶듯 　　② 가난한 집에 자식이 많다
③ 가난할수록 기와집 짓는다 　　④ 가난한 집 제사 돌아오듯

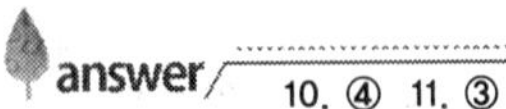

answer / 　10. ④ 11. ③

✽ TIP ✽ ① 가난한 집 신주 굶듯 : 가난한 집에서는 형편 때문에 신주까지도 제사 음식을 제대로 받아 보지 못하게 된다는 뜻으로, 줄곧 굶기만 한다는 말

② 가난한 집에 자식이 많다 : 가난한 집은 형편도 안 좋은 상황에 자식까지 많다는 뜻으로, 부담되는 것이 많음을 이르는 말

④ 가난한 집 제사 돌아오듯 : 산 사람 살기도 어려운 가난한 집에 제삿날이 자꾸 돌아와서 어려움을 겪는다는 뜻으로, 힘든 일이 자주 닥쳐옴을 비유적으로 이르는 말

12 밑줄 친 말의 쓰임이 적절하지 않은 것은?

① 이 숲에서 <u>자생</u>하던 희귀 식물들의 개체 수가 줄었다.

② 상황이 급박하게 돌아가서 이것저것 따질 <u>개재</u>가 아니다.

③ 이번 아이디어 상품의 출시 여부에 따라 사업의 <u>성패</u>가 결정된다.

④ 현대 사회에서는 <u>유례</u>를 찾아볼 수 없을 만큼 정보가 넘쳐 난다.

✽ TIP ✽ ②에서는 '어떤 일을 할 수 있게 된 형편이나 기회'라는 의미의 '계제'를 쓰는 것이 적절하다.

13 명사의 개수가 가장 많은 것은?

① 타율에 관한 한 독보적인 기록도 깨졌다.

② 상자에 이런 것이 깔끔하게 정돈되어 있었다.

③ 친구 외에는 다른 사람에게 항상 못되게 군다.

④ 저 모퉁이에서 얼굴이 하얀 이가 걸어오고 있다.

✽ TIP ✽ ① 타율, 한, 독보, 기록→4개
② 상자, 것→2개
③ 친구, 외, 사람→3개
④ 모퉁이, 얼굴, 이→3개

12. ② 13. ①

14 밑줄 친 부분의 한자가 옳은 것은?

① 학술지의 <u>규정(規正)</u>에 따라 표절 논문을 반려하였다.

② 문법 <u>구조(救助)</u>를 잘 이해하면 독해력이 향상된다.

③ 각급 기관에서 협조할 사안이 <u>충분(充分)</u>히 있다.

④ 사회적 <u>현상(懸賞)</u>을 파악하여 정책을 마련해야 한다.

> **✽TIP✽** 　規正→規定(규칙으로 정함. 또는 그 정하여 놓은 것)
> 　② 救助→構造(부분이나 요소가 어떤 전체를 짜 이룸. 또는 그렇게 이루어진 얼개)
> 　④ 懸賞→現象(인간이 지각할 수 있는, 사물의 모양과 상태)

15 밑줄 친 한자 성어의 쓰임이 적절하지 않은 것은?

① 말이 너무 번드르르해 미덥지 않은 자들은 대부분 <u>口蜜腹劍</u>형의 사람이다.

② 그는 싸움다운 전쟁도 못하고 <u>一敗塗地</u>가 되어 고향으로 달아나고 말았다.

③ 그에게 마땅히 대응했어야 했는데, 그대는 어찌하여 <u>首鼠兩端</u>하다가 시기를 놓쳤소?

④ 요새 신입생들이 선배들에게 예의를 차릴 줄 모르는 걸 보면 참 <u>後生可畏</u>하다는 생각이다.

> **✽TIP✽** ④ **후생가외** : 젊은 후학들을 두려워할 만하다는 뜻으로, 후배들이 선배들보다 젊고 기력이 좋아, 학문을 닦음에 따라 큰 인물이 될 수 있으므로 가히 두렵다는 말
> ① **구밀복검** : 입에는 꿀이 있고 배 속에는 칼이 있다는 뜻으로, 말로는 친한 듯하나 속으로는 해칠 생각이 있음을 이르는 말
> ② **일패도지** : 싸움에 한 번 패하여 간과 뇌가 땅바닥에 으깨어진다는 뜻으로, 여지없이 패하여 다시 일어날 수 없게 되는 지경에 이름을 이르는 말
> ③ **수서양단** : 구멍에서 머리를 내밀고 나갈까 말까 망설이는 쥐라는 뜻으로, 머뭇거리며 진퇴나 거취를 정하지 못하는 상태를 이르는 말

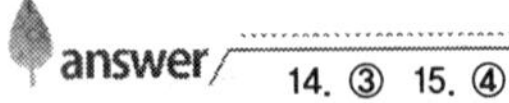

answer／ 14. ③　15. ④

16 토론자들의 주장을 가장 적절하게 분석한 것은?

> 사회 : 최근 보이스피싱 범죄가 모든 금융권으로 확산되면서 피해액이 늘어나고 있습니다. 이에 금융 당국이 은행에도 일부 보상 책임을 지게 하는 방안을 검토하는 것으로 알려지고 있습니다. 이에 대해 어떻게 생각하십니까?
>
> 영수 : 개인들이 자신의 정보를 잘못 관리한 책임까지 은행에서 진다는 것은 문제가 있습니다. 도와드릴 수 있다면 좋겠지만, 은행 입장에서도 한계가 있는 부분이 있어 안타까울 뿐입니다.
>
> 민수 : 소비자들이 자신의 개인 정보 관리에 다소 부주의함이 있다는 것은 인정합니다. 그러나 개인의 부주의를 얘기하는 것보다는 정부가 근본적인 해결책을 모색하는 것이 더욱 시급합니다.

① 영수와 달리, 민수는 보이스피싱 피해에 대한 책임을 소비자에게만 전가해서는 안 된다고 생각한다.

② 영수와 민수는 보이스피싱 범죄의 확산에 대한 일차적 책임이 은행과 정부에 있다고 생각한다.

③ 영수와 민수는 보이스피싱 범죄로 인한 피해를 방지하기 위해 은행에서 노력하고 있다고 생각한다.

④ 영수는 보이스피싱 범죄를 근본적으로 해결하기 위해 은행의 역할을, 민수는 정부의 역할을 강조한다.

✸ TIP ✸ ① 영수는 보이스피싱 범죄가 개인이 자신의 정보를 잘못 관리한 책임이라고 보고 은행에도 일부 책임을 지게 하는 정부 방침에 문제가 있다고 생각한다. 그러나 민수는 보이스피싱 범죄에 있어 개인의 부주의보다는 정부의 근본적 해결책 모색이 시급하다고 하고 있으므로, 그 책임을 소비자에게만 전가하는 것에 대하여 부정적으로 생각한다는 것을 알 수 있다.

16. ①

 answer

17 다음 글의 중심 내용으로 가장 적절한 것은?

> 영어에서 위기를 뜻하는 단어 'crisis'의 어원은 '분리하다'라는 뜻의 그리스어 '크리네인 (Krinein)'이다. 크리네인은 본래 회복과 죽음의 분기점이 되는 병세의 변화를 가리키는 의학 용어로 사용되었는데, 서양인들은 위기에 어떻게 대응하느냐에 따라 결과가 달라진다고 보았 다. 상황에 위축되지 않고 침착하게 위기의 원인을 분석하여 사리에 맞는 해결 방안을 찾을 수 있다면 긍정적 결과가 나올 수 있다는 것이다. 한편, 동양에서는 위기(危機)를 '위험(危險)' 과 '기회(機會)'가 합쳐진 것으로 해석하여, 위기를 통해 새로운 기회를 모색하라고 한다. 동양 인들 또한 상황을 바라보는 관점에 따라 위기가 기회로 변모될 수도 있다고 본 것이다.

① 위기가 아예 다가오지 못하게 미리 대처해야 한다.

② 위기 상황을 냉정하게 판단하고 긍정적으로 받아들인다.

③ 위기가 지나갔다고 해서 반드시 기회가 오는 것은 아니다.

④ 욕심에서 비롯된 위기를 통해 자신의 상황을 되돌아봐야 한다.

✽ TIP ✽ 동양과 서양에서 위기를 의미하는 단어를 분석해 보는 것을 통해 위기 상황을 냉정하게 판단하고 긍정적으로 받아들이면 좋은 결과를 얻거나 또 다른 기회가 될 수 있다는 이야기를 하고 있다.

answer / 17. ②

18 다음 글의 ⊙~⊜에 대한 설명으로 적절하지 않은 것은?

금와는 그때 한 여자를 태백산 남쪽 우발수에서 만났는데, 그녀가 이렇게 말했다. "⊙하백의 딸 유화입니다. 동생들과 놀러 나왔을 때 한 남자가 나타나 자신이 천제의 아들 해모수라고 하며 웅신산 아래 압록강 가에 있는 집으로 유인하여 사통하였습니다. 그러고는 저를 떠나가 서 돌아오지 않았습니다. 부모는 제가 중매도 없이 다른 사람을 따라간 것을 꾸짖어 이곳으 로 귀양을 보내 살도록 했습니다."

⊙금와가 괴이하게 여겨 유화를 방 안에 남몰래 가두어 두었더니, 햇빛이 비추었다. 그녀가 피하자 햇빛이 따라와 또 비추었다. 이로 인해 임신하여 알을 하나 낳았는데, 크기가 다섯 되쯤 되었다. …(중략)… 금와에게는 아들이 일곱 있었는데, 항상 주몽과 함께 놀았다. 그러 나 그들의 기예가 주몽에게 미치지 못하자 ⊙맏아들 대소가 말했다. "주몽은 사람에게서 태 어난 것이 아니니 일찍이 도모하지 않으면 후환이 있을 것입니다." 왕은 듣지 않고 주몽에게 말을 기르도록 했다. 주몽은 준마를 알아보고 먹이를 조금씩 주어 마르게 하고, 늙고 병든 말은 잘 먹여 살찌게 했다. 왕은 살찐 말은 자기가 타고 주몽에게는 마른 말을 주었다. 왕의 아들들과 여러 신하들이 함께 주몽을 해치려 하자, 그 사실을 알게 된 주몽의 어머니가 아들 에게 말했다. "나라 사람들이 너를 해치려고 하는데, 너의 재략이라면 어디 간들 살지 못하겠 느냐? 빨리 떠나거라."

그래서 주몽은 오이 등 세 사람과 벗을 삼아 떠나 개사수에 이르렀으나 건널 배가 없었다. ⊜추격하는 병사들이 문득 닥칠까 두려워서 이에 채찍으로 하늘을 가리키며 빌었다. "나는 천제의 손자이고, 하백의 외손이다. 황천후토(皇天后土)는 나를 불쌍히 여겨 급히 주교(舟橋) 를 내려 주소서." 하고 활로 물을 쳤다. 그러자 물고기와 자라가 다리를 만들어 주어 강을 건 너게 했다. 그러고는 다리를 풀어 버렸으므로 뒤쫓던 기병은 건너지 못했다.

— 작자 미상, 「주몽신화」 중에서 —

① ⊙ : '유화'가 귀양에 처해진 이유를 알 수 있다.

② ⊙ : '유화'가 임신을 하게 된 이유를 알 수 있다.

③ ⊙ : '주몽'이 준마를 얻기 위해 '대소'와 모의했음을 알 수 있다.

④ ⊜ : '주몽'이 강을 건너가기 위해 '신'과 교통했음을 알 수 있다.

✽ TIP ✽ ⊙은 맏아들 대소가 주몽을 도모하고자 왕에게 건의하였으나 왕이 듣지 않고 주몽에게 말을 기르도 록 했다는 내용이다. 따라서 주몽이 준마를 얻기 위해 대소와 모의했다는 설명은 적절하지 않다.

18. ③   answer

19 밑줄 친 부분과 가장 유사한 속성을 지닌 현대인의 삶의 태도는?

> 근대 이후 인간들은 불안감과 고독감에서 벗어나기 위해 <u>자신에게 주어진 자유로부터 도피하려는 경향을</u> 보인다. 그중 하나가 복종을 전제로 하는 권위주의적 양태이다. 이는 개인적 자아의 독립을 포기하고 자기 이외의 어떤 존재에 종속되고자 하는 것으로, 사라진 제1차적 속박 대신에 새로운 제2차적 속박을 추구하는 양상을 띤다. 이것은 때로 상대방을 자신에게 복종시킴으로써 심리적 안정과 만족을 얻으려는 형태로 나타나기도 한다. 일견 대립적으로 보이는 이 두 형태는 불안감과 고독감으로부터 벗어나기 위한 권위주의적 양상이라는 점에서는 동일한 것이다.

① 소속된 집단의 이익이나 정의보다는 개인의 이익이나 행복만을 추구하는 태도
② 집안에서 어떤 일을 결정할 때 부모나 어른의 의견보다는 아이들의 요구를 먼저 고려하는 태도
③ 어떤 상황에 대해 자신의 견해를 가지기보다는 언론 매체의 의견을 무비판적으로 수용하는 태도
④ 직업을 통해서 얻는 삶의 만족보다는 취미 활동을 통해서 얻는 삶의 즐거움을 더 중시하는 태도

❋ TIP ❋ 개인적 자아의 독립을 포기 → 어떤 상황에 대한 자신의 견해를 가지지 않음
자기 이외의 어떤 존재에 종속되고자 함 → 언론 매체의 의견을 무비판적으로 수용

20 다음 글에 대한 설명으로 적절하지 않은 것은?

어떤 사회적 현상을 설명할 때, 상징적 행동을 배제하게 되면 남는 것은 실용성과 관련된 설명뿐이다. 그러나 아메리카에서 시가가 유행하는 현상에 대해서는 그런 기능적 설명이 통하지 않는다. 가령, 사람들이 여전히 담배를 피우고 싶어 하기 때문에 그런 현상이 생긴다는 주장을 들어 보자. 일견 수긍되는 점이 있다. 사람들의 흡연 욕구가 여전하다는 것은 전혀 틀린 말이 아니기 때문이다. 그러나 그것만으로는 아메리카 사회가 시가를 피우는 사람들에게는 관대하고, 궐련을 피우는 사람들에게는 관대하지 않은 까닭을 설명할 수가 없다.

궐련을 피우는 사람들은 이제 공공건물 앞의 보도에 한데 모여서 흡연을 해야 하는 신세가 되었다. 그들 사이에 즉각적 연대감을 형성하면서 말이다. 그런 그들에게 더러 경멸의 눈길을 보내는 사람들도 있지만, 대부분의 사람들은 그들에게 관심을 보이지 않는다. 그들이 공공건물 밖에서 흡연을 하는 한, 남에게 해가 될 게 전혀 없다고 생각하기 때문이다. 그런데 시가를 피우는 사람들의 사정은 전혀 다르다. 그들은 저녁 식사가 끝날 즈음에, 또는 파티 도중에 전리품을 자랑하듯이 당당하게 시가를 꺼내어 입에 문다. 그들의 행동에 눈살을 찌푸리는 사람은 아무도 없다.

어찌하여 이런 차별이 생긴 것일까? 연기를 삼키지 않기 때문에 시가가 몸에 덜 해롭다는, 일반적 주장은 설득력이 없다. 연기를 들이마시지 않고 뱉어 내는 것은 간접흡연의 피해를 줄이기는커녕, 오히려 실내 공기를 더욱 심하게 오염시키기 때문이다. 그렇다면 진짜 이유는 무엇일까? 가장 설득력 있는 설명은 다음과 같다. 먼저 보건 당국에서 국민 건강을 위한 캠페인의 일환으로 궐련과의 투쟁을 선포했다. 그러자 궐련은 죽음의 상징이 되었고, 그 캠페인은 상류층 사람들 사이에 즉각적 반향을 불러일으켰다. 이제 최고급 레스토랑에서는 아무도 궐련을 피우지 않지만, 싸구려 술집에는 여전히 궐련 연기가 자욱하다.

① 자문자답 형식을 사용하여 독자의 흥미를 유발하고 있다.

② 난해한 용어의 정의를 제시하여 독자의 이해를 돕고 있다.

③ 자신과 다른 견해를 일부 인정하면서도 그 한계를 지적하고 있다.

④ 다른 현상과의 비교를 통해 특정 현상에 담긴 의미를 밝히려 한다.

✽ TIP ✽ ② 제시된 글에는 용어의 개념 정의를 통해 독자의 이해를 도우며 논지를 전개하는 방식이 쓰이지는 않았다.

20. ②

국   어 ○ 

2016. 6. 25 서울특별시 시행

1 다음 중 표준어로만 묶인 것은?

① 끄나풀 – 새벽녘 – 삵쾡이 – 떨어먹다
② 뜯게질 – 세째 – 수평아리 – 애닯다
③ 치켜세우다 – 사글세 – 설거지 – 수캉아지
④ 보조개 – 숫양 – 광우리 – 강남콩

> ✱ TIP ✱ ① 삵쾡이→살쾡이, 떨어먹다→털어먹다
> ② 세째→셋째, 애닯다→애달프다
> ④ 광우리→광주리, 강남콩→강낭콩

2 다음 중 ⊙~㉑에 대한 감상으로 가장 적절하지 않은 것은?

나는 그날 그에게 돈 삼 원을 주었다. 그의 말대로 삼산 학교 앞에 가서 뻐젓이 참외 장사라도 해 보라고. 그리고 돈은 남지 못하면 돌려 오지 않아도 좋다 하였다. <u>⊙그는 삼 원 돈에 덩실덩실 춤을 추다시피 뛰어나갔다.</u> 그리고 그 이튿날, "선생님 잡수시라굽쇼."하고 나 없는 때 참외 세 개를 갖다 두고 갔다. 그러고는 온 여름 동안 그는 우리 집에 얼른하지 않았다.

들으니 <u>ⓒ참외 장사를 해 보긴 했는데 이내 장마가 들어 밑천만 까먹었고, 또 그까짓 것보다 한 가지 놀라운 소식은 그의 아내가 달아났단 것이다.</u> 저희끼리 금슬은 괜찮았건만 동서가 못 견디게 굴어 달아난 것이라 한다. 남편만 남 같으면 따로 살림 나는 날이나 기다리고 살 것이나 평생 동서 밑에 살아야 할 신세를 생각하고 달아난 것이라 한다.

그런데 요 며칠 전이었다. 밤인데 달포 만에 수건이가 우리 집을 찾아왔다. <u>ⓒ웬 포도를 큰 것으로 대여섯 송이를 종이에 싸지도 않고 맨손에 들고 들어왔다.</u> 그는 벙긋거리며 첫마디로, "선생님 잡수라고 사 왔습죠."하는 때였다. 웬 사람 하나가 날쌔게 그의 뒤를 따라 들어오더니 다짜고짜로 수건이의 멱살을 움켜쥐고 끌고 나갔다. 수건이는 그 우둔한 얼굴이 새하얗게 질리며 꼼짝 못하고 끌려 나갔다.

나는 수건이가 포도원에서 포도를 훔쳐 온 것을 직각하였다. 쫓아 나가 매를 말리고 포도값을 물어주었다. 포도값을 물어주고 보니 수건이는 어느 틈에 사라지고 보이지 않았다. 나는 그 다섯 송이의 포도를 탁자 위에 얹어 놓고 오래 바라보며 아껴 먹었다. <u>㉑그의 은근한 순정의 열매를 먹듯 한 알을 가지고도 오래 입안에 굴려 보며 먹었다.</u>

– 이태준, 「달밤」 –

① ⊙ : 황수건의 행위를 통해 참외 장사가 안 될 것을 예측 할 수 있다.

② ⓒ : 황수건에 대한 정보가 '나'에 의해 요약적으로 제시되고 있다.

③ ⓒ : '포도'는 장사 밑천을 대준 '나'에 대한 황수건의 고마움의 표시이다.

④ ㉑ : 인물을 바라보는 '나'의 호의적인 태도를 읽을 수 있다.

✽ TIP ✽ ⊙에서 황수건의 행동은 참외 장사 밑천인 돈 삼 원이 생긴 것에 대한 기쁨에서 비롯된 것이라고 볼 수 있다.

2. ① \ **answer**

3 다음 중 음운변동의 성격이 나머지 셋과 가장 다른 것은?

① '옳다'는 [올타]로, '옳지'는 [올치]로 발음된다.

② '주다'와 어미 '-어라'가 만나 '줘라'가 되었다.

③ '막혀'는 [마켜]로, '맞힌'은 [마친]으로 발음된다.

④ '가다'와 어미 '-아서'가 만나 '가서'가 되었다.

> ✽ TIP ✽ ④ 음운 탈락
> ①②③ 음운 축약

4 다음 중 밑줄 친 부분의 품사가 다른 하나는?

① 그 가방에 소설책 <u>한</u> 권이 들어 있었다.

② 넓은 들판에는 농부가 <u>한둘</u> 눈에 띌 뿐 한적했다.

③ <u>두</u> 사람은 서로 다투다가 화해했다.

④ 보따리에서 석류가 <u>두세</u> 개 굴러 나왔다.

> ✽ TIP ✽ ② 수사
> ①③④ 관형사

5 다음 중 고유어의 뜻풀이가 옳지 않은 것은?

① 노느매기 : 물건을 여러 몫으로 나누는 일

② 비나리치다 : 갑자기 내린 비를 피하려고 허둥대다.

③ 가리사니 : 사물을 판단할 수 있는 지각이나 실마리

④ 던적스럽다 : 하는 짓이 보기에 매우 치사하고 더러운 데가 있다.

> ✽ TIP ✽ ② 비나리치다 : 아첨을 해가며 환심을 사다.

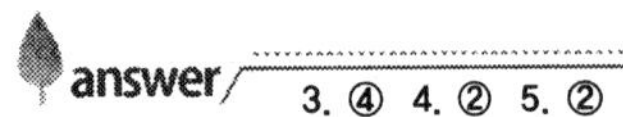

6 다음 중 외래어 표기가 모두 옳은 것은?

① 벌브(bulb), 옐로우(yellow), 플래시(flash), 워크숍(workshop)

② 알콜(alcohol), 로봇(robot), 보트(boat), 써클(circle)

③ 밸런스(balance), 도너츠(doughnut), 스위치(switch), 리더십(leadership)

④ 배지(badge), 앙코르(encore), 콘테스트(contest), 난센스(nonsense)

> ❋ TIP ❋ ① 옐로우→옐로
> ② 알콜→알코올, 써클→서클
> ③ 도너츠→도넛

7 다음은 신문 보도와 그에 대한 해당 기관의 해명이다. 이에 대한 해석으로 적절하지 않은 것은?

신문보도	(1) 유학생 등 재외국민들은 내국인과 달리 아이핀 발급이 어려움 (2) 행정자치부가 관리하는 공공아이핀은 공인인증서나 주민등록증, 거주여권 등으로 발급이 가능하나, 방문(PM)여권을 소지한 유학생, 주재원 등은 발급이 불가하며, 주민등록증이 있더라도 단독세대원은 공공아이핀 발급이 불가능
해명자료	(1) 유학생, 주재원 등 방문여권 소지자는 <u>본인과 국내에 거주하는 세대원의 주민등록증 발급일자나 대리인(가족관계) 신청</u>으로 공공아이핀 발급이 가능하므로 공공아이핀은 해외에서도 이용이 가능 (2) 유학생, 주재원 등은 통상 해외이주 시 본인의 주민 등록을 부모나 친인척 주소지로 이전하기 때문에 국내 주소지가 단독세대원인 경우는 거의 없음

① 신문 보도에서, 같은 내용을 (1)에서는 개략적으로, (2)에서는 상세히 설명하고 있다.

② 신문 보도에 따르면, 주민등록증을 가지고서도 아이핀을 발급 받을 수 없는 경우가 있다.

③ 해명 자료(1)의 밑줄 친 부분은 접속 대상이 대등하지 않아 부자연스러워진 표현이다.

④ 해명 자료(2)는 단독세대원이 겪고 있는 문제가 해결되었음을 설명하고 있다.

> ❋ TIP ❋ ④ 해명 자료(2)는 유학생, 주재원 등은 통상적으로 국내 주소지가 단독세대원인 경우가 거의 없으므로 단독세대원의 공공아이핀 발급 불가능 문제가 발생할 확률이 크지 않음을 밝히고 있는 내용이다. 문제가 해결되었음을 설명하는 것은 아니다.

6. ④ 7. ④  **answer**

8 **다음 중 단어의 발음이 옳은 것끼리 묶인 것은?**

① 디귿이[디그시], 홑이불[혼니불]
② 뚫는[뚤는], 밝히다[발키다]
③ 핥다[할따], 넓죽하다[넙쭉카다]
④ 흙만[흑만], 동원령[동: 원녕]

✽ TIP ✽ ② 뚫는[뚤른]
③ 넓죽하다[넙쭈카다]
④ 흙만[흥만]

9 **다음 중 단어의 짜임이 〈보기〉와 같은 것은?**

〈보기〉
놀리- + -ㅁ
↓(파생)
손 + 놀림
↓(합성)
손놀림

① 책꽂이 ② 헛소리
③ 가리개 ④ 흔들림

✽ TIP ✽ '손놀림'은 파생명사인 '놀림'과 단일어인 '손'이 합성된 합성어이다.
① 책(단일어)+꽂이[파생명사(꽂-+-이)]
② 헛-(접사)+소리
③ 가리-+-개(접사)
④ 흔들-+-리-(피동접미사)+-ㅁ(명사형 어미)

answer 8. ① 9. ①

10 다음 중 괄호 안의 한자가 옳은 것은?

① 정직함이 유능함보다 중요(仲要)하다.

② 대중(對衆) 앞에서 연설하는 것은 쉬운 일이 아니다.

③ 부동산 중개사(重介士) 시험을 보는 사람들이 점점 늘어나고 있다.

④ 집중력(集中力)이 떨어지지 않도록 숙면을 취해야 한다.

> ✽ TIP ✽ ① 중요(重要)하다 : 귀중하고 요긴하다.
> ② 대중(大衆) : 수많은 사람의 무리
> ③ 중개사(仲介士) : 다른 사람의 의뢰를 받고 상행위를 대리하거나 매개하여 그에 대한 수수료를 받는 일을 전문으로 하는 사람

11 다음 중 〈보기〉와 작품 속 시대적 배경이 같은 것은?

> 〈보기〉
>
> 오호, 여기 줄지어 누웠는 넋들은
> 눈도 감지 못하였겠구나.
>
> 어제까지 너희의 목숨을 겨눠
> 방아쇠를 당기던 우리의 그 손으로
> 썩어 문드러진 살덩이와 뼈를 추려
> 그래도 양지 바른 두메를 골라
> 고이 파묻어 떼마저 입혔거니
> 죽음은 이렇듯 미움보다도 사랑보다도
> 더욱 너그러운 것이로다.

① 김주영의 「객주」　　　② 이범선의 「오발탄」

③ 박경리의 「토지」　　　④ 황석영의 「장길산」

> ✽ TIP ✽ 〈보기〉는 구상의 '초토의 시 8-적군 묘지 앞에서'이다. 이 시의 작품 속 시대적 배경은 6·25 한국전쟁이다.
> ② 이범선의 「오발탄」 : 6·25 후의 암담한 현실을 리얼하게 부각시킨 작품이다.
> ① 김주영의 「객주」 : 1878∼1885년경 경상도 울진을 중심으로 부보상인 천봉산의 일상을 그렸다.
> ③ 박경리의 「토지」 : 구한말부터 일제강점기까지 한 가문의 몰락과 다시 일어서는 과정을 그리고 있다.
> ④ 황석영의 「장길산」 : 조선 숙종조에 실재했던 인물인 장길산을 주인공으로 한 역사소설이다.

10. ④　11. ②　 answer

12 다음 중 〈보기〉에 대한 이해로 적절하지 않은 것은?

〈보기〉

주동문	⊙ 아이가 밥을 먹었다.	ⓒ 마당이 넓다.
	↓	↓
사동문	ⓛ 어머니가 아이에게 밥을 먹게 하였다.	ⓔ 인부들이 마당을 넓혔다.

① ⓛ, ⓔ을 보니, 사동문에는 두 가지 유형이 있군.

② ⓛ, ⓔ을 보니, 주동문의 주어는 사동문에서 다른 문장 성분으로 나타날 수 있군.

③ 〈보기〉를 보니, 동사만 사동화될 수 있군.

④ 〈보기〉를 보니, 주동문을 사동문으로 바꾸면 서술어의 자릿수가 변화할 수 있군.

❋ TIP ❋ ③ ⓒ의 '넓다'는 형용사이다. ⓔ을 볼 때 형용사도 사동화 될 수 있다.

13 다음 설명 중 옳지 않은 것은?

① 하늘, 바람, 심지어, 어차피, 주전자와 같은 단어들은 한자로 적을 수 없는 고유어이다.

② 학교, 공장, 도로, 자전거, 자동차와 같은 단어들은 모두 한자로도 적을 수 있는 한자어이다.

③ 고무, 담배, 가방, 빵, 냄비와 같은 단어들은 외국에서 들어온 말이지만 우리말처럼 되어 버린 귀화어이다.

④ 눈깔, 아가리, 주둥아리, 모가지, 대가리와 같이 사람의 신체 부위를 점잖지 못하게 낮추어 부르는 단어들은 비어(卑語)에 속한다.

❋ TIP ❋ ① 심지어(甚至於), 어차피(於此彼), 주전자(酒煎子)는 한자어이다.

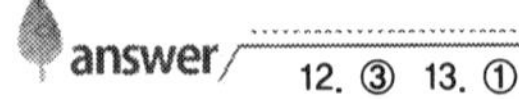

12. ③ 13. ①

14 다음 중 밑줄 친 부분에 대한 설명이 옳은 것은?

> ㉠ <u>철수 밥</u> 먹는다.
> ㉡ <u>그 사람이</u> <u>그런 심한 말을</u> 하다니.
> ㉢ 오늘 <u>내가 본</u> 영화는 세계 10대 명화에 속한다고 한다.
> ㉣ <u>민한경 씨가 익명의 독지가였음이</u> 밝혀졌다.

① ㉠에서 '철수', '밥'은 단어이자 어절로서 각각 주어, 부사어의 문법적 기능을 수행한다.

② ㉡에서 '그 사람이', '그런 심한 말을'은 각각 주어, 목적어 성분이 절로 실현된 것이다.

③ ㉢에서 '오늘 내가 본'은 관형어 기능을 하며 절로 실현되어 있다.

④ ㉣에서 '민한경 씨가 익명의 독지가였음이'는 목적어 성분으로서 명사절로 실현되어 있다.

✽ TIP ✽ ① ㉠은 '철수(가) 밥(을) 먹는다'에서 조사가 생략된 형태로 '밥'은 목적어 기능을 수행한다.
  ② 절은 주어와 서술어를 갖춘 두 개 이상의 단어가 통합된 단위이다. '그 사람이', '그런 심한 말을'은 각각 주어, 목적어 성분이 구로 실현된 것이다.
  ④ '민한경 씨가 익명의 독지가였음이'는 주어 성분으로서 명사절로 실현되어 있다.

15 다음 중 밑줄 친 부분을 의미하는 사자성어는?

> 사원 여러분, 이번 중동 진출은 이미 예산이 많이 투입된 대규모 사업입니다. 그래서 <u>하던 일을 중도에서 그만둘 수는 없습니다.</u> 이번 위기를 극복해야만 회사가 삽니다. 어려움과 많은 문제들이 있어 심적으로는 불안하겠지만 조금만 더 참고 끝까지 함께 갑시다.

① 登高自卑

② 角者無齒

③ 騎虎之勢

④ 脣亡齒寒

16 〈보기〉의 문학사적 사실들을 발생 순서대로 배열한 것은?

<보기>
㉠ 「삼대」, 「흙」, 「태평천하」 등 다양한 장편소설들이 발표되었다.
㉡ 이광수의 「무정」이 『매일신보』에 연재되어 세간의 화제를 불러 일으켰다.
㉢ 『창조』, 『백조』, 『폐허』 등의 동인지가 등장하고 『조선일보』, 『동아일보』와 같은 민간
신문들이 발행되었다.
㉣ 『인문평론』, 『문장』 등 유수한 문학잡지들과 한글 신문 등의 발행이 어려워지게 되었다.
㉤ 이인직의 「혈의 누」, 이해조의 「자유종」과 같은 소설들이 발표되었다.

① ㉡ - ㉤ - ㉠ - ㉢ - ㉣　　　　　② ㉡ - ㉤ - ㉢ - ㉣ - ㉠
③ ㉤ - ㉡ - ㉢ - ㉠ - ㉣　　　　　④ ㉤ - ㉢ - ㉠ - ㉡ - ㉣

✿ TIP ✿ ㉤ 「혈의 누」(1906), 「자유종」(1910)
㉡ 「무정」(1917)
㉢ 『창조』(1919), 『백조』(1922), 『폐허』(1920), 『조선일보』(1920), 『동아일보』(1920)
㉠ 「삼대」(1931), 「흙」(1932~1933), 「태평천하」(1938)
㉣ 『인문평론』(1939), 『문장』(1939)

17 〈보기〉는 '비치다'에 대한 사전의 뜻풀이이다. 다음 중 각 뜻에 대한 예문으로 적절한 것은?

〈보기〉

① 【…에】 ❶ 빛이 나서 환하게 되다.

　　❷ 빛을 받아 모양이 나타나 보이다.

　　❸ 물체의 그림자나 영상이 나타나 보이다.

　　❹ 뜻이나 마음이 밖으로 드러나 보이다.

　　❺ 투명하거나 얇은 것을 통하여 드러나 보이다.

② 【…에/에게 …으로】

　　무엇으로 보이거나 인식되다.

③ 【…에/에게 …을】

　　❶ 얼굴이나 눈치 따위를 잠시 또는 약간 나타내다.

　　❷ 의향을 떠보려고 슬쩍 말을 꺼내거나 의사를 넌지시 깨우쳐 주다.

---

① ①❶ : 창문을 종이로 가렸지만 그래도 안이 <u>비친다</u>.

② ①❸ : 만년설이 쌓인 산이 호수에 <u>비쳤다</u>.

③ ② : 동생에게 결혼 문제를 <u>비쳤더니</u> 그 자리에서 펄쩍 뛰었다.

④ ③❶ : 글씨를 흘려서 쓰면 성의 없는 사람으로 <u>비치기</u> 쉽다.

✽ TIP ✽ ①은 ①❺에 대한 예문이다.
　　　　③은 ③❷에 대한 예문이다.
　　　　④는 ②에 대한 예문이다.

17. ②　answer

18 훈민정음 해례본에 나오는 한글의 제자 원리로 가장 옳은 것은?

① 초성은 발음기관을 본떠 만들었는데 'ㄱ'은 혀가 윗잇몸에 닿는 모양을 본뜬 것이다.

② 'ㄱ, ㄴ, ㅁ, ㅅ, ㅇ' 5개의 기본 문자에 가획의 원리로 'ㅋ, ㄷ, ㅌ, ㄹ, ㅂ, ㅈ, ㅊ, ㅎ' 총 8개의 문자를 만들었다.

③ 문자의 수는 초성 10자, 중성 10자, 종성 8자로 모두 28자이다.

④ 연서(連書)는 'ㅇ'을 이용한 것으로서 예로는 'ㅸ'이 있다.

> ✵ TIP ✵ ① 혀가 윗잇몸에 닿는 모양을 본뜬 것은 'ㄴ'이다.
> ② 'ㄱ, ㄴ, ㅁ, ㅅ, ㅇ' 5개의 기본 문자에 가획의 원리로 'ㅋ, ㄷ, ㅌ, ㅂ, ㅍ, ㅈ, ㅊ, ㆆ, ㅎ, ㆁ, ㄹ, ㅿ' 총 17개의 문자를 만들었다.
> ③ 세종 25년 12월에 창제된 훈민정음은 모두 28자로 초성 17자, 중성 11자이며 종성은 초성을 다시 쓴다고 하였다.

19 다음 중 띄어쓰기가 옳은 것은?

① 대화를∨하면∨할수록∨타협점은∨커녕∨점점∨갈등만∨커지게∨되었다.

② 창문∨밖에∨소리가∨나서∨봤더니∨바람∨소리∨밖에∨들리지∨않았다.

③ 그∨만큼∨샀으면∨충분하니∨가져갈∨수∨있을만큼만∨상자에∨담으렴.

④ 나는∨나대로∨갈∨데가∨있으니∨너는∨네가∨가고∨싶은∨데로∨가거라.

> ✵ TIP ✵ ① 대화를 하면 할수록 <u>타협점은커녕</u> 점점 갈등만 커지게 되었다.
> ② 창문 밖에 소리가 나서 봤더니 바람 <u>소리밖에</u> 들리지 않았다.
> ③ 그만큼 샀으면 충분하니 가져갈 수 <u>있을 만큼만</u> 상자에 담으렴.

20 다음 중 밑줄 친 부분의 한자가 옳은 것은?

① <u>溫古</u>知新

② 麥秀之嘆

③ 識者憂患

④ <u>左考右眄</u>

✿ TIP ✿ ② 麥秀之嘆(맥수지탄) : 고국의 멸망을 한탄함
① 溫故知新(온고지신) : 옛것을 익히고 그것을 미루어서 새것을 앎
③ 識字憂患(식자우환) : 학식이 있는 것이 오히려 근심을 사게 됨
④ 左顧右眄(좌고우면) : 앞뒤를 재고 망설임

20. ②

주제, 빈칸완성 등 독해문제 비중이 가
장 크다. 시험장에서 난이도를 느낄 수
있는 문제가 다소 출제되므로 기본기를
바탕으로 실력을 쌓아야 한다.

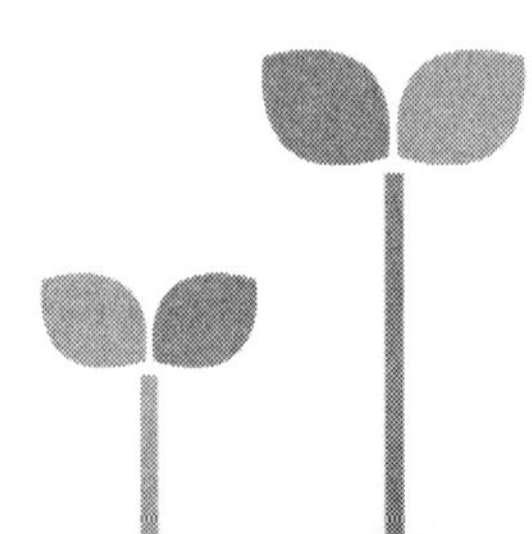

02

영어

1 밑줄 친 부분에 가장 적절한 것은?

> Before she traveled to Mexico last winter, she needed to ___________ her Spanish because she had not practiced it since college.

① make up to

② brush up on

③ shun away from

④ come down with

✱ TIP ✱ ① ~에게 아첨하다
② ~을 복습하다
③ ~을 회피하다
④ (병에) 걸리다

「그녀가 작년 겨울 멕시코로 여행가기 전에, 그녀는 대학 이후로 연습하지 않았던 스페인어를 <u>복습할</u> 필요가 있었다.」

2 밑줄 친 부분과 의미가 가장 가까운 것은?

> I was told to let Jim <u>pore over</u> computer printouts.

① examine

② distribute

③ discard

④ correct

answer   1. ② 2. ①

✳ TIP ✳ pore over ~을 자세히 조사하다
① 조사(검토)하다
② 나누어 주다
③ 폐기하다
④ 바로잡다

「나는 Jim이 컴퓨터 출력물들을 자세히 <u>조사해 보도록</u> 해주라는 말을 들었다.」

3 밑줄 친 부분과 의미가 가장 가까운 것은?

Johannes Kepler believed that there would one day be "celestial ships with sails adapted to the winds of heaven" navigating the sky, filled with explorers "who would not fear the vastness" of space. And today those explorers, human and robot, employ as <u>unerring</u> guides on their voyages through the vastness of space the three laws of planetary motion that Kepler uncovered during a lifetime of personal travail and ecstatic discovery.

① faultless   ② unreliable

③ gutless   ④ unscientific

✳ TIP ✳ celestial 하늘의, 천체의 vastness 광대함 unerring 틀림없는 travail 고생, 고역 ecstatic 열광하는
① 흠잡을 데 없는
② 믿을 수 없는
③ 배짱이 없는
④ 비과학적인

「Johannes Kepler는 언젠가 우주의 광대함을 두려워하지 않는 탐험가들로 가득 찬, 하늘의 바람에 적응한 돛을 단 천체 우주선이 하늘을 항해하는 날이 올 거라고 믿었다. 그리고 오늘날 그러한 탐험가들인 인간과 로봇이, Kepler가 평생 개인적인 고생과 희열을 주는 발견을 하는 중에 발견했던 행성의 움직임에 관한 세 가지 법칙을 우주의 방대함을 헤치고 나아가는 그들의 여행의 <u>정확한</u> 가이드로 사용한다.」

3. ①  answer

4 다음 빈칸에 들어갈 단어가 순서대로 짝지어진 것은?

> Visitors at Disneyland pay a high admission price and wait hours for rides that last no more than five minutes. Why do they respond so well to a situation that might otherwise cause great (㉠)? One reason is that the theme park provides extra service wherever they can. They lend cameras at no (㉡) to their guests at designated photo sites. People remember the fun picture with Mickey Mouse and forget the long lines. Clean facilities and friendly staff also go far to (㉢) the negative experiences.

	(㉠)	(㉡)	(㉢)
①	dissemination	chance	evoke
②	dissemination	charge	erase
③	dissatisfaction	charge	erase
④	dissatisfaction	chance	evoke

✿ TIP ✿ facilities 설비, 시설 dissemination 보급 dissatisfaction 불만족 charge 요금 evoke 떠올려 주다 erase 지우다

「디즈니랜드를 방문하는 사람들은 5분도 안 되는 탈 것을 위해 높은 입장료를 지불하고 수 시간을 기다린다. 그들은 왜 다른 상황이었다면 상당한 ㉠불만족을 발생시킬 수도 있는 상황을 그렇게 잘 반응하는가? 한 가지 이유는 테마공원은 그들이 어디를 가든지 추가적인 서비스를 제공하기 때문이다. 그들은 지정된 사진 촬영 장소에서 손님들에게 ㉡무료로 카메라를 빌려준다. 사람들은 미키마우스와 찍었던 즐거운 사진을 기억하고, 긴 줄은 잊어버린다. 깨끗한 시설과 친절한 직원들은 또한 부정적인 경험들을 ㉢지워준다.」

5 우리말을 영어로 잘못 옮긴 것은?

① 그녀는 등산은 말할 것도 없고, 야외에 나가는 것을 좋아하지 않는다.

  →She does not like going outdoor, not to mention mountain climbing.

② 그녀는 학급에서 가장 예쁜 소녀이다.

  →She is more beautiful than any other girl in the class.

③ 그 나라는 국토의 3/4이 바다로 둘러싸여 있는 소국이다.

  →The country is a small one with the three quarters of the land surrounding by the sea.

④ 많은 학생들이 졸업 후 취직을 위해 열심히 공부한다.

  →A number of students are studying very hard to get a job after their graduation.

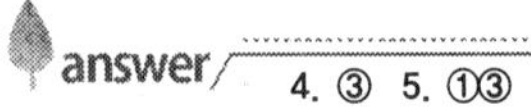

answer / 4. ③ 5. ①③

✽ TIP ✽ ① outdoor(야외의) → outdoors(야외에)

③ surrounding → surrounded

6 밑줄 친 부분에 가장 적절한 것은?

> A : I saw the announcement for your parents' 25th anniversary in yesterday's newspaper. It was really neat. Do you know how your parents met?
>
> B : Yes. It was really incredible, actually, very romantic. They met in college, found they were compatible, and began to date. Their courtship lasted all through school.
>
> A : No kidding! That's really beautiful. I haven't noticed anyone in class that I could fall in love with!
>
> B : ___________________________. Oh, well, maybe next semester!

① Me neither

② You shouldn't blame me

③ It is up to your parents

④ You'd better hang about with her

✽ TIP ✽ 「A : 어제 신문에서 너의 부모님 결혼 25주년 기념일 발표를 보았어. 정말 근사해. 너는 부모님께서 어떻게 만나셨는지 알고 있어?
B : 응. 정말 믿을 수 없지만, 사실 아주 낭만적이야. 그들은 대학에서 만났는데 서로 잘 맞는다는 것을 알게 되자 데이트를 하기 시작했어. 그들의 연애는 학창시절 내내 계속되었지.
A : 정말이야? 그거 정말 아름답다. 나는 사랑에 빠질 것 같은 사람을 반에서 누구도 찾지 못했는데.
B : 나도 그래. 아마 다음 학기에는 가능하겠지.」

① 나도 그래.
② 너는 나를 비난해서는 안 돼.
③ 그것은 너의 부모님께 달려 있어.
④ 너는 그녀와 함께 시간을 보내는 것이 좋겠어.
compatible 호환이 되는, 화합할 수 있는

6. ① 

7 밑줄 친 부분에 가장 적절한 것은?

> A : Did you see Steve this morning?
> B : Yes. But why does he _______________?
> A : I don't have the slightest idea.
> B : I thought he'd be happy.
> A : Me too. Especially since he got promoted to sales manager last week.
> B : He may have some problem with his girlfriend.

① have such a long face　　　　② step into my shoes

③ jump on the bandwagon　　　　④ play a good hand

✽ TIP ✽ ① 우울한 얼굴을 하다.
　　　　② 내 입장이 돼 봐.
　　　　③ 우세한 편에 붙다.
　　　　④ 멋진 수를 쓰다.

「A : 오늘 아침에 Steve 봤어?
B : 응, 그런데 왜인지 <u>표정이 안 좋던데</u>?
A : 나는 전혀 모르겠어.
B : 나는 그가 행복할거라 생각했는데.
A : 나도 마찬가지야. 특히 지난주에 영업부장으로 승진도 했잖아.
B : 어쩌면 여자 친구와 문제가 있을지도 몰라.」

8 어법상 옳은 것은?

① While worked at a hospital, she saw her first air show.

② However weary you may be, you must do the project.

③ One of the exciting games I saw were the World Cup final in 2010.

④ It was the main entrance for that she was looking.

✽ TIP ✽ ① while 다음에 she was가 생략되었다. worked → working
　　　　③ One of 복수명사 뒤에는 단수동사를 쓴다. were → was
　　　　④ 전치사 뒤에는 관계 대명사 that이 올 수 없다. that → which로 고쳐야 한다.

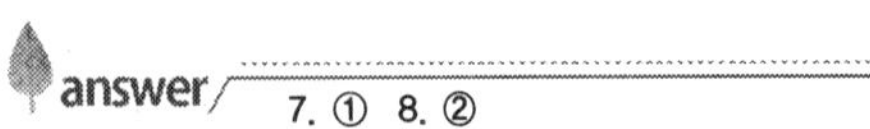
answer / 7. ① 8. ②

9 밑줄 친 부분 중 어법상 옳은 것은?

Compared to newspapers, magazines are not necessarily up-to-the-minute, since they do not appear every day, but weekly, monthly, or even less frequently. Even externally they are different from newspapers, mainly because magazines ①resemble like a book. The paper is thicker, photos are more colorful, and most of the articles are relatively long. The reader experiences much more background information and greater detail. There are also weekly news magazines, ②which reports on a number of topics, but most of the magazines are specialized to attract various consumers. For example, there are ③women's magazines cover fashion, cosmetics, and recipes as well as youth magazines about celebrities. Other magazines are directed toward, for example, computer users, sports fans, ④those interested in the arts, and many other small groups.

✽ TIP ✽ not necessarily 반드시 ～은 아닌
   ① resemble like a book → resemble a book
   ② 선행사가 magazines가 복수이므로 reports → report
   ③ cover → covering

「신문과 비교해볼 때, 잡지는 매일 나오는 것이 아니라 매주나 매달 또는 그보다 더 드물게 나오기 때문에 반드시 최신판은 아니다. 대게 외면조차도 잡지는 책과 닮았기 때문에 그것들은 신문과는 다르다. 종이는 더 두껍고, 사진은 보다 화려하고, 대부분의 기사들은 비교적 길다. 독자들은 훨씬 많은 배경정보들과 더 많은 세부사항들을 경험하게 된다. 주간 뉴스 잡지는 많은 주제를 보도하지만, 대부분의 잡지들은 다양한 소비자들의 마음을 끌기 위해 특화되어있다. 예를 들면 여성 잡지들은 패션, 화장품, 그리고 요리법을 다루고 청춘 잡지들은 유명 인사들을 다룬다. 다른 잡지들은 컴퓨터 사용자들, 스포츠팬들, 예술에 관심 있는 사람들, 그리고 많은 다른 소그룹을 겨냥한다.」

9. ④  answer

10 밑줄 친 부분에 가장 적절한 것은?

Until recently many experts assumed that under the influence of universal literacy and mass media, regional dialects were being leveled. ______________. Local identity and other social forces exert a stronger influence than even TV on how dialects evolve. The Inland North, the Midland, Canada, and the South are now more different from each other than ever.

① Absolutely true

② Too much so

③ Not so

④ Well enough

✻ TIP ✻ dialect 방언, 사투리 be level 고저가 없다

③ 밑줄 친 부분 앞뒤의 문장이 서로 반대되므로 그렇지 않다는 내용이 들어가야 한다.

「최근까지 많은 전문가들은 보편적인 글과 대중매체의 영향으로 지역 방언들이 비슷해졌다고 주장했다. <u>그렇지 않다</u>. 지역 정체성과 여타 사회적 영향력은 방언이 어떻게 진화하는지에 텔레비전보다 더 강한 영향력을 행사한다. 북부 내륙, 중부, 캐나다 그리고 남부는 그 어느 때보다 더 서로 다르다.」

11 밑줄 친 부분에 가장 적절한 것은?

Body type was useless as a predictor of how the men would fare in life. So was birth order or political affiliation. Even social class had a limited effect. But having a warm childhood was powerful. It's not that the men who flourished had perfect childhoods. Rather, as Vaillant puts it, "What goes right is more important than what goes wrong." The positive effect of one loving relative, mentor or friend can ________ the negative effects of the bad things that happen.

① augment

② convene

③ vanquish

④ reinforce

✻ TIP ✻ flourish 잘 자라다

① 늘리다 ② 소집하다 ③ 완파하다 ④ 강화하다

「몸의 형태는 어떻게 사람이 삶을 잘 살아가는지를 예측변수로서는 소용이 없었다. 또한 출생 순서나 정치적인 관계도 마찬가지였다. 심지어 사회적 계층도 제한적인 영향을 가졌다. 그러나 따뜻한 아동기를 가졌다는 것은 영향력이 있었다. 그것은 잘 자란 사람들이 완벽한 어린 시절을 가졌다는 뜻은 아니다. 오히려 Vaillant가 말했듯 "잘된 것이 잘못된 것보다 중요하다." 사랑하는 친척, 조언자 또는 친구가 주는 긍정적인 영향은 나쁜 일로 발생하는 부정적인 영향을 <u>물리칠 수 있다</u>.」

answer 10. ③ 11. ③

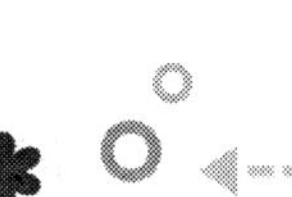

12 주어진 글 다음에 이어질 글의 순서로 가장 적절한 것은?

> It's amazing what a little free beer can accomplish. Samso, then known for its dairy and pig farms, would become Denmark's showcase for sustainable power, eventually going carbon-free. How that would happen, however, was far from clear, since the government initially offered no funding, tax breaks or technical expertise.

> (A) So Hermansen showed up at every community or club meeting to give his pitch for going green. He pointed to the blustery island's untapped potential for wind power and the economic benefits of making Samso energy-independent. And he sometimes brought free beer.
>
> (B) It worked. The islanders exchanged their oil-burning furnaces for centralized plants that burned leftover straw or wood chips to produce heat and hot water. They bought shares in new wind turbines, which generated the capital to build 11 large land-based turbines, enough to meet the entire island's electricity needs. Today Samso isn't just carbon-neutral – it actually produces 10% more clean electricity than it uses, with the extra power fed back into the grid at a profit.
>
> (C) Given that almost all its power came from oil or coal – and the island's 4,300 residents didn't know a wind turbine from a grain silo – Samso seemed an odd choice. Soren Hermansen, though, saw an opportunity. The appeal was immediate, and when a renewable-energy project finally secured some funding, he volunteered to be the first – and only – staffer.

① (A) – (B) – (C)

② (B) – (A) – (C)

③ (C) – (B) – (A)

④ (C) – (A) – (B)

✽TIP✽ accomplish 완수하다, 성취하다　dairy 낙농장　sustainable 지속 가능한　initially 처음에　untapped 아직 손대지(사용하지) 않은　furnace 용광로　leftover 남은, 잉여의　shares 주식　neutral 중립적인　given that ~을 고려하면
④ (A) 문두의 'So'와 (B)의 첫 문장인 'It worked.'를 통해 유추해 볼 수 있다.

12. ④ answer

「약간의 공짜 맥주가 해낼 수 있는 것은 놀랍다. 낙농장과 돼지 농장으로 잘 알려진 Samso는 결국에는 탄소가 없는 지속 가능한 전력을 위한 덴마크의 시연회가 될 것이다. 그러나 어떻게 그러한 일이 발생할지는 명확하지 않았는데 이는 처음에 정부가 어떠한 자금과 세금 우대, 기술적인 전문성도 제공하지 않았기 때문이다.

(C) 거의 모든 전력이 석유와 석탄에서 나온다는 것을 고려하면 – 그리고 그 섬의 4,300명 주민들이 곡물 저장기로부터 나오는 풍력 발전용 터빈에 대해 몰랐다는 점을 고려하면 – Samso는 이상한 선택을 한 것처럼 보였다. 그러나 Soren Hermansen은 기회를 보았다. 그 호소는 즉각적이었고, 재생 가능한 에너지 프로젝트가 마침내 상당한 자금을 얻어 냈을 때 그는 최초의, 그리고 유일한 직원이 될 것을 자원했다.

(A) 그래서 Hermansen은 친환경적이 되는 것에 대해 홍보하기 위하여 매 공동체나 클럽모임에 참석했다. 그는 바람이 거센 섬이 풍력을 위한 잠재력을 가졌다는 점과 Samso가 에너지 독립을 하도록 만드는 것의 경제적 이익에 대해 지적했다. 그리고 그는 가끔 공짜 맥주를 가져왔다.

(B) 그것은 효과가 있었다. 섬사람들은 열과 온수를 생산하기 위해서 석유를 태우는 그들의 용광로를 쓰다 남은 짚과 나뭇조각을 태우는 중앙 집중식 발전소로 바꾸었다. 그들은 새로운 풍력 터빈 주식을 샀는데, 그것은 섬 전체의 전기 수요를 충족시킬 수 있는 11개의 커다란 지상 터빈을 지을 만큼의 자금을 만들어 냈다. 오늘날 Samso는 단지 탄소 중립적인 것만은 아니다. – 그것은 그것이 사용하는 것보다 10% 더 깨끗한 전기를 생산하는데 남는 전기를 다시 보냄으로써 수익을 낸다.」

13 밑줄 친 부분에 가장 적절한 것은?

The emphasis on decoding, translated mainly as phonemic awareness and knowledge of the alphabetic principle, has led schools to search for packaged or commercially produced reading programs that help students master the skills of decoding. According to the teachers we work with, this highly scripted approach to reading instruction has produced many students who know how to sound out words, but that is where the process of reading ends for them. While the students can decode and even become fluent oral readers, they do not truly comprehend the material; they cannot read between the lines, infer meaning, or detect the author's bias, among other things. Reading ________________.

① is basically decoding since phonemic and alphabetical knowledge is added to the general decoding process

② is much more complex than simply mastering phonemic awareness and alphabet recognition

③ can be more efficiently learned together with peers than either alone or with teachers

④ can be mastered when learners know how to sound out words fluently

answer / 13. ②

✽ TIP ✽ emphasis 강조   decode 해독하다   translate as ~으로 번역하다   phonemic awareness 음소 인식

「음소 인식과 알파벳 원리에 대한 지식을 번역하는 해독에 대한 강조는, 학생들의 해독 기술 숙달을 돕는 패키지 또는 상업적으로 제작된 독해 프로그램들을 향한 추구로 학교들을 이끌어 왔다. 우리와 함께 일하는 선생님들에 따르면, 고도의 대본이 갖춰진 읽기 교육에 대한 이 접근은 단어들을 소리 내어 읽을 줄은 알지만, 그것이 그들의 읽기 과정의 끝인 많은 학생들을 만들어 냈다. 그 학생들은 해독할 수 있고 심지어 유창한 구어 독자가 될 수 있지만, 진정으로 그 자료를 이해하지는 못한다; 그들은 다른 것들 사이에서 행간의 의미를 읽어낼 수 없고, 의미를 추론할 수 없으며, 저자의 편향을 감지하지 못한다. 읽기는 <u>단순히 음소를 인식하거나 알파벳을 인식하는 것보다는 훨씬 복잡하다.</u>」

14 다음 문장이 들어갈 위치로 가장 적절한 것은?

For example, some cultural groups were often portrayed as gangsters, while others were usually shown as the 'good guys' who arrested them.

One of the challenges we face in the world today is that a lot of the information we get about other people and places comes from the advertising and entertainment we see in the media. (A) You can't always trust these types of information. (B) To the people who make television programs and advertisements, true facts and honest opinions aren't as important as keeping you interested long enough to sell you something! (C) In the past, the messages we received from television programs, advertisements, and movies were full of stereotypes. (D) Even places were presented as stereotypes: European cities, such as Paris and Venice, were usually shown as beautiful and romantic, but cities in Africa and Asia, such as Cairo and Calcutta, were often shown as poor and overcrowded.

① A   ② B
③ C   ④ D

14. ④    answer

「오늘날 세상에서 우리가 직면하는 도전 중에 하나는 타인과 장소에 대해 우리가 얻는 많은 정보들이 우리가 보는 미디어의 광고나 오락 프로그램으로부터 나온다는 것이다. 당신은 이러한 유형의 정보를 항상 신뢰할 수는 없다. 텔레비전 프로그램과 광고를 만드는 사람들에게, 진실과 정직한 의견은 당신에게 어떤 것을 팔기 위해 충분히 오랫동안 당신의 관심을 유지시키는 것만큼 중요하지는 않다. 과거에 우리가 텔레비전 프로그램, 광고, 그리고 영화로부터 받았던 메시지들은 고정관념으로 가득 찼다. 예를 들어, 어떤 문화 그룹들은 종종 폭력배들로 묘사되었고, 반면에 다른 그룹들은 보통 그들을 체포하는 '좋은 사람들'로 보여 준다. 심지어 장소조차 고정관념으로 표현되었다; 파리와 베니스와 같은 유럽의 도시들은 보통 아름답고 낭만적으로 보여 주지만, 카이로나 캘커타 같은 아프리카와 아시아의 도시들은 빈곤하고 지나치게 붐비는 것으로 자주 보여 주었다.」

15 내용의 흐름상 적절하지 못한 문장은?

The earth is a planet full of life. One of the reasons for this is that our sun is the kind of star that can support life on a planet. All the time the sun continues to send out a steady supply of heat and light. For our sun is a stable star. ① This means that it stays the same size. And its output of energy (heat and light) does not change much. ② Some stars are not stable. They grow bigger and hotter and then smaller and cooler. ③ The heat and light they send out vary greatly. If our sun behaved like that, the earth would boil and freeze repeatedly. ④ Life could exist under these great changes. We are here because a steady amount of energy pours forth from our sun.

「지구는 생명으로 가득한 행성이다. 이러한 이유 중 하나는 우리의 태양이 행성에서 생명을 존재하게 할 수 있는 종류의 별이라는 것이다. 항상 태양은 계속해서 열과 빛을 꾸준히 공급한다. 왜냐하면 태양은 안정된 별이기 때문이다. ① 이것은 그것이 같은 크기를 유지한다는 것을 의미한다. 그리고 그것의 에너지(열과 빛) 방출량은 많이 변하지 않는다. ② 어떤 별들은 안정적이지 않다. 그것들은 더 크고 뜨거워지고 이후에는 작아지고 차가워진다. ③ 그들이 내보내는 열과 빛은 크게 달라진다. 만약 태양이 그와 같았다면, 지구는 반복적으로 끓고 얼었을 것이다. ④ 생명은 이런 엄청난 변화 아래서 존재할 수 있을 것이다. 우리는 꾸준한 양의 에너지가 우리의 태양으로부터 쏟아져 나오기 때문에 지금 여기에 있는 것이다.」

answer / 15. ④

16 다음 글의 내용과 일치하지 않는 것은?

> Chicago's Newberry Library and the Brookfield Zoo were among 10 institutions presented Monday with the National Medal for Museum and Library Service by First Lady Laura Bush at the White House. The annual awards, given by the Institute of Museum and Library Services in Washington, D. C., honor institutions for their collections and community involvement, and include a $10,000 award each. The Brookfield Zoo was honored for programs such as Zoo Adventure Passport, which provides free field trips to low-income families. "Brookfield Zoo is a living classroom for local students," Bush said. The Newberry Library was also honored for its extensive collection of more than half a million maps and its role in helping African-Americans trace their family heritage.

① The Brookfield Zoo ran a program that supports free admission for low-income families.

② The Brookfield Zoo assisted African-American kids in tracing their family history.

③ The Newberry Library and the Brookfield Zoo won a $10,000 award respectively.

④ The Newberry Library was awarded the medal for an extensive number of maps.

> ✱ TIP ✱ extensive 대규모의 respectively 각자, 제각기
> ① Bookfield 동물원은 저소득 가정들을 위한 무료입장을 지원하는 프로그램을 운영했다.
> ② Bookfield 동물원은 아프리카계 미국 어린이들의 가족사를 추적하는 것을 도왔다.
> ③ Newberry 도서관과 Bookfield 동물원은 각각 1만 달러의 상금을 탔다.
> ④ Newberry 도서관은 지도로 인해 아주 많은 수의 훈장을 받았다.
>
> 「시카고의 Newberry 도서관과 Bookfield 동물원은 월요일 백악관에서 영부인 Laura Bush에게 박물관과 도서관 서비스에 대한 국가훈장을 받은 열 개의 기관들 중 하나다. 그 연례적인 상은, 워싱턴에 있는 박물관과 도서관 서비스 협회에서 주어지는데, 기관들에게 그들의 수집품과 지역사회 관여에 대해 영예를 주고 각각 1만 달러의 상금을 포상한다. Bookfield 동물원은 Zoo Adventure Passport와 같은 프로그램들로 인해 수상의 영예를 안았는데, 그것은 저소득 가정들에게 무료 현장학습을 제공한다. Bush는 "Bookfield 동물원은 지역의 학생들을 위한 살아있는 교실입니다"라고 말했다. Newberry 도서관 역시 50만이 넘는 지도들의 대규모 수집과 아프리카계 미국인들이 그들의 가문의 유산을 찾도록 돕는 역할을 해 수상의 영예를 안았다.」

16. ② \ answer 

17 피드백에 대한 글쓴이의 주장으로 가장 적절한 것은?

> Feedback, particularly the negative kind, should be descriptive rather than judgmental or evaluative. No matter how upset you are, keep the feedback job-related and never criticize someone personally because of an inappropriate action. Telling people they're stupid, incompetent, or the like is almost always counterproductive. It provokes such an emotional reaction that the performance deviation itself is apt to be overlooked. When you're criticizing, remember that you're censuring a job-related behavior, not the person.

① 상대방에게 직접 전달하는 것이 바람직하다.
② 상대방의 인격보다는 업무에 초점을 두어야 한다.
③ 긍정적인 평가가 부정적인 것보다 더 많아야 한다.
④ 상대방의 지위와 감정을 고려해야 한다.

❋ TIP ❋ evaluative 평가하는 inappropriate 부적절한 incompetent 무능한 or the like 또는 그밖에 유사한 것 counterproductive 역효과를 낳는 provoke 유발하다 deviation 일탈, 탈선 be apt to do ~하는 경향이 있다 censure 질책하다

「피드백은, 특히 부정적인 종류는 판단하거나 평가하기보다는 서술적이어야 한다. 당신이 얼마나 화가 나든, 피드백은 업무와 연관되도록 유지하고 부적절한 행동을 했다고 해서 절대 누군가를 개인적으로 비난하지 마라. 사람들에게 그들이 어리석다거나, 무능하다거나, 또는 그밖에 유사한 것으로 말하는 것은 거의 항상 역효과를 낳는다. 그것은 성과의 일탈 그 자체는 간과할 만큼의 감정적인 반응을 유발한다. 당신이 비판할 때, 당신은 그 사람이 아닌 업무와 관련된 행동을 질책해야 함을 기억해야 한다.」

18 다음 글의 요지로 가장 적절한 것은?

Through discoveries and inventions, science has extended life, conquered disease and offered new material freedom. It has pushed aside gods and demons and revealed a cosmos more intricate and awesome than anything produced by pure imagination. But there are new troubles in the peculiar paradise that science has created. It seems that science is losing the popular support to meet the future challenges of pollution, security, energy, education, and food. The public has come to fear the potential consequences of unfettered science and technology in such areas as genetic engineering, global warming, nuclear power, and the proliferation of nuclear arms.

① Science is very helpful in modern society.

② Science and technology are developing quickly.

③ The absolute belief in science is weakening.

④ Scientific research is getting more funds from private sectors.

✱ TIP ✱ conquer 정복하다 push aside 밀어 치우다 intricate 복잡한 peculiar 이상한, 독특한 meet the challenge 시련에 잘 대처하다 unfettered 제한받지 않는 proliferation 확산
① 과학은 현대 사회에서 매우 유용하다.
② 과학과 기술은 빠르게 발전하고 있다.
③ 과학에 대한 전적인 믿음이 약해지고 있다.
④ 과학 연구가 민간 부문들로부터 더 많은 자금을 얻고 있다.

「발견과 발명을 통해, 과학은 생명을 연장했고 질병을 정복했으며 새로운 물질적 자유를 제공했다. 그것은 신과 악마를 한쪽으로 밀어냈고 순수한 상상력에 의해 생산된 그 무엇보다도 더 복잡하고 놀라운 우주를 드러냈다. 하지만 그 독특한 천국에는 과학이 창조한 새로운 문제들이 있다. 과학은 공해, 안보, 에너지, 교육, 그리고 식량이라는 미래의 시련에 잘 대처하기 위한 대중적 지지를 잃는 것처럼 보인다. 대중은 유전공학, 지구온난화, 원자력, 그리고 핵무기의 확산과 같은 영역들에서 제한받지 않는 과학과 기술의 잠재적 결과들을 두려워하게 되었다.」

18. ③  answer

19 다음 글의 내용과 일치하는 것은?

During the nine-week summer session, services for the university community will follow a revised schedule. Specific changes for campus bus services, the cafeteria, and summer hours for the infirmary and recreational and athletic facilities will be posted on the bulletin board outside of the cafeteria. Weekly movie and concert schedules are being finalized and will be posted outside the cafeteria every Wednesday. Campus buses will leave the main hall every half an hour and make all of the regular stops along their routes around the campus. The cafeteria will serve breakfast, lunch, and early dinner from 7 a.m. to 7 p.m. during the weekdays and from noon to 7 p.m. on weekends. The library will maintain regular hours during the weekdays, but shorter hours noon to 7 p.m. on Saturdays and Sundays. All students who want to use the library borrowing services and the recreational, athletic, and entertainment facilities must have an authorized summer identification card. This announcement will also appear in the next issue of the student newspaper.

① Movie and concert schedules will be notified twice a month.

② During the weekdays, the cafeteria and the library will open at noon.

③ Campus buses will run every hour and make all of the regular stops.

④ A valid identification card is required to use the athletic and entertainment facilities during the summer session.

❋ TIP ❋ summer session 여름학기 revise 변경하다 infirmary 병원, 양호실 bulletin 뉴스 단신, 공고
① 영화와 공연 스케줄은 한 달에 두 번 공지될 것이다.
② 주중에, 구내식당과 도서관은 정오에 열 것이다.
③ 캠퍼스 버스는 매 시간 운영되며 모든 정규 정차 지점에 정차 할 것이다.
④ 여름학기 동안 체육 및 오락 시설을 이용하기 위해서는 유효한 신분증이 요구된다.

「9주의 여름학기 동안, 대학 공동체를 위한 서비스들은 변경된 스케줄을 따릅니다. 캠퍼스 버스 서비스, 구내식당 그리고 양호실과 레크리에이션 및 체육 시설들의 하계 운영 시간에 대한 구체적인 변경사항은 구내식당 바깥에 있는 게시판에 게시될 것입니다. 주간 영화와 공연 스케줄이 완결되면 매주 수요일에 구내식당 바깥에 게시될 것입니다. 캠퍼스 버스는 매 30분마다 본관을 떠나 캠퍼스 내 모든 정규 노선에 정차 할 것입니다. 구내식당은 주중에는 오전 7시부터 오후 7시까지 그리고 주말에는 정오부터 오후 7시까지 아침, 점심, 저녁을 제공합니다. 도서관은 주중에는 정규 시간을 유지하지만, 토요일과 일요일에는 정오부터 오후 7시까지 단축 운영합니다. 도서관 대여 서비스와 레크리에이션 및 체육, 오락 시설 이용을 원하는 모든 학생들은 허가된 여름 신분증이 있어야 합니다. 이 공지는 학생 신문의 다음 호에서도 볼 수 있습니다.」

20 다음 글의 내용과 일치하지 않는 것은?

When the children had originally been shown what we think of as an object, like the copper tee, they pointed to an object of the same shape but a different substance, such as a plastic plumbing tee, not to the same substance with a different shape, namely a pile of copper bits. But when they had originally been shown what we think of as a substance, like the hair gel, they pointed to the same substance regardless of its shape, such as three smears of hair gel, and not to the same shape of a different substance, such an identically curved glob of hand cream. So well before children know how the English language distinguishes individual objects from portions of a substance, they distinguish them on their own, and generalize words for them accordingly. Names for solids with a noteworthy shape are taken to apply to objects of that kind; names for nonsolids with an arbitrary shape are taken to apply to substances of that kind.

① With regard to pointing to an object, the children pointed to an object of the same shape but a different substance.

② With regard to pointing to a substance, the children pointed to the same substance regardless of its shape.

③ Children can apply the names for solids with a noteworthy shape to objects of that kind.

④ Children can distinguish objects from substances only after they know how their language distinguishes them.

❋ TIP ❋ copper 구리 plumbing 배관 tee T자관 regardless of ~에 상관없이 smear 얼룩 identically 꼭 같게 glob 방울 portion 부분 accordingly 부응해서 noteworthy 주목할 만한 arbitrary 임의적인
　① 한 물체를 가리키는 것에 관해서, 어린이들은 같은 모양이지만 다른 물질인 물체를 가리켰다.
　② 한 물질을 가리키는 것에 관해서, 어린이들은 그것의 모양에 상관없이 같은 물질을 가리켰다.
　③ 어린이들은 주목할 만한 형태를 가진 고체의 이름을 그 같은 종류의 물체에 적용할 수 있다.
　④ 어린이들은 오직 그들의 언어가 어떻게 그것들을 구별하는지를 안 이후에 물체를 물질로부터 구분할 수 있다.

「어린이들이 구리 T배관처럼 우리가 원래 물체라고 생각하는 것을 보았을 때, 한 더미의 구리 조각처럼, 같은 물질이지만 다른 형태를 가진 것이 아니라, 플라스틱으로 된 T배관처럼 다른 물질이지만 같은 형태를 가진 물체를 가리켰다. 하지만 그들이 헤어젤처럼 우리가 원래 물질이라고 생각하는 것을 보게 됐을 때, 그들은 똑같이 굽은 핸드크림 방울처럼 다른 물질로 된 같은 형태를 가리킨 것이 아니라, 형태에 관계없이 세 개의 헤어젤 얼룩과 같은 물질을 가리켰다. 그러므로 어린이들이 영어가 한 물질의 부분들로부터 개개의 물체들을 어떻게 구별하는지를 알기 꽤 이전에, 그것들을 스스로 구별하고 그에 맞춰 그것들에 대한 단어들을 일반화한다. 주목할 만한 형태를 가진 고체에 대한 명칭은 그러한 종류의 물체에 적용하기 위해 취해진다; 임의적인 형태를 가진 비고체에 대한 명칭은 그러한 종류의 물질에 적용하기 위해 취해진다.」

20. ④

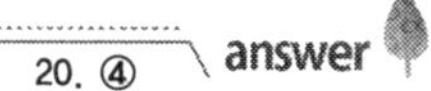
answer

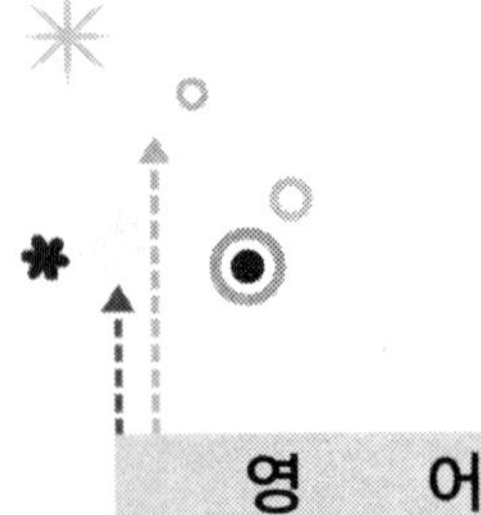

2014. 6. 21 제1회 지방직 시행

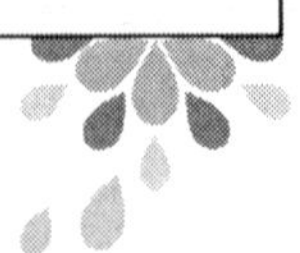

※ 밑줄 친 부분과 의미가 가장 가까운 것을 고르시오. 【1~2】

1

Electric cars also are a key part of China's efforts to curb its <u>unquenchable</u> appetite for imported oil and gas, which communist leaders see as a strategic weakness.

① infallible

② aesthetic

③ adolescent

④ insatiable

   ✽ TIP ✽　curb 억제하다, 제한하다　unquenchable 채울(충족시킬) 수 없는　appetite 식욕, 욕구 communist 공산주의자, 공산당　see as ~으로 생각하다(간주하다)

     ① infallible 결코 틀리지(실수하지) 않는

     ② aesthetic 심미적, 미학적

     ③ adolescent 청소년

     ④ insatiable 채울(만족시킬) 수 없는

「전기자동차는 또한 중국의 공산당 지도층이 전략적 약점으로 생각하는 석유와 가스 수입에 대한 끝없는 욕구를 억제하기 위한 당국의 노력으로서 중요한 부분이다.」

2

John had just started working for the company, and he <u>was not dry behind the ears</u> yet. We should have given him a break.

① did not listen to his boss

② knew his way around

③ was not experienced

④ was not careful

answer   1. ④　2. ③

✽ TIP ✽ not dry behind the ears 풋내기의, 경험 없는, 미숙한 give somebody a break ~에게 기회를 주다, 너그럽게 봐주다 know one's way around (장소주제 등에 대해) 잘 알다, 익숙하다
「John은 이제 막 회사에서 일을 시작하여 아직 서툴렀다. 우리는 그를 너그럽게 봐줘야 했다.」

※ 밑줄 친 부분에 들어갈 가장 적절한 것을 고르시오. 【3~4】

3

> If you are someone who is __________, you tend to keep your feelings hidden and do not like to show other people what you really think.

① reserved

② loquacious

③ eloquent

④ confident

✽ TIP ✽ tend to (~하는) 경향이 있다.
① reserved 말을 잘 하지 않는, 내성적인
② loquacious 말이 많은
③ eloquent 유창한, 연설을 잘 하는
④ confident 자신감 있는, 확신하는
「만약 당신이 내성적인 사람이라면, 당신은 당신의 감정을 숨기는 경향이 있고 다른 사람들에게 당신의 진심을 드러내는 것을 좋아하지 않을 것이다.」

4

> How did you __________ selling cosmetics online?

① go around

② go back

③ go down

④ go into

✽ TIP ✽ cosmetics 화장품
① go around (둥글게) 돌다, (사람들에게 몫이) 돌아가다, (자주) ~하다(하고 다니다), (소문 등이) 퍼지다, 순회하다
② go back (두 사람이 보통 긴 시간) 알고 지내다, (앞에 있었던 일 또는 말하던 내용으로) 돌아가다
③ go down 넘어지다, 쓰러지다
④ go into (어떤 직종에) 들어가다, (어떤 일이나 행동을) 하기 시작하다, (차량이) ~을 들이받다, (차량이) ~을 하기 시작하다, 검토(조사)하다, (돈, 시간, 노력 등이) 투입되다(쓰이다)
「당신은 어떻게 온라인에서 화장품 판매를 시작하게 되었습니까?」

3. ① 4. ④ answer

5 밑줄 친 우리말 문장을 영어로 가장 적절하게 옮긴 것은?

> Goods for which the marginal costs are close to zero are inherently public goods and should be made publicly available. Bridges and roads are good examples. Once society has incurred the capital costs of constructing a bridge or road, maximum benefit from the initial investment is gained only if use is not restricted by charging. <u>따라서 사람들은 무료로 그러한 시설들을 이용할 수 있어야 한다.</u>

① Therefore, people freely such facilities must be able to use.

② Hence, people should be allowed free access to such facilities.

③ Therefore, people must make access to such facilities without charging.

④ Hence, people should be given freedom to such facilities' accession.

✽ TIP ✽ goods 제품, 상품   marginal 미미한, 중요하지 않은   inherently 선천적으로, 기본적으로   publicly 공공연하게   incur 초래하다, 발생시키다   initial 처음의, 초기의   investment 투자   restrict 제한하다   facility 시설   accession 취임, 즉위, 가입

　① 목적어(such facilities)와 동사(must be able to use)의 위치가 잘못되었다.
　③ '할 수 있어야 한다'와 must의 의미가 서로 맞지 않고, '무료'의 의미가 되려면 without charge가 되어야 한다.
　④ 문장에 '무료'를 의미하는 단어가 없다. freedom은 '자유'라는 의미로 쓰인다.

「한계비용이 0원에 가까운 재화는 기본적으로 공공재이며 대중적으로 이용될 수 있도록 만들어져야 한다. 다리와 도로가 좋은 예이다. 일단 사회에서 다리나 도로를 건설하는 데 드는 기본적 비용이 발생되면, 초기 투자에서의 최대 이익은 재화의 사용이 요금에 의해 제한되지 않는 경우에만 얻어지게 된다.」

6 다음 밑줄 친 부분의 설명으로 가장 적절한 문장은?

You'll never get a fair distribution of goods, or a satisfactory organization of human life, until you abolish private property altogether. So long as it exists, the vast majority of the human race, or <u>the morally superior part of it</u>, will inevitably go on laboring under the burden of poverty, hardship, and worry.

(A) Private property assumes that there's nothing wrong with your being rich, when your neighbors all around you are poor. (B) When everyone's entitled to get as much for himself as he can, all available property is bound to fall into the hands of a small minority. (C) This means that everyone else is poor. (D) And wealth will tend to vary in inverse proportion to merit, since the rich will be totally useless greedy characters, while the poor will be simple, honest people whose daily work is profitable to the community.

① (A)

② (B)

③ (C)

④ (D)

✽ TIP ✽ distribution 분배, 분포 abolish 폐지하다 property 재산, 소유물 vast 방대한, 막대한 inevitably 필연적이다시피 laboring 노동에 종사하는 burden 부담, 짐 assume 추정하다 inverse 반대의 proportion 부분, 비율 merit 가치, 훌륭함 greedy 탐욕스러운

「당신은 사유재산을 완전히 없애버리기 전까지는 재화의 공평한 분배를 받지 못할 것이며 또한 인간으로서의 삶의 만족스러운 체계를 얻을 수 없을 것이다. 사유재산 제도가 존재하는 한 수많은 인류, 혹은 그중에서도 도덕적으로 성숙한 자들은 가난, 역경, 그리고 걱정 속에서 필히 지속적으로 노역을 하게 될 것이다.
(A) 사유 재산은 이웃 사람들이 모두 가난하다고 해도 당신이 부자라는 사실에는 전혀 문제가 없다고 믿는 것이다.
(B) 모든 사람들에게 가능한 한 스스로 많은 것을 얻을 자격이 주어졌을 때 거의 모든 재산은 반드시 소수의 손으로 들어가기 마련이다.
(C) 이것은 다른 모든 사람들이 가난하다는 것을 의미한다. (D) 그리고 부자들은 대부분 쓸모없고 탐욕스런 인물이고, 반면에 가난한 이들은 소박하고 정직한 사람들로 이들의 일상적인 노동은 사회에 유익한 것이기 때문에 부가 사회에 대한 기여와는 서로 반비례하는 경향이 있을 것이다.」

6. ④  answer

7 주어진 글 다음에 이어질 글의 순서로 가장 적절한 것은?

Experienced travel agents of yesterday are being rapidly replaced by new ones who have less firsthand knowledge of destinations. What this new breed faces are clients who do not know much about geography but have leisure time and money at their disposal. The solution is to equip these less knowledgeable travel agents with computer and video technology to help them match clients with right destinations.

(A) The client then views video programs on those destinations that seem most appealing, and finalizes his or her vacation plan. This way, travel agencies use modern technology to compensate for the inexperience of many agents on their payroll.

(B) Responses collected are fed into a computer program to produce a list of suggested destinations and itinerary options matched to the client's preferences.

(C) The key is to ask a client about his or her preferred vacation in mind. Included might be specific requests the representatives of which are "I don't like to pack and unpack repeatedly," or "I don't like to quickly move around and see many things."

① (A) – (B) – (C)   ② (A) – (C) – (B)

③ (B) – (C) – (A)   ④ (C) – (B) – (A)

✱ TIP ✱ rapidly 급속히, 신속히 firsthand 직접 breed 종류, 유형 disposal (무언가를 없애기 위한) 처리, 처분 equip 장비를 갖추다 knowledgeable 아는 것이 많은 appealing 매력적인, 흥미로운 finalize 마무리 짓다 compensate 보상하다 payroll 급여 대상자 명단 prefer 좋아하다, 선호하다

「과거의 경험 많은 여행사들은 여행지에 대한 직접적인 지식이 적은 새로운 여행사에 의해 빠르게 바뀌고 있다. 이런 새로운 종류의 여행사들이 대하는 것은 지리에 대해 잘 모르지만 돈과 시간이 많은 고객들이다. 해결책은 이러한 많은 것들을 알고 있지 못하는 직원들에게 알맞은 여행지를 고객과 잘 맞춰줄 수 있도록 도와주는 컴퓨터와 비디오를 갖춰주는 것이다.

(C) 핵심은 바로 고객에게 염두에 두고 있는 선호하는 여행을 묻는 것이다. 특별히 요구하는 것이 있는데 이런 요구 가운데 가장 전형적인 것은 "나는 짐을 싸고 풀고 하는 것을 반복하고 싶지 않다."이거나 "나는 빨리 돌아다니고 많은 것을 보고 싶지는 않다."와 같은 것들이다.

(B) 수집된 이런 반응들이 컴퓨터에 입력되고 고객이 선호하는 것과 어울리는 여행지와 여행 일정을 추천한다.

(A) 그리고 나서 고객은 가장 마음에 드는 것으로 보이는 그런 목적지를 담고 있는 비디오를 보고 자신의 여행 계획을 마무리 짓는다. 이런 식으로 여행사들은 자기 직원들의 무경험을 보완하기 위하여 현대적인 기술을 이용한다.」

8 다음 문장이 들어갈 위치로 가장 적절한 것은?

> His hiring concluded an exhaustive process that collected input from all segments of the university.

The selection as Heoha University's tenth president of Carlos Jimenez, the current chancellor at the University of Licafornia since 2008, was announced at the board of trustees meeting on March 15. (A) He will begin his term on July 1. (B) Faculty, students, and alumni were invited to nominate candidates. An advisory subcommittee also gathered input through 40 public forums held around the country. (C) The nominations were first narrowed to 100 names, then to 20 who received interviews, and then to five finalists. Board member Jeffrey Pinorius, who headed the search committee, said that Jimenez emerged as the clear choice. (D) "The presidential search committee was responsible for finding a leader with a clear vision and proven leadership skills required for running a highly complex organization," he added.

① (A)　　　　　　　② (B)

③ (C)　　　　　　　④ (D)

✱ TIP ✱ hiring 고용, 임대차 conclude 결론(판단)을 내리다 exhaustive 철저한, 완전한 segment 부분, 조각, 나누다, 분할하다 chancellor 수상, 총장 trustee 신탁 관리자, 이사 faculty (타고난) 능력(기능), 교직원 alumni 졸업생들 nominate 임명(지명)하다 candidate 입후보자 advisory 자문(고문)의 subcommittee 분과 위원회, 소위원회 narrow 좁은, 좁아지다, (눈이) 찌푸려지다 finalist 결승전 출전자 emerge 드러나다, 알려지다

「2008년 이후로 Licafornia 대학 총장직을 맡아온 Carlos Jimenez를 Heoha 대학의 10대 총장으로 선출했다는 소식이 3월 15일에 학교 평의원 회의에서 발표되었다. 그는 7월 1일 취임할 것이다. 그를 임명한 것은 대학 각 분야에서의 데이터를 수집하는 철저한 과정을 거쳐 결정한 것이었다. 교직원, 학생, 그리고 졸업생들에게 후보를 추천해달라고 요청하였다. 자문 소위원회도 전국에서 펼쳐진 40여 차례에 걸친 공청회를 통해 얻은 자료를 수집했다. 이 지명은 처음에는 100명으로 좁혀졌고 다음으로 면접을 받은 20명으로, 그리고 나서 최종 5명으로 압축되었다. 이번 조사 위원회를 이끈 Jeffrey Pinorius 위원은 Jimenez가 확실한 선택으로 드러났다고 말했다. "이번 대학 총장 조사위원회는 대단히 복잡한 조직을 이끄는 데 필요한 확실한 가능성과 이미 입증된 지도력을 갖춘 지도자를 찾는 일을 맡아왔다."고 그가 말했다.」

8. ②　＼ answer

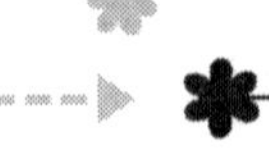

9 글의 논리적 흐름에 맞지 않는 문장은?

(A) Adventure travel is a hot trend in today's tourism industry. (B) Ordinary people are no longer content to spend two weeks away from their office lying on a sunny beach in Hawaii. (C) More and more often, they are choosing to spend their vacations rafting down wild rivers, hiking through steamy rain forests, climbing high mountains, or traversing slippery glaciers. (D) People of all ages are choosing educational study tours for their vacations.

① (A)　　　　　　　　　　② (B)

③ (C)　　　　　　　　　　④ (D)

✿ TIP ✿ industry 산업, 공업, 제조업　ordinary 보통의, 일상적인, 평범한　traverse 가로지르다, 횡단하다, 활강하다　slippery 미끄러운　glacier 빙하

모험적인 요소가 많은 여행의 추세에 관한 내용이므로 (D)의 교육적인 요소의 모험 내용은 글의 전체 흐름과 맞지 않는다.

「모험 여행은 오늘날 관광 산업에서 인기가 많은 추세이다. 평범한 사람들은 사무실에서 벗어나 2주 동안 하와이의 화창한 해변에서 누워 보내는 것에 더 이상 만족하지 않는다. 이들은 점점 더 휴가를 거친 강물에서 뗏목을 타고, 열대우림 속을 여행하고 높은 산을 오르거나 미끄러운 빙하를 활강하는 데 보내고 있다. 모든 연령층의 사람들이 휴가 동안 교육을 목적으로 하는 여행을 선택하고 있다.」

10 글의 요지를 가장 잘 나타낸 속담 또는 격언은?

The benefits of exercise extend far beyond physical health improvement. Many people work out as much for mental and spiritual well-being as for staying fit. Can being physically active make you happy? Can it help you deal with life stress? Can it lead to a more spiritual and religious life? For many, the answer is yes. Exercise, such as walking, increases blood flow to the brain. A study of people over 60 found that walking 45 minutes a day at 6 km/h enhanced the participants' thinking skills. They started at 15 minutes of walking and gradually increased exercise time and speed. The result was that the participants were found mentally sharper with this walking program.

9. ④　10. ②

① Practice makes perfect.   ② A sound mind in a sound body.

③ Experience is the best teacher.   ④ Time and tide wait for no man.

❋ TIP ❋ extend 확장하다, 연장하다, 포괄하다 enhance 향상시키다, 높이다 participant 참가자 gradually 서서히 sharp 날카로운, 예리한, 날렵한, 영리한

① 연습하면 완벽을 이룰 수 있다.
② 건강한 육체에 건강한 정신.
③ 경험이야말로 최고의 선생님이다.
④ 세월은 누구도 기다려주지 않는다.

「운동의 이점은 신체적인 건강 증진보다 훨씬 더 많은 것을 포괄한다. 많은 사람들은 건강을 유지하기 위한 것일 뿐만 아니라 정신적이고 영적인 건강을 위해서도 운동을 한다. 신체적으로 건강한 것이 행복하게 해줄 수 있는가? 삶의 스트레스를 해결할 수 있게 도와주는가? 더 영적이고 신앙적인 삶으로 이어질 수 있는가? 많은 이들에게 대답은 '그렇다'이다. 걷기와 같은 운동은 뇌로 들어가는 혈액의 흐름을 높여준다. 60세 이상의 사람들을 대상으로 한 여구에서 하루에 시속 6킬로미터로 45분을 걷는 것이 참가자의 사고 능력을 높여주는 것으로 나타났다. 이들은 15분간 걷기에서 시작해 점차 운동 시간과 속도를 높였다. 결과는 참가들이 이런 걷기 프로그램으로 인해 정신적으로 더욱 영리해졌다는 것이다.」

11 다음 우리말 문장을 영어로 옮길 때 밑줄 친 부분에 들어갈 가장 적절한 것은?

> 폭풍우 전에는 대체로 고요한 시기가 먼저 온다.

> A quiet spell usually _____________ a storm.

① pacifies   ② precedes

③ presumes   ④ provokes

❋ TIP ❋ spell 철자를 말하다(쓰다), (특정한 날씨 등이 지속되는) 한동안(잠깐의 시기)

① pacify 진정시키다, 달래다
② precede ~에 앞서다, 선행하다
③ presume 추정하다, 여기다
④ provoke 유발하다

11. ②   answer

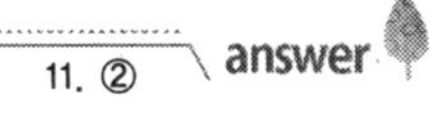

12 다음 중 어법상 옳은 것은?

① Many a careless walker was killed in the street.

② Each officer must perform their duties efficient.

③ However you may try hard, you cannot carry it out.

④ German shepherd dogs are smart, alert, and loyalty.

> ✽ TIP ✽ efficient 능률적인, 효율적인 alert 기민한, (정신이) 초롱초롱한
>
> ① 'many a(n) 단수명사'는 단수 취급이므로 was가 맞다.
> ② each는 단수 취급이므로 their→his가 되어야 한다.
> ③ However you may try hard→However hard you may try
> ④ smart와 alert는 형용사이지만 loyalty는 명사이므로 and의 연결이 옳지 않다.
>
> 「① 부주의한 많은 보행자들이 거리에서 사망하였다.
> ② 각각의 장교는 자신의 임무를 효율적으로 수행해야 한다.
> ③ 아무리 열심히 애를 써도, 당신은 그것을 해낼 수 없다.
> ④ 독일셰퍼드는 영리하고, 기민하며, 충직하다.」

※ 밑줄 친 부분에 들어갈 가장 적절한 것을 고르시오. 【13~15】

13

A tenth of the automobiles in this district alone ________ stolen last year.

① was

② had been

③ were

④ have been

> ✽ TIP ✽ automobile 자동차 district (특정한) 지구(지역)
> 주어인 automobiles가 복수이고 과거 시제의 수동형이 되어야 하므로 were가 옳다.
> 「이 지역에 있는 자동차의 10분의 1이 지난 해 도난당했다.」

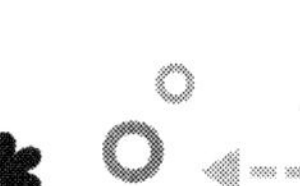

14

A : How did you find your day at school today, Ben?
B : I can't complain. Actually, I gave a presentation on drug abuse in my psychology class, and the professor ______________________.
A : What exact words did he use?
B : He said my presentation was head and shoulders above the others.
A : Way to go!

① made some headway
② made a splash
③ paid me a compliment
④ passed a wrong judgment

✽ TIP ✽ abuse 남용, 오용, 남용(오용)하다 psychology 심리학 head and shoulders above 단연 빼어나게, 분명히 더 우수하게 way to go 잘했어!

① make headway 나아가다, 진전하다
② make a splash 깜짝 놀라게 하다, 평판이 자자해지다, 많은 관심을 모으다
③ pay a compliment 칭찬하다
④ pass a wrong judgment 잘못된 판단을 하다

「A : 벤, 오늘 학교에서 어땠니?
B : 탄탄대로야. 실은 심리학 수업에서 약물 중독에 관한 내용을 발표했는데 교수님한테 칭찬을 받았어.
A : 정확히 뭐라고 했는데?
B : 내 발표가 다른 사람들보다 분명히 더 우수하다고 했어.
A : 잘했어!」

answer
14. ③

A : Excuse me. I'm looking for Nambu Bus Terminal.
B : Ah, it's right over there.
A : Where? ___________________________
B : Okay. Just walk down the street, and then turn right at the first intersection.
The terminal's on your left. You can't miss it.

① Could you be more specific?　② Do you think I am punctual?

③ Will you run right into it?　④ How long will it take from here by car?

✽ TIP ✽ intersection 교차로　specific 구체적인, 명확한　punctual 시간을 지키는(엄수하는)

　　① 좀 더 구체적으로 말씀해주실 수 있나요?
　　② 제가 시간을 엄수했나요?
　　③ 바로 그곳으로 갈 건가요?
　　④ 차로 여기서 얼마나 걸릴까요?
　　「A : 실례합니다. 제가 남부터미널을 찾고 있는데요.
　　　B : 아, 바로 저기예요.
　　　A : 어디라고요? 좀 더 구체적으로 말씀해주실 수 있나요?
　　　B : 네. 그냥 길 아래로 걸어가다가, 첫 번째 교차로에서 오른쪽으로 꺾으세요. 터미널은 왼쪽에 있어요. 분명
　　　　히 찾을 수 있을 거예요.」

16 다음 글을 쓴 목적으로 가장 적절한 것은?

Last month felt like the longest in my life with all the calamities that took us by surprise. There was only one light at the end of the tunnel, and that light was you. I cannot begin to tell you how much your thoughtfulness has meant to me. I'm sure I was too tired to be thinking clearly, but each time you appeared to whisk my children off for an hour so that I could rest, or to bring a dinner with a pitcher of iced tea, all I knew was that something incredibly wonderful had just happened. Now that we are back to normal, I know that something incredibly wonderful was you. There are no adequate words to express thanks with, but gratefulness will always be in my heart.

answer　15. ①　16. ③

① 어려움에 처한 사람을 격려하려고
② 아이들을 돌보아 줄 사람을 찾아 부탁하려고
③ 힘들 때 도와주었던 사람에게 감사하려고
④ 건강이 좋지 않았던 사람의 안부를 물으려고

   ✽TIP✽ calamity 재앙, 재난 thoughtfulness 생각에 잠김, 사려 깊음 whisk 휘젓다 incredibly 믿을 수 없을 정도로, 엄청나게 adequate 충분한, 적절한

「지난 한 달은 우리를 놀라움에 빠트린 재앙들로 인해 제가 살면서 가장 길게 느낀 것 같습니다. 터널의 끝에 단 하나의 불빛이 있었고 그 불빛이 바로 당신이었습니다. 당신의 사려 깊음이 제게 얼마나 큰 의미가 있었는지 이루 말할 수가 없습니다. 제가 분명히 확신하기에는 너무 지쳐있었지만, 당신이 제가 쉴 수 있도록 한 시간 동안이나 제 아이들을 데려간 것이나, 또한 아이스티를 곁들인 저녁을 가져올 때마다 나는 그저 믿을 수 없이 굉장한 일이 일어났다는 것을 알 뿐이었습니다. 이제 정상으로 돌아온 지금 그 믿을 수 없을 정도로 대단한 것이 바로 당신이었다는 것을 알았습니다. 어떠한 말로 고마움을 표현해야 할 지 말로는 충분하지 않지만 감사하는 마음이 항상 제 가슴에 있을 것입니다.」

※ 밑줄 친 부분에 들어갈 가장 적절한 것을 고르시오. 【17~20】

17

Unlike in the House of Representatives, representation in the Senate is equal for every state: each state has two senators. Senators serve six-year terms. The purpose of the guaranteed term is to insulate senators from public opinion and allow them to act independently. In regard to the selection, public servants in the Senate used to be _______________ by the legislatures of the states they represented. It was the Seventeenth Amendment, ratified in 1913, that gave Americans the power to elect their own senators directly.

① appointed   ② applauded
③ appeased   ④ appealed

   ✽TIP✽ representative 대표(자) representation 묘사, 표현, 대표자(대리인)를 내세움, 대의권 senate 상원 serve 제공하다, 차려주다 insulate 절연(단열, 방음) 처리를 하다, ~을 보호(격리)하다 in regard to ~과 관련하여, ~에 대하여 public servant 공무원 legislature 입법 기관, 입법부 amendment (법 등의) 개정 ratify 비준(재가)하다, 승인하다

    ① appoint 임명(지명)하다
    ② applaud 박수를 치다, 갈채를 보내다
    ③ appease 달래다, (요구를) 들어주다
    ④ appeal 항소(상고)하다

17. ①   **answer** 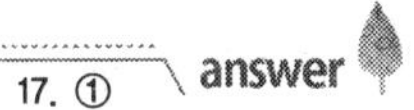

「하원에서와는 달리 상원의 대의권 모든 주에서 동등하다. 각 주에는 2명의 상원의원이 있다. 상원의원의 임기는 6년이다. 임기 보장의 목적은 상원의원들을 여론으로부터 보호하고 이들이 독립적으로 활동하게 해주는 것이다. 선출과 관련하여 한때 상원 내 공무원들이 자신이 대표하는 주의 입법부에 의해서 임명되었다. 미국 국민들에게 자신의 상원의원을 직접 선출할 수 있는 힘을 부여한 것은 바로 1913년에 비준된 제7차 개정헌법이었다.」

18

There are ninety-two naturally occurring elements on Earth, plus a further twenty or so that have been created in labs. Not a few of our earthly chemicals are surprisingly little known. Astatine, for instance, is practically unstudied. It has a name and a place on the periodic table, next to Marie Curie's polonium, but almost nothing else. The problem is __________. There just is not much astatine out there. The most elusive element of all, however, appears to be francium, which is so scarce that it is thought that our entire planet may contain, at any given moment, fewer than twenty francium atoms. Altogether only about thirty of the naturally occurring elements are widespread on Earth.

① acidity

② rarity

③ toxicity

④ compatibility

✽ TIP ✽ astatine 아스타틴(원자번호 85번의 원소) practically 사실상, 거의 unstudied 자연히 터득한, 저절로 알게 된 polonium 폴로늄(원자번호 84번의 원소) elusive 찾기 힘든 francium 프랑슘(원자번호 87번의 원소) scarce 부족한, 드문 contain ~이 들어있다, 함유되어 있다 widespread 광범위한, 널리 퍼진

① acidity 신맛, 산성
② rarity 진귀한(희귀한) 사람(것), 희귀성
③ toxicity 유독성
④ compatibility 양립(공존) 가능성, 호환성

「실험실에서 만들어진 약 20여 개의 원소 이외에 지구상에는 자연적으로 생기는 29가지의 원소가 있다. 지구상의 화학물질 가운데 놀라울 정도로 거의 알려지지 않은 것이 상당히 많다. 예를 들어, 아스타틴은 사실상 배운 적이 없다. 이것은 명칭이 있고 주기율표상에서 마리 퀴리의 폴로늄 옆에 위치하고 있지만 그밖에 다른 것은 거의 없다. 문제는 희소성이다. 아스타틴은 그리 많지 않다. 그러나 모든 원소 가운데 가장 파악이 어려운 것은 프랑슘인데 어떠한 때에 측정해 보아도 지구 전체에 20개 미만의 프랑슘 원소가 있다고 생각될 정도로 극히 적다. 자연에서 생겨나는 원소는 모두 통틀어 약 30개가 지구상에 퍼져 있다.」

19

> The best way to develop ideas is through ____(A)____ with your fellow managers. This brings us back to the importance of teamwork and interpersonal skills. One of the biggest problems today is that most managers have too much information. The key to success is not information. It's ____(B)____. And those I look for to fill top management spots are eager beavers, the guys who try to do more than they're expected to.

	(A)	(B)
①	interacting	people
②	breaking	management
③	interfering	technicians
④	working	skills

✱ TIP ✱ fellow 친구, 동료, 녀석, 동료의 importance 중요성 interpersonal 대인관계에 관련된 spot (특정한) 장소, 자리 eager beaver 아주 열심인 사람, 일(공부)벌레 interact 소통하다, 교류하다 interfere 간섭하다, 참견하다

「아이디어를 개발해내는 가장 좋은 방법은 동료인 관리자들과의 <u>소통</u>을 통한 것이다. 이것은 우리에게 협동정신과 대인관계의 중요성을 가져다준다. 오늘날 가장 큰 문제 중의 하나는 대부분의 관리자들이 지나치게 많은 정보를 가지고 있다는 것이다. 성공의 열쇠는 정보가 아니다. 바로 <u>사람</u>이다. 그리고 최고의 관리자 자리를 채우기 위해서 내가 찾는 사람은 아주 열심인 노력파, 즉 예상보다 더 많은 일을 하려고 노력하는 사람이다.」

19. ①  answer

20

Why do we reach for a candy bar at the end of a heavy meal? We certainly are not hungry. Why do we like salt and other seasoning in our food? Soldiers who have been temporarily deprived of salt report that at its maximum intensity the craving for salt is more insistent than the desire for food itself. Cows and other livestock which are not receiving enough lime eat the bones of other animals to relieve the craving. These conditions are not thoroughly understood at present but it seems certain that somewhere in the body there are receptors which respond to the chemical conditions in the blood brought about by the absence of certain substances necessary for the body. When these receptors perceive such conditions, we have

____

① an aversion to salty foods or sweets.

② an appetite for particular substances needed.

③ an ability to prevent food—borne bone diseases.

④ an ambivalent sensory receptor for digestion.

> ✽ TIP ✽ temporarily 일시적으로, 임시로 deprive (물건 등을) 빼앗다, (권리 등의 행사를) 허용하지 않다, 면직(파면)하다, ~을 박탈하다 intensity 강렬함 crave 갈망(열망)하다 insistent 고집하는 주장하는 relieve 없애(덜어)주다, 해소하게 해주다, 완화하다, 줄이다 receptor (인체의) 감각기 respond 반응을 보이다 absence 결석, 결근, 부재 perceive 감지(인지)하다, ~을 …로 여기다 aversion 아주 싫어함, 혐오감 appetite 식욕 ambivalent 반대 감정이 병존하는, 애증이 엇갈리는 sensory 감각의 digestion 소화(력)
>
> 「우리는 왜 든든한 식사 이후에도 막대 사탕에 손이 가는가? 우리는 분명히 배고프지 않다. 우리는 왜 음식에 소금과 다른 양념을 원하는가? 일시적으로 염분을 섭취하지 못한 군인들은 극도의 긴장상태에서 염분에 대한 욕구가 음식 자체에 대한 욕구보다 훨씬 더 크다고 한다. 석회를 충분히 섭취하지 못한 소와 다른 가축들은 이런 욕구를 줄이기 위해 다른 동물의 뼈를 먹는다. 이러한 상황은 현재 충분히 밝혀지고 있지 않지만 체내 어딘가에 몸이 필요로 하는 특정 물질이 부족하여 생기는 혈액 속의 화학적 상태에 반응을 보이는 감각기관이 있는 것이 확실해 보인다. 이러한 감각기관이 그러한 상태를 감지하면 우리는 <u>필요한 특정 물질에 대한 욕구</u>를 갖게 되는 것이다.」

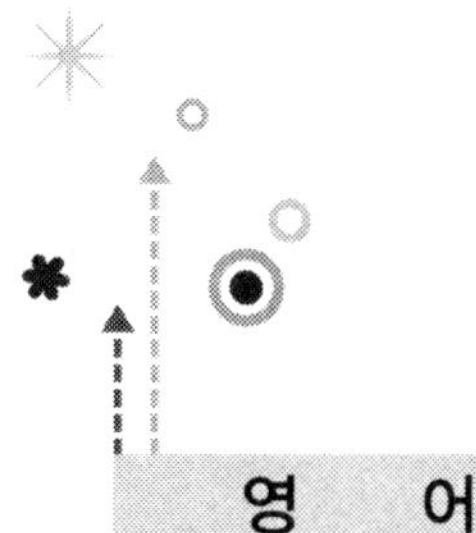

2014. 6. 28 서울특별시 시행

※ 밑줄 친 부분과 의미가 가장 가까운 것은? 【1~4】

1

> David decided to <u>efface</u> some lines from his manuscript.

① enlighten ② appreciate
③ construe ④ recite
⑤ erase

✸ TIP ✸ efface 지우다, 없애다 manuscript 원고
① 이해시키다 ② 진가를 알아보다, 고마워하다 ③ 이해하다 ④ 암송하다 ⑤ 지우다
「David는 그의 원고에서 몇 줄을 <u>지우기로</u> 결정했다.」

2

> Including several interviews with the residents who used to mine but now suffer from asthma, the documentary <u>delves into</u> coal mining issues in the suburban area of Ontario.

① discourse ② corroborate
③ explicate ④ converse
⑤ investigate

✸ TIP ✸ mine 캐다, 채굴하다 asthma 천식 delve into ~을 철저하게 조사하다
① 담론, 담화 ② 제공하다, 확증하다 ③ 설명하다 ④ 대화를 나누다 ⑤ 수사하다
「과거에는 채굴을 하곤 했으나 지금은 천식을 앓고 있는 주민들과의 몇몇 인터뷰를 포함하여, 그 다큐멘터리는 온타리오 교외 지역의 석탄광업 문제를 <u>자세하게 조사하고</u> 있다.」

1. ⑤ 2. ⑤  answer

3

> The Polish coach admits he would love to <u>emulate</u> the Frenchman by taking charge of 1,000 matches at the same club.

① imitate
② comfort
③ excruciate
④ substantiate
⑤ announce

✮ TIP ✮ emulate 모방하다
① 모방하다, 본뜨다 ② 위로하다 ③ 몹시 괴롭히다 ④ 입증하다 ⑤ 발표하다
「폴란드인 코치는 같은 클럽에서 1,000 경기를 맡음으로써 그 프랑스인을 <u>모방하고</u> 싶어 하는 것을 인정한다.」

4

> We've got a new junior assistant, fresh from law school. He s very idealistic — still <u>wet behind the ears</u>.

① an optimist
② a rookie
③ a misfit
④ a functionary
⑤ a troublemaker

✮ TIP ✮ (still) wet behind the ears 머리에 피도 안 마른
① 낙관론자 ② 초심자, 초보자 ③ 부적응자 ④ 공무원 ⑤ 말썽꾼
「우리가 새로 구한 조수는 법대를 갓 졸업했다. 그는 매우 이상주의적이다. – 아직 애송이다.」

answer 3. ① 4. ②

※ 문맥상 빈칸에 들어가기에 적절한 것은? 【5～6】

5

> According to dental researchers, a vaccine that could significantly reduce the number of microorganisms thought to cause cavities will soon be ready for human trials. Consequently, ＿＿＿＿＿＿＿.

① cavity prevention programs may soon be eliminated

② immunization of test animals will no longer be necessary

③ children will be able to consume more sugary foods and drinks

④ long-term protection against tooth decay could soon be available on the market

⑤ microorganisms related to tooth cavities will not respond to the vaccine

✱ TIP ✱ microorganism 미생물 cavity (치아에 생긴) 구멍, 충치

① 충치 예방 프로그램은 곧 제거될 것이다.
② 실험동물에 대해 면역 조치를 취하는 것이 더 이상 필요하지 않을 것이다.
③ 아이들은 더 많은 단 음식과 음료를 소비할 수 있을 것이다.
④ 충치에 대항하는 장기적인 보호물이 곧 시장에서 이용 가능하게 될 것이다.
⑤ 충치와 관련된 미생물이 백신에 반응하지 않을 것이다.

「치과 연구원들에 따르면, 충치를 유발한다고 여겨지는 미생물의 수를 현저히 줄일 수 있는 백신이 곧 인체 실험을 준비 중이라고 한다. 결과적으로, <u>충치에 대항하는 장기적인 보호물이 곧 시장에서 이용 가능하게 될 것이다.</u>」

5. ④  answer

6

> When you observe peaceful, relaxed people, you find that when they are feeling good, they are very grateful. They understand that both positive and negative feelings come and go, and that there will come a time when they won't be feeling so good. To happy people, this is okay, it's the way of things. They accept ___________ the of passing feelings.

① vengeance

② indolence

③ inevitability

④ reluctance

⑤ expulsion

✽ TIP ✽ ① 복수, 앙갚음 ② 게으름, 나태 ③ 불가피함 ④ 꺼림 ⑤ 축출

「당신이 평화롭고 여유 있는 사람들을 관찰하다보면, 그들이 기분이 좋을 때 매우 감사해 한다는 것을 알게 된다. 그들은 긍정적이고 부정적인 감정이 오락가락하고, 기분이 좋지 않을 때가 있을 것이라는 것을 이해한다. 행복한 사람들에게, 이것은 괜찮다. 그러기 마련이다. 그들은 흘러가는 감정들의 <u>불가피함을</u> 받아들인다.」

※ 어법상 옳지 않은 것은? 【7~9】

7

① At certain times may this door be left unlocked.

② Eloquent though she was, she could not persuade him.

③ So vigorously did he protest that they reconsidered his case.

④ The sea has its currents, as do the river and the lake.

⑤ Only in this way is it possible to explain their actions.

✽ TIP ✽ eloquent 웅변을 잘 하는, 유창한 vigorously 발랄하게, 힘차게 current 흐름, 조류
① 시간의 부사구는 도치하지 않으므로 may this door be → this door may be로 고쳐야 한다.

① 어떤 특정한 때에 이 문은 잠기지 않은 채로 남겨져 있을 수 있다.
② 그녀는 설득력 있었지만, 그를 설득할 수는 없었다.
③ 그가 너무 강력하게 항의해서 그들은 그의 사건을 재고하기로 했다.
④ 바다는 그것의 흐름이 있다, 강과 호수도 또한 마찬가지다.
⑤ 오직 이 방법으로만 그들의 행동들을 설명하는 것이 가능하다.

8

> Sometimes there is nothing you can do ①to stop yourself falling ill. But if you lead a healthy life, you will probably be able to get better ②much more quickly. We can all avoid ③doing things that we know ④damages the body, such as smoking cigarettes, drinking too much alcohol or ⑤taking harmful drugs.

✽ TIP ✽ ④ that이 things를 대신하므로 복수 주어에 맞게 damages→damage로 고쳐야 한다.

「때때로 당신이 병에 걸리는 것을 막기 위해 당신이 할 수 있는 것은 아무것도 없다. 그러나 만약 당신이 건강한 삶을 유지한다면 당신은 아마 훨씬 더 빨리 회복될 것이다. 우리는 흡연이나 과음, 또는 마약 복용과 같이 우리 몸에 해를 준다고 알고 있는 것들을 피할 수 있다.」

9

> My ①art history professors prefer Michelangelo's painting ②to viewing his sculpture, although Michelangelo ③himself was ④more proud of the ⑤latter.

✽ TIP ✽ ② prefer A to B의 구문에서는 A와 B의 형태가 같아야 하므로 to viewing his sculpture→to his sculpture로 고쳐야 한다.

「나의 예술사 교수님은 미켈란젤로의 그림을 조각보다 더 선호한다. 비록 미켈란젤로 스스로는 후자를 더 자랑스러워했지만 말이다.」

8. ④ 9. ②  answer

10 다음 빈칸에 들어갈 단어가 순서대로 짝지어진 것은?

Ancient navigation relied on the sun, and therefore depended on fair weather; overcast skies could mean extensive delays or worse. The contingencies of weather paired with the lack of more sophisticated navigational tools meant that the Greeks and other ancient Mediterranean civilizations were forced to (A) _______ their exploration; trade relations were mostly limited to closely surrounding islands and coasts. Eventually, sailors were able to venture farther out using celestial navigations, which used the positions of the stars relative to the movement of the ship for direction. But even then, few captains dared to travel too far beyond the sight of coastlines for fear of unfavorable currents carrying ships off course into more dangerous waters. Finally, the introduction of the compass to Europe (B) ________ the age of explorations and paved the way for future Western European empires.

	(A)	(B)
①	restrict	circumvented
②	expedite	recorded
③	circumscribe	ignited
④	ban	depicted
⑤	facilitate	spurred

✽ TIP ✽ navigation 항해 overcast 구름이 뒤덮인 contingency 만일의 사태 sophisticated 세련된, 정교한 celestial 하늘의, 천체의 pave the way 길을 닦다, 상황을 조성하다

① 제한하다 – 피하다, 피해 가다
② 신속히 처리하다 – 기록하다
③ 제한하다 – 불이 붙다, 점화하다
④ 금지하다 – 묘사하다
⑤ 용이하게 하다 – 박차를 가하다

「고대의 항해는 태양에 의존했다, 그래서 화창한 날씨에 의지했다; 구름이 뒤덮인 하늘은 대규모의 지연이나 더 안 좋은 것을 의미했다. 날씨의 비상사태와 짝을 이룬 보다 정교한 항해 도구의 부족은 그리스인들과 다른 고대의 지중해 문명인들이 그들의 탐험을 (A) <u>제한하도록</u> 강요했음을 의미했다; 무역 관계는 주위의 섬과 해안으로 대부분 제한되었다. 끝내 선원들은 방향을 위해 배의 움직임에 따른 별의 상대적인 위치를 이용하는 천체의 항해술을 사용하여 더 멀리까지 모험 할 수 있었다. 그러나 심지어 그 때에도 배를 항로에서 벗어난 더 위험한 바다로 데려갈 수 있는 적합하지 않은 해류에 대한 두려움으로 해안선이 보이지 않는 곳까지 멀리까지 항해한 선장들은 거의 없었다. 마침내, 나침반의 도입은 유럽으로의 탐험의 시대에 (B) <u>불을 붙였고</u> 미래의 서유럽 제국의 길을 닦았다.」

※ 어법상 빈칸에 들어가기에 적절한 것은? 【11~12】

11

__________ test positive for antibiotics when tanker trucks arrive at a milk processing plant, according to the Federal Law, the entire truckload must be discarded.

---

① Should milk   ② If milk

③ If milk is   ④ Were milk

⑤ Milk will

    ✱ TIP ✱ antibiotic 항생제   truckload 트럭 한 대 분량의   discard 버리다, 폐기하다

        ① 주어가 milk고 빈칸 뒤의 test가 원형으로 쓰였으므로 조동사가 주어 앞으로 도치된 문장이다.

       「탱커트럭들이 우유처리 공장에 도착할 때, 우유가 항생물질에 대해 양성반응이 나오면 연방법에 따라 트럭 전체에 실린 양이 폐기되어야 한다.」

11. ①　 answer

12

The sales industry is one _________ constant interaction is required, so good social skills are a must.

① but which　　　　　② in which

③ those which　　　　④ which

⑤ what

✿ TIP ✿ ② 빈칸에는 one을 수식하는 관계사가 와야 하는데 뒤에 문장이 완전하므로 관계 부사(전치사 + 관계 대명사)가 와야 한다.
「판매업은 지속적인 상호작용이 요구되는 하나의 사업영역이다. 그래서 능숙한 사교술이 필수적이다.」

13 다음 글에서 밑줄 친 'it'이 의미하는 것은?

For me as a person and a businesswoman every day is a challenge that needs to be faced. History has taught me that if I am to achieve my goals, I should never set limits for myself. I believe it is within each and everyone of us to achieve greatness.

① a businesswoman　　　② every day

③ a challenge　　　　　④ history

⑤ to achieve greatness

✿ TIP ✿ 「사람으로, 그리고 비즈니스 여성으로서 매일이 내가 직면해야 할 도전이다. 역사는 목표를 달성하고자 한다면, 내 스스로에게 한계를 정해서는 안 된다는 것을 가르쳐줬다. 나는 <u>위대함을 이루는 것</u>은 각자의, 그리고 우리들 모두의 안에 있다고 믿는다.」

14 다음 글을 쓴 목적으로 적절한 것은?

Among the growing number of alternative work styles is flextime. Flextime allows workers to adjust work hours to suit personal needs. The total number of hours in the week remains the same, but the daily schedule varies from standard business hours. Flextime can also mean a change in workdays, such as four 10−hour days and six short days. Workers on flextime schedules include employment agents, claim adjusters, mail clerks, and data entry operators.

① To define flextime

② To describe flexible workers

③ To discuss the alternative work styles

④ To compare different jobs

⑤ To arrange flextime schedules

✳ TIP ✳ flextime 근무시간 자유 선택제
① 근무시간 자유 선택제를 정의하기 위해서
② 유연한 근로자들을 묘사하기 위해서
③ 대안적인 작업 스타일에 대해 논의하기 위해서
④ 다른 직업들을 비교하기 위해
⑤ 근무시간 자유 선택제 스케줄을 정하기 위해서

「작업스타일의 대안이 점점 증가하는 가운데, 근무시간 자유 선택제가 있다. 근무시간 자유 선택제는 직원들이 개인적인 필요에 따라 근무 시간을 조정할 수 있게 허용한다. 일주일에 하는 총 근무시간은 동일하지만, 매일의 스케줄은 표준 근무시간과 다르다. 근무시간 자유 선택제는 또한 근무일 안에서의 변화도 의미하는데, 예를 들면 4일은 10시간 일 하고, 나머지는 6시간을 일한다. 근무시간 자유 선택제를 하는 직원들로는 고용 기관, 피해 사정인들, 편지 관리인들, 그리고 데이터 입력자들이 있다.」

14. ① \ answer 

15 다음 ㉠~㉢을 문맥에 맞게 배열한 것은?

㉠ Mark Twain began his career writing light, humorous verse, but evolved into a chronicler of the vanities and hypocrisies of mankind.

㉡ Though Twain earned a great deal of money from his writings and lectures, he lost a great deal through investments in ventures in his later life.

㉢ Samuel Langhorne Clemens, better known by his pen name Mark Twain had worked as a typesetter and a riverboat pilot on the Mississippi River before he became a writer.

㉣ At mid-career, with The Adventures of Huckleberry Finn, he combined rich humor, sturdy narrative and social criticism, popularizing a distinctive American literature built on American themes and language.

① ㉠ - ㉡ - ㉢ - ㉣
② ㉡ - ㉣ - ㉢ - ㉠
③ ㉠ - ㉣ - ㉡ - ㉢
④ ㉢ - ㉠ - ㉣ - ㉡
⑤ ㉢ - ㉣ - ㉠ - ㉡

❋ TIP ❋ verse 운문 chronicler 연대기 작자, 기록자 vanity 자만심, 허영심 hypocrisy 위선 typesetter 식자공 sturdy 튼튼한, 견고한 distinctive 독특한, 특징적인

④ Mark Twain의 삶의 흐름에 따라 배열하면 된다.

「㉢ 자신의 필명인 Mark Twain으로 더 잘 알려진 Samuel Langhorne Clemens는 작가가 되기 전에 식자공과 미시시피 강의 보트 파일럿으로 일했다.

㉠ Mark Twain은 가볍고, 유머러스한 운문을 쓰면서 경력을 시작했지만, 인간의 허영과 위선의 기록자로 진화했다.

㉣ 허클베리 핀의 모험을 썼던 중반기에는, 그는 풍부한 유머와 견고한 이야기와 사회적인 비판을 혼합하여 미국의 테마와 언어를 바탕으로 한 독특한 미국 문학을 대중화시켰다.

㉡ Twain은 그의 글과 강연으로 많은 돈을 벌었지만, 노후에 벤처 사업에 투자를 해서 많은 돈을 잃었다.」

answer 15. ④

※ 문맥상 빈칸에 들어가기에 적절한 것은? 【16~17】

16

> Medieval people did not distinguish between entertainment (which people expect to pay for) and general merriment, of the sort that anyone could take part in at festive times. They regarded both as 'play,' as opposed to work, and they called entertainers 'players.' The Church taught that idleness was a sin, that players were idle and that it was idleness to watch them. But the closing of theaters in Roman times had not taken away people's appetite for comedy, tricks and tunes. The most lasting effect had been to _________________, so that they had to wander in search of audience.

① let the players take part in the festivals

② employ entertainers for festivals

③ teach people not to be idle

④ supply players with new ethics

⑤ deprive players of a workplace

✿ TIP ✿ medieval 중세의 merriment 유쾌하게 떠들썩함 festive 축제의 idleness 게으름, 나태 appetite 식욕, 욕구

① 놀이꾼들이 축제에 참여하도록 하다.
② 축제를 위한 엔터테이너들을 고용하다.
③ 사람들에게 게으름을 피우지 못하도록 가르치다.
④ 놀이꾼들에게 새로운 윤리를 제공하다.
⑤ 놀이꾼들에게서 작업장을 박탈하다.

「중세 사람들은 엔터테인먼트(사람들이 돈을 내야 할 것으로 예상하는)와 축제 기간에 누구나 참가할 수 있는 그런 종류인 일반적인 떠들썩함을 구별하지 않았다. 그들은 둘 모두를 일과는 반대되는 "놀이"로 간주했으며, 엔터테이너들을 "놀이꾼"으로 불렀다. 교회는 게으름은 죄고, 놀이꾼들은 게으르며 그들을 보는 것도 게으름이라고 가르쳤다. 그러나 로마 시대의 극장의 폐쇄는 코미디, 속임수, 곡조에 대한 사람들의 욕구를 없애지 못했다. 가장 지속적인 효과는 놀이꾼들에게서 작업장을 박탈한 것이었다, 그래서 그들은 관중들을 찾아서 돌아다녀야 했다.」

16. ⑤

17

Microwave works mainly by agitating or shaking the molecules of water within the food. A molecule that shakes or vibrates more has more heat energy, that is, it gets hotter. The heat energy is transferred from each water molecule to the other molecules around it. The food cooks inside, rather than from the outside inwards as in a normal oven. The process also continues for a time after the microwaves are switched off. So ________________.

① microwaves made by the magnetron are led along the hollow waveguide and into the general oven compartment

② the most likely place for microwaves to escape is around the door seal when this gets loose or broken

③ food from a microwave oven is left to stand for a time afterwards to finish cooking

④ the cooking can be paused for a short period by stopping the magnetron and revolving platter

⑤ the door is locked shut and can't be opened while the oven is working

✿ TIP ✿ agitate 뒤흔들다, 휘젓다 molecule 분자 inward 안쪽으로

① 전자관에 의해 만들어진 마이크로파는 속이 빈 도파관을 따라 일반적인 오븐 칸으로 들어간다.
② 밀봉 부분이 느슨해지거나 부서졌을 때 마이크로파가 빠져 나갈 가능성이 가장 큰 곳은 문 주변이다.
③ 전자레인에서 나온 음식은 요리를 끝내기 위해 한동안 가만히 안에 남겨진다.
④ 전자관과 회전 접시를 멈추어 요리를 짧은 시간 동안 멈출 수 있다.
⑤ 오븐이 작동하고 있는 동안에는 문은 잠겨 있고 열 수 없다.

「전자레인지는 주로 음식 속에 있는 물 분자를 휘저어서 흔들어 놓음으로써 작동한다. 더 많이 흔들리거나 진동하는 분자들은 더 많은 열에너지를 가진다. 즉, 더 뜨거워지게 된다. 열에너지는 각각의 물 분자에서 주위의 다른 분자들로 옮겨간다. (전자레인지에서는) 보통의 오븐에서와 같이 외부에서 안으로 요리가 되기보다는, 음식 내부에서 요리가 된다. 그 과정은 전자레인지가 꺼진 후에도 한동안은 계속된다. 그래서 <u>전자레인에서 나온 음식은 요리를 끝내기 위해 한동안 가만히 안에 남겨진다.</u>」

🍃 answer 17. ③

18 다음 글의 주제로 적절한 것은?

Although Albert Einstein's Theory of Relativity revolutionized physics, his mathematical models were based on the erroneous assumption that the universe is static—all the components are fixed in time and space. In order to maintain this view, when Einstein's equations predicted a universe in flux, he invented the "cosmological constant" to maintain the supposed constancy of the universe. Within ten years, the astronomer Edwin Hubble discovered that the universe was expanding, causing Einstein to abandon the idea of the cosmological constant. Almost a century later, physicists have discovered that some unknown force is apparently pushing the universe apart, leading some scientists to conclude that Einstein's "cosmological constant" may in fact exist.

① The observations of Hubble severely damaged the Theory of Relativity.

② One of Einstein's most significant discoveries was the cosmological constant.

③ Einstein's Theory of Relativity is fundamentally flawed.

④ The cosmological constant, while erroneously derived, may actually play a part in describing the universe.

⑤ Physicists today still make use of Einstein's cosmological constant to describe the universe.

✽ TIP ✽ erroneous 잘못된 assumption 추정 static 고정된 component 요소, 부품 equation 방정식, 동일시 flux 끊임없는 변화 cosmological constant 우주 상수 constancy 불변성 astronomer 천문학자 flawed 결함이 있는

① 허블의 관찰은 상대성 이론을 심하게 훼손시켰다.
② 아인슈타인의 가장 의미 있는 발견들 중의 하나는 우주 상수이다.
③ 아인슈타인의 상대성 이론은 근본적으로 결함이 있다.
④ 우주 상수는 잘못 도출되었긴 하지만 실제로 우주를 묘사하는 데 역할을 할지도 모른다.
⑤ 오늘날의 물리학자들은 우주를 묘사하기 위해서 아인슈타인의 우주 상수를 여전히 이용한다.

「비록 앨버트 아인슈타인의 상대성 이론은 물리학을 혁명시켰지만, 그의 수학적인 모델인 우주는 고정되어 있다 – 모든 요소들은 시간과 공간에 있어서 고정이 되어 있다 – 는 잘못된 추정에 바탕을 둔 것이었다. 이러한 관점을 유지하기 위해서, 아인슈타인의 방정식이 우주가 끊임없이 변화한다고 예측했을 때, 그는 우주의 불변성을 주장하기 위해서 "우주 상수"를 발명했다. 10년 이내에, 천문학자 에드윈 허블은 우주가 팽창을 하고 있다는 것을 발견했고, 아인슈타인의 우주 상수라는 개념을 포기하게 만들었다. 거의 한 세기 후에, 물리학자들은 어떤 알 수 없는 힘이 분명히 우주를 떠밀고 있다는 것을 발견했고, 어떤 과학자들은 아인슈타인의 "우주 상수"가 사실은 존재할지도 모른다는 결론을 내리게 이끌었다.」

18. ④ answer

※ 다음 글을 읽고 물음에 답하시오. 【19~20】

Elizabeth Barret Browning, a feminist writer of the Victorian Era, used her poetry and prose to take on a wide range of issues facing her society, including "the woman questions." In her long poem Aurora Leigh, she explores this question as she portrays both the growth of the artist and the growth of the woman within. Aurora Leigh is not a traditional Victorian woman—she is well-educated and self-sufficient. In the poem, Browning argues that the limitations placed on woman in contrast to the freedom men enjoy should incite women to rise up and <u>effect</u> a change in their circumstances. Browning s writing, including Aurora Leigh, helped to pave the way for major social change in women's lives.

19 빈칸에 들어가기에 적절한 것은?

It can be inferred from the passage that the author believes the traditional Victorian woman ______________.

① wrote poetry

② was portrayed accurately in Aurora Leigh

③ was not well-educated

④ fought for social change

⑤ had a public role in society

✽ TIP ✽ prose 산문 take on ~에 도전하다, 떠맡다 incite 선동하다, 조장하다

① 시를 썼다.
② Aurora Leigh에 정확하게 묘사되어 있다.
③ 고등교육을 받지 못했다.
④ 사회적 변화를 위해 싸웠다.
⑤ 사회에서 공적인 역할을 했다.

「빅토리아 시대의 페미니스트 작가인 Elizabeth Barret Browning은 그녀의 시와 산문을 이용하여 "여성의 문제"를 포함하여 그녀의 시대가 직면하고 있었던 넓은 범위의 문제들에 도전하였다. 그녀의 장편시 Aurora Leigh에서, 그녀는 예술가로서의 성장과 그 내면에 있는 여성의 성장을 묘사하면서 이 질문에 대해 탐구한다. Aurora Liegh는 전통적인 빅토리아 시대의 여성이 아니다 – 그녀는 고등교육을 받은 자립적인 여성이다. 그 시에서, Browning은 남성이 누리는 자유와 대조적으로 여성에게 내려진 한계에 대해 여성들이 일어나야 한다고 선동하며 그들의 환경에 있어서 변화를 <u>유발해야</u> 한다고 주장한다. Aurora Leigh를 포함하여 Browning의 글은 여성의 삶에 있어서 주요한 사회적 변화에 대한 길을 닦는 데 도움이 되었다.
주어진 지문으로부터 작가는 전통적인 빅토리아 시대의 여성은 <u>고등교육을 받지 못했다고</u> 믿는다고 추론할 수 있다.」

20 밑줄 친 <u>effect</u>의 문맥상 의미와 같은 것은?

① imitate　　　　　　② cause
③ result　　　　　　 ④ disturb
⑤ prevent

✽ TIP ✽ ① 모방하다 ② 야기하다 ③ 발생하다 ④ 방해하다 ⑤ 예방하다

20. ②　answer

※ 밑줄 친 부분에 가장 적절한 것을 고르시오. 【1~2】

1

> The young knight was so ________ at being called a coward that he charged forward with his sword in hand.

① aloof　　　　　　　　　② incensed

③ unbiased　　　　　　　④ unpretentious

✽ TIP ✽ knight 기사　charge 돌격하다, 공격하다
① 냉담한　② 격분한　③ 편견 없는　④ 잘난 체 하지 않는
「그 어린 기사는 겁쟁이라고 불리는 것에 <u>격분하여</u> 손에 그의 검을 쥐고 돌격했다.」

2

> Back in the mid−1970s, an American computer scientist called John Holland ________ the idea of using the theory of evolution to solve notoriously difficult problems in science.

① took on　　　　　　　② got on

③ put upon　　　　　　　④ hit upon

✽ TIP ✽ notoriously 악명 높은
① (특징을) 띠다, ~를 고용하다, (책임을) 지다 등
② ~에 타다, 하다(지내다)
③ ~을 속이다, ~을 혹사하다
④ ~을 생각해내다
「1970년대 중반 John Holland라는 미국 컴퓨터 과학자가 진화 이론을 사용해 어렵기로 악명 높은 과학 문제를 푸는 아이디어를 생각해냈다.」

answer　1. ② 2. ④

3 내용의 흐름상 적절하지 못한 문장은?

Of equal importance in wars of conquest were the germs that evolved in human societies with domestic animals. ① Infectious diseases like smallpox, measles, and flu arose as specialized germs of humans, derived by mutations of very similar ancestral germs that had infected animals. ② The most direct contribution of plant and animal domestication to wars of conquest was from Eurasia's horses, whose military role made them the jeeps and Sherman tanks of ancient warfare on that continent. ③ The humans who domesticated animals were the first to fall victim to the newly evolved germs, but those humans then evolved substantial resistance to the new disease. ④ When such partly immune people came into contact with others who had had no previous exposure to the germs, epidemics resulted in which up to 99 percent of the previously unexposed population was killed. Germs thus acquired ultimately from domestic animals played decisive roles in the European conquests of Native Americans, Australians, South Africans, and Pacific islanders.

✽ TIP ✽ conquest 정복, 점령지 germ 세균 domestic animals 가축 infectious diseases 전염병 smallpox 천연두 measles 홍역 mutation 돌연변이 ancestral 조상의 epidemic 유행병 acquire 습득하다

② 제시된 글은 가축에서 얻어진 세균이 전쟁에서 어떤 역할을 하였는지에 대한 내용이다.

「가축을 기르는 인간 사회에서 진화한 세균들은 정복 전쟁에서 동일하게 중요했다. ① 천연두, 홍역, 독감 같은 전염병들은 동물을 감염시켰던 매우 유사한 조상 세균의 돌연변이로부터 유래하여 인간에게 특화된 세균으로 발달했다. ② 정복 전쟁에서 동·식물 가축화의 가장 직접적인 공헌은 유라시아의 말이었는데, 그것들의 군사적 역할은 그들을 그 대륙에서 일어난 고대 전쟁에서의 지프와 셔먼 탱크처럼 만들었다. ③ 동물들을 가축화한 인간들이 이 새롭게 진화한 세균들의 첫 번째 희생자가 되었다. 그러나 그 사람들은 이 새로운 질병에 대해 상당한 저항력을 발달시켰다. ④ 이렇게 부분적으로 면역이 된 사람들이 이전에 이 세균들에 노출된 적이 없었던 다른 사람들과 접촉하게 되었을 때, 전염병들은 전에 노출된 적이 없었던 인구의 99퍼센트까지 죽게 만들었다. 이렇게 가축들로부터 얻어진 세균들은 유럽인의 미국 원주민, 호주 원주민, 남아프리카 원주민, 그리고 태평양 섬들의 원주민들의 정복에 결정적인 역할을 했다.」

3. ②  answer

4 다음 글의 제목으로 가장 적절한 것은?

Everyone knows what the *Mona Lisa* and Michelangelo's *David* look like — or do we? They are reproduced so often that we may feel we know them even if we have never been to Paris or Florence. Each has countless spoofs — David in boxer shorts or the *Mona Lisa* with a mustache. Art reproductions are ubiquitous. We can now sit in our pajamas while enjoying virtual tours of galleries and museums around the world via the Web and CD-ROM. We can explore genres and painters and zoom in to scrutinize details. The Louvre's Website offers spectacular 360-degree panoramas of artworks like the *Venus de Milo*. Such tours may become ever more multi-sensory by drawing on virtual reality technology, which includes things like goggles and gloves. Lighting and stage set designers, like architects, already use this technology in their work.

① Should We Ban Art Reproductions?

② Why Are Virtual Artworks So Popular?

③ Art : More Widely Accessible Than Ever!

④ Secrets of Vanished Galleries and Museums

❋ TIP ❋ reproduce 복사하다, 복제하다 spoof 패러디한 것 ubiquitous 어디에나 있는, 아주 흔한 genre 장르 scrutinize 세심히 살피다, 면밀히 조사하다 panorama 전경(全景), 파노라마 multi-sensory 다중감각의 draw on 의지하다 vanish 사라지다, 없어지다
① 우리는 예술품 복제를 금해야 할까?
② 가상 예술작품이 왜 그렇게 인기가 있을까?
③ 예술 : 그 어느 때보다 더 광범위하게 접근 가능한!
④ 사라진 갤러리와 박물관의 비밀
「모든 사람들이 모나리자와 미켈란젤로의 다비드상이 어떻게 생겼는지 알고 있다. 우리는 알고 있는 것일까? 그들은 너무 자주 복제되어 비록 우리가 파리나 플로렌스에 다녀온 적이 없음에도 불구하고 우리가 그것들을 매우 잘 안다고 느낄 수 있다. 이들에는 수많은 패러디작품 – 사각 팬티를 입은 다비드상이나 콧수염이 있는 모나리자 – 이 있다. 예술품 복제는 아주 흔하다. 우리는 지금 파자마를 입고 앉아서 웹과 CD-ROM으로 전 세계의 있는 갤러리와 박물관을 가상 관람할 수 있다. 우리는 장르별로, 작가별로 탐색할 수 있으며, 세부적인 것을 살피기 위해 확대할 수도 있다. Louvre의 웹사이트는 밀로의 비너스 같은 예술작품의 360도 전경(파노라마) 영상을 제공한다. 이런 관람은 안경과 장갑을 포함한 가상현실기술에 의해 의지하여 더욱 다중감각적으로 될 수 있다. 조명과 건축사 같은 무대 디자이너는 이미 이 기술을 그들의 작업에 이용하고 있다.」

answer／ 4. ③

5 어법상 옳지 않은 것은?

① The main reason I stopped smoking was that all my friends had already stopped smoking.

② That a husband understands a wife does not mean they are necessarily compatible.

③ The package, having wrong addressed, reached him late and damaged.

④ She wants her husband to buy two dozen of eggs on his way home.

> ✻ TIP ✻ ③ 주어인 the package에 대하여 address는 수동이므로 having been addressed의 형태로 써야
> 한다. 또한 wrong은 형용사나 분사의 앞에서 wrongly의 형태가 자연스럽다. → The package,
> having been wrongly addressed, reached him late and damaged.
> ① 내가 담배를 끊은 가장 큰 이유는 내 친구들이 모두 이미 담배를 끊었다는 것이다.
> ② 남편이 아내를 이해한다는 것이 그들이 필연적으로 사이좋게 지낸다는 것을 의미하지 않는다.
> ③ 그 소포는 주소가 잘못 적혀있었기 때문에 그에게 늦게 도착하고 손상되었다.
> ④ 그녀는 남편이 집으로 오는 길에 12개짜리 달걀 두 묶음을 사가지고 오기를 원한다.

6 어법상 옳은 것은?

① China's imports of Russian oil skyrocketed by 36 percent in 2014.

② Sleeping has long been tied to improve memory among humans.

③ Last night, she nearly escaped from running over by a car.

④ The failure is reminiscent of the problems surrounded the causes of the fatal space shuttle disasters.

> ✻ TIP ✻ ② 동사인 tie가 수동태로 사용되었으므로 뒤에 위치한 to는 to부정사가 아닌 전치사이다. 따라서
> improve는 동사원형이 아닌 동명사 형태로 써야 한다. → to improving
> ③ '~을 치다'를 의미하는 run over가 수동의 의미로 쓰였으므로 수동형 동명사인 being run over로 고
> 쳐야 한다.
> ④ problems를 수식하는 분사인 surrounded가 목적어를 취한 것으로 보아 능동관계이다. 따라서
> 현재분사 형태를 취해야 한다. → surrounding
> ① 중국의 러시아산 석유의 수입은 2014년에 36퍼센트 급등했다.
> ② 수면은 오랫동안 인간의 기억력 향상과 관련되어 왔다.
> ③ 지난 밤, 그녀는 거의 자동차에 치일 뻔했다.
> ④ 그 실패는 그 치명적인 우주왕복선 재난의 원인을 둘러싸고 있는 문제들을 연상시켰다.

5. ③ 6. ① answer

※ 밑줄 친 부분에 가장 적절한 것을 고르시오. 【7~8】

7

> A : What business is on your mind?
>
> B : Do you think that owning a flower shop has good prospects nowadays?
>
> A : It could. But have you prepared yourself mentally and financially?
>
> B : ____.
>
> A : Good! Then you should choose a strategic place and the right segment too. You must do a thorough research to have a good result.
>
> B : I know that. It's much easier to start a business than to run it well.

① I plan to go to the hospital tomorrow

② I can't be like that! I must strive to get a job

③ I'm ready to start with what I have and take a chance

④ I don't want to think about starting my own business

✱TIP✱ prospect 전망 strategic 전략적인 segment 부분 thorough 빈틈없는 strive 분투하다
   ① 저는 내일 병원에 갈 계획이에요.
   ② 저는 그렇게는 못해요! 전 일자리를 구하기 위해 노력해야 해요.
   ③ 저는 제가 가진 걸 가지고 한 번 시작해 볼 준비가 됐어요.
   ④ 저는 제 사업을 시작하는 것에 대해 생각하고 싶지 않아요.

「A : 어떤 사업을 생각하고 있나요?
B : 요즘 꽃가게를 운영하는 게 전망이 좋다고 생각하세요?
A : 그럴 수 있죠. 그런데 심적으로나 경제적으로 준비가 됐나요?
B : 저는 제가 가진 걸 가지고 한 번 시작해 볼 준비가 됐어요.
A : 좋아요! 당신은 이제 전략적인 장소와 알맞은 부문을 선택해야 해요. 좋은 결과를 내기 위해서는 빈틈없는 조사를 해야 해요.
B : 알고 있어요. 사업을 시작하는 건 잘 운영하는 것보다 훨씬 쉽죠.」

answer 7. ③

8

M : What's that noise?

W : Noise? I don't hear anything.

M : Listen closely. I hear some noise. _______________.

W : Oh, let's stop and see.

M : Look! A piece of glass is in the right front wheel.

W : Really? Umm... You're right. What are we going to do?

M : Don't worry. I got some experience in changing tires.

① I gave my customers sound advice

② Maybe air is escaping from the tire

③ I think the mechanic has an appointment

④ Oh! Your phone is ringing in vibration mode

✿ TIP ✿ ① 나는 고객에게 지당한 충고를 했어.
② 아마 타이어에서 바람이 새나봐.
③ 그 정비공은 약속이 있는 것 같다.
④ 오! 네 전화에서 진동이 울리고 있어.

「M : 무슨 소리지?
W : 소리? 난 아무 것도 안 들리는데.
M : 잘 들어봐. 난 소음이 들리는데. <u>아마 타이어에서 바람이 새나봐.</u>
W : 멈춰서 한 번 보자.
M : 봐! 오른쪽 앞바퀴에 유리조각이 있네.
W : 정말? 음... 그렇네. 우리 이제 어떻게 하지?
M : 걱정 마. 내가 타이어를 교체해 본 경험이 있어.」

8. ② \ answer

9 다음 문장이 들어갈 위치로 가장 적절한 것은?

> We can in consequence establish relations with almost all sorts of them.

Reptiles and fish may no doubt be found in swarms and shoals; they have been hatched in quantities and similar conditions have kept them together. In the case of social and gregarious mammals, the association arises not simply from a community of external forces but is sustained by an inner impulse. They are not merely like one another and so found in the same places at the same times; they like one another and so they keep together. This difference between the reptile world and the world of our human minds is one our sympathies seem unable to pass. (A) We cannot conceive in ourselves the swift uncomplicated urgency of a reptile's instinctive motives, its appetites, fears and hates. (B) We cannot understand them in their simplicity because all our motives are complicated; ours are balances and resultants and not simply urgencies. (C) But the mammals and birds have self-restraint and consideration for other individuals, a social appeal, a self-control that is, at its lower level, after our own fashion. (D) When they suffer they utter cries and make movements that rouse our feelings. We can make pets of them with a mutual recognition. They can be tamed to self-restraint towards us, domesticated and taught.

① A   ② B
③ C   ④ D

✻ TIP ✻ reptile 파충류 no doubt 아마 swarm (한 방향으로 이동하는 곤충) 떼, 무리 shoal (물고기) 떼 hatch 부화시키다 in quantity 대량으로, 많이 gregarious 떼 지어 사는 arise from ~에서 발생하다 be sustained by ~로 유지되다 sympathy 동정 conceive 상상하다 swift 빠른 instinctive 본능적인 appetite 식욕, 욕구 self-restraint 자제력 have consideration for ~를 마음에 두다 establish relations with ~와 관계를 맺다 utter (입으로 어떤 소리를) 내다 rouse 자극하다 mutual recognition 상호인정 tamed 길들여진 domesticated 가축화한

「파충류와 어류는 아마 무리로 발견될 수도 있다 ; 그들은 다량으로 부화하고, 비슷한 환경은 그들을 함께 모이게 한다. 사회적이고 무리 지어 사는 포유류의 경우에, 단순히 외부적 힘의 군집에서만 유대가 발생하는 것이 아니라 내부의 자극에 의해서 유지된다. 그들은 단순히 서로 닮고 같은 장소에서 같은 시간에 발견되는 것뿐 아니라 ; 서로를 좋아하고 그래서 함께 지낸다. 파충류 세계와 우리 인간의 정신세계의 이런 차이점은 우리가 공감할 수 없는 것처럼 보인다. (A) 우리는 식욕, 공포, 증오 같은 파충류의 본능적 동기에서 보이는 빠르고 단순한 긴급성을 우리 안에서 상상할 수 없다. (B) 우리의 동기는 복잡하기 때문에 우리는 단순한 상태의 그들을 이해할 수 없다 ; 우리의 동기는 균형과 그 결과물이며, 단순한 긴급성이 아니다. (C) 그러나 포유류와 조류는 자제력이 있고 다른 개체와 사회적 호소에 대한 고려, 즉 낮은 수준이지만 우리 방식 같은 자제력을 가지고 있다. (D) 결론적으로 우리는 그들의 거의 모든 종과 관계를 맺을 수 있다. 그들은 괴로울 때 울음소리를 내고 우리의 감정을 자극하는 움직임을 한다. 우리는 상호인식을 통해 그들을 애완동물로 길들일 수가 있다. 그들은 우리를 향한 자제력을 갖게 길들여지고, 가축화되고, 교육되어 질 수 있다.」

answer 9. ④

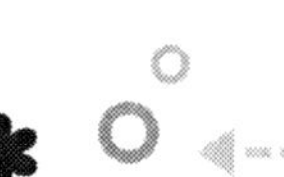

10 주어진 글 다음에 이어질 글의 순서로 가장 적절한 것은?

Thunderstorms are extremely common in many parts of the world, for example, throughout most of North America. Updrafts of warm air set off these storms.

(A) This more buoyant air then rises and carries water vapor to higher altitudes. The air cools as it rises, and the water vapor condenses and starts to drop as rain. As the rain falls, it pulls air along with it and turns part of the draft downward.

(B) An updraft may start over ground that is more intensely heated by the sun than the land surrounding the area. Bare, rocky, or paved areas, for example, usually have updrafts above them. The air in contact with the ground heats up and thus becomes lighter, more buoyant, than the air surrounding it.

(C) The draft may turn upward again and send the rain churning around in the cloud. Some of it may freeze to hail. Sooner or later, the water droplets grow heavy enough to resist the updrafts and fall to the ground, pulling air in the form of downdrafts with them.

① (A) − (C) − (B) ② (B) − (A) − (C)

③ (B) − (C) − (A) ④ (C) − (A) − (B)

✽ TIP ✽ updraft 상승기류 buoyant (물에) 떠 있는 altitude 고도 vapor 증기 condense 응결되다, 응축되다 bare 벌거벗은 pave 길을 포장하다 churning 마구 휘젓다 hail 우박

제시문은 폭풍우의 형성 과정을 설명한 것으로 (B) − (A) − (C)의 흐름으로 이어지는 것이 논리적으로 적절하다.

「폭풍우는 전 세계 각 지역, 예를 들어 북미 전역에서 매우 흔한 일이다. 따뜻한 공기의 상승기류가 이런 폭풍을 시작하게 한다.

(B) 태양에 의해 주변보다 집중적으로 데워진 지역의 땅 위에서 상승기류가 시작할 수 있다. 예를 들어 헐벗고, 바위가 많거나 도로 포장이 된 지역 위에서 보통 상승기류가 나타난다. 지열과 접한 공기는 데워지고 따라서 그 주변의 공기보다 더 가벼워지며, 더 잘 뜰 수 있게 된다.

(A) 곧이어 이 더 잘 뜰 수 있게 된 공기가 상승하며 더 높은 고도까지 수증기를 가지고 간다. 공기는 상승하면서 차가워지고, 수증기는 응축되어 비로 떨어지기 시작한다. 비가 내리면서 비는 주변의 공기를 끌어당기며 일부 아래로 향하는 기류를 회전시킨다.

(C) 이 기류는 다시 상승할 수 있으며 구름 속에서 비를 마구 흩뿌린다. 이들 중 일부가 얼어서 우박이 된다. 곧 빗방울이 상승기류에 저항할 만큼 무거워지고 그들과 함께 하강기류의 형태로 공기를 끌어들이며 땅으로 떨어진다.」

10. ②  answer

※ 밑줄 친 부분과 의미가 가장 가까운 것을 고르시오. 【11~12】

11

> He took out a picture from his drawer and kissed it with deep reverence, folded it <u>meticulously</u> in a white silk kerchief, and placed it inside his shirt next to his heart.

① carefully

② hurriedly

③ decisively

④ delightfully

✿ TIP ✿ drawer 서랍 reverence 숭배 meticulously 꼼꼼하게, 세심하게 kerchief 스카프
① 조심스럽게 ② 다급하게 ③ 단호히 ④ 유쾌하게
「그는 서랍에서 사진을 꺼내어 아주 경건하게 입 맞추고 하얀 실크 스카프에 <u>조심스럽게</u> 접어 그의 심장 옆 셔츠 안쪽에 넣었다.」

12

> The company cannot expect me to move my home and family <u>at the drop of a hat</u>.

① immediately

② punctually

③ hesitantly

④ periodically

✿ TIP ✿ at the drop of a hat 즉각
① 즉시 ② 정각에 ③ 머뭇거리며 ④ 정기적으로
「그 회사는 내가 즉각 집을 옮기고 우리 가족을 이동시키는 것을 기대할 수 없다.」

13 다음 글의 제목으로 가장 적절한 것은?

America gets 97 % of its limes from Mexico, and a combination of bad weather and disease has sent that supply plummeting and prices skyrocketing. A 40-lb. (18 kg) box of limes that cost the local restaurateurs about $ 20 late last year now goes for $ 120. In April, the average retail price for a lime hit 56 cents, more than double the price last year. Across the U.S., bars and restaurants are rationing their supply or, like Alaska Airlines, eliminating limes altogether. In Mexico, the value spike is attracting criminals, forcing growers to guard their limited supply of "green gold" from drug cartels. Business owners who depend on citrus are hoping that spring growth will soon bring costs back to normal.

① An Irreversible Change in Wholesale Price of Lime

② Mexican Lime Cartel Spreading to the U.S.

③ Americans Eat More Limes than Ever

④ A Costly Lime Shortage

❋ TIP ❋ plummet 곤두박질치다, 급락하다 skyrocket 급등하다 retail price 소매가격 ration 제한하다, 배급을 주다 eliminate 없애다, 제거하다 spike 급등 drug cartel 마약 범죄 조직 citrus 감귤류 과일
① 라임 도매가격의 되돌릴 수 없는 변화
② 미국으로 번진 멕시코 라임 카르텔
③ 전례 없이 라임을 많이 먹는 미국인들
④ 값비싼 라임의 부족

「미국은 라임의 97%를 멕시코로부터 얻는데, 나쁜 기후와 질병의 결합은 공급은 급락하고 가격은 폭등하게 만들고 있다. 지역 식당 경영자가 작년에 약 20$에 사던 라임 40-lb. (18kg) 한 상자가 가격이 지금은 120$까지 올랐다. 4월에 라임의 평균 소매가격은 작년의 두 배를 넘는 56센트에 달했다. 미국 전역에 술집과 식당들은 라임을 제한적으로 공급하거나 알래스카 항공사처럼 완전히 없애고 있다. 멕시코에서 그 가격 급등은 범죄를 유발하고, 재배자들이 마약 범죄 조직으로부터 그들의 'green gold(녹색의 금=라임)'의 제한된 공급을 보호하게 만든다. 감귤류 과일에 의존하는 사업가들은 봄철 생산량 증가가 곧 가격을 정상치로 되돌려놓기를 희망하고 있다.」

13. ④  answer

14 다음 문장이 들어갈 위치로 가장 적절한 것은?

> Print, however, with its standard format and type, introduced exact mass reproduction.

Print transformed how knowledge itself was understood and transmitted. A manuscript is a unique and unreproducible object. (A) This meant that two readers separated by distance could discuss and compare identical books, right down to a specific word on a particular page. (B) With the introduction of consistent pagination, indexes, alphabetic ordering, and bibliographies (all unthinkable in manuscript), knowledge itself was slowly repackaged. (C) Textual scholarship became a cumulative science, as scholars could now gather manuscripts of, say, Aristotle's *Politics* and print a standard authoritative edition based on a comparison of all available copies. (D) This also led to the phenomenon of new and revised editions.

① A   ② B

③ C   ④ D

❋ TIP ❋ manuscript 원고, 필사본   unreproducible 복사할 수 없는   pagination 페이지 매기기 alphabetic ordering 알파벳 순 배열   bibliography 참고문헌   textual 원문의   cumulative 누적되는   revised 수정된, 개정된

「인쇄술은 지식 그 자체를 이해하고 전송하는 방법을 변형시켰다. 손으로 작성된 원고는 독특하고 복사할 수 없는 물건이다. (A) 하지만, 표준 형식과 유형을 가진 인쇄술은 정확한 대량 복제를 도입했다. 이것은 거리상 떨어져 있는 두 명의 독자가 동일한 책에 대해, 특정한 페이지의 특정 단어까지 논의하고 비교할 수 있다는 것을 의미한다. (B) (손으로 작성된 원고에서는 모두 생각해볼 수 없었던 것들인) 일관된 페이지 매기기, 색인, 알파벳 순 배열, 그리고 참고문헌들을 가지고 지식은 서서히 재포장되었다. (C) 말하자면 이제는 학자들이 아리스토텔레스의 「Politics」와 같은 손으로 작성된 원고를 수집하고 이용가능한 모든 사본들과의 비교하여 표준화된 원본을 인쇄할 수 있기 때문에 원문 연구학은 누적의 과학이 되었다. (D) 이것은 또한 신판과 개정판이라는 현상을 이끌었다.」

15 다음 글의 내용과 일치하는 것은?

The WAIS–R is made up of eleven subtests, or scales. The subtests of the WAIS–R are arranged by the type of ability or skill being tested. The subtests are organized into two categories. Six subtests define the verbal scale, and five subtests constitute a performance scale. We can compute three scores: a verbal score, a performance score, and a total (or full–scale) score. The total score can be taken as an approximation of general intellectual ability. To administer the WAIS–R, you present each of the eleven subtests to your subject. The items within each subtest are arranged in order of difficulty. You start with relatively easy items, and then you progress to more difficult ones. You stop administering any one subtest when your subject fails a specified number of items in a row. You alternate between verbal and performance subtests. The whole process takes up to an hour and a half.

① The WAIS–R has eleven subtests, each of which has two main parts.

② Several subtests with higher scores among the eleven ones should be presented.

③ The items of each subtest in the WAIS–R begin from easy and continue on to more difficult ones.

④ Subjects take all of the verbal subtests first and then all of the performance subtests.

✽ TIP ✽ scale 등급 constitute ~이 되는 것으로 여겨지다, 나타내다 compute 산출하다 approximation 근사치 administer 관리하다 present 제시하다 in a row 잇달아 alternate 번갈아 나오다

③ 'You start with relatively easy items, and then you progress to more difficult ones.'를 통해 알 수 있다.

① WAIS–R은 각각 두 가지 주요 부분으로 이루어진 11개의 하위 검사를 가진다.

② 11개 중에 더 높은 점수를 받은 몇몇 하위 검사들이 제시되어야 한다.

③ WAIS–R 각각의 하위 검사의 항목들은 쉬운 것으로 시작해 더 어려운 것들로 이어진다.

④ 피실험자들은 모든 언어능력 하위 검사를 먼저 받고 그 후에 모든 수행능력 검사를 받는다.

「WAIS–R은 11개의 하위 검사 또는 등급으로 구성되어 있다. WAIS–R의 하위 검사들은 평가받는 기술 또는 능력의 유형에 따라 배치된다. 하위 검사들은 두 개의 카테고리로 정리되어 있다. 여섯 개의 하위 검사는 언어적 등급을 명시하고, 다섯 개의 하위 검사는 수행 등급을 나타낸다. 우리는 세 개의 점수를 산출해낼 수 있다; 언어적 점수, 수행 점수, 그리고 총 (또는 전체의) 점수. 총점은 일반적인 지적 능력의 근사치로 받아들여 질 수 있다. WAIS–R을 실시하기 위해서 당신은 피실험자에게 11개의 하위 검사를 각각 제시한다. 각 하위 검사에 들어있는 항목들은 난도에 따라 배치되어 있다. 당신은 비교적 쉬운 항목부터 시작하여 점점 어려운 것으로 나아간다. 당신은 당신의 피실험자가 잇달아 특정 개수를 틀리면 검사를 멈춘다. 당신은 언어적 검사와 수행 검사를 번갈아 낸다. 모든 과정은 한 시간 반까지 걸린다.」

15. ③ answer

16 밑줄 친 부분에 가장 적절한 것은?

Language is saturated with implicit metaphors like "Events are objects and time is space." Indeed, space turns out to be a conceptual vehicle not just for time but for many kinds of states and circumstances. Just as a meeting can be moved from 3:00 to 4:00, a traffic light can go from green to red, a person can go from flipping burgers to running a corporation, and the economy can go from bad to worse. Metaphor is so widespread in language that it's hard to find expressions for abstract ideas that are not metaphorical. Does it imply that even our wispiest concepts are represented in the mind as hunks of matter that we move around on a mental stage? Does it say that rival claims about the world can never be true or false but can only be _________________? Few things in life cannot be characterized in terms of variables and the causation of changes in them.

① proven to be always true in all circumstances

② irreversible and established truths that cannot be disputed

③ subject to scientific testings for their authenticity and clarity

④ alternative metaphors that frame a situation in different ways

✽ TIP ✽ be saturated with ~에 흠뻑 젖어들다, ~으로 가득 차 있다 implicit 암시된, 내포된 metaphor 은유, 비유 turn out to be 판가름이 나다 circumstance 정황 wispy 몇 가닥으로 된, 성긴 hunk 덩이, 조각 move around 돌아다니다
① 모든 정황에서 항상 참이라고 증명되다
② 반박될 수 없는 철회 불가능하고 확실한 진실
③ 그들의 진실성과 명확성에 대한 과학적인 실험을 받을
④ 단지 어떤 상황을 다양한 방법으로 표현하는 대안적인 은유

「언어는 "사건은 물체이고 시간은 공간이다."와 같은 내포적 은유로 가득 차 있다. 사실 공간은 단지 시간만을 위한 것이 아니라 많은 종류의 상태와 정황에 대한 개념적인 매개체로 판가름 난다. 회의를 3시에서 4시로 이동시킬 수 있는 것과 같이, 교통 신호가 녹색에서 붉은 색으로 갈 수 있고, 사람은 햄버거 패티를 뒤집는 사람에서 회사를 경영하는 사람으로 될 수 있고, 그리고 경제는 나쁜 것에서 더 나쁜 것이 될 수 있다. 은유는 언어에 너무 널리 퍼져 있어서 추상적 관념에 대해 은유적이지 않은 표현을 찾기 어렵다. 이것은 우리의 성긴 생각들이 정신적 무대에서 우리가 여기저기로 이동시키는 물체의 덩어리로 표현된다는 것을 의미하는가? 세상에 대한 경쟁적 주장은 결코 진실 또는 거짓일 수 없고, 단지 어떤 상황을 다양한 방법으로 표현하는 대안적인 은유가 될 수 있다고 말하는 것인가? 변수와 그 변수들 안에서 변화의 인과관계라는 관점을 가지고 인생에서 정의되지 못하는 것은 거의 없다.」

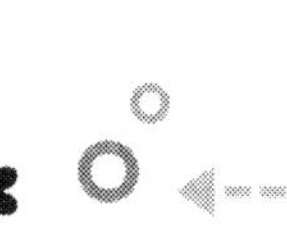

※ 우리말을 영어로 잘못 옮긴 것을 고르시오. 【17~18】

17 ① 가능한 모든 일자리를 알아보았음에도 불구하고, 그는 적당한 일자리를 찾지 못했다.

→Despite searching for every job opening possible, he could not find a suitable job.

② 당신이 누군가를 믿을 수 있는지 알아보는 최선책은 그 사람을 믿는 것이다.

→The best way to find out if you can trust somebody is to trust that person.

③ 미각의 민감성은 개인의 음식 섭취와 체중에 크게 영향을 미친다.

→Taste sensitivity is largely influenced by food intake and body weight of individuals.

④ 부모는 그들의 자녀가 성장하고 학습하는 데 알맞은 환경을 제공할 책임이 있다.

→Parents are responsible for providing the right environment for their children to grow and learn in.

❋ TIP ❋ ③ '영향을 미친다'는 능동이므로 수동태인 is influenced by를 능동의 형태로 고쳐야 한다.

18 ① 그는 자신의 정적들을 투옥시켰다.

→He had his political enemies imprisoned.

② 경제적 자유가 없다면 진정한 자유가 있을 수 없다.

→There can be no true liberty unless there is economic liberty.

③ 나는 가능하면 빨리 당신과 거래할 수 있기를 바란다.

→I look forward to doing business with you as soon as possible.

④ 30년 전 고향을 떠날 때, 그는 다시는 고향을 못 볼 거라고 꿈에도 생각지 않았다.

→When he left his hometown thirty years ago, little does he dream that he could never see it again.

❋ TIP ❋ ④ when절의 시제가 과거이므로 주절의 시제도 같은 과거시제가 와야 한다. does→did

17. ③ 18. ④ answer

19 다음 글의 ㉠, ㉡에 들어갈 가장 적절한 것은?

> The chimpanzee — who puts two sticks together in order to get at a banana because no one of the two is long enough to do the job — uses intelligence. So do we all when we go about our business, "figuring out" how to do things. *Intelligence*, in this sense, is taking things for granted as they are, making combinations which have the purpose of facilitating their manipulation; intelligence is thought in the service of biological survival. *Reason*, ______㉠______, aims at understanding; it tries to find out what is beneath the surface, to recognize the kernel, the essence of the reality which surrounds us. Reason is not without a function, but its function is not to further physical as much as mental and spiritual existence. ______㉡______, often in individual and social life, reason is required in order to predict (considering that prediction often depends on recognition of forces which operate underneath the surface), and prediction sometimes is necessary even for physical survival.

<table>
<tr><td></td><td>㉠</td><td>㉡</td></tr>
<tr><td>①</td><td>for example</td><td>Therefore</td></tr>
<tr><td>②</td><td>in the same way</td><td>Likewise</td></tr>
<tr><td>③</td><td>consequently</td><td>As a result</td></tr>
<tr><td>④</td><td>on the other hand</td><td>However</td></tr>
</table>

✻ TIP ✻ go about ~에 착수하다　take ~ for granted 당연히 ~일 것이라 믿다　facilitate 가능하게 하다　manipulation 조작, 속임수　aim at 겨냥하다　kernel 알맹이, 핵심　beneath 아래에　underneath ~의 밑에

「그 둘 중 어느 것도 바나나를 획득하는 데 충분히 길지 않다고 생각하여 두 막대기를 연결하는 침팬지는 지능을 사용한 것이다. 우리도 일을 어떻게 처리할지 "생각해 내며" 사업에 착수할 때 우리 모두는 또한 그러하다. 이런 의미에서 지능은 사물들을 있는 그대로 당연시하면서 그것들의 조작을 용이하게 하기 위한 결합을 이루어 내는 것이다. 즉, 지능은 생물학적 생존을 위해 존재하는 것이라 생각된다. 이성은, ㉠반면에, 이해를 목표로 한다. 이성은 우리를 둘러싼 현실의 본질인 핵심을 깨닫기 위해 표면 아래에 있는 것이 무엇인지를 알아내려 한다. 이성에 기능이 없는 것은 아니지만 그 기능은 육체적 존재를 발전시키기 위한 것이라기보다는 정신적이고 영적인 존재를 발전시키는 것이다. ㉡그러나 이성은 종종 개인과 사회생활에 있어 (예측이 종종 표면 아래에서 작용하는 힘의 인식에 의존한다는 점을 고려하면) 예측을 위해 요구된다. 그리고 예측은 때때로 육체적 생존을 위해서도 필수적이다.」

20 다음 글의 내용과 일치하지 않는 것은?

East of the Mississippi, the land rises slowly into the foothills of the Appalachian Mountains. At the edge of the Canadian plains, the Canadian Shield, a giant core of rock centered on the Hudson and James Bays, anchors the continent. The stony land of the Shield makes up the eastern half of Canada and the northeastern United States. In northern Quebec, the Canadian Shield descends to the Hudson Bay. The heavily eroded Appalachian Mountains are North America's oldest mountains and the continent's second-longest mountain range. They extend about 1,500 miles from Quebec to central Alabama. Coastal lowlands lie east and south of the Appalachians. Between the mountains and the coastal lowlands lies a wide area of rolling hills. Many rivers cut through the Piedmont and flow across to the Atlantic Coastal Plain in the Carolinas.

① Centered on the Hudson and James Bays is a giant core of rock, the Canadian Shield.

② The Appalachian Mountains are North America's longest mountain range.

③ From Quebec to central Alabama, the Appalachian Mountains stretch.

④ The Piedmont is traversed by many rivers that flow toward the Plain.

✻ TIP ✻ foothill 작은 언덕 plain 평원, 평지 shield 순상지 anchor 단단히 묶어 두다 erode 침식시키다 traverse 가로지르다, 횡단하다

② 애팔래치아 산맥은 북아메리카에서 두 번째로 긴 산맥이다.

① 암반의 거대한 중심지인 캐나다 순상지가 Hudson 만과 James 만 중심에 놓여 있다.

② Appalachian 산맥은 북아메리카에서 가장 긴 산맥이다.

③ Appalachian 산맥은 Quebec에서부터 Alabama의 중심지까지 뻗어있다.

④ Piedmont는 평원을 향해 흘러가는 많은 강들이 횡단한다.

「미시시피의 동부는 땅이 완만하게 솟아 애팔래치아 산맥의 기슭에 연결된다. 캐나다 평원의 끝자락의 허드슨 만과 제임스 만의 가운데 위치한 암반의 거대한 중심지인 캐나다 순상지는 이 대륙을 단단히 고정하고 있다. 이 순상지의 돌투성이 땅은 캐나다 동부의 절반과 미국의 북동지역을 형성한다. 퀘벡 북쪽에서 캐나다 순상지는 허드슨 만을 향해 경사져 내리막이 된다. 심하게 침식된 애팔래치아 산맥은 북아메리카의 가장 오래된 산맥이고 이 대륙에서 두 번째로 긴 산맥이다. 산맥은 퀘벡에서 앨라배마의 중심지까지 약 1,500마일의 길이로 뻗어있다. 해안 저지대는 애팔래치아 산맥의 동쪽과 남쪽에 놓여 있다. 산과 해안 저지대 사이에는 구불구불한 언덕들이 놓여 있다. 많은 강들이 피드먼트 고원을 가로지르고 캘롤라이나의 대서양 연안 평원을 가로질러 흐른다.」

20. ②  answer

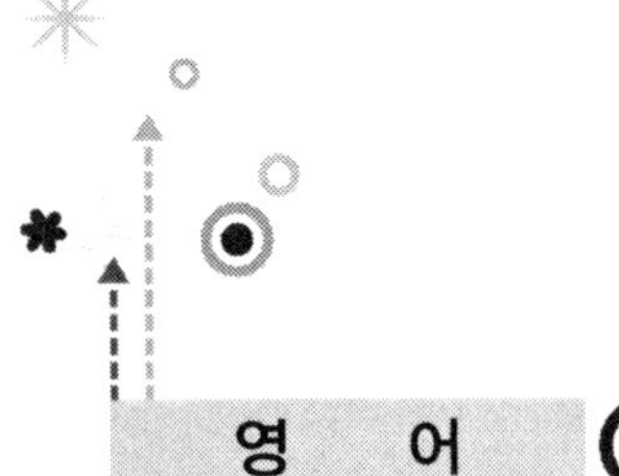

2015. 6. 13 서울특별시 시행

※ 밑줄 친 부분의 의미와 가장 가까운 것은? 【1~4】

1 South Korea's Ministry for Foreign Affairs and Trade <u>came under fire</u> for making hundreds of translation errors in overseas trade deals.

① became a mockery

② became notorious

③ caught flak

④ was investigated

> ✽TIP✽ come under fire 비난을 받다, 빈축을 사다 translation 번역, 번역문
> ① became a mockery 조롱거리가 되었다
> ② became notorious 악명 높게 되었다
> ③ caught flak 비난을 받았다, 꾸중을 들었다
> ④ was investigated 조사를 받았다
>
> 「남한의 외교통상부 장관은 해외의 무역 거래에서 수백 개의 번역오류를 만든 것에 대해서 비난을 받았다.」

2 Lawmakers in Nevada, New Mexico, Texas and Utah are trying to pass bills that would allow the states to <u>circumvent</u> daylight saving time laws.

① cramp

② maintain

③ codify

④ reestablish

> ✽TIP✽ circumvent (어려움이나 법 등을) 피하다, 면하다 lawmaker 입법자 daylight saving time law 썸머타임법
> ① cramp 피하다, 방해하다
> ② maintain 유지하다, 지키다
> ③ codify (법률 등을) 성문화하다
> ④ reestablish 재건하다
>
> 「네바다, 뉴멕시코, 텍사스 그리고 유타주의 입법자들은 그 주가 썸머타임법을 피하도록 허락하는 법안을 통과 시키려고 노력하고 있다.」

answer 1. ③ 2. ①

3 Moscow's annexation of Crimea last year and its meddling in the conflict in eastern Ukraine have <u>galvanized</u> NATO and focused particular attention on its vulnerable Baltic members.

① spurred
② disparaged
③ appeased
④ justified

> ✽ TIP ✽ annexation (영토의) 합병, 부가 meddling 간섭, 참견 galvanize 자극하다, 충격요법을 쓰다 vulnerable ~에 취약한, 연약한
> ① spur 자극하다, 박차를 가하다
> ② disparage 폄하하다
> ③ appease 달래다, 요구를 들어주다
> ④ justify 정당화시키다
> 「작년 모스크바의 크림반도 합병과 우크라이나 동부지역 충돌에 대한 간섭은 나토를 자극했고 취약한 발트해의 회원국에 대한 특별한 관심을 집중시켰다.」

4 The frequency and severity of <u>corporal</u> punishment varies widely. Parents who sometimes smack their children also use other positive and punitive methods.

① typical
② physical
③ physiological
④ psychological

> ✽ TIP ✽ severity 격렬, 혹독 corporal 신체의, 육체의 smack (손바닥으로) 때리다 punitive 처벌적인, 처벌을 위한
> ① typical 전형적인, 대표적인
> ② physical 육체의, 신체의
> ③ physiological 생리적인
> ④ psychological 심리의, 정신적인
> 「체벌의 빈도와 혹독함은 대단히 다르다. 때때로 아이들을 손으로 때리는 부모들도 또한 다른 긍정적이면서도 처벌을 위한 방법을 사용한다.」

3. ① 4. ② \ answer

5 The cartoon character SpongeBob SquarePants is ①<u>in a hot water</u> from a study ②<u>suggesting</u> that watching just nine minutes ③<u>of that program</u> can cause short-term attention and learning problems ④<u>in 4-year-olds</u>.

> ❋ TIP ❋ ① water은 불가산 물질명사이기 때문에 부정관사 'a'를 받을 수 없다. 따라서 'a'를 빼줘야 한다. 그리고 'in hot water'는 '곤경에 처한'이라는 의미를 갖는다.
>
> 「만화 캐리턱인 스폰지밥 스퀘어팬츠는 이 프로그램을 단지 9분만 시청하면 4세 유아들에게 단기 집중력과 학습 장애를 일으킬 수 있다고 제의하는 연구로 인해 곤경에 처했다.」

6 Most European countries failed ①<u>to welcome</u> Jewish refugees ②<u>after</u> the war, which caused ③<u>many</u> Jewish people ④<u>immigrate</u> elsewhere.

> ❋ TIP ❋ jewish 유대인의 refugee 난민, 망명자 immigrate (다른 나라로) 이주하다
> ④ cause가 5형식 동사로 쓰일 때에는 목적어 다음에 목적격 보어 자리에는 'to 부정사'의 형태로 와야 한다. 따라서 'to immigrate'로 고쳐야 한다.
>
> 「대부분의 유럽 국가들은 전쟁 후에 유대인 난민들을 환영하지 못했고, 이것으로 인해 많은 유대인들은 다른 나라로 이주했다.」

7 It was ①<u>a little</u> past 3 p.m. when 16 people gathered and sat cross-legged in a circle, blushing at the strangers they knew they'd ②<u>be mingling with</u> for the next two hours. Wearing figure-hugging tights and sleeveless tops in ③<u>a variety of shape and size</u>, each person took turns sharing their names and native countries. ④<u>All but five were</u> foreigners from places including the United States, Germany and the United Kingdom.

> ❋ TIP ❋ cross legged 책상다리를 하고 blush at ~에 얼굴을 붉히다 mingling with ~와 섞다, 어울리다 figure-hugging (옷이) 몸매에 꼭 맞는
> ③ a variety of 다음에 오는 shape와 size는 가산명사이기 때문에 복수 형태로 바꿔줘야 한다. 따라서 'shapes and sizes'로 고쳐 써야 한다.
>
> 「16명의 사람들이 책상다리를 하고 둥글게 앉아 모여 있던 시간은 오후 3시가 조금 지난 시간이었고 앞으로 2시간동안 서로 어울려야 한다는 것을 알고 있는 낯선 타인들에 얼굴을 붉혔다. 다양한 형태와 크기의 몸에 꼭 맞는 바지와 민소매 탑을 입고 있는 각각의 사람들은 돌아가며 그들의 이름과 고국을 말했다. 다섯 명을 제외하고 모든 사람은 미국, 독일 그리고 영국을 포함한 나라에서 온 외국인이었다.」

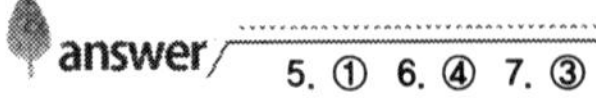

answer 5. ① 6. ④ 7. ③

8 어법상 밑줄 친 부분에 가장 적절한 것은?

Most of the art __________ in the museum is from Italy in the 19th century.

① is displayed　　　　　　　　② displaying

③ displayed　　　　　　　　　④ are displayed

✽ TIP ✽ 이 문장에서 본동사는 is이기 때문에 빈칸은 본동사 자리가 아니기 때문에 ①과 ④는 제외시켜야 한다. 또한 display가 타동사이기 때문에 능동 형태로 쓰였다면 뒤에 목적어가 와야 하는데 이 문장에선 목적어가 없기 때문에 수동으로 쓰는 것이 옳다. 따라서 과거분사 형태인 displayed가 와야 한다.

「미술관에 전시된 대부분의 예술작품은 19세기 이탈리아에서 온 것이다.」

9 다음 대화의 흐름으로 보아 밑줄 친 부분에 가장 적절한 것은?

A : Do you have any vacancies?
B : I'm sorry. __________________
A : I should have made a reservation.
B : That would have helped.

① How many people are there in your company?

② We're completely booked.

③ We have plenty of rooms.

④ What kind of room would you like?

✽ TIP ✽ ① 당신의 회사에는 얼마나 많은 사람들이 있나요?
② 이미 예약이 다 찼습니다.
③ 방이 많이 있습니다.
④ 어떤 방을 원하시나요?

「A : 빈 방이 있나요?
B : 죄송합니다. 이미 예약이 다 찼습니다.
A : 예약을 했어야 했는데.
B : 그랬으면 도움이 됐을 텐데요.」

10 다음 대화에서 밑줄 친 'carousel'이 잘못 쓰인 것은?

A : I'm new here at this airport. Where can I get my baggage?

B : Please check at ① carousel number 2.

  Do you have anything special in your baggage?

A : I have a 500 watt microwave with a ② carousel.

B : You didn't have to bring it. Most of the hotels have microwaves.

  By the way, what are you planning to do first in your trip to Seattle?

A : I'd like to ride the ③ carousel at Miners' Landing.

  Well, what kind of clothing will be the best here at this season?

  It's so chilly.

B : I'd recommend you to wear a ④ carousel, then.

❀ TIP ❀ chilly 쌀쌀한, 추운

carousel은 '회전식 원형 컨베이어, (전자레인지의) 음식물을 놓는 회전대, 회전목마'라는 뜻으로 문맥상 옷의 종류가 나와야 하는 ④에는 carousel이 잘못 쓰였다.

「A : 저는 이 공항에 처음 왔는데요. 제가 짐을 어디서 찾을 수 있나요?

B : 2번 수하물 컨베이어 벨트에서 확인해 보세요. 당신 짐에 뭔가 특별한 것이 있나요?

A : 회전대가 있는 500와트 전자레인지가 있어요.

B : 그걸 가져오지 않아도 됩니다. 대부분의 호텔에는 전자레인지가 있어요. 근데 시애틀로 여행가서 제일 먼저 무엇을 할 계획인가요?

A : 마이너스 랜딩에서 회전목마를 타고 싶어요. 음, 이 계절에 여기에서는 어떤 종류의 옷이 가장 좋을까요? 좀 쌀쌀하네요.

B : 그러면 carousel을 입는 것을 추천합니다.」

※ 다음을 읽고 물음에 답하시오. 【11~12】

In books I had read—from time to time, when the plot called for it—someone would suffer from (㉠). A person would leave a not so very nice situation and go somewhere else, somewhere a lot better, and then long to go back where it was not very nice. How impatient I would become with such a person, for I would feel that I was in a not so nice situation myself, and how I wanted to go somewhere else. But now I, too, felt that I wanted to be back where I came from. I understood it, I knew where I stood there. If I (㉡) to draw a picture of my future then, it (㉢) a large gray patch surrounded by black, blacker, blackest. from time to time 가끔, 이따금 suffer from ~로 고통 받다 impatient 짜증난

✽ TIP ✽ 「내가 읽었던 책에서 가끔씩, 줄거리가 그것을 필요로 할 때 누군가는 (㉠향수병)으로 고통을 받았다. 어떤 사람이 그리 좋은 않은 상황을 떠나서 다른 곳, 즉 더 좋은 곳으로 가서는 그리 좋지 않았던 곳으로 다시 돌아가고 싶어 한다. 나는 내 자신이 좋지 않은 상황에 있으며 내가 얼마나 다른 곳으로 가는 것을 원하고 있기 때문에 내가 얼마나 그러한 사람들에게 짜증이 났겠는가. 그러나 지금 나 또한 내가 왔던 곳으로 돌아가고 싶다고 느낀다. 나는 그것을 이해했고, 내가 그곳 어디에 있었는지 알았다. 만약 내가 그때 나의 미래를 그렸었더라면 그것은 검고, 더 검고, 가장 검은 것으로 둘러싸인 큰 회색 부분이었을 것이다.」

11 문맥상 ㉠에 들어가기 가장 적절한 것은?

① drowsiness
② hysteria
③ depression
④ homesickness

✽ TIP ✽ 빈칸 뒤 문장에서 어떤 사람이 그리 좋은 않은 곳을 떠나서 좋은 곳으로 갔음에도 불구하고 그 예전 곳으로 돌아가고 싶어 한다고 했으므로 빈칸에는 homesickness가 적절하다.

12 어법상 ㉡과 ㉢에 들어가기 가장 적절한 표현을 순서대로 나열한 것은?

① would have, were
② had had, would have been
③ would have, was
④ have had, would be

✽ TIP ✽ 과거 시제와 함께 쓰는 then이 나왔기 때문에, 과거사실의 반대를 가정하는 가정법 과거완료 구분을 사용해야 한다. 따라서 'If+주어+had+pp, 주어+would+have+pp'가 와야 하므로 ②가 적절하다.

13 다음 괄호에 들어가기 적절한 것을 순서대로 나열한 것은?

( ) cats cannot see in complete darkness, their eyes are much more sensitive ( ) light than human eyes.

① Despite, to
② Though, at
③ Nonetheless, at
④ While, to

11. ④ 12. ② 13. ④ answer

✿ TIP ✿ 절과 절이 연결되고 있으므로 앞의 빈칸에는 접속사가 와야 한다. 따라서 전치사인 ①과 부사인 ③
은 정답이 될 수 없다. sensitive는 전치사 to와 함께 쓰이므로 뒤의 빈칸에는 to가 와야 한다.
「고양이는 완전한 어둠속에서 볼 수 없지만, 그들의 눈은 사람의 눈보다 빛에 훨씬 더 민감하다.」

※ 문맥상 밑줄에 들어가기 가장 적절한 것은? 【14~16】

14 The source of this economic paralysis are somewhat different in the two countries. In Japan, a combination of highly constraining social patterns, consensus–based decision making and an ossified political process have suppressed new ideas and made the country resistant to change. In the U.S., there is no shortage of fresh thinking, debate and outrage–the paralysis is caused by _______ of consensus on how problems should be tackled. In a rich nation like the U.S., it's easy to be fooled into thinking there's always more time for problems to get solved. So it has been in Japan. The Japanese are wealthy enough that they don't suffer too much from the prolonged period of stunted growth.

① a number ② a variety

③ a lack ④ a ground

✿ TIP ✿ paralysis 마비 constrain 강요하다, 제한하다 consensus 의견일치, 합의 ossify 경화되다(시키다)
suppress 진압하다, 억제하다 outrage 격분, 격노 prolonged 오래 계속되는, 장기적인 stunted
성장을 저해당한
일본과 미국에서의 마비의 근원을 비교하고 있다. 일본에서는 제한적이고 경직된 사회구조로 인해
마비가 온다고 하였고, 미국에서는 이와 반대로 합의의 부족에서 마비가 온다고 보고 있다.
① a number of 많은
② a variety of 다양한
③ a lack of ~의 부족
④ a ground of ~의 근원
「이 경제적인 마비의 근원은 두 나라가 다소 다르다. 일본에서는 매우 제한적인 사회적 패턴과 합의에 근거한
의사 결정과 경직된 정치적인 과정은 새로운 아이디어를 억제하고 나라가 변화에 저항하도록 만든다. 미국에
서는 신선한 사고, 논쟁, 격분이 부족하지는 않다. 즉, 마비는 어떻게 문제들이 해결될 것인지에 관한 합의의
(부족)으로부터 야기된다. 미국과 같이 부유한 나라에서는 항상 문제를 해결하기 위한 시간이 더 많다고 속임
수에 넘어가기 쉽다. 일본에서는 그랬다. 일본사람들은 충분히 부유해서 장기적인 성장지연으로 많이 고통을
받지는 않는다.」

answer 14. ③

15 In late-twentieth-century America, perhaps in the West as a whole, human life is conceived in terms of a basic unit, the autonomous, free, self-determining individual. This is a being understood as possessing a(n) _______ selfhood, an inner entity known through a sense of immediacy and plenitude and constituted above all by a self-aware consciousness and an executive will.

① communal ② connected

③ dividual ④ undivided

> ✽ TIP ✽ conceive 임신하다, 생각하다 autonomous 자주적인, 자율적인 immediacy 직접성, 신속성 plenitude 풍부함 self-aware 자기를 인식하는, 자각하는 consciousness 의식, 자각 executive 실행의
>
> 빈칸 뒤에 나와 있는 'a inner entity'와 동격을 의미하므로 이를 통해 정답을 ④로 유추할 수 있다.
> ① communal 공동의, 공용의
> ② connected 연속된, 일관된
> ③ dividual 분할 할 수 있는, 분리된
> ④ undivided 분리되지 않는, 완전한
>
> 「20세기 후반 미국, 아마도 전체적으로 서부지역에서는 인간의 삶은 기본적인 단위라는 점에서 자율적이고, 자유롭고, 자기 결정적인 개인이라고 생각된다. 이것은 직접성과 풍부함의 개념을 통해 알려진 내적인 독립체인 (완전한) 자아로 이해되고, 무엇보다도 자기를 인식하는 자각과 실행의지로 구성된다.」

16 Since William Shakespeare lived more than 400 years ago, and many records from that time are lost or never existed in the first place, we don't know everything about his life. For example, we know that he was baptized in Stratford-upon-Avon, 100 miles northwest of London, on April 26, 1564. But we don't know his exact birthdate, which must have been a few days earlier. However, we do know that Shakespeare's life revolved around two locations; Stratford and London. He grew up, had a family, and bought property in Stratford, but he worked in London, the center of English theater. As an actor, a playwright, and a partner in a leading acting company, he became both prosperous and well-known. _______, fans of Shakespeare have imagined and reimagined him according to their own tastes, just as we see with the 19th-century portrait of Shakespeare wooing his wife at the top of this page.

① Even without knowing everything about his life

② Because we know everything about him

③ Because it is impossible to understand him

④ Even though he was our contemporary poet

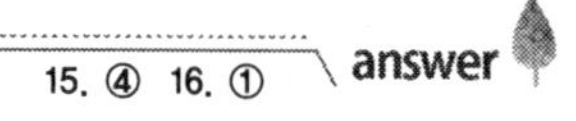

answer

✱TIP✱ baptize 세례를 주다 revolve 돌다, 회전하다 property 재산, 부동산 prosperous 번영한, 번창한 portrait 초상화, 인물사진 woo 지지를 호소하다, 구애하다 contemporary 동시대의, 현대의

셰익스피어가 400년도 더 이전에 살았던 사람이기 때문에 그에 대해 모든 것을 알지 못한다는 내용이 나오고 있으므로 ①이 적절하다.

① 그의 삶의 대해 모든 것을 알지 못하더라도
② 우리는 그에 대해 모든 것을 알고 있기 때문에
③ 그를 이해하는 것이 불가능하기 때문에
④ 그는 우리의 동시대의 시인이었음에도 불구하고

「윌리엄 셰익스피어는 400년보다 더 이전에 살았고, 그 시대의 많은 기록들이 없어졌거나 처음부터 존재하지 않았기 때문에 우리는 그의 삶에 대해 모든 것을 알지는 못한다. 예를 들어 우리는 그가 1564년 4월 26일에 런던으로부터 북서쪽으로 100마일 떨어진 스트래퍼드 어폰 에이번에서 세례를 받은 것을 알고 있다. 그러나 우리는 며칠 더 빨랐던 그의 정확한 생년월일을 모른다. 그러나 우리는 셰익스피어의 삶이 두 지역, 스트래퍼드와 런던을 중심으로 돌아갔다는 것을 알고 있다. 그가 성장해서 가족을 가졌고, 스트래퍼드에서 부동산을 구매했지만 그는 영국 극장의 중심인 런던에서 일했다. 선도적인 극단에서 배우, 극작가, 그리고 파트너로서 그는 번창하고 유명해졌다. (그의 삶에 대해 모든 것을 알지 못하더라도) 우리가 이 페이지의 상단에서 셰익스피어가 아내에게 구애하고 있는 19세기의 초상화를 보는 것처럼 셰익스피어의 팬들은 상상하고 또 상상해왔다.」

17 다음 글의 종류로 적절한 것은?

New York City's Department of Education plans to announce on Wednesday that it will lift the ban on cellphones in schools, a person familiar with the decision said Tuesday. The ban, which was put in place by former Mayor Michael R. Bloomberg, has been unpopular among parents, who worry about not being able to contact their children during school hours and in the time just before and after. According to a different news report, under the new policy, principals would decide, in consultation with teachers and

parents, on a range of options for cellphone use.

① An advertisement
② A news article
③ A cellphone manual
④ A statement of legal disposal

✱TIP✱ lift (제재를) 풀다, 해제하다 consultation 협의, 상의 disposal 처리, 처분
제시된 글은 뉴욕시가 교내에서 휴대폰금지제도를 해제한다는 내용을 보도하는 뉴스기사이다.
① An advertisement 광고
② A news article 뉴스 기사
③ A cellphone manual 휴대폰 사용설명서
④ A statement of legal disposal 법적 처분에 대한 성명서

answer 17. ②

「뉴욕시 교육부는 수요일에 교내에서 핸드폰 사용 금지를 해제하는 발표를 할 예정이라고 그 결정에 정통한 자가 화요일에 말했다. 전임 시장인 Michael R. Bloomberg가 시행한 이 금지제도는 수업시간과 그 전후에 아이들과 연락할 수 없다는 것에 대해 걱정하는 부모들 사이에서 인기가 없었다. 다른 뉴스 보도에 따르면 새로운 정책 하에서 교장은 교사와 부모들과의 협의를 통해 휴대폰 사용 선택의 범위를 결정하게 될 것이다.」

※ 다음 글을 문맥에 맞게 순서대로 연결한 것은? 【18~19】

18

> ㉠ The Butterfly Defect addresses the widening gap between systemic risks and their effective management.
>
> ㉡ But rapid globalization has also created concerns because the repercussions of local events now cascade over national borders and the fallout of financial meltdowns and environmental disasters affects everyone.
>
> ㉢ Global hyperconnectivity and increased system integration have led to vast benefits, including worldwide growth in incomes, education, innovation, and technology.
>
> ㉣ It shows how the new dynamics of turbo-charged globalization has the potential and power to destabilize our societies.

① ㉠ - ㉢ - ㉡ - ㉣

② ㉠ - ㉣ - ㉡ - ㉢

③ ㉢ - ㉡ - ㉠ - ㉣

④ ㉢ - ㉡ - ㉣ - ㉠

✽ TIP ✽ integration 통합 vast 방대한, 막대한 repercussion (어떤 사건이 초래한, 보통 좋지 못한, 간접적인) 영향 cascade 폭포처럼 흐르다 fallout 낙진, 부산물, 결과 systemic 체계의, 전신적인 destabilize 불안정하게 만들다

㉢에서 세계화에 대한 긍정적인 시각이 나오지만 ㉡에서, 'But'이 나오면서 반대의 내용을 다룬다. 그 다음으론 ㉠에서 'Butterfly Defect'를 설명하고 ㉣에서 'it'으로 'Butterfly Defect'을 받고 있다.

「㉢ 세계적인 초연결성과 증가된 시스템의 통합은 소득, 교육, 혁신과 기술 분야에서 전 세계적인 성장을 포함한 막대한 이익을 가져온다.

㉡ 그러나 빠른 세계화는 또한 걱정을 불러일으키는데, 현재 지역적인 사건들의 영향은 국경을 넘어 폭포처럼 흐르고 재정 붕괴와 환경적인 재난의 결과가 모든 사람에게 영향을 미치기 때문이다.

㉠ 나비 결함은 체계의 위험성과 그들의 효과적인 관리 사이에 넓어지고 있는 격차를 다룬다.

㉣ 그것은 터보엔진이 달린 세계화의 새로운 원동력이 얼마나 우리 사회를 불안정하게 만들 수 있는 잠재력과 힘을 가지는지를 보여준다.」

18. ③  **answer**

19

㉠ Speaking two languages rather than just one has obvious practical benefits in an increasingly globalized world.

㉡ Being bilingual, it turns out, makes you smarter.

㉢ It can have a profound effect on your brain, improving cognitive skills not related to language and even shielding against dementia in old age.

㉣ But in recent years, scientists have begun to show that the advantages of bilingualism are even more fundamental than being able to converse with a wider range of people.

① ㉠ - ㉡ - ㉢ - ㉣

② ㉠ - ㉣ - ㉡ - ㉢

③ ㉡ - ㉣ - ㉢ - ㉠

④ ㉢ - ㉡ - ㉣ - ㉠

✽ TIP ✽ bilingualism 두 개 언어를 말하는 능력 profound 엄청난, 깊은 cognitive 인식의, 인지의 dementia 치매

㉠에서 두 개의 언어로 말하는 것이 실질적인 이득이 있다고 말하고, ㉣에서는 그보다 과학자들이 밝혀내는 다른 장점을 말하고 있다. ㉢은 ㉡의 부가설명으로 ㉢에서 'it'은 ㉡의 'Being bilingual'을 의미하므로 ㉢이 ㉡보다 먼저 와야 한다.

「㉠ 한 개의 언어로 말하는 것보다 두 개의 언어로 말하는 것이 세계화되는 세상에서 명백한 실질적인 이득을 가진다.

㉣ 그러나 최근에, 과학자들은 두 개의 언어를 말하는 능력의 이점이 보다 더 넓은 범위의 사람들과 대화할 수 있다는 것보다 더 근본적이라는 걸 보여주기 시작했다.

㉡ 두 개 언어를 사용하는 것은 당신을 더 똑똑하게 만든다는 것으로 드러났다.

㉢ 그것은 언어와 관련이 없는 인지적인 기술들을 향상시키고, 심지어 노년에 치매를 막아주기도 하며 당신의 뇌에 엄청난 영향을 미칠 수 있다.」

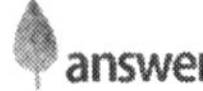

answer / 19. ②

20 다음 글의 내용에 가장 가까운 것은?

> To act well, a person needs to determine which action-guiding statements are true, or likely to be true, and which false, or likely to be false. For it seems reasonable to suppose that a person who is acting in accordance with true statements, and not false ones likely to be true, has more chance of reaching acceptable goals.

① It can be unreliable to act in accordance with statements which are likely to be true.

② Acceptable results will be guaranteed to a person acting on the ground of true statements.

③ It is equally dangerous to act on the statements that are true and on those that are likely to be true.

④ Action is one thing, and statements another; the two have no mutual dependency.

✽ TIP ✽ ① 사실일 수도 있는 지침에 따라서 행동하는 것은 믿을 수 없는 것일 수 있다.
② 용인될 수 있는 결과는 사실인 지침에 기초해 행동하는 사람에게 보장될 것이다.
③ 사실인 지침과 사실일 수도 있는 지침에 따라 행동하는 것은 똑같이 위험하다.
④ 행동과 지침은 다른 것이다. 둘은 상호 의존적이지 않다.

「잘 행동하기 위해서 사람은 행동지침서가 사실인지, 사실일 가능성이 있는지, 그리고 거짓인지, 거짓일 가능성이 있는지 결정할 필요가 있다. 왜냐하면 사실일 수도 있는 거짓된 지침이 아니라 사실인 지침에 따라서 행동하는 사람이 사회적으로 용인되는 목표에 도달할 더 많은 가능성을 가진다고 생각하는 것이 합리적이기 때문이다.」

20. ①  **answer**

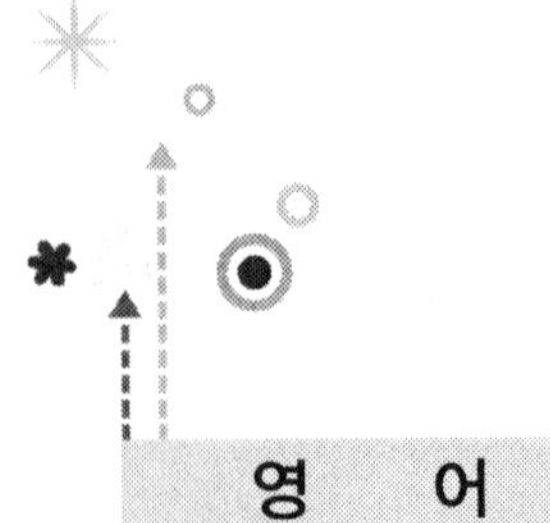

2015. 6. 27 제1회 지방직 시행

1 밑줄 친 부분과 의미가 가장 가까운 것은?

There are some diseases your doctor will <u>rule out</u> before making a diagnosis.

① trace

② exclude

③ instruct

④ examine

> ✱ TIP ✱ disease 질병 rule out 배제하다 diagnosis 진단
> ① 추적하다 ② 배제하다 ③ 지시하다 ④ 조사하다
> 「진단하기 전에 당신의 주치의가 <u>배제할</u> 몇 가지 질병이 있습니다.」

2 다음 중 어법상 옳은 것은?

① She supposed to phone me last night, but she didn't.

② I have been knowing Jose until I was seven.

③ You'd better to go now or you'll be late.

④ Sarah would be offended if I didn't go to her party.

> ✱ TIP ✱ be supposed to ~하기로 되어 있다 offend 감정을 해치다
> ① supposed → was supposed
> ② have been → had been
> ③ to go → go
> ① 그녀는 어제 밤에 나에게 전화하기로 되어 있었다. 그러나 하지 않았다.
> ② 나는 7살 때까지 호세를 알아왔다.
> ③ 너는 지금 가는 것이 좋을 거야. 그렇지 않으면 늦을 거야.
> ④ 만약 내가 그녀의 파티에 가지 않는다면, 사라는 기분이 상할 것이다.

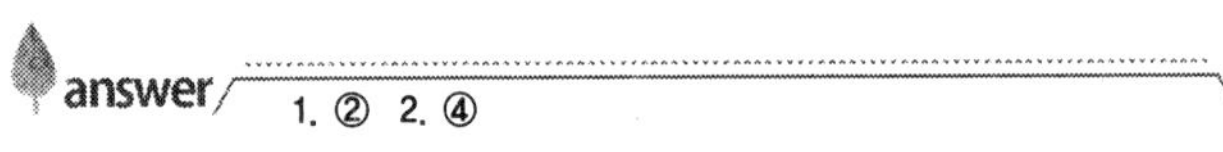
answer 1. ② 2. ④

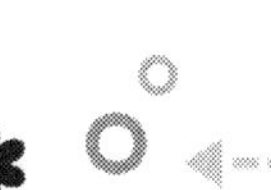

3 우리말을 영어로 옮긴 것 중 가장 어색한 것은?

① 제인은 보기만큼 젊지 않다.

  →Jane is not as young as she looks.

② 전화하는 것이 편지 쓰는 것보다 더 쉽다.

  →It's easier to make a phone call than to write a letter.

③ 너는 나보다 돈이 많다.

  →You have more money than I.

④ 당신 아들 머리는 당신 머리와 같은 색깔이다.

  →Your son's hair is the same color as you.

  ❋ TIP ❋ ④ 비교 대상을 일치시켜야 한다. you →your hair

4 밑줄 친 부분에 들어갈 표현으로 가장 적절한 것은?

> M : Would you like to go out for dinner, Mary?
> W : Oh, I'd love to. Where are we going?
> M : How about the new pizza restaurant in town?
> W : Do we need a reservation?
> M : I don't think it is necessary.
> W : But we may have to wait in line because it's Friday night.
> M : You are absolutely right. Then, I'll __________ right now.
> W : Great.

① cancel the reservation   ② give you the check

③ eat some breakfast   ④ book a table

  ❋ TIP ❋ ④ 메리의 금요일 밤이라 줄을 서서 기다려야 할지도 모른다는 말에 동의하고 난 뒤 하는 행동이므로 '자리를 예약하다'라는 뜻의 'book a table'이 들어가야 한다.
    ① 예약을 취소하다
    ② 너의 계산서를 제출하다
    ③ 아침을 조금 먹다
    ④ 자리를 예약하다

3. ④ 4. ④   answer

「M : 메리, 저녁은 나가서 먹을까?
W : 오, 좋아. 우리 어디로 갈까?
M : 시내에 새로 생긴 피자 가게 어때?
W : 우리 예약해야할까?
M : 난 그럴 필요는 없다고 생각해.
W : 그런데 오늘은 금요일 밤이기 때문에 우리 아마 줄서서 기다려야 할지도 몰라.
M : 네 말이 맞아. 그러면 내가 지금 당장 <u>자리를 예약할게.</u>
W : 좋아.」

5 다음 글의 (A), (B), (C)에서 어법상 옳은 것을 모두 고른 것은?

Pattern books contain stories that make use of repeated phrases, refrains, and sometimes rhymes. In addition, pattern books frequently contain pictures (A) [that/ what] may facilitate story comprehension. The predictable patterns allow beginning second language readers to become involved (B) [immediate/immediately] in a literacy event in their second language. Moreover, the use of pattern books (C) [meet/ meets] the criteria for literacy scaffolds by modeling reading, by challenging students' current level of linguistic competence, and by assisting comprehension through the repetition of a simple sentence pattern.

(A)	(B)	(C)
① that	immediate	meet
② what	immediately	meets
③ that	immediately	meets
④ what	immediate	meet

❋ TIP ❋ contain ~이 들어 있다 phrase 구 refrain 후렴 rhyme 운 frequently 자주 facilitate 용이하게 하다 comprehension 이해력 predictable 예측할 수 있는 involve 수반하다 literacy 글을 읽고 쓸 줄 아는 능력 보조사전 영역 criterion 기준 scaffold (건축 공사장의) 비계, 발판 linguistic 언어의 competence 능숙함 repetition 반복

(A) 선행사 pictures가 있으므로, 관계대명사 that이 적절하다.
(B) 부사인 immediately가 들어가는 것이 적절하다.
(C) 주어가 the use이므로, 동사는 meets가 들어가야 한다.

「구문 교재는 반복되는 구절, 후렴, 때로는 운을 사용한 내용을 담고 있다. 게다가 구문 교재는 흔히 내용 이해를 용이하게 할 수 있는 그림을 담고 있다. 그 예측할 수 있는 구문은 제2외국어를 시작하는 사람들이 제2외국어로 읽고 쓰는 일에 즉시 몰두할 수 있도록 한다. 게다가 구문 교재의 활용은 독서를 가능하게 함으로써, 학생들의 현재 언어 능력 수준에 도전함으로써, 그리고 단순한 문장의 반복을 통해 이해를 도움으로써 읽고 쓰는 능력의 발판에 대한 기준을 충족시킨다.」

 answer / 5. ③

6 밑줄 친 부분에 들어갈 가장 적절한 것은?

Culture travels, like people. There are Chinese and Zen gardens in cities from Sydney to Edinburgh to San Francisco. 'World Music' is enormously popular: the latest disco style breezily combines flamenco with jazz and Gaelic traditions. Dance troupes from Africa and South America routinely perform overseas. It would be impossible to disentangle strands of influence in the spaghetti western, samurai film, Hollywood action flick, Indian adventure story, and Hong Kong cinema. In the modern world, no culture, however 'primitive' and remote, remains __________. The Huichol Indians, who live in mountain villages of Mexico, make their masks and bowls using glass beads imported from Japan and Czechoslovakia.

① isolated
② interconnected
③ multicultural
④ complex

✸ TIP ✸ enormously 엄청나게 breezily 기운차게 troupe 공연단 routinely 일상적으로 perform 행하다 overseas 해외 disentangle 구분하다 strand 가닥 primitive 원시 사회의 remote 먼 glass beads 유리구슬
① '어떤 문화도 고립되어 있지 않다'는 의미가 되어야 하므로 'isolated'가 들어가야 한다.
① 고립된 ② 서로 연락하다 ③ 다문화의 ④ 복잡한

「문화는 사람들처럼 이동한다. 시드니에서부터 에든버러까지, 나아가 샌프란시스코까지 도시에는 중국식과 일본식 전통정원이 있다. '월드 뮤직'은 엄청나게 대중적이다 : 가장 최근의 디스코 스타일은 플라멩코와 재즈, 그리고 게일의 전통을 경쾌하게 결합한 것이다. 아프리카와 남아메리카의 춤 공연단은 일상적으로 해외에서 공연을 한다. 서양의 스파게티, 사무라이 영화, 할리우드 액션영화, 인도의 모험담, 그리고 홍콩 영화에 미친 요소들을 구분하는 것은 불가능할 것이다. 그러나 현대 사회에서 원시적이거나 멀리 떨어져 있는 어떤 문화도 고립되어 있지는 않다. 멕시코의 산속 마을에 살고 있는 우이초 부족들은 일본과 체코슬라바키아에서 수입된 유리구슬을 사용하여 그들의 가면과 그릇들을 만든다.」

6. ①  answer

※ 주어진 글의 제목으로 가장 적절한 것을 고르시오. 【7~8】

7

Depending on your values, different kinds of numbers may be important to you. To some, it's cholesterol count and blood pressure figures; to others, it's the number of years they've been married. To many, the sum total in the retirement account is the number-one number, and some people zero in on the amount left on their mortgage. But I contend that your per-hour worth should be among the top-of-mind numbers that are important to you — no matter what your values or priorities are — even if you don't earn your living on a per-hour rate. Knowing the value of your time enables you to make wise decisions about where and how you spend it so you can make the most of this limited resource according to your circumstances, goals, and interests. Obviously, the higher you raise your per-hour worth while upholding your priorities, the more you can propel your efforts toward meeting your goals, because you have more resources at your disposal — you have either more money or more time, whichever you need most.

① Your Time Is Money　　　　② Maintaining High Motivation
③ Part-time Jobs Are Better　　　④ Living Within Your Income

❋ TIP ❋ figure 수치　retirement 퇴직　mortgage 저당　contend 주장하다　priority 우선순위　circumstance 상황　obviously 분명히　uphold 유지시키다　propel 추진시키다　maintain 유지하다　motivation 자극
글쓴이는 시간당 값어치가 가장 우선순위가 되어야 한다고 주장하고 있으므로, 글의 주제는 ①이 된다.
① 당신의 시간은 돈이다
② 높은 동기를 유지하라
③ 아르바이트가 낫다
④ 당신의 수입 안에서 살아라

「당신의 가치들에 따라, 다른 종류의 숫자들이 당신에게 중요할 지도 모른다. 어떤 사람에게 그것은 콜레스테롤 수치와 혈압수치가; 다른 사람들에게 그것은 그들이 결혼한 햇수이다. 많은 사람들은 퇴직금의 총액수가 가장 중요한 숫자이고, 어떤 사람들은 그들의 대출이 남아있는 잔액에 초점을 맞춘다. 그러나 나는 당신의 가치 또는 우선순위가 무엇이든지 간에 비록 당신이 시급으로 생활비를 벌지 않더라도 당신의 시간당 값어치가 가장 우선순위가 되어야 한다고 생각한다. 당신의 시간당 값어치를 아는 것은 당신이 그것을 어디에 어떻게 사용할 것인지에 대해 명확한 결정들을 하게 해주고 당신의 상황, 목표 그리고 흥미에 따라서 이러한 제한된 자원들을 최대한 활용할 수 있게 만들어준다. 분명히, 당신의 우선순위를 유지하는 동안 당신의 시간당 가치를 높일수록, 당신은 목표달성을 향해 더욱 열심히 노력할 것이다. 왜냐하면 당신은 당신이 원하는 대로 쓸 수 있는 자원을 더 많이 가지고 있기 때문이다. - 당신이 가장 필요로 하는 것이 무엇이든, 당신은 더 많은 돈과 더 많은 시간을 가지고 있기 때문이다.」

answer / 7. ①

8

Making mistakes is central to the education of budding scientists and artists of all kinds, who must have the freedom to experiment, try this idea, flop, try another idea, take a risk, be willing to get the wrong answer. One classic example is Thomas Edison's reply to a reporter who was lamenting Edison's ten thousand experimental failures in his effort to create the first incandescent light bulb. "I have not failed," he told the reporter. "I successfully discovered 10,000 elements that don't work." Most children, however, are denied the freedom to noodle around, experiment, and be wrong in ten ways, let alone ten thousand. The focus on constant testing to measure and standardize children's accomplishments has intensified their fear of failure. It is certainly important for children to learn to succeed; but it is just as important for them to learn not to fear failure.

① Getting It Right the First Time　　② The Secret Inventions of Edison

③ Road to Creativity : Avoid Risks　　④ Failure : Nothing to Be Afraid Of

❋ TIP ❋ budding 싹트기 시작한 experiment 실험 flop 완전히 실패하다 lament 애통해하다 incandescent 백열성의 bulb 전구 element 요소 deny 부인하다 noodle around 시험 삼아 해보다 constant 끊임없는 accomplishment 업적 intensify 강화하다 Invention 발명품

아이들이 실패를 두려워하지 않는 법을 배우는 것이 중요하다고 했으므로, 글의 주제는 ④가 된다.
① 처음에 올바르게 이해시켜라
② 에디슨 발명품의 비밀
③ 창조의 길 ; 위험을 피하라
④ 실패 : 두려워할 것이 아니다

「실수를 하는 것은 싹트기 시작한 모든 종류의 과학자들과 예술가들의 교육에 있어 중요하다. 그들은 실험을 하고, 이러한 생각들을 도전하고, 완전히 실패하며, 다른 생각들을 도전하고, 위험을 무릅쓰며, 기꺼이 잘못된 대답을 얻을 수도 있는 자유를 가져야만 한다. 하나의 전형적인 예는 첫 번째 백열등을 만들기 위한 그의 노력에서 만 번의 실험적 실패를 애석해했던 기자에 대한 토마스 에디슨에 대한 대답이다. "나는 실패하지 않았습니다." 그는 기자에게 대답했다. "나는 작동하지 않는 만 개의 요소들을 성공적으로 발견했습니다." 그러나 대부분의 아이들은 시험 삼아 해보고, 시험하면서, 만 번은 고사하고 열 번의 방법에서도 틀릴 수 있는 자유를 거부당한다. 아이들의 성취를 측정하고 표준화하는 끊임없는 시험에 대한 강조는 그들의 실패에 대한 두려움을 강화시켰다. 아이들이 성공하는 법을 배우는 것은 확실히 중요하다 ; 그러나 그들이 실패를 두려워하지 않는 법을 배우는 것 또한 중요하다.」

8. ④ answer

9 우리말을 영어로 옮긴 것 중 가장 어색한 것은?

① 그녀는 젊었을 때 더 열심히 일하지 않았던 것을 후회한다.

→She regrets not having worked harder in her youth.

② 그는 경험과 지식을 둘 다 겸비한 사람이다.

→He is a man of both experience and knowledge.

③ 분노는 정상적이고 건강한 감정이다.

→Anger is a normal and healthy emotion.

④ 어떤 상황에서도 너는 이곳을 떠나면 안 된다.

→Under no circumstances you should not leave here.

✱ TIP ✱ ④ Under no circumstances you should not leave here→Under no circumstances should you not leave here. 부정부사가 문두에 나왔으므로, 주어와 동사가 도치되어야 한다.

10 밑줄 친 부분에 들어갈 표현으로 가장 적절한 것은?

> M : Excuse me. How can I get to Seoul Station?
> W : You can take the subway.
> M : How long does it take?
> W : It takes approximately an hour.
> M : How often does the subway run?
> W : ___________________.

① It is too far to walk

② Every five minutes or so

③ You should wait in line

④ It takes about half an hour

✱ TIP ✱ approximately 거의
① 걷기에는 너무 멀어요
② 5분마다 있어요
③ 당신은 줄을 서서 기다려야 해요
④ 약 30분 정도 걸려요
「M : 실례합니다. 서울역에 어떻게 가야합니까?
W : 지하철을 타세요.
M : 얼마나 걸립니까?
W : 약 1시간 정도 걸려요.
M : 지하철이 얼마나 자주 다닙니까?
W : 5분마다 있어요.」

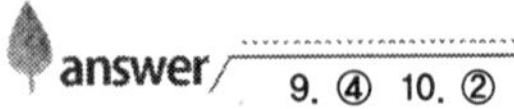

answer / 9. ④ 10. ②

※ 밑줄 친 부분과 의미가 가장 가까운 것을 고르시오. 【11~13】

11

> Bringing presents for his children <u>alleviated</u> some of the guilt he felt for not spending enough time with them.

① relieved   ② accumulated

③ provoked   ④ accelerated

❋ TIP ❋ alleviate 경감하다 guilt 죄
　① 경감하다 ② 모으다 ③ 일으키다 ④ 가속하다
「아이들을 위해 부모를 데려오는 것은 그들과 충분한 시간을 보내지 못한 것에 대해 그가 느꼈던 죄책감의 일부를 <u>덜어주었다</u>.」

12

> I am not <u>made of money</u>, you know!

① needy   ② thrifty

③ wealthy   ④ stingy

❋ TIP ❋ made of money 엄청난 돈이 있는
　① 가난한 ② 검소한 ③ 부유한 ④ 쏘는
「너도 알다시피, 나는 <u>돈이 없어</u>!」

13

> Experienced salespeople claim there is a difference between being assertive and being <u>pushy</u>.

① thrilled   ② brave

③ timid   ④ aggressive

❋ TIP ❋ experienced 능숙한 salespeople 판매원 assertive 단정적인 pushy 지나치게 밀어붙이는
「능숙한 판매원은 단정적인 것과 <u>지나치게 밀어붙이는</u> 것 사이에는 차이점이 있다고 주장한다.」

11. ①   12. ③   13. ④  answer

※ 주어진 부분에 들어갈 가장 적절한 것을 고르시오. 【14~15】

14

A growing number of people are seeking medical attention for vitamin D deficiency, a common condition among those who spend a lot of time indoors. It is well known that vitamin D deficiency can affect one's muscles, bones and immunity and is even associated with cancer. Vitamin D is produced by the body in response to skin being exposed to sunlight. A lot of women, however, wear sunscreen before they go out, and this often makes it more difficult for their body to produce vitamin D—as ________________________.

① many types of sunscreen may contain beneficial substances

② sunscreen can block vitamin D-producing ultraviolet rays

③ their sunscreen is professionally prescribed

④ they exercise on a regular basis

✽ TIP ✽ medical attention 치료 deficiency 결핍 indoor 실내 immunity 면역력 sunlight 햇빛 ultraviolet rays 자외선 beneficial 유익한 substance 물질 regular basis 정기적으로

① 많은 종류의 자외선차단제는 유익한 물질을 포함하고 있을지도 모른다.
② 자외선 차단제가 비타민 D를 생산하는 자외선을 막을 수 있다.
③ 그들이 자외선차단제는 전문적으로 처방되어졌다
④ 그들은 정기적으로 운동한다.

「점점 더 많은 사람들이 실내에서 많은 시간을 보내는 사람들 사이에서 일반적인 증상인 비타민 D 결핍을 위한 치료를 찾고 있다. 비타민 D 결핍은 근육과 뼈, 그리고 면역력에 영향을 줄 수 있고, 심지어 암과도 관련된 것으로 알려져 있다. 비타민 D는 햇빛에 노출된 피부에 반응하여 몸에서 생성된다. 그러나 많은 여성들이 나가기 전에 자외선차단제를 바르고 이것은 종종 비타민 D가 그들의 몸에 생성되기 어렵게 만든다. 그것은 자외선 차단제가 비타민 D를 생산하는 자외선을 막을 수 있기 때문이다.」

answer 14. ②

15

Muzafer Sherif's research on the autokinetic effect is a good example of the role of __________ in perception. People in his experiments were told that a spot of light projected on the wall would move and were instructed to estimate the amount of movement. Although the spot of light never actually moved, the people inevitably reported movement. When told that the spot of light would even trace out letters and words, participants began reporting words and sentences. Clearly what they thought would happen resulted in the addition of a considerable amount of information to their sensations.

① unification ② expectation

③ competition ④ quantification

✱ TIP ✱ autokinetic 자동운동 perception 지각 estimate 어림잡다 inevitably 불가피하게 participant 참가자

① 통일 ② 예상 ③ 경쟁 ④ 수량화

「자동운동 효과에 대한 Muzafer Sherif의 연구는 기대에 대한 좋은 예이다. 그의 실험에서 사람들은 벽에 투영된 빛이 움직일 것이라는 것을 듣고, 움직임의 양을 추정하라는 지시를 받았다. 비록 그 불빛이 실제로는 결코 움직이지 않았음에도 불구하고, 사람들은 불가피하게 움직임을 보고했다. 그 불빛이 글자와 단어를 그린다고 들었을 때에도, 참가자들은 단어와 문장을 보고했다. 명백히 그들이 생각하기에 일어날 수 있는 것이, 그들의 지각에 상당한 양의 정보를 추가하는 결과를 초래했다.」

15. ②

answer

16 다음 글의 (A)와 (B)에 들어갈 가장 적절한 것은?

> Mythology was an integral part of Egyptian culture for much of its timespan. Characters and events from myth permeate Egyptian art, architecture, and literature. Myths ______(A)______ many of the rituals performed by kings and priests. Educated Egyptians believed that a knowledge of myth was an essential weapon in the fight to survive the dangers of life and the afterlife.
>
> There is disagreement among Egyptologists about when mythical narratives first developed in Egypt. This dispute is partly due to the difficulty of deciding what should be counted as a myth. Today, the term myth is often used in an unfavorable way to refer to something that is exaggerated or untrue. In ancient cultures, myth did not have this ______(B)______ connotation; myths could be regarded as stories that contained poetic rather than literal truths. Some scholars separate myths from other types of traditional tale by classifying them as stories featuring deities. This simple definition might work quite well for Egypt, but not for all cultures.

	(A)	(B)
①	extinguished	immoral
②	bolstered	literal
③	underpinned	negative
④	corroborated	political

✱ TIP ✱ mythology 신화 integral 필수적인 timespan 기간 permeate 배어들다 ritual 의식절차 priest 사제 weapon 무기 afterlife 내세 dispute 분쟁 unfavorable 비판적인 exaggerate 과장하다 poetic 시의 deity 신 definition 정의 extinguish 끝내다 immoral 비도덕적인 bolster 보강하다 literal 문자 그대로의 underpin 뒷받침하다 corroborate 제공하다 정치적인

「신화는 오랜 기간 동안 이집트 문화의 필수적인 부분이었다. 신화의 인물과 사건들은 이집트 예술, 건축 그리고 문학에 배어들어 있다. 신화는 왕과 사제들에 의해 행해진 많은 의식들을 (A) 뒷받침한다. 학식 있는 이집트사람들은 신화에 대한 지식이 현재의 삶과 내세의 위험에서 살아남기 위해 필수적인 무기라고 믿었다.

이집트에서 언제 처음으로 신화적인 이야기들이 발전했는지에 대해서는 이집트 학자들 사이에서 의견이 불일치한다. 이 논쟁은 부분적으로 무엇을 신화로 규정해야 하는지에 대한 결정의 어려움 때문이다. 오늘날, 신화라는 용어는 과장되거나 사실이 아닌 무언가를 지칭하기 위한 부정적인 방식으로 종종 사용된다. 고대 문화에서, 신화는 이러한 (B) 부정적인 의미를 갖지 않았다; 신화는 문자 의미 그대로의 사실보다는 내포된 시적 의미를 포함한 이야기로 여겨질 수 있다. 몇몇 학자들은 신화를 신적 존재가 나오는 이야기로 분류함으로서 다른 종류의 전통적 이야기들과 구별한다. 이러한 단순한 정의는 이집트에서는 적용될지 모르지만, 모든 문화들에서는 그렇지 않다.」

※ 주어진 부분에 들어갈 가장 적절한 것을 고르시오. 【17~18】

17

> We rarely get tired when ___________. For example, I recently took a vacation in the Canadian Rockies up around Lake Louise. I spent several days trout fishing along Coral Creek, fighting my way through brush higher than my head, stumbling over logs, struggling through fallen timber—yet after eight hours of this, I was not exhausted. Why? Because I was excited, exhilarated. I had a sense of high achievement: six cutthroat trout. But suppose I had been bored by fishing, then how do you think I would have felt? I would have been worn out by such strenuous work at an altitude of seven thousand feet.

① we are doing something interesting and exciting

② we get a good night's sleep and a hearty meal

③ we do household chores for our family

④ we are elevated to high altitudes

❈ TIP ❈ stumble 발이 걸리다 struggle 투쟁하다 timber 수목 exhausted 기진맥진한 exhilarated 쾌활하게 하는 cutthroat trout 송어 strenuous 몹시 힘든 altitude 고도 hearty meal 푸짐한 식사 household chores 허드레 가사일
① 우리는 무언가 흥미롭고 흥분되는 일을 한다.
② 우리는 숙면을 취하고 배부르게 먹는다.
③ 우리는 우리 가족의 허드레 가사일을 한다.
④ 우리는 높은 고도에 올라간다.
「우리가 무언가 흥미롭고 흥분되는 일을 할 때, 우리는 거의 피곤해하지 않는다. 예를 들어, 나는 최근에 루이즈 호 근처의 캐나다 로키산맥으로 휴가를 다녀왔다. 나는 내 머리보다 높은 덤불을 헤쳐 나가고, 통나무에 발이 걸리고, 쓰러진 수목들 사이를 지나가면서 며칠 동안 코랄 호수를 따라 송어 낚시를 하였다. – 그러나 이러한 8시간 후에도 나는 지치지 않았다. 왜일까? 왜냐하면 나는 흥분되고, 쾌활했기 때문이다. 나는 높은 성취감을 느꼈다. ; 6마리의 송어. 그러나 내가 낚시를 지루해했다고 가정하면, 내가 어떤 기분이었을 것이라고 생각하는가? 나는 7천 피트라는 고도에서 그렇게 힘든 일을 하고 지쳐 쓰러졌을 것이다.」

17. ①  answer

18

The 'ten-thousand-hour rule' states that expertise requires at least ten thousand hours of practice. Clearly, though, time is not the only requirement. Years of one's life spent practicing the wrong things will not lead to expertise any more than spending the same amount of time watching television. Time is a basic prerequisite, but not ___________________________. Layered upon time are a slew of other ingredients, life focus, precision, discipline, and desire.

① a sufficient one in itself

② a requisite for time

③ a tolerant one of others

④ a predictor of longevity

❋TIP❋ ① 시간만이 아니라 다른 것들도 필요하다고 했으므로 시간 그 자체로는 충분하지 않다는 내용이 들어가야 한다.

expertise 전문 기술 requirement 필요조건 prerequisite 전제조건 ingredient 구성요소 precision 정확 discipline 규율 desire 욕구 sufficient 충분한 requisite 필요한 tolerant 관대한 predictor 예측 변수 longevity 장수

「1만 시간의 법칙은 전문 기술은 적어도 1만 시간의 연습을 필요로 한다고 말한다. 그러나 분명히 시간이 유일한 필요조건은 아니다. 일생 동안 여러 해를 잘못된 것을 연습하면서 보내는 것은 같은 시간동안 텔레비전을 보는 것처럼 어떠한 전문 기술도 이끌어내지 못한다. 시간은 기본적인 전제조건이지만, <u>그 자체로서는 충분하지는 않다</u>. 삶의 초점, 정확성, 그리고 욕구 등의 많은 다른 구성요소가 시간을 두고 겹겹이 쌓이는 것이다.」

19 George Stephenson에 관한 다음 글의 내용과 일치하지 않는 것은?

George Stephenson gained a reputation for working with the primitive steam engines employed in mines in the northeast of England and in Scotland. In 1814, Stephenson made his first locomotive, 'Blucher.' In 1821, Stephenson was appointed engineer for the construction of the Stockton and Darlington railway. It opened in 1825 and was the first public railway. In October 1829, the railway's owners staged a competition to find the best kind of locomotive to pull heavy loads over long distances. Stephenson's locomotive 'Rocket' was the winner, achieving a record speed of 36 miles per hour. The opening of the Stockton and Darlington railway and the success of 'Rocket' stimulated the laying of railway lines and the construction of locomotives all over the country. Stephenson became engineer on a number of these projects and also participated in the development of railways in Belgium and Spain.

answer / 18. ① 19. ③

① 탄광에 사용된 초기 증기 기관과 관련된 일을 하여 명성을 얻었다.

② 1814년에 그의 첫 번째 기관차를 만들었다.

③ 시속 36마일의 기관차를 개발하여 기관차 대회에서 준우승했다.

④ 벨기에와 스페인의 철도 개발에도 참여했다.

✻ TIP ✻ reputation 명성 primitive 원시적인 steam engine 증기기관차 locomotive 기관차 railway 철로
③ 시속 36마일의 기관차를 개발하여 기관차 대회에서 준우승이 아닌 우승을 했다.

「조지 스티븐산은 영국 북동지역과 스코틀랜드의 탄광에 사용된 초기 증기기관과 관련된 일을 하면서 명성을 얻었다. 1814년에 스티븐슨은 그의 첫 번째 기관차 '블러쳐'를 만들었다. 1821년에 스티븐슨은 스톡턴과 달링턴 철도의 건설을 위한 엔지니어로 임명되었다. 1829년 10월, 철도의 소유주들은 무거운 짐을 싣고 멀리 갈 수 있는 가장 좋은 기관차를 찾기 위한 대회를 개최하였다. 스티븐슨의 기관차 '로켓'은 시속 36마일의 기록을 달성하며 우승을 차지하였다. 스톡턴과 달링턴 철도의 개통과 '로켓'의 성공은 전국적으로 철도의 건설과 기관차의 제작을 자극하였다. 스티븐슨은 많은 프로젝트의 엔지니어가 되었으며, 또한 벨기에와 스페인의 철도 개발에도 참여하였다.」

20 밑줄 친 부분에 들어갈 가장 적절한 것은?

> There are many instances in our society in which it is entirely appropriate for people to play a power role over others. _______________, teachers, coaches, police, and parents all play this role. Any leader of a group of people has to have some kind of authority. Still, the right to wield power and the extent to which an authority should wield power must be questioned and negotiated lest the power be abusive and lead to injustice and unfairness.

① However

② Otherwise

③ For example

④ Nevertheless

✻ TIP ✻ instance 사례 appropriate 적절한 authority 권한 wield 행사하다 extent 정도 negotiate 협상하다 abusive 남용하는 injustice 불평등
① 그러나 ② 그렇지 않으면 ③ 예를 들어 ④ 그럼에도 불구하고

「우리 사회에서 어떤 사람들이 다른 사람들보다 힘 있는 역할을 하는 것이 전적으로 적절한 경우가 많이 있다. 예를 들어, 선생님, 감독, 경찰, 그리고 부모님은 모두 이러한 역할을 한다. 그룹의 지도자는 어떠한 종류의 권한을 가진다. 그러나 권력을 행사할 수 있는 권리와 권한을 어디까지 행사할 수 있는지에 대한 범위는 그 권력이 남용되고 불평등과 부당함을 초래하지 않도록 의문이 제기되고 협상되어야 한다.」

20. ③ answer

4

> A : Hello? Hi, Stephanie. I'm on my way to the office. Do you need anything?
> B : Hi, Luke. Can you please pick up extra paper for the printer?
> A : What did you say? Did you say to pick up ink for the printer?
>   Sorry, ______________________________
> B : Can you hear me now? I said I need more paper for the printer.
> A : Can you repeat that, please?
> B : Never mind. I'll text you.
> A : Okay. Thanks, Stephanie. See you soon.

① My phone has really bad reception here.

② I couldn't pick up more paper.

③ I think I've dialed the wrong number.

④ I'll buy each item separately this time.

✽ TIP ✽ 전화가 잘 들리는지 확인하고 문자를 보내겠다고 하는 것으로 미루어 보아 빈칸에는 전화 수신 상태가 좋지 않다는 내용이 들어가야 함을 알 수 있다.

「A : 여보세요. Stephanie, 안녕하세요. 사무실로 들어가는 길인데 뭐 필요한 것 있으세요?
B : 안녕하세요, Luke. 여분의 프린터 용지 좀 사다 주시겠어요?
A : 뭐라고 하셨죠? 프린터에 들어갈 잉크를 사다 달라고 하셨나요? 죄송한데, <u>여기서 제 전화 수신 상태가 좋지 않네요.</u>
B : 지금은 들리세요? 프린터 용지가 필요하다고 했어요.
A : 다시 한 번 더 말씀해 주시겠어요?
B : 괜찮아요, 문자 보낼게요.
A : 네. Stephanie, 고마워요. 곧 봐요.」

answer 4. ①

5 우리말을 영어로 잘못 옮긴 것은?

① 나의 이모는 파티에서 그녀를 만난 것을 기억하지 못했다.

→My aunt didn't remember meeting her at the party.

② 나의 첫 책을 쓰는 데 40년이 걸렸다.

→It took me 40 years to write my first book.

③ 학교에서 집으로 걸어오고 있을 때 강풍에 내 우산이 뒤집혔다.

→A strong wind blew my umbrella inside out as I was walking home from school.

④ 끝까지 생존하는 생물은 가장 강한 생물도, 가장 지적인 생물도 아니고, 변화에 가장 잘 반응하는 생물이다.

→It is not the strongest of the species, nor the most intelligent, or the one most responsive to change that survives to the end.

✽ TIP ✽ ④ '~도, ~도 아니고, ~이다'로 열거를 이어주고 있는 문장이므로 not A but B or C보다 not A nor B but C로 표현하는 것이 적합하다.

5. ④ \ answer

6 글의 제목으로 가장 적절한 것은?

> After analyzing a mass of data on job interview results, a research team discovered a surprising reality. Did the likelihood of being hired depend on qualifications? Or was it work experience? In fact, it was neither. It was just one important factor: did the candidate appear to be a pleasant person. Those candidates who had managed to ingratiate themselves were very likely to be offered a position; they had charmed their way to success. Some had made a special effort to smile and maintain eye contact. Others had praised the organization. This positivity had convinced the interviewers that such pleasant and socially skilled applicants would fit well into the workplace, and so should be offered a job.

① To Get a Job, Be a Pleasant Person

② More Qualifications Bring Better Chances

③ It Is Ability That Counts, Not Personality

④ Show Yourself As You Are at an Interview

✽ TIP ✽ likelihood (어떤 일이 있을) 공산[가능성] ingratiate oneself 잘 보이도록 하다
① 직업을 얻으려면 쾌활한 사람이 돼라.
② 자격증이 많을수록 더 좋은 기회가 주어진다.
③ 중요한 것은 능력이지 개성이 아니다.
④ 자신의 본모습을 면접관에게 보여 주어라.
「취업 면접 결과에 대한 많은 양의 데이터를 분석한 후에 한 조사팀은 놀라운 사실을 발견했다. 취업이 될 가능성은 자격증에 달려있을까? 아니면 직무 경험에 달려있을까? 사실 둘 다 아니었다. 그것은 단 하나의 중요한 요소였다. '후보자가 쾌활한 사람으로 보였는지'이다. 면접관들의 마음에 든 지원자들은 일자리를 얻었을 가능성이 매우 높다. 그들은 매력을 발휘해서 성공했다. 몇몇 지원자들은 미소를 짓고 시선을 계속 마주치려는 특별한 노력을 했다. 다른 지원자들은 조직을 칭찬했다. 이러한 긍정성은 이토록 쾌활하고 사회적인 능력을 가진 지원자는 회사에 잘 적응할 수 있으므로 고용해야 한다고 면접관을 확신시켰다.」

answer 6. ①

7 글의 내용과 일치하지 않는 것은?

Most writers lead double lives. They earn good money at legitimate professions, and carve out time for their writing as best they can: early in the morning, late at night, weekends, vacations. William Carlos Williams and Louis-Ferdinand Céline were doctors. Wallace Stevens worked for an insurance company. T.S. Elliot was a banker, then a publisher. Don DeLilo, Peter Carey, Salman Rushdie, and Elmore Leonard all worked for long stretches in advertising. Other writers teach. That is probably the most common solution today, and with every major university and college offering so-called creative writing courses, novelists and poets are continually scratching and scrambling to land themselves a spot. Who can blame them? The salaries might not be big, but the work is steady and the hours are good.

① Some writers struggle for teaching positions to teach creative writing courses.

② As a doctor, William Carlos Williams tried to find the time to write.

③ Teaching is a common way for writers to make a living today.

④ Salman Rushdie worked briefly in advertising with great triumph.

✻ TIP ✻ ④ Salman Rushdi, Elmore Leonard 모두 오랫동안 광고업계에서 일했다고 언급되어 있다.
legitimate 정당한, 타당한
① 어떤 작가들은 창작과정을 가르치는 자리를 잡기 위해 분투한다.
② 의사로서 William Carlos Williams는 작품을 쓰는 시간을 찾기 위해 노력했다.
③ 오늘날 가르치는 일은 작가들이 생계를 유지하는 일반적인 방법이다.
④ Salman Rushdie은 광고업계에서 짧게 일했으며 큰 성취를 이루었다.

「대부분의 작가들은 이중의 삶을 살았다. 그들은 적당한 직업을 가지고 충분한 돈을 벌었다. 그리고 그들은 자신의 최선을 다하며 자신의 글을 쓸 시간을 만들려고 노력했다. 이른 아침이나, 저녁 늦게, 주말, 휴가 등이다. William Carlos Williams와 Louis-Ferdinand Celine은 의사였다. Wallace Stevens은 보험회사에 다녔다. T.S. Elliot은 은행원이었다가 출판업자가 되었다. Don DeLilo, Peter Carey, Salman Rushdie, and Elmore Leonard는 모두 오랫동안 광고업계에서 일했다. 다른 작가들은 가르친다. 그것이 오늘날 아마도 가장 일반적인 해결방안일 것이다. 주요 종합대학과 단과대학들이 소위 창작과정을 제공하고 있기 때문에, 소설가들과 시인들은 지속적으로 자신들을 그 자리에 안착시키기 위해 고군분투하고 있다. 누가 그들을 비난할 수 있는가? 월급이 많지는 않겠지만, 직업은 안정적이고 시간이 좋다.」

7. ④　answer

One of the largest celebrations of the passage of young girls into womanhood occurs in Latin American and Hispanic cultures. This event is called La Quinceañera, or the fifteenth year. ① It acknowledges that a young woman is now of marriageable age. The day usually begins with a Mass of Thanksgiving. ② By comparing the rites of passage of one culture with those of another, we can assess differences in class status. The young woman wears a full-length white or pastel-colored dress and is attended by fourteen friends and relatives who serve as maids of honor and male escorts. ③ Her parents and godparents surround her at the foot of the altar. When the Mass ends, other young relatives give small gifts to those who attended, while the Quinceañera herself places a bouquet of flowers on the altar of the Virgin. ④ Following the Mass is an elaborate party, with dancing, cake, and toasts. Finally, to end the evening, the young woman dances a waltz with her favorite escort.

❋ TIP ❋ Mass (특히 로마 가톨릭교에서) 미사　rites of passage 통과의례　maid of honor 들러리, 시녀
　　　altar 제단

「어린 소녀에서 여성이 되는 가장 큰 통과의례의 축하연 중 하나가 라틴아메리카와 히스패닉 문화에서 열린다. 이 의식은 15세기를 의미하는 La Quinceanera라고 불린다. ① 이 의식은 젊은 여성이 결혼에 적당한 나이가 되었음을 인정하는 것이다. 이 날은 보통 감사의 미사로 시작한다. ② 우리는 한 문화의 통과의례를 다른 문화의 통과의례와 비교함으로써 계층 간의 차이를 평가할 수 있다. 젊은 여성은 흰색이나 파스텔 색의 긴 드레스를 입고 남자 에스코트와 여자 들러리 역할을 하는 14명의 친구, 친지들의 시중을 받는다. ③ 그녀의 부모와 대부모는 제단의 맨 아래에서 그녀를 둘러싼다. ④ 미사 뒤에는 다른 젊은 친지들이 참석자에게 작은 선물을 주고 Quinceanera 자신은 처녀의 제단에 꽃다발을 올려놓는다. 미사 후에는 춤, 케이크, 술이 있는 멋진 파티가 펼쳐진다. 마지막으로 그 밤을 끝내기 위해 젊은 여성은 그녀가 좋아하는 남자 에스코트와 왈츠를 춘다.」

answer　8. ②

9 주어진 문장이 들어갈 위치로 가장 적절한 곳은?

He dismally fails the first two, but redeems himself in the concluding whale episode, where he does indeed demonstrate courage, honesty, and unselfishness.

Disney's work draws heavily from fairy tales, myths, and folklore, which are profuse in archetypal elements. (①) Pinocchio is a good example of how these elements can be emphasized rather than submerged beneath a surface realism. (②) Early in the film, the boy/puppet Pinocchio is told that in order to be a "real boy," he must show that he is "brave, truthful, and unselfish." (③) The three principal episodes of the movie represent ritualistic trials, testing the youth's moral fortitude. (④) As such, like most of Disney's works, the values in Pinocchio are traditional and conservative, an affirmation of the sanctity of the family unit, the importance of a Higher Power in guiding our destinies, and the need to play by society's rules.

✿ TIP ✿ ④ 주어진 문장에서 처음 두 번은 실패하고 마지막에서 만회하였다고 언급하고 있으므로 ④에 들어가는 것이 논리적 흐름상 적절하다.

dismally 음울하게, 쓸쓸하게　redeem 회복하다, 되찾다　demonstrate 증명하다　profuse 풍부한 beneath 바로 아래에　affirmation 긍정, 확인

「디즈니의 작품은 동화, 신화 그리고 민속 문화에서 많은 것을 차용하는데 여기에는 전형적인 요소들이 풍부하다. 피노키오는 이러한 요소들이 어떻게 표면적 현실주의 아래에 파묻히지 않고 강조될 수 있는지를 보여주는 좋은 예이다. 영화 초반부에서 소년이자 인형인 피노키오는 진짜 소년이 되기 위해서 용기 있고 진실하며 이기적이지 않다는 것을 보여야 한다는 이야기를 듣는다. 이 영화의 세 가지 주요한 일화는 의례적인 시련들을 상징하는 것에 피노키오의 도덕적 불굴의 용기를 검증하는 것이다. 그는 처음의 두 번에서는 비참하게 실패하지만 마지막 고래 일화에서는 만회를 하게 되는데 이 일화에서 그는 용기, 정직, 그리고 이기적이지 않음을 확실히 보여준다. 이와 같이 피노키오의 가치관은 대부분의 디즈니 작품처럼 전통적이고 보수적인데 이는 가족의 신성성에 대한 확인이며 우리의 운명을 인도하는 데에 신이 중요한 역할을 한다는 것을 보여주고, 사회의 규칙에 따라야 할 필요성을 밝힌다.」

9. ④　answer 

10 글의 내용과 일치하지 않는 것은?

> Stanislavski was fortunate in many ways. He was the son of a wealthy man who could give him the advantages of a broad education, the opportunity to see the greatest exponents of theatre art at home and abroad. He acquired a great reputation because he had set high goals and never faltered along the hard road leading to them. His personal integrity and inexhaustible capacity for work contributed to making him a professional artist of the first rank. Stanislavski was also richly endowed by nature with a handsome exterior, fine voice and genuine talent. As an actor, director and teacher, he was destined to influence and inspire the many who worked with him and under him or who had the privilege of seeing him on the stage.

① Stanislavski was born with attractive features.

② Stanislavski remained uninfluential on his colleagues throughout his life.

③ Stanislavski's father was affluent enough to support his education.

④ Stanislavski became a top-ranked artist by the aid of his upright character and untiring competence.

❋ TIP ❋ ② 마지막 줄을 통해 일치하지 않음을 알 수 있다.

exponent 대표적 인물 falter 비틀거리다 inexhaustible 다할 줄 모르는 endow ~에게 주다
exterior 외모 privilege 특권 upright 강직한
① Stanislavski는 매력적인 외모를 가지고 태어났다.
② Stanislavski는 그의 일생을 통해 그의 동료들에게 영향을 주지 못하며 남아있었다.
③ Stanislavski의 아버지는 그의 교육을 지원할 만큼 충분히 부유했다.
④ Stanislavski는 자신의 바른 성격과 지칠 줄 모르는 능력으로 최고의 배우가 되었다.

「Stanislavski는 여러 가지 면에서 행운아였다. 그는 자신에게 다양한 교육의 이점과 국내외에서 무대 예술의 위대한 예술가들을 만날 수 있는 기회를 줄 수 있었던 부유한 남자의 아들이었다. 그는 위대한 명성을 얻었는데 그가 높은 목표를 세우고 그것들을 이끄는 힘든 길을 흔들림 없이 나아갔기 때문이다. 일에 대한 그의 개인적 진실성과 지칠 줄 모르는 능력은 그를 일류 전문 예술가로 만드는 데 기여했다. 또한 Stanislavski는 매력적인 외모와 우아한 목소리 그리고 천재적인 재능 같은 것을 풍부하게 타고 났다. 배우, 연출가, 교사로서 그는 그와 함께 또는 밑에서 일하는 사람 또는 무대 위에 있는 그를 볼 수 있는 특권을 가졌던 사람들에게 영향을 주고 감동시킬 운명이었다.」

※ 밑줄 친 부분과 의미가 가장 가까운 것을 고르시오. 【11 ~ 12】

11

> It was personal. Why did you have to <u>stick your nose in</u>?

① hurry　　　　　　　　② interfere

③ sniff　　　　　　　　④ resign

> ✽ TIP ✽ stick one's nose in(to something) ~에 쓸데없이 참견하다
> 　　　① 서두르다　② 간섭하다　③ (코를) 킁킁거리다　④ 물러나다
> 　「그건 사적인 겁니다. 당신은 왜 <u>참견했습니까?</u>」

12

> Newton made <u>unprecedented</u> contributions to mathematics, optics, and mechanical physics.

① mediocre　　　　　　　② suggestive

③ unsurpassed　　　　　　④ provocative

> ✽ TIP ✽ unprecedented 전례 없는, 미증유의
> 　　　① 평범한　② 시사하는　③ 타의 추종을 불허하는　④ 화를 돋우려는
> 　「뉴턴은 수학, 광학, 기계물리학에 <u>전례 없는</u> 기여를 했다.」

13 어법상 옳은 것은?

① Jessica is a much careless person who makes little effort to improve her knowledge.

② But he will come or not is not certain.

③ The police demanded that she not leave the country for the time being.

④ The more a hotel is expensiver, the better its service is.

> ✽ TIP ✽ ① Jessica is a <u>very</u> careless person who makes little effort to improve her knowledge. ←
> 　　　원급 형용사인 careless 수식
> 　　　② <u>Whether</u> he will come or not certain. ←Whether ~ or not
> 　　　④ <u>The more expensive</u> a hotel is, the better its service is. ←The 비교급 ~, the 비교급 ~

11. ② 12. ③ 13. ③ 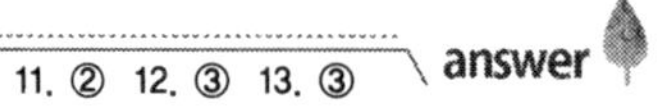

14 글의 제목으로 가장 적절한 것은?

Character is a respect for human beings and the right to interpret experience differently. Character admits self—interest as a natural trait, but pins its faith on man's hesitant but heartening instinct to cooperate. Character is allergic to tyranny, irritable with ignorance and always open to improvement. Character is, above all, a tremendous humility before the facts—an automatic alliance with truth even when that truth is bitter medicine.

① Character's Resistance to Truth

② How to Cooperate with Characters

③ The Ignorance of Character

④ What Character Means

✿ TIP ✿ tyranny 폭정 tremendous 거대한 alliance 동맹 bitter 맛이 쓴, 격렬한
　　① 인격의 진실에 대한 저항
　　② 어떻게 등장인물들과 협력할 것인가
　　③ 인격에 대한 무지
　　④ 인격은 무엇을 의미하는가

「인격이란 인간에 대한 존경이며 경험을 다르게 해석할 수 있는 권리이다. 인격이란 사리를 추구하는 것을 자연적인 특성으로 인정해 주며 협력하려는 인간의 주저하면서도 가슴 따뜻한 본능에 대한 신념을 고정시키기도 한다. 인격은 독재에 대해서는 알레르기 반응을 보이며, 무지를 참지 못하며, 항상 상황의 개선에 열려있다. 무엇보다도 인격이란 사실 앞에서의 거대한 겸허함이며, 심지어 진실이 쓴 약인 상황에서도 그 진실에 대한 조건반사적인 협력이다.」

15 글의 주제로 가장 적절한 것은?

Children who under-achieve at school may just have poor working memory rather than low intelligence. Researchers from a university surveyed more than 3,000 primary school children of all ages and found that 10% of them suffer from poor working memory, which seriously impedes their learning. Nationally, this equates to almost 500,000 children in primary education being affected. The researchers also found that teachers rarely identify poor working memory and often describe children with this problem as inattentive or less intelligent.

① children's identification with teachers at school

② low intelligence of primary school children

③ influence of poor working memory on primary school children

④ teachers' efforts to solve children's working-memory problem

✽ TIP ✽ underachieve 자기 능력 이하의 성적을 내다　impede 방해하다
　　① 학교에서 아이들의 교사와의 공감능력
　　② 초등학교 아이들의 낮은 지능
　　③ 초등학교 아이들에게 끼치는 낮은 기억력의 영향
　　④ 아이들의 기억력 문제를 해결하려는 교사들의 노력

「학교에서 성취도가 낮은 학생들은 지능이 낮기보다는 기억능력이 나쁜 것일 수도 있다. 대학의 연구자들은 다양한 연령의 3,000명 이상의 초등학생들을 연구했고 그들 중 10%가 기억력이 좋지 않아 고생을 한다는 것을 밝혀냈는데, 이는 그들의 학습능력을 심각하게 방해했다. 전국적으로 이 숫자는 초등학교에 다니는 거의 오십만의 아이들이 영향을 받고 있다는 것이 된다. 연구자들은 또한 교사들이 아이들이 이렇게 기억력이 좋지 않은 것을 거의 알고 있지 못하며 이러한 문제가 있는 아이들을 부주의하거나 지능이 낮다고 치부해 버리는 것을 밝혀냈다.」

15. ③  answer

16 글의 내용과 일치하는 것은?

> A new study by Harvard researchers may provide a compelling reason to remove canned soup and juice from your dining table. People who ate one serving of canned food daily over the course of five days, the study found, had significantly elevated levels—more than a tenfold increase—of bisphenol-A, or BPA, a substance that lines most food and drink cans. Public health officials in the United States have come under increasing pressure to regulate it. Some of the research on BPA shows that it is linked to a higher risk of cancer, heart disease, and obesity. Some researchers, though, counter that its reputation as a health threat to people is exaggerated. The new study published in The Journal of the American Medical Association is the first to measure the amounts of BPA that are ingested when people eat food that comes directly out of a can.

① 하버드의 새로운 연구가 통조림 음식의 안전성을 입증하였다.

② 비스페놀 A와 암, 심장병, 비만의 연관성이 과장되었다는 데에 모든 학자들이 동의한다.

③ 통조림 음식으로부터 사람의 몸에 유입된 비스페놀 A의 양이 아직 측정되지 않았다.

④ 미국의 보건 관리들은 비스페놀 A를 규제하라는 압력을 점점 더 받고 있다.

✿ TIP ✿ ① 위험성을 입증하였다.
② 반박 의견이 존재한다.
③ 미국의학협회지에 발표된 연구에서 측정되었다.
compelling 설득력 있는   over the course of ~ 동안   elevate 고양시키다   tenfold 10배   obesity 비만   exaggerate 과장하다

「하버드 연구자들의 새로운 연구는 캔에 든 수프나 음료를 당신의 식탁에서 치워버려야 하는 설득력 있는 근거를 제시할지도 모른다. 연구에 따르면 5일 동안 매일 1끼를 캔에 든 음식을 먹는 사람들은 대부분의 음식과 음료 캔에 포함된 물질인 비스페롤-A 또는 BPA의 수준이 10배 이상 엄청나게 증가했다. 미국의 공중보건 관련자들은 이를 규제하라는 압력을 더욱 받게 되었다 BPA에 대한 몇몇 연구가 보여주듯 이는 암, 심장병 그리고 비만의 위험을 더욱 높이는 것과 관련이 있다. 그러나 몇몇 연구자들은 건강 위험요소로서의 그 악명이 과장되었다고 반박한다. '미국의학협회지에 발표된 새로운 연구는 사람이 캔에서 바로 딴 음식을 먹게 될 경우 섭취되는 BPA의 양을 측정한 최초의 연구이다.」

17 주어진 글 다음에 이어질 글의 순서로 가장 적절한 것은?

All animals have the same kind of brain activation during sleep as humans. Whether or not they dream is another question, which can be answered only by posing another one: Do animals have consciousness?

(A) These are three of the key aspects of consciousness, and they could be experienced whether or not an animal had verbal language as we do. When the animal's brain is activated during sleep, why not assume that the animal has some sort of perceptual, emotional, and memory experience?

(B) Many scientists today feel that animals probably do have a limited form of consciousness, quite different from ours in that it lacks language and the capacity for propositional or symbolic thought.

(C) Animals certainly can't report dreams even if they do have them. But which pet owner would doubt that his or her favourite animal friend has perception, memory, and emotion?

① (A) − (B) − (C) ② (A) − (C) − (B)

③ (B) − (C) − (A) ④ (C) − (B) − (A)

❋ TIP ❋ pose 제기하다 perceptual 인식의

「모든 동물들은 수면시간 동안 인간과 동일한 두뇌 활동을 보인다. 그들이 꿈을 꾸느냐 마느냐는 다음 질문을 제기함에 의해서만 대답할 수 있는 또 다른 문제이다. 동물들은 지각능력이 있을까?

(B) 오늘날 많은 과학자들은 동물들이 아마도 제한된 형태의 지각능력, 즉 언어 그리고 명제적이거나 상징적인 사고에 대한 능력이 부재한다는 점에서 우리 인간과는 다른 지각능력을 가지고 있다고 생각한다.

(C) 동물들은 분명 비록 그들이 꿈을 꾸더라도 꿈에 대해 이야기할 수 없다. 그러나 대체 어떤 애완동물 주인이 그, 혹은 그녀가 사랑하는 동물 친구가 지각력과 기억, 그리고 감정을 갖고 있다는 것을 의심할까?

(A) 이것이 바로 지각능력의 세 가지 중요한 요소이다. 그리고 동물들이 우리와 같은 음성언어를 가지고 있는지 없는지와 상관없이 이러한 것들은 경험되어질 수 있다. 동물의 두뇌가 수면시간 동안 활동한다면, 동물들이 어떤 인식적이고 감정적인, 그리고 기억과 관련된 종류의 활동을 한다고 가정하지 않을 이유가 무엇이겠는가?」

17. ③  answer

18 밑줄 친 부분 중 어법상 옳은 것은?

① <u>As the old saying go</u>, you are what you eat. The foods you eat ② <u>obvious affect your body's performance</u>. They may also influence how your brain handles tasks. If your brain handles them well, you think more clearly, and you are more emotionally stable. The right food can ③ <u>help you being concentrated</u>, keep you motivated, sharpen your memory, speed your reaction time, reduce stress, and perhaps ④ <u>even prevent your brain from aging</u>.

✽ TIP ✽ ① go → goes

② obvious → obviously

③ being → to be

「옛말이 이르기를, 당신이 먹는 음식이 곧 당신이다. 당신이 먹는 음식들은 분명히 몸의 수행에 영향을 미친다. 그 음식들은 또한 뇌가 어떻게 과제를 처리하는 지에도 영향을 준다. 만약 당신의 뇌가 과제들을 잘 처리한다면 당신은 더 명료하게 생각하고 더 감정적으로 안정되게 된다. 적절한 음식은 당신이 집중하고 계속 동기부여 된 상태를 유지하고 기억을 예리하게 만들고 반응시간을 빠르게 하고 스트레스를 줄이고 심지어 당신의 뇌가 노화하는 것을 막는 데에도 도움을 줄 수 있다.」

※ 밑줄 친 부분에 들어갈 말로 가장 적절한 것을 고르시오. 【19~20】

19

> There's a knock at your door. Standing in front of you is a young man who needs help. He's injured and is bleeding. You take him in and help him, make him feel comfortable and safe and phone for an ambulance. This is clearly the right thing to do. But if you help him just because you feel sorry for him, according to Immanuel Kant, ___________________. Your sympathy is irrelevant to the morality of your action. That's part of your character, but nothing to do with right and wrong. Morality for Kant wasn't just about what you do, but about why you do it. Those who do the right thing don't do it simply because of how they feel : the decision has to be based on reason, reason that tells you what your duty is, regardless of how you happen to feel.

① that wouldn't be a moral action at all

② your action is founded on reason

③ then you're exhibiting ethical behavior

④ you're encouraging him to be an honest person

    ❋ TIP ❋ sympathy 동정심, 연민 irrelevant 관련이 없는
        ① 절대로 도덕적인 행동이 될 수 없다.
        ② 당신의 행동은 이성에 근거한다.
        ③ 당신은 도덕적인 행동을 보여주고 있다.
        ④ 당신은 그에게 정직한 사람이 되도록 격려하고 있다.

    「당신의 문에 노크소리가 들렸다. 당신 앞에는 도움이 필요한 젊은이가 서 있다. 그는 다쳤고 피를 흘리고 있다. 당신은 그를 데리고 들어와 도와주고 그가 편하고 안전하게 느끼게 해주며 전화로 구급차를 불러준다. 이것은 분명 올바른 일을 한 것이다. 그러나 임마누엘 칸트에 의하면 만약 당신이 그가 불쌍하다는 마음에서 그를 도와줄 경우, <u>그것은 절대로 도덕적인 행동이 될 수 없다</u>. 당신의 동정심은 당신의 행동의 도덕성과는 관련이 없다. 그것은 당신 성격의 일부일 뿐, 옳고 그른 것과는 관련이 없다. 칸트에게 있어 도덕성이란 단지 당신이 무엇을 하는지에 대한 것이 아니라 네가 왜 그러한 행동을 하는지에 대한 것이다. 올바른 일을 하는 사람은 단지 그들이 느끼는 감정 때문에 그 일을 하는 것이 아니다. 그 결정은 이성에 의하며, 그 이성은 당신에게 당신이 어떠한 감정을 느끼는 것과는 상관없이 당신의 의무가 무엇인지를 알려준다.」

19. ①   answer

20

A group of tribes and genera of hopping reptiles, small creatures of the dinosaur type, seem to have been pushed by competition and the pursuit of their enemies towards the alternatives of extinction or adaptation to colder conditions in the higher hills or by the sea. Among these distressed tribes there was developed a new type of scale—scales that were elongated into quill-like forms and that presently branched into the crude beginnings of feathers. These quill-like scales lay over one another and formed a heat-retaining covering more efficient than any reptilian covering that had hitherto existed. So they permitted an invasion of colder regions that were otherwise uninhabited. Perhaps simultaneously with these changes there arose in these creatures a greater solicitude for their eggs. Most reptiles are apparently quite careless about their eggs, which are left for sun and season to hatch. But some of the varieties upon this new branch of the tree of life were acquiring a habit of guarding their eggs and _______________________________. With these adaptations to cold, other internal modifications were going on that made these creatures, the primitive birds, warm-blooded and independent of basking.

① hatching them unsuccessfully

② leaving them under the sun on their own

③ keeping them warm with the warmth of their bodies

④ flying them to scaled reptiles

✿ TIP ✿ genera (genus의 복수) 속(屬) quill 깃털 elongate 길게 늘이다 branch into ~이 갈라져 나오다 crude 뭉툭한 reptilian 파충류의 hitherto 지금까지 solicitude 배려 bask 햇볕을 쬐다
① 부화를 성공하지 못하게 하는
② 그들을 혼자 햇볕을 쬐도록 버려두는
③ 그들 몸의 온도로 그들을 덥히는
④ 그들을 비늘에 쌓인 파충류에게로 운반하는

「한 무리의 도약 파충류 속, 다시 말해 공룡 타입의 작은 생명체들은 경쟁과 천적의 위협에 의해 쫓겨나와 멸종에 대한 대안, 또는 적응의 방식으로 바다 옆이나 높은 언덕지대의 추운 지역으로 밀려난 것처럼 보였다. 이러한 곤경에 처한 종족 사이에서 새로운 형태의 비늘이 생겨나게 되었다. – 깃털의 형태로 길어져 나와 곧 깃털의 뭉툭한 끝의 형태로 갈라져 나오는 식의 비늘이다. 이러한 깃털과 같은 비늘이 서로 겹쳐 있어 지금까지 존재했던 파충류들을 덮고 있던 비늘보다 훨씬 더 효율적인 열 보존 비늘을 형성하였다. 그래서 그들은 그렇지 않았더라면 거주하지 못했을 추운 지역으로의 침입이 가능했다. 아마도 이러한 변화와 함께 이들 생물체 안에서 그들의 알에 대한 엄청난 배려 역시 발생하게 되었다. 대부분의 파충류들은 그들의 알에 대해 명백하게 매우 관심이 없었으며, 알들은 부화를 위한 태양과 시간에 버려지곤 했다. 그러나 생명의 새로운 나뭇가지에 놓인 몇몇 다양한 종들은 그들의 알을 지키고 <u>그들의 몸의 온도로 알을 덥히는</u> 관습을 획득하게 되었다. 이렇게 추위에 적응함으로써 다른 내적 변화, 즉 이러한 생명체들을 따뜻한 피를 가지고 알을 햇볕에 쪼이는 것으로부터 벗어난 원시 조류로 만들어 내는 변화가 진행되었다.」

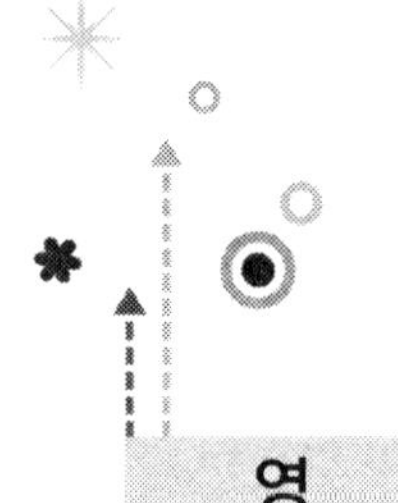

2016. 6. 18 제1회 지방직 시행

※ 밑줄 친 부분에 들어갈 말로 가장 적절한 것을 고르시오. 【1~3】

1

> The two cultures were so utterly _____________ that she found it hard to adapt from one to the other.

① overlapped
② equivalent
③ associative
④ disparate

> ✽ TIP ✽ utterly 완전히
> ① 공통부분이 있는 ② 동등한 ③ 결합의 ④ 이질적인
>
> 「두 개의 문화는 서로 완전히 <u>달라서</u> 그녀는 하나의 문화로부터 다른 문화로 적응하는 것이 어렵다는 것을 발견했다.」

2

> Penicillin can have an ___________ effect on a person who is allergic to it.

① affirmative
② aloof
③ adverse
④ allusive

> ✽ TIP ✽ allergic to ~에 대해 알레르기가 있는
> ① 긍정의 ② 냉담한 ③ 부정적인 ④ 암시적인
>
> 「페니실린은 그것에 알레르기가 있는 사람에게 <u>부정적인</u> 효과를 가질 수 있다.」

1. ④ 2. ③ ＼ answer

3

> Last year, I had a great opportunity to do this performance with the staff responsible for _____________ art events at the theater.

① turning into   ② doing without

③ putting on   ④ giving up

 ✿ TIP ✿ ① turn into ～에서 ～이 되다
    ② do without ～없이 견디다
    ③ put on 상연하다, 방송하다
    ④ give up 포기하다
   「지난 해, 나는 그 극장에서 예술 이벤트를 <u>무대에 올리는 데</u> 책임이 있는 그 스텝과 이 공연을 할 수 있는 좋은 기회를 가졌다.」

※ 우리말을 영어로 잘못 옮긴 것을 고르시오. 【4～5】

4 ① 오늘 밤 나는 영화 보러 가기보다는 집에서 쉬고 싶다.

   →I'd rather relax at home than going to the movies tonight.

 ② 경찰은 집안 문제에 대해서는 개입하기를 무척 꺼린다.

   →The police are very unwilling to interfere in family problems.

 ③ 네가 통제하지 못하는 과거의 일을 걱정해봐야 소용없다.

   →It's no use worrying about past events over which you have no control.

 ④ 내가 자주 열쇠를 엉뚱한 곳에 두어서 내 비서가 나를 위해 여분의 열쇠를 갖고 다닌다.

   →I misplace my keys so often that my secretary carries spare ones for me.

  ✿ TIP ✿ ① rather ～ than은 평행구조를 이뤄야 하므로 going을 go로 고친다.

5　① 그녀가 어리석은 계획을 포기하도록 설득해 줄래요?

　　→Can you talk her out of her foolish plan?

　② 그녀의 어머니에 대해서는 나도 너만큼 아는 것이 없다.

　　→I know no more than you don't about her mother.

　③ 그의 군대는 거의 2대 1로 수적 열세였다.

　　→His army was outnumbered almost two to one.

　④ 같은 나이의 두 소녀라고 해서 반드시 생각이 같은 것은 아니다.

　　→Two girls of an age are not always of a mind.

　　✽ TIP ✽ ② '너만큼 아는 것'이므로 than 이하에는 you don't이 아닌 you do를 쓴다.
　　　　　 ※ no more ~ than 구문에서 than 이하에 부정문을 쓰지 않는다.

※ 글의 제목으로 가장 적절한 것을 고르시오. 【6～7】

6

The planet is warming, from North Pole to South Pole, and everywhere in between. Globally, the mercury is already up more than 1 degree Fahrenheit, and even more in sensitive polar regions. And the effects of rising temperatures aren't waiting for some far-flung future. They're happening right now. Signs are appearing all over, and some of them are surprising. The heat is not only melting glaciers and sea ice; it's also shifting precipitation patterns and setting animals on the move.

① Preventive Measures Against Climate Change

② Melting Down of North Pole's Ice Cap

③ Growing Signs of Global Warming

④ Positive Effects of Temperature Rise

　　✽ TIP ✽ Fahrenheit 화씨의　far-flung 먼, 멀리 떨어진　glacier 빙하　precipitation 강수량 Ice cap 만년설
　　　　　 ① 기후 변화에 대비하여 예방하는 방법
　　　　　 ② 북극의 만년설의 녹아내림
　　　　　 ③ 지구온난화 사인의 증가
　　　　　 ④ 온도 상승의 긍정적 영향

「행성은 따뜻해지고 있다, 북극부터 남극까지, 그리고 그 사이에 있는 어디나. 전 세계적으로, 수성은 이미 화씨 1도 이상 올라가 있고 그리고 심지어 민감한 극지에서는 더 올라가 있다. 그리고 온도 상승의 영향은 먼 미래를 기다려 주지 않는다. 그 영향들은 지금 일어나고 있다. 징조들이 전체적으로 나타나고 있고 그것들 중 몇몇은 엄청나다. 열기는 빙하와 해빙을 녹이고 있을 뿐만 아니라; 그것은 또한 강수 패턴을 바꾸고 동물들의 이동을 일으킨다.」

7

Few words are tainted by so much subtle nonsense and confusion as profit. To my liberal friends the word connotes the proceeds of fundamentally unrespectable and unworthy behaviors: minimally, greed and selfishness; maximally, the royal screwing of millions of helpless victims. Profit is the incentive for the most unworthy performance. To my conservative friends, it is a term of highest endearment, connoting efficiency and good sense. To them, profit is the ultimate incentive for worthy performance. Both connotations have some small merit, of course, because profit may result from both greedy, selfish activities and from sensible, efficient ones. But overgeneralizations from either bias do not help us in the least in understanding the relationship between profit and human competence.

① Relationship Between Profit and Political Parties

② Who Benefits from Profit

③ Why Making Profit Is Undesirable

④ Polarized Perceptions of Profit

✽ TIP ✽ taint (평판 등을) 더럽히다 subtle 미묘한, 감지하기 힘든 connote 함축하다 proceeds 수익, 수입 fundamentally 근본적으로 royal screwing 몹시 가혹한 배반 incentive 장려책 conservative 보수적인 endearment 애정을 담은 말 ultimate 궁극적인 bias 편견 competence 능숙함 polarized 양극화 된
① 영리와 정당 사이의 관계
② 영리로 인해 이득을 보는 사람
③ 영리를 내는 것이 달갑지 않은 이유
④ 영리의 양극화 된 지각

「영리만큼 그렇게나 미묘한 얼토당토않은 말과 혼란에 의해 더럽혀진 단어는 거의 없다. 진보적인 내 친구들에게 그 단어는 근본적으로 존경받을 만하지 않고 가치가 없는 행동들에 대한 수익을 함축한다: 최소한으로, 탐욕 그리고 이기심이고: 최대한으로, 수백만의 무력한 피해자들의 매우 가혹한 배반이다. 영리는 가장 자격이 없는 행동들에 대한 장려책이다. 내 보수적인 친구들에게, 그것은 가장 사랑스러운 말이고 효율성과 양식을 내포한다. 그들에겐, 영리는 훌륭한 행동을 위한 궁극적인 장려책이다. 두 가지의 함축은 어느 정도 가치를 가진다. 당연히, 영리가 탐욕적이고 이기적인 행동으로부터 나올지 모르고 합리적이고 효율적인 행동으로부터 나올 수 있을지도 모르기 때문이다. 그러나 한쪽의 편향으로부터 지나치게 일반화하는 것은 영리와 인간의 능력 사이의 관계를 이해하는데 우리에게 조금도 도움이 되지 않는다.」

8 글의 내용과 일치하는 것은?

> Electric cars were always environmentally friendly, quiet, clean—but definitely not sexy. The Sesta Speedking has changed all that. A battery-powered sports car that sells for $120,000 and has a top speed of 125 m.p.h. (200 km/h), the Speedking has excited the clean-tech crowd since it was first announced. Some Hollywood celebrities also joined a long waiting list for the Speedking; magazines like Wired drooled over it. After years of setbacks and shake-ups, the first Sesta Speedkings were delivered to customers this year. Reviews have been ecstatic, but Sesta Motors has been hit hard by the financial crisis. Plans to develop an affordable electric sedan have been put on hold, and Sesta is laying off employees. But even if the Speedking turns out to be a one-hit wonder, it's been an exciting electric ride.

① Speedking is a new electric sedan.

② Speedking has received negative feedback.

③ Sesta is hiring more employees.

④ Sesta has suspended a new car project.

❋ TIP ❋ environmentally 친환경적인 drool 침을 흘리다 setback 차질 shake-ups 개편 ecstatic 열광하는 affordable (가격이) 알맞은 suspend 중단하다
① Speedking은 새로운 전기 세단이다.
② Speedking은 부정적인 피드백을 받았다.
③ Sesta는 고용인을 더 늘렸다.
④ Sesta는 신 차 프로젝트를 중단하였다.

「전기 자동차들은 항상 친환경적이고 조용하고 깨끗했다. 그러나 분명히 흥미롭지는 않았다. Sesta Speedking은 그런 것들을 바꿔왔다. $120,000에 팔리고 최고 속력이 125m.p.h(200km/h)인 배터리로 동력을 갖춘 스포츠카 Speedking은 그것이 처음에 발표된 이래로 클린 테크 사람들을 들뜨게 만들었다. 몇몇의 Hollywood 유명인사들 또한 Speedking을 사려는 긴 웨이팅 리스트에 참여했다; Wired와 같은 매거진들은 그것에 열중했다. 좌절들과 대대적인 개편의 몇 년 끝에, 최초의 Sesta Speedking들은 올해 고객들에게 배송이 됐다. 리뷰들은 열광적이었다, 그러나 Sesta Motors는 재정적 위기에 큰 타격을 받았다. 가격이 알맞은 전기 세단을 개발하는 계획은 연기되고 Sesta는 고용인들을 해고하고 있다. 그러나 비록 Speedking이 하나뿐인 히트작으로 밝혀지더라도, 그것은 들뜨게 만드는 전기차이다.」

8. ④  answer

9 콜라비에 대한 설명 중 글의 내용과 일치하지 않는 것은?

> Kohlrabi is one of the vegetables many people avoid, mainly because of its odd shape and strange name. However, kohlrabi is delicious, versatile and good for you. Kohlrabi is a member of Brassica, which also includes broccoli and cabbage. Brassica plants are high in antioxidants, and kohlrabi is no exception. Plus kohlrabi contains fiber, useful amounts of vitamin C, together with vitamin B, potassium and calcium. Kohlrabi can be eaten raw: it's delicious when thinly sliced and mixed into salads. You can also roast chunks of it in the oven, or use it as the base for a soup.
>
> *brassica : 배추속(屬)

① 생김새와 이름이 이상하여 사람들이 좋아하지 않는다.

② 브로콜리와 양배추와 함께 배추속에 속한다.

③ 다른 배추속 식물과는 달리 항산화제가 적다.

④ 날것으로 먹거나 오븐에 구워먹을 수 있다.

❋TIP❋ versatile 다용도의, 다목적의 cabbage 양배추 antioxidant 산화방지제 fiber 섬유질 potassium 칼륨 chunk 큰 덩어리

「콜라비는 주로 그 특이한 모양과 이상한 이름 때문에 많은 사람들이 피하는 채소들 중 하나이다. 그러나 콜라비는 맛있고, 다용도이고 당신에게 유익하다. 콜라비는 브로콜리와 양배추를 포함하는 배추속의 한 구성원이다. 배추속 식물들은 항산화능력이 크고 콜라비도 예외가 아니다. 또한 콜라비는 유용한 양의 vitamin C인 섬유질과 Vitamin B, 칼륨 그리고 칼슘도 함께 포함하고 있다. 콜라비는 날로 먹을 수 있다: 그것은 얇게 썰어서 샐러드에 섞어 먹을 때 맛있다. 당신은 또한 그것의 덩어리를 오븐에 구워 먹거나 수프의 재료로 사용 할 수 있다.」

10 밑줄 친 부분에 들어갈 말로 가장 적절한 것은?

In an early demonstration of the mere exposure effect, participants in an experiment were exposed to a set of alphabets from the Japanese language. As most people know, Japanese alphabets look like drawings and are called ideograms. In the experiment, the duration of exposure to each ideogram was deliberately kept as short as 30 milliseconds. At such short durations of exposure—known as subliminal exposure— people cannot register the stimuli and hence, participants in the experiment were not expected to recall seeing the ideograms. Nevertheless, when participants were shown two sets of alphabets, one to which they had been previously exposed and another to which they hadn't, participants reported greater liking for the former even though they couldn't recall seeing them! These results have been replicated numerous times and across a variety of types of stimuli, so they are robust. What the mere exposure results show is that _______________________________________.

① we can learn the Japanese language with extensive exposure.

② duration is responsible for the robust results across studies.

③ it is impossible to register the stimuli at short durations.

④ people develop a liking towards stimuli that are familiar.

✽ TIP ✽ demonstration 설명 mere 겨우 ~의 ideogram 표의문자 duration 지속, 계속 deliberately 의도적으로 subliminal 알지 못하는 사이 영향을 미치는 register 기억하다 stimuli(stimulus의 복수) 자극 hence 이런 이유로 previously 이전에 numerous 수많은 robust 확신에 찬 extensive 광범위한

「단순 노출 효과에 관련된 초기 설명에서, 실험의 참가자들은 일본어 문자들의 한 세트에 노출됐다. 대부분의 사람들이 아는 것처럼, 일본어 문자들은 그림들처럼 보이고 표의문자로 불린다. 그 실험에서, 각각 표의문자 에 노출 지속 기간은 의도적으로 30 밀리세컨드만큼 짧게 유지됐다. 그런 짧은 노출 지속 기간에 ― 알지 못하 게 일어나는 노출로 알려진― 사람들은 그 자극을 인식할 수 없었고, 이런 이유로 그 실험의 참가자들은 그 표의문자들을 본 것을 상기할 수 없었다. 그렇지만, 그들에게 문자들의 두 세트, 하나는 그들이 이전에 노출 이 되었던 것이고 다른 하나는 그들이 노출이 되지 않았던 것들이 보였을 때, 참가자들은 전자에 대해 더 큰 호감을 알려줬다, 그들이 그들을 본 것을 상기할 수 없더라도! 이러한 결과들은 수차례 다양한 종류의 자극에 걸쳐 반복됐다, 그래서 그것은 확실하다. 단순 노출 결과들이 보여준 것 은 <u>사람들이 익숙한 자극에 더 호감 을 가진다는 것이다</u>.」

10. ④ answer

11 밑줄 친 부분에 공통으로 들어갈 말로 가장 적절한 것은?

> • The psychologist used a new test to _____________ overall personality development of students.
>
> • Snacks _____________ 25 % to 30 % of daily energy intake among adolescents.

① carry on

② figure out

③ account for

④ depend upon

✱ TIP ✱ psychologist 심리학자

① 계속 가다, 투덜대다   ② 이해하다, 계산하다

③ 설명하다, (비율을) 차지하다   ④ ~에 의존하다

「• 그 심리학자는 학생들의 전반적인 인격 개발을 <u>설명하기</u> 위해 새로운 테스트를 사용했다.

• 과자는 청소년 사이에서 하루 섭취량의 25~30%를 <u>차지한다</u>.」

12 밑줄 친 'your dad's character'를 가장 잘 표현하는 것은?

> I began to get a pretty good sense of your father the first time I came to visit you at your house. Before my visit, he asked me some detailed questions about my physical needs. As soon as he learned about my heavy wheelchair, he began planning how he would build a ramp to the front door. The first day I came to the house, the ramp was ready, built with his own hands. Later on, when your dad found out about your younger brother's autism, he said one thing I will never forget. "If Sam can't learn in school," he told me, "I will take a couple of years off work and we will sail around the world. I will teach him everything he needs to know in those two years." That says everything about <u>your dad's character</u>.
>
> *autism : 자폐증

① strict and stern

② funny and humorous

③ lazy and easygoing

④ considerate and thoughtful

✽ TIP ✽ ramp 경사로 autism 자폐증
　　　　① 엄격하고 근엄한　② 재밌고 유머러스한
　　　　③ 게으르고 느긋한　④ 사려 깊고 신중한

「처음 내가 당신의 집에 당신을 방문하러 왔을 때 나는 당신의 아버지에 대해 꽤 좋은 느낌을 가지기 시작했다. 내가 방문하기 전에, 그는 나에게 나의 신체적인 어려움들에 대해 몇몇의 상세한 질문들을 해왔다. 그가 내 무거운 휠체어에 대해 안 순간, 그는 어떻게 그가 현관에 경사로를 만들 것인가 계획을 짜기 시작했다. 첫날 나는 그 집에 왔고, 경사로는 그가 만든 경사로가 준비가 되어 있었다. 후에, 당신의 아버지가 당신의 어린 형제의 자폐증에 대해 발견을 했을 때, 그는 내가 잊어버리면 안 될 한 가지를 말했다. "만약 Sam이 학교에서 배울 수 없다면," 그가 내게 말했다, "나는 2년간 일을 쉴 것이고 우리는 세계를 항해할 것이다. 나는 그에게 그가 그 2년 동안 알아야 할 필요가 있는 모든 것을 가르쳐 줄 것이다." 그것은 당신 아버지의 성격에 대한 모든 것을 말해 준다.」

13 밑줄 친 부분에 들어갈 말로 가장 적절한 것은?

> John : Excuse me. Can you tell me where Namdaemun Market is?
> Mira : Sure. Go straight ahead and turn right at the taxi stop over there.
> John : Oh, I see. Is that where the market is?
> Mira : ___________________________________

① That's right. You have to take a bus over there to the market.

② You can usually get good deals at traditional markets.

③ I don't really know. Please ask a taxi driver.

④ Not exactly. You need to go down two more blocks.

✽ TIP ✽ 「John : 실례합니다. 남대문 시장이 어디에 있는지 알려줄 수 있나요?
　　　　Mira : 네. 앞쪽으로 쭉 가다 저기에 있는 택시 정류소에서 오른쪽으로 도세요.
　　　　John : 아, 알겠습니다. 저기가 시장이 있는 곳인가요?
　　　　Mira : 정확하진 않아요. 당신은 2블록 더 내려가야 돼요.」

13. ④　 answer

14 두 사람의 대화 중 가장 어색한 것은?

① A : Would you like to go to dinner with me this week?

　 B : OK. But what's the occasion?

② A : Why don't we go to a basketball game sometime?

　 B : Sure. Just tell me when.

③ A : What do you do in your spare time?

　 B : I just relax at home. Sometimes I watch TV.

④ A : Could I help you with anything?

　 B : Yes, I would like to. That would be nice.

✽ TIP ✽ ① A : 이번 주에 나랑 같이 저녁 먹으러 갈래요?
　　　　　 B : 네. 그런데 어쩐 일이세요?
　　　　② A : 우리 가끔 농구 게임하러 갈까?
　　　　　 B : 그래. 언제인지 말만해 줘.
　　　　③ A : 당신은 남는 시간에 뭐하세요?
　　　　　 B : 난 그냥 집에서 쉬어요. 가끔씩 TV 보고요.
　　　　④ A : 내가 뭘 좀 도와 줄 수 있을까요?
　　　　　 B : 그래요, 내가 그러고 싶어요. 그거 좋지요.

※ 어법상 옳은 것을 고르시오. 【15~16】

15　① That place is fantastic whether you like swimming or to walk.

　② She suggested going out for dinner after the meeting.

　③ The dancer that I told you about her is coming to town.

　④ If she took the medicine last night, she would have been better today.

✽ TIP ✽ ① and, or, but 등은 전후가 같은 형식으로 연결된다. to walk → walking
　　　　③ 관계사 that 뒤에는 불완전한 문장이 오는 것이 어법상 옳다. 따라서 her를 삭제하거나 The dancer about whom I told you으로 써야 한다.
　　　　④ 혼합가정법 형태는 If S had+p.p. ~, S would+V이다. took → had taken
　　　　「① 당신이 수영하는 것을 좋아하든 걷는 것을 좋아하든 그 장소는 환상적이다.
　　　　② 그녀는 미팅 후에 저녁 먹으러 가길 제안했다.
　　　　③ 내가 당신에게 말한 그 댄서는 시내로 오고 있는 중이다.
　　　　④ 만약 그녀가 어제 약을 먹었다면, 그녀는 오늘 좀 더 나을 것이다.」

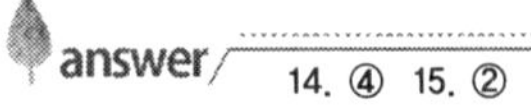

answer　14. ④　15. ②

16 ① The poor woman couldn't afford to get a smartphone.

② I am used to get up early everyday.

③ The number of fires that occur in the city are growing every year.

④ Bill supposes that Mary is married, isn't he?

> ✽ TIP ✽ ② '~하는 데 익숙하다'라는 의미의 숙어는 be used to ~ing 형태이다. 따라서 get up을 getting up으로 고쳐야 한다.
> ③ 문장의 주어인 The number가 단수이므로 동사인 are를 is로 고쳐야 한다.
> ④ 부가의문문에서 문장의 동사가 일반동사이면 do, be동사면 be V, 조동사면 조동사로 일치를 시킨다. isn't → doesn't
>
> 「① 그 가난한 여자는 스마트폰을 살 수 없다.
> ② 나는 매일매일 일찍 일어나는 게 익숙하다.
> ③ 그 도시에서 일어난 화재들의 수는 매년 증가하고 있다.
> ④ Bill은 Mary가 결혼한 상태라고 가정하고 있어, 그렇지 않아?」

17 글의 흐름상 가장 어색한 문장은?

> Progress is gradually being made in the fight against cancer. ①In the early 1900s, few cancer patients had any hope of long-term survival. ②But because of advances in medical technology, progress has been made so that currently four in ten cancer patients survive. ③It has been proven that smoking is a direct cause of lung cancer. ④However, the battle has not yet been won. Although cures for some forms of cancer have been discovered, other forms of cancer are still increasing.

> ✽ TIP ✽ gradually 서서히
>
> 「진전은 서서히 암에 대항해 싸우면서 이뤄지는 중이다. ①1900년대 초반에는 아주 소수의 암 환자들만이 장기 생존의 희망을 가졌다. ②그러나 의료 기술의 발전으로 인하여 현재 10명의 암 환자들 가운데 4명이 생존하는 진전이 이루어지고 있다. ③흡연이 폐암의 직접적인 원인이라는 것은 증명이 되어 왔다. ④그러나 그 싸움은 아직 이기지 못했다. 몇몇 형태의 암에 대한 치료법들이 발견됐다 하더라도, 다른 형태들의 암이 여전히 증가하고 있다.」

16. ① 17. ③ ＼ answer

18 주어진 문장이 들어갈 위치로 가장 적절한 곳은?

But the truth is, after you successfully make it through this problem, there will be another problem to face.

Some people are convinced that life is simply a series of problems to be solved. The sooner they get through with the problem they are facing, the sooner they will be happy. (①) And after you overcome that obstacle, there will be something else to overcome and there's always another mountain to climb. (②) That's why it is important to enjoy the journey, not just the destination. (③) In this world, we will never arrive at a place where everything is perfect and we have no more challenges. (④) As admirable as setting goals and reaching them may be, you can't get so focused on accomplishing your goals that you make the mistake of not enjoying where you are right now.

✿ TIP ✿ make it 성공하다 convince 확신시키다 get through with 끝내다

「몇몇의 사람들은 삶이 단순히 풀려야 할 문제들의 연속이라고 확신한다. 그들이 더 빠르게 그들이 직면한 문제를 통과하면, 그들은 더 빠르게 행복할 것이다. 그러나 사실은, 당신이 성공적으로 이 문제를 통과한 후에도 직면할 다른 문제가 있을 것이다. 그리고 당신이 그 장애물을 극복한 후에, 극복해야 할 또 다른 것이 있을 것이다. 그리고 항상 올라야 할 또 다른 산이 있다. 그것은 단지 목적지가 아닌 여정을 즐기는 것이 중요한 이유이다. 이 세상에서, 당 신은 모든 것이 완벽하고 더 이상의 도전할 것이 없는 장소에 도착 할 수 없을 것이다. 목표를 정하는 것과 그에 도달하는 것이 칭찬할 만하지만, 당신은 당신의 목표를 수행하는 것에 너무 집중해서 당신이 현재 있는 곳을 즐기지 못하는 실수를 해서는 안 된다.」

 18. ①

※ 밑줄 친 부분에 들어갈 말로 가장 적절한 것을 고르시오. 【19 ~ 20】

19

> I don't know how it is for women or for other guys, but when I was young, I had a fear of ______________. I thought it was a giant step toward death. So I did all I could to resist it because the idea was frightening to me. Then, one day I met Jane while I was shooting my first film. This changed everything. Jane, who was from Kentucky, was waitressing at that time, and I noticed her right away. She was really beautiful, and it took me all day to get up the nerve to ask her out. Just then a makeup man on the film snapped a photo of the two of us. About two years ago he sent it to me, saying, "Here you are asking a local girl for a date." He didn't know that that "local girl" became my wife. I still remember that day vividly.

① death

② marriage

③ making films

④ taking photos

❋ TIP ❋ frightening 무서운 shoot a film 영화를 촬영하다 get up the nerve 용기를 내다 ask ~ out ~에게 데이트 신청하다 vividly 생생하게

「나는 그것이 여성들 혹은 다른 남자들에게 어떨지 모르겠지만, 어렸을 때 나는 **결혼에 대한 두려움**을 가지고 있었다. 나는 그것이 죽음을 향한 큰 걸음이라고 생각했다. 그 생각이 나를 겁먹게 만들기 때문에 나는 그것에 저항하기 위해 내가 할 수 있는 모든 것을 했다. 그리고 나서, 어느 날 나는 나의 첫 번째 영화를 촬영하는 중에 Jane을 만났다. 이것은 모든 것을 바꾸었다. Kentucky에서 온 Jane은 그때 종업원 일을 하고 있었고 나는 곧바로 그녀를 알아차렸다. 그녀는 정말로 아름다웠다. 그리고 그녀에게 데이트 신청 하도록 용기를 내는 것은 하루 종일 걸렸다. 바로 그때, 영화 메이크업 담당자가 우리 둘의 사진을 찍었다. 약 2년 전에 그는 그것을 나에게 보내며 "여기 당신이 지역 여성에게 데이트 요청을 하고 있다"고 말했다. 그는 그 지역 여성이 내 부인이 된 걸 모른다. 나는 여전히 그 날을 생생히 기억한다.」

19. ②  answer

20

One well-known difficulty in finding new things has been termed the 'oasis trap' by the cognitive psychologist David Perkins. Knowledge becomes centered in an 'oasis' of rich findings and it is just too risky and expensive to leave that still productive and well-watered zone. So people stick to _______________________. This is what happened to a certain extent in China over many centuries. The huge physical distances between centers of knowledge in China and the fact that the distant centers turned out to be little different from one another discouraged exploration.

① what they know

② the undiscovered world

③ their dream and imagination

④ how things are going to change

✽ TIP ✽ term (특정한 이름·용어로) 칭하다, 일컫다 cognitive 인지의 stick to 고수하다 turn out to be ~로 판가름이 나다, 밝혀지다

「새로운 것들을 찾을 때 한 가지 잘 알려진 어려움은 인지심리학자인 David Perkins에 의해 'oasis trap'이라고 명명되었다. 지식은 풍요로운 발견의 '오아시스'에만 집중이 됐고, 여전히 생산적이고 물이 풍부한 지역을 떠나는 것은 너무 위험하고 비용이 많이 든다. 그래서 사람들은 <u>그들이 알고 있는 것</u>을 고수한다. 이것은 여러 세기에 걸쳐 중국에 어느 정도 일어난 것이다. 중국에서 지식의 중심들 사이의 엄청난 거리와 멀리 있는 지식의 중심들이 서로 별반 다르지 않았다는 사실은 탐험을 막았다.」

answer／ 20. ①

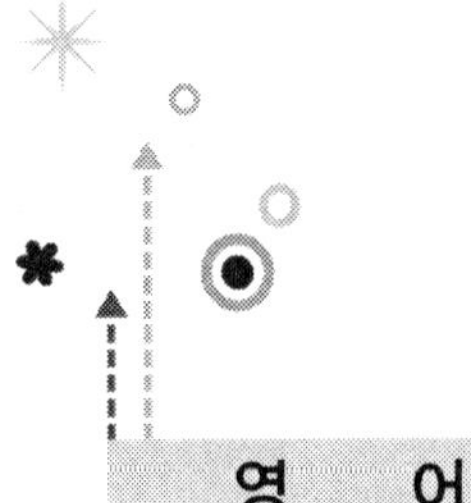

2016. 6. 25 서울특별시 시행

※ 다음 중 밑줄 친 단어와 뜻이 가장 가까운 것은? 【1 ~ 3】

1

Parents must not give up on kids who act <u>rebellious</u> or seem socially awkward; this is a normal stage most youngsters go through and eventually outgrow.

① passive

② delirious

③ disobedient

④ sporadic

✽ TIP ✽ rebellious 반항적인

① 수동적인 ② 기뻐 날뛰는, 의식이 혼미한 ③ 반항하는 ④ 산발적인

「부모들은 사회적으로 다루기 곤란해 보이거나 <u>반항적으로</u> 행동하는 아이들을 단념해서는 안 된다. 이것은 대부분의 청소년들이 통과하고 나이가 들면 결국에는 그만두게 되는 정상적인 단계이다.」

2

He was born to a wealthy family in New York in 1800's. This circumstance allowed him to lead a <u>prodigal</u> existence for much of his life.

① perjury

② unstable

③ pernicious

④ lavish

✽ TIP ✽ prodigal (돈 · 시간 · 에너지 · 물자를) 낭비하는

① 위증죄 ② 불안정한 ③ 치명적인 ④ 호화로운

「그는 1800년대 뉴욕의 부유한 가정에서 태어났다. 이런 환경은 그에게 그의 삶의 대부분을 <u>호화로운</u> 상황에서 지내게 만들었다.」

1. ③ 2. ④ \ answer

3

> Perhaps the brightest spot in the contemporary landscape of American higher education is the <u>resurgence</u> of interest in engaging students in civic life beyond campus.

① comeback　　　　　　　② disappearance

③ motivation　　　　　　　④ paucity

✽ TIP ✽ contemporary 동시대의, 당대의　resurgence 재기, 부활
　　　① 복귀　② 소멸　③ 자극　④ 결핍
　　　「미국 고등교육의 당대 현실에서 가장 괜찮은 점은 아마 학생들이 캠퍼스를 넘어서 시민생활에 몰두하도록 하는 것에 대한 관심의 <u>부활</u>이다.」

4 밑줄 친 부분 중 어법상 가장 옳지 않은 것은?

> He acknowledged that ① <u>the number</u> of Koreans were forced ② <u>into</u> labor ③ <u>under harsh conditions</u> in some of the locations ④ <u>during the 1940's</u>.

✽ TIP ✽ ① 복수명사(Koreans)＋복수동사(were)의 형태이므로 the number를 a number로 고쳐야 한다.
　　　acknowledge 인정하다　harsh 가혹한, 냉혹한
　　　「그는 1940년대 동안 몇몇 지역에서 많은 한국인들이 가혹한 상황하에서 강제노동에 동원되었음을 인정했다.」

answer　3. ①　4. ①

5 다음 대화에서 어법상 가장 옳지 않은 것은?

> Ann : Your hair ① <u>looks nice</u>.
>
> Tori : I ② <u>had it cut by</u> the tall hairdresser in the new hair salon next to the cafeteria.
>
> Ann : Not that place where I ③ <u>got my head to stick</u> in the drier?
>
> Tori : ④ <u>Must be</u>, I suppose. Yes, that one.
>
> Ann : Huh, and they still let them open.

> ❋ TIP ❋ ③ got my head to stick → got my head stuck
>
> 「Ann : 너 머리 멋지다.
> Tori : 저 카페 옆에 있는 새로운 미용실에 키가 큰 미용사한테 머리를 잘랐어.
> Ann : 드라이어로 내 머리를 망하게 했었던 거기 말이야?
> Tori : 아마도 그럴 거야. 그래, 거기야.
> Ann : 허, 거기가 아직 영업 중이구나.」

※ 어법상 빈칸에 들어가기에 가장 적절한 것은? 【6 ~ 7】

6

> Creativity is thinking in ways that lead to original, practical and meaningful solutions to problems or ___________ new ideas or forms of artistic expression.

① that generate   ② having generated

③ to be generated   ④ being generated

> ❋ TIP ❋ ① or 전후로 관계대명사 that이 나란히 연결되어 way를 수식한다.
>
> 「창조성이란 문제에 대한 근본적이고, 실용적이면서 의미 있는 해결책을 이끌어 내거나 예술적 표현에 대한 새로운 아이디어나 형태를 만들어 내는 방법에 대해 생각하는 것이다.」

5. ③ 6. ① 

7

> It was when I got support across the board politically, from Republicans as well as Democrats, _____ I knew I had done the right thing.

① who

② whom

③ whose

④ that

> ✽ TIP ✽ ④ it that 강조구문으로, I knew 다음에 명사절 접속사 that이 생략되었다.
> across the board 전반에 걸쳐 republican 공화주의자 democrat 민주주의자
>
> 「내가 민주주의자들뿐만 아니라 공화주의자들까지 정치적으로 전반에 걸쳐 모든 입장을 지지할 때, 나는 내가 옳은 일을 하고 있다는 것을 알았다.」

8 문맥상 빈칸에 들어갈 가장 적절한 것은?

> Usually several skunks live together; however, adult male striped skunks are _________ during the summer.

① nocturnal

② solitary

③ predatory

④ dormant

> ✽ TIP ✽ ① 야행성의 ② 혼자 하는 ③ 포식성의 ④ 휴면기의
>
> 「일반적으로 수 십 마리의 스컹크들이 함께 모여서 산다. 그러나 성장한 수컷 줄무늬 스컹크들은 여름 동안 혼자 지낸다.」

9 문맥상 빈칸에 들어갈 가장 적절한 것은?

Language and spelling change. Crystal, one of the most prolific writers on English, has helped popularize that truth. If, as internet use suggests, people are now starting to write "rhubarb" as "rubarb" _________, that, he says, may one day become an acceptable____________.

① alternative　　　　　　　　② obligation

③ risk　　　　　　　　　　　④ order

✽ TIP ✽ prolific 다작하는, 다산하는 rhubarb 대황, 장군풀
① 대안 ② 의무 ③ 위험 ④ 질서
「언어와 철자는 변한다. 영국에서 가장 작품을 많이 쓰는 작가 중 하나인 Crystal은 이런 사실을 대중화하는 데 기여해 왔다. 그는 인터넷 이용이 암시하듯이, 만약 사람들이 "rhubarb"를 "rubarb"로 쓰기 시작한다면 그것은 언젠가 받아들여지는 <u>대안</u>이 될 것이라고 말한다.

10 다음 빈칸에 들어갈 표현으로 가장 적절한 것은?

The reputation of Genghis Khan as _____________________ may be worse than the reality. Much of our information comes from chroniclers of the time who often exaggerated the facts. It is possible that they were encouraged by their Mongol employers to exaggerate the tales of cruelty so that the Mongols appeared more frightening to their enemies.

① an exaggerating storyteller　　　② a courageous emperor

③ an influential figure　　　　　　④ an utterly ruthless warrior

✽ TIP ✽ reputation 평판, 명성 chronicler 연대기 작자 exaggerate 과장하다 encouraged by ～에 기운을 얻어
① 과장하는 이야기꾼
② 용감한 황제
③ 영향력 있는 인물
④ 완전히 무자비한 전사
「칭기즈칸의 <u>완전히 무자비한 전사</u>에 대한 명성은 실제보다 더 악화되었을 수도 있다. 많은 정보들은 종종 사실을 과장하는 당시의 연대기 작자로부터 나온다. 그들(연대기 작자)은 그들의 몽골 고용주의 영향을 받아 잔인한 이야기들을 과장해서 몽골족은 그들의 적에게 더 무섭게 보일 수 있다.」

9. ① 10. ④　answer

11 다음 빈칸에 들어갈 가장 적절한 연결어를 고르면?

Our brain processes and stores different kinds of information in different ways. Think about factual knowledge. Fact memory entails learning explicit information, such as names, faces, words and dates. It is related to our conscious thoughts and our ability to manipulate symbols and language. When fact memories are committed to long-term memory, they are usually filed along with the context in which they were learned : ____________, when you think of your new friend Joe, you probably picture him at the basketball game where you met him.

① In short　　　　　　　② For instance

③ Above all　　　　　　④ In addition

✽ TIP ✽ factual 사실에 기반을 둔　entail 수반하다　explicit 분명한, 명쾌한　manipulate 조종하다　context 맥락

① 요약하자면　② 예를 들어　③ 무엇보다도　④ 게다가

「우리 뇌는 다른 종류의 정보는 다른 방법으로 처리하고 저장한다. 사실에 기반을 둔 정보에 대해 생각해 보자. 사실적인 정보는 이름, 얼굴, 단어들과 데이터 같은 명백한 정보의 학습을 수반한다. 그 정보는 우리는 의식적인 생각과 상징과 언어를 다룰 수 있는 능력과 연관되어 있다. 사실 정보가 오랜 정보로 전환될 때 그들은 일반적으로 그들이 이미 알고 있었던 맥락과 합쳐진다. 예를 들어 너의 새로운 친구 Joe에 대해 생각할 때, 너는 아마도 그를 만났던 농구 게임을 생각해 낼 것이다.」

12 문맥상 빈칸에 들어갈 가장 적절한 것은?

As incredible as it sounds, there are some species of insects that will themselves to protect their nests. When faced with an intruder, the Camponotus cylindricus ant of Borneo will grab onto the invader and squeeze itself until it explodes. The ant s abdomen ruptures, releasing a sticky yellow substance that will be lethal for both the defender and the attacker, permanently sticking them together and preventing the attacker from reaching the nest.

① commit ② replace
③ expose ④ sacrifice

✽TIP✽ nest 둥지, 보금자리 intruder 불법 침입자 invader 침략군 squeeze 짜다 abdomen 배, 복부 rupture 파열 lethal 치명적인
① 저지르다 ② 대신하다 ③ 드러내다 ④ 희생하다
「믿을 수 없는 말처럼 들리겠지만, 그들의 보금자리를 지키기 위해 스스로를 희생하는 몇몇 곤충들이 있다. Borneo의 Camponotus cylindricus 개미는 불법 침입자와 마주쳤을 때 침입자를 잡고 스스로 폭발할 때까지 쥐어 짤 것이다. 개미의 복부가 파열되면서 방어자와 공격자 둘 다에게 치명적인 끈적거리고 노란 물질을 뿜어내면, 영원히 그들이 붙으면서 공격자들이 그들의 보금자리로 들어오는 것을 막을 것이다.」

13 문맥상 빈칸에 들어갈 가장 적절한 것을 고르면?

E-waste is being produced on a scale never seen before. Computers and other electronic equipment become __________ in just a few years, leaving customers with little choice but to buy newer ones to keep up. Thus, tens of millions of computers, TVs and cell phones are __________ each year.

① efficient – documented ② obsolete – discarded
③ fascinating – reused ④ identical – thrown

answer
12. ④ 13. ②

14 다음 빈칸에 들어갈 가장 적절한 것을 고르면?

In the last twenty years the amount of time Americans have spent at their jobs has risen steadily. Each year the change is small, amounting to about nine hours, or slightly more than one additional day of work. In any given year such a small increment has probably been ___________. But the accumulated increase over two decades is substantial.

① dazzling ② vulnerable

③ imperceptible ④ compulsory

※ 다음 빈칸에 들어갈 단어를 순서대로 고르면? 【15 ~ 16】

15

The country with the highest rate of crime in the world is Vatican City, with 1.5 crimes per resident. However, this high ratio is due to the country's tiny population of only around 840 people. It is likely that the vast majority of the crimes, which consist mainly of pick-pocketing and shop-lifting, are __________ by outsiders. The Vatican has a special police force with 130 members responsible for criminal investigation, border control and protection of the pope. There is no prison in Vatican City, with the exception of a few detention cells to hold criminals before trial. The majority of criminals are __________ by Italian courts.

① manipulated – sealed

② dominated – overruled

③ committed – tried

④ conducted – enforced

   ❖ TIP ❖ resident 주민 pick-pocket 소매치기 shop-lifting 절도 border control 출입국관리 pope 교황 detention 구금 trial 재판

    ① 조종하다–밀봉하다

    ② 지배하다–기각하다

    ③ 저지르다–재판을 받다

    ④ 지휘하다–집행하다

「세계에서 범죄율이 가장 높은 국가는 바티칸이다. 주민 한 명당 1.5번의 범죄를 저지른다. 그러나 이런 높은 범죄율은 거의 840명 정도의 매우 적은 인구 때문이다. 소매치기와 절도를 포함한 범죄의 다수는 외부인들에 의해 <u>저질러질</u> 가능성이 있다. 바티칸은 범죄수사, 출입국관리, 교황 보호를 책임지고 있는 130명으로 이루어진 특별한 경찰력을 지니고 있다. 바티칸에는 재판 전에 잠시 범죄자들을 구금하는 몇 안 되는 감옥을 제외하고서는 그 어떠한 감옥도 없다. 범죄자들의 다수는 이탈리아 법원에서 <u>재판을 받는다</u>.」

16

Albert Einstein's general theory of relativity is about to celebrate its 100th anniversary, and his revolutionary hypothesis has _______ the test of time, despite numerous expert attempts to find _______. Einstein changed the way we think about the most basic things, which are space and time. And that opened our eyes to the universe, and how the most interesting things in it work, like black holes.

① withstood – flaws

② resisted – proofs

③ wasted – examples

④ squandered – pitfalls

17 다음 글의 목적으로 가장 적절한 것은?

Casa Heiwa is an apartment building where people can learn some important life skills and how to cope with living in a new environment. The building managers run a service that offers many programs to children and adults living in the building. For the children, there is a day-care center that operates from 7 a.m. until 6 p.m. There are also educational programs available for adults including computer processing and English conversation courses.

① to argue for a need for educational programs

② to recruit employees for an apartment building

③ to attract apartment residents toward programs

④ to recommend ways to improve the living standard

18 다음 글을 문맥에 맞게 순서대로 배열한 것은?

㉠ Rosa Parks was arrested, jailed, convicted and fined. She refused to pay. Her experience set off a 382-day boycott of Montgomery city buses.

㉡ According to the segregation laws of the day, Rosa Parks, an African American, was required to sit in the back of the bus. She was accused of encroaching on the whites-only section, and the bus driver tried to convince her to obey the law.

㉢ Instead, Rosa Parks kept both her mien and her seat. At last, the driver warned her that he would send for the police. "Go ahead and call them". Parks answered.

㉣ On December 1, 1955, Rosa Parks took a city bus home from her job at a store in downtown Montgomery, Alabama.

① ㉡ - ㉠ - ㉣ - ㉢   ② ㉣ - ㉢ - ㉠ - ㉡

③ ㉡ - ㉢ - ㉣ - ㉠   ④ ㉣ - ㉡ - ㉢ - ㉠

✸ TIP ✸ convict 유죄를 선고하다 segregation (인종·종교·성별에 따른) 분리, 차별 encroach 침해하다

「㉣ 1955년 12월 1일, Rosa Park는 그녀의 직장인 Alabama주 Montgomery 시내의 가게에서 집으로 가는 버스를 탔다.

㉡ 그 시절 인종차별법에 따르면, 아프리카계 미국인인 Rosa Park는 버스 뒷자리에 앉도록 되어 있었다. 그녀는 백인 구역을 침범한 것으로 비난을 받았고 버스 기사는 법을 준수하라고 그녀를 설득했다.

㉢ Rosa Park는 그의 말을 따르는 대신에 그녀의 태도를 유지한 채 자리를 지키고 있었다. 마침내, 기사가 경찰을 부르겠다고 그녀에게 경고했다. "그렇게 하세요. 그들을 부르세요."라고 Park가 답했다.

㉠ Rosa Park는 체포되어 수감되고, 유죄 선고를 받아 벌금을 부과 받았다. 그녀는 벌금을 벌금 내길 거부했다. 그녀의 경험은 382일간의 Montgomery 시내버스 불매운동을 유발했다.」

18. ④  answer

19 다음 글의 분위기로 가장 어울리는 것은?

As Ryan Cox was waiting to pay for his coffee order at an Indiana, US fast food drive-through, he decided to try something he'd seen on a TV news show — he paid for the coffee order of the driver in the car behind. The small gesture made the young Indianapolis entrepreneur feel great, so he shared his experience on Facebook. An old friend suggested that rather than paying for people's coffee, Ryan put that money towards helping school students pay off their delinquent school lunch accounts. So the following week Ryan visited his nephew's school cafeteria and asked if he could pay off some accounts, and handed over $100.

① gloomy

② serene

③ touching

④ boring

✽ TIP ✽ entrepreneur 사업가 delinquent 비행의, 범죄 성향을 보이는

① 우울한 ② 고요한 ③ 감동적인 ④ 지루한

「Ryan Cox가 US 패스트푸드 드라이브 스루인 Indiana에서 주문한 커피 값을 지불하려고 기다리고 있을 때, 그는 TV 뉴스에서 봤던 것-한 남자가 뒤차 운전자의 커피 값을 지불했다.-을 하려고 결심했다. 그 작은 행동이 젊은 Indianapolis 사업가를 기분 좋게 했고 그래서 그는 그의 경험을 Facebook에 공유했다. 한 오랜 친구가 사람들의 커피 값을 지불하기보다는 그 돈으로 학생들의 밀린 급식비를 지불하는 것을 돕기를 제안했다. 그래서 Ryan은 그 다음 주 조카의 학교식당을 방문했고 그가 몇 개의 계산서를 지불할 수 있는지를 물었고 100달러를 주었다.」

20 아래 글 바로 다음에 이어질 문장으로 가장 적절한 것을 고르면?

> The moon is different from the earth in many respects. First of all, there is no known life on the moon. And in terms of size, it is much smaller than the earth. You may think both of them have the same spherical shape. But strictly speaking, they are not the same. The moon is almost a perfect sphere; its diameter differs by no more than 1% in any direction. The faster an astronomical object spins, the more it becomes bulged at the equator and flattened at the poles. _______________________

① So spinning objects undergo some changes of their shape, except for the moon and the earth.

② Since the moon rotates more slowly than the earth, it is more nearly spherical.

③ Moreover, the moon's diameter has been varied for the last hundred years.

④ In fact, the moon's spherical shape is rather

❋ TIP ❋ bulge 가득 차다, 불룩하다 spherical 구 모양의, 구체의 diameter 지름 astronomical object 천체 undergo 겪다
① 그래서 달과 지구를 제외한 회전하는 천체는 그들의 모양에서 어떤 변화를 겪는다.
② 달은 지구보다 더 천천히 회전하기 때문에, 거의 구형이다.
③ 더욱이, 달의 지름은 지난 수백 년간 변화되어 왔다.
④ 사실은, 달의 밀도와 중력을 고려하면, 달이 구형의 모양은 오히려 예상 밖이다.

「달은 많은 측면에서 지구와 다르다. 첫째로, 달에서 생명체가 없다고 알려져 있다. 그리고 크기 면에서 지구보다 훨씬 작다. 당신은 아마도 이 두 천체가 동일한 구형의 모양이라고 생각할지도 모른다. 하지만 엄격히 말하면, 동일하지 않다. 달은 거의 완벽한 구형이다; 그 지름이 어느 방향으로든 결코 1% 이상 다르지 않다. 천체가 더 빨리 회전할수록, 그 천체는 적도 부근이 더 튀어나오게 되고, 극지방은 평평해진다. 달은 지구보다 더 느리게 회전하기 때문에, 거의 더 구형이다.」

20. ②  answer

고려와 조선시대에 대한 비중이 높고,
문화와 관련된 문제가 많이 출제되었다.
사료를 제시하고 관련 있는 역사적 사실
을 확인하는 내용이 많다.

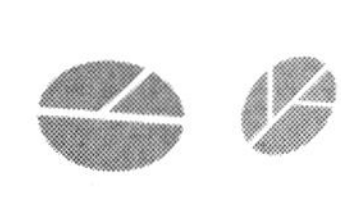

한국사

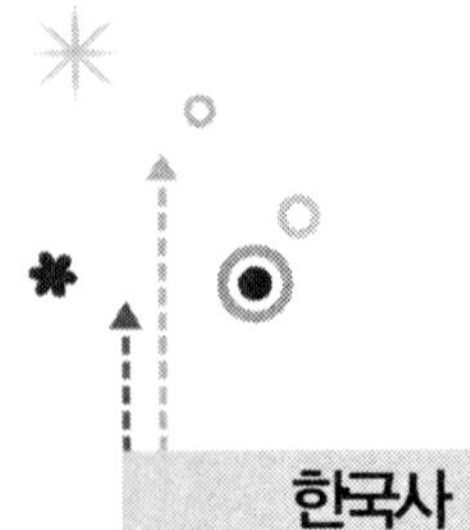

2014. 4. 19 안전행정부 시행

1 고구려와 신라의 관계를 다음과 같이 알려주고 있는 삼국시대의 금석문은?

> • 고구려의 군대가 신라 영토에 주둔했던 것으로 이해할 수 있는 기록이 보인다.
> • 고구려가 신라의 왕을 호칭할 때 '동이 매금(東夷 寐錦)'이라고 부르고 있다.
> • 고구려가 신라의 왕과 신하들에게 의복을 하사하는 의식을 거행한 것으로 보인다.

① 광개토왕비   ② 집안고구려비

③ 중원고구려비   ④ 영일냉수리비

❊ TIP ❊ 위에 나와 있는 내용들은 중원고구려비에 있는 내용들이다.

① **광개토왕비** : 414년 고구려 제19대 왕인 광개토왕의 훈적(勳績)을 기리기 위해 아들인 장수왕이 세운 비석으로 사면에 모두 글이 기록되어 있는 사면석비(四面石碑)이다. 높이는 약 6.39m로 당시 고구려 수도였던 국내성 동쪽에 광개토대왕릉과 함께 세워졌다. 일명 호태왕비(好太王碑)라고도 한다.

② **집안고구려비** : 2012년 7월 29일 중국 지린(吉林)성 지안(集安)시에서 발견된 고구려 비석이다.

④ **영일냉수리비** : 경상북도 영일군(지금의 포항시)에서 발견된 신라시대 비석으로 현재 국보 제264호이다. 이 비는 절거리라는 인물의 재산소유와 사후 재산 상속 문제를 기록해 놓은 것으로 공문서의 성격을 지니고 있다.

※ **중원고구려비** : 충청북도 충주시에 있는 고구려의 고비(古碑)로서 현재 국보 제205로 지정되어 있다. 이 비는 고구려 비(碑) 중 한반도에서 발견된 유일한 예로 고구려가 당시 신라를 「동이(東夷)」라 칭하면서 신라왕에게 종주국으로서 의복을 하사했다는 내용이 실려 있는데 이는 「삼국사기(三國史記)」를 비롯한 여러 문헌에는 실려 있지 않은 사실로 5세기 경 고구려와 신라와의 관계 뿐 아니라 고구려가 가지고 있던 세계관(世界觀)에 대해서도 나타나 있어 고구려사 연구에 많은 영향을 주었다. 또한 '신라토내당주(新羅土內幢主)'하는 직명으로 미루어 신라 영토 안에 고구려 군대가 주둔하였다고 기록한 「일본서기(日本書紀)」의 기록도 사실성이 높음을 확인할 수 있었다. 이 외에도 고구려에서 직명-부명-관등명-인명 순으로 기록을 했다는 점, '절교사(節敎事)' 등의 표현으로 미루어 고구려에서 이미 5세기 이전부터 이두가 사용되었다는 점, 고구려 관등조직의 정비과정을 비롯한 여러 내용들이 담겨 있어 고구려사를 연구하는 데 많은 영향을 주었다.

answer   1. ③

2 신라 하대 불교계의 새로운 경향을 알려주는 다음의 사상에 대한 설명으로 옳은 것은?

> 불립문자(不立文字)라 하여 문자를 세워 말하지 않는다고 주장하고, 복잡한 교리를 떠나서 심성(心性)을 도야하는 데 치중하였다. 그러므로 이 사상에서 주장하는 바는 인간의 타고난 본성이 곧 불

① 전제왕권을 강화해주는 이념적 도구로 크게 작용하였다.
② 지방에서 새로이 대두한 호족들의 사상으로 받아들여졌다.
③ 왕실은 이 사상을 포섭하려는 노력에 관심을 기울이지 않았다.
④ 인도에까지 가서 공부해 온 승려들에 의해 전파되었다.

> ✻ TIP ✻ 위에 설명된 사상은 신라 하대에 유행한 선종(禪宗)에 관한 것으로 선종은 문자에 의존하지 않고 오직 좌선만을 통해 부처의 깨달음에 이르려는 종파이다. 6세기 초에 인도에서 중국으로 건너 온 보리달마를 초조(初祖)로 한다. 선종사상은 절대적인 존재인 부처에 귀의하려는 것이 아니라 각자가 가지고 있는 불성(佛性)의 개발을 중요시하는 성향을 지녔기에 신라 하대 당시 중앙정부의 간섭을 배제하면서 지방에서 독자적인 세력을 구축하려 한 호족들의 의식구조와 부합하였다. 이로 인해 신라 말 지방호족의 도움으로 선종은 크게 세력을 떨치며 새로운 사회의 사상적 토대를 마련하였다.

3 다음과 같은 내용을 주장한 실학자에 대한 설명으로 옳은 것은?

> 중국은 서양과 180도 정도 차이가 난다. 중국인은 중국을 중심으로 삼고 서양을 변두리로 삼으며, 서양인은 서양을 중심으로 삼고 중국을 변두리로 삼는다. 그러나 실제는 하늘을 이고 땅을 밟는 사람은 땅에 따라서 모두 그러한 것이니 중심도 변두리도 없이 모두가 중심이다.

① 「동국지리지」를 저술하여 역사지리 연구의 단서를 열어 놓았다.
② 「임하경륜」을 통해서 성인 남자들에게 2결의 토지를 나누어 줄 것을 주장하였다.
③ 「동사」에서 조선의 자연환경과 풍속, 인성의 독자성을 강조하였다.
④ 「동국지도」를 만들어 지도 제작의 과학화에 기여하였다.

2. ② 3. ②

 위의 내용은 담헌 홍대용의 「의산문답(醫山問答)」의 일부로 그는 이 책을 통해 지구는 둥글며 하루에 한 바퀴를 돈다고 설명하였다. 이를 지전설(地轉說) 또는 지동설(地動說)이라고 한다.

② **임하경륜(林下經綸)** : 조선 시대 실학자 홍대용이 쓴 책으로 여기에는 그의 경국제민(經國濟民)을 위한 여러 가지 개혁안들이 제시되어 있다. 그 중 중요한 것 몇 가지를 보면 다음과 같다.

㉠ 전국의 행정구역을 경도(京都)와 9도(道)로 나누고 각 도는 다시 9군(郡)으로 나누었으며 각 군은 9현(縣)으로 각 현은 9사(司), 각 사는 9면(面)으로 나누어 백성들을 다스린다.

㉡ 과거제도는 폐지한다.

㉢ 각 면마다 학교를 세워 8세 이상 자제들을 모두 교육시키고 재능에 따라 신분의 제약없이 조정에 추천하여 인재를 등용한다.

㉣ 신분에 관계없이 모든 사람이 일을 해야 한다.

㉤ 성인남자들에게 토지 2결을 나누어 줄 것.

4 대한민국 임시정부는 1940년 충칭에서 한국 광복군을 창설하였는데, 이와 관련된 내용으로 옳지 않은 것은?

① 총사령에 이청천, 참모장에 이범석을 선임하였다.

② 영국군의 요청으로 일부 병력을 인도와 버마(미얀마) 전선에 참전시켰다.

③ 미국 전략정보처(OSS)와 협력하면서 국내 진공을 준비하였다.

④ 조선의용군과 연합하여 일본에 대해 선전 포고를 하였다.

 한국광복군이 일본에 선전포고를 한 것은 맞지만 조선의용군과 연합하여 선전포고를 한 것은 아니며 태평양 전쟁이 발발한 후 한국광복군이 창설되고 1942년에 김원봉이 조직한 조선의용대를 흡수하였다.

5 8·15 광복 직후에 결성된 정당의 중심 인물과 주요 내용을 정리하였다. 이와 관련된 정당을 바르게 연결한 것은?

㉠ 여운형 등이 중심이 되어 결성하였으며, 진보적 민주주의를 표방하면서 좌우합작을 추진하였다.

㉡ 송진우 등이 중심이 되어 결성하였으며, 인민공화국을 부정하고 대한민국 임시정부의 법통을 계승하려 하였다.

㉢ 안재홍 등이 중심이 되어 결성하였으며, 신민족주의를 내세워 평등사회를 건설하려 하였다.

answer 4. ④ 5. ④

	㉠	㉡	㉢
①	조선인민당	한국민주당	한국독립당
②	조선신민당	민족혁명당	한국독립당
③	조선신민당	한국민주당	국민당
④	조선인민당	한국민주당	국민당

✼ TIP ✼ ㉠ 조선인민당, ㉡ 한국민주당, ㉢ 국민당

6 1960년대 전반 남북한에서 각기 조사 발굴되어 한국사에서 구석기시대의 존재를 확인시켜 준 유적들을 바르게 짝지은 것은?

	남한	북한
①	제주 빌레못 유적	상원 검은모루 유적
②	공주 석장리 유적	웅기 굴포리 유적
③	단양 상시리 유적	덕천 승리산 유적
④	연천 전곡리 유적	평양 만달리 유적

✼ TIP ✼ •**공주 석장리 유적**: 공주시 석장리동에 있는 구석기 시대 유적으로 사적 제334호이다. 이 곳은 1964년~1992년까지 13차례 발굴 조사된 곳으로 남한에서 최초로 발견된 최대 규모의 구석기 유적지이다. 이곳의 구석기 유적은 선사시대 전기, 중기, 후기의 다양한 문화층으로 형성되어 있으며 집터, 불에 탄 곡식낟알 등 주거지와 긁개, 찌르개, 주먹도끼 등의 도구가 여러 점 출토되어 선사문화 연구에 귀중한 자료가 되었다.
- •**웅기 굴포리 유적**: 이곳은 1963년 해방 이후 한반도에서 최초로 발견된 구석기 시대 유적지로 함경북도 웅기군 굴포리에 있다. 중기, 후기 구석기 시대 유적들로 이루어져 있으며 여기서 발견된 석기로는 찍개, 긁개, 뾰족개 등이 있다.

6. ② answer

7 통일신라시대 귀족경제의 변화를 말해주고 있는 밑줄 친 '이것'에 대한 설명으로 옳은 것은?

> 전제왕권이 강화되면서 신문왕 9년(689)에 이것을 폐지하였다. 이를 대신하여 조(租)의 수취
> 만을 허락하는 관료전이 주어졌고, 한편 일정한 양의 곡식이 세조(歲租)로서 또한 주어졌다.
> 그러나 경덕왕 16년(757)에 이르러 다시 이것이 부활되는 변화과정을 겪었다.

① 이것이 폐지되자 전국의 모든 국토는 '왕토(王土)'라는 사상이 새롭게 나오게 되었다.
② 수급자가 토지로부터 조(租)를 받을 뿐 아니라, 그 지역의 주민을 노역(勞役)에 동원할 수
  있었다.
③ 삼국통일 이후 국가에 큰 공을 세운 육두품 신분의 사람들에게 특별히 지급하였다.
④ 촌락에 거주하는 양인농민인 백정이 공동으로 경작하였다.

✽ TIP ✽ ② 녹읍: 신라 및 고려 초기 관리들에게 관직 복무의 대가로 일정 지역의 경제적 수취를 허용해 준
  특정 지역이다.

8 다음과 같은 풍속이 행해진 국가의 사회모습에 대한 설명으로 옳지 않은 것은?

> 그 풍속에 혼인을 할 때 구두로 이미 정해지면 여자의 집에는 대옥(大屋) 뒤에 소옥(小屋)을
> 만드는데, 이를 서옥(婿屋)이라고 한다. 저녁에 사위가 여자의 집에 이르러 문밖에서 자신
> 의 이름을 말하고 꿇어 앉아 절하면서 여자와 동숙하게 해줄 것을 애걸한다. 이렇게 두세
> 차례 하면 여자의 부모가 듣고는 소옥에 나아가 자게 한다. 그리고 옆에는 전백(錢帛)을 놓
> 아둔다.
>
> — 「삼국지」「동이전」 —

① 고국천왕 사후, 왕비인 우씨와 왕의 동생인 산상왕과의 결합은 취수혼의 실례를 보여준다.
② 계루부 고씨의 왕위계승권이 확립된 이후 연나부 명림씨 출신의 왕비를 맞이하는 관례가
  있었다.
③ 관나부인(貫那夫人)이 왕비를 모함하여 죽이려다가 도리어 자기가 질투죄로 사형을 받았다.
④ 김흠운의 딸을 왕비로 맞이하는 과정은 국왕이 중국식 혼인 제도를 수용했다는 사실을 알
  려주고 있다.

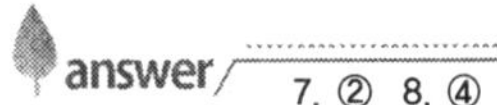

✽ TIP ✽ ④ 신라와 관련된 내용으로 옳지 않다.
①②③ 고구려와 관련된 내용으로 위의 제시문(고구려의 데릴사위제)에 나와 있는 국가의 사회 모습과 일치한다.

9 **고려의 형률제도에 대한 설명으로 옳은 것은?**

① 주로 당나라의 것을 끌어다 썼으며, 때에 따라 고려의 실정에 맞는 율문도 만들었다.

② 행정과 사법이 명확하게 분리·독립되어 있었다.

③ 실형주의(實刑主義)보다는 배상제(賠償制)를 우위에 두고 있었다.

④ 기본적으로 태형(笞刑), 장형(杖刑), 도형(徒刑), 유형(流刑)의 4형 체계를 가지고 있었다.

✽ TIP ✽ ② 우리나라에서 행정과 사법이 명확하게 분리, 독립하게 된 것은 갑오개혁 이후이다.
③ 고려는 실형주의를 더 우위에 두고 있었다.
④ 고려는 조선과 같이 태형(笞刑), 장형(杖刑), 도형(徒刑), 유형(流刑), 사형(死刑) 이렇게 오형제도(五刑制度)로 이루어져 있다.

10 **고려시대에는 귀족·양반과 일반 양민 사이에 '중간계층' 또는 '중류층'이라 불리는 신분층이 존재하였다. 이 신분층에 대한 설명으로 옳지 않은 것은?**

① 남반은 궁중의 잡일을 맡는 내료직(內僚職)이다.

② 하급 장교들도 이 신분층에 포함되는 것으로 분류되고 있다.

③ 서리는 중앙의 각 사(司)에서 기록이나 문부(文簿)의 관장 등 실무에 종사하였다.

④ 향리에게는 양반으로 신분을 상승시킬 수 있는 길을 열어 놓지 않았다.

✽ TIP ✽ ④ 고려시대 향리들은 지방토착세력들로 중앙의 관리를 공급해주는 역할을 하였고 이들도 과거(科擧)를 통해 관직으로 진출, 신분 상승의 기회가 가능하였다.

9. ① 10. ④  answer

11 밑줄 친 '국왕'이 실시한 정책으로 옳은 것은?

> 국왕은 행차 때면 길에 나온 백성들을 불러 직접 의견을 들었다. 또한 척신 세력을 제거하여 정치의 기강을 바로잡았고, 당색을 가리지 않고 어진 이들을 모아 학문을 장려하였다. 침전에는 '탕탕평평실(蕩蕩平平室)'이라는 편액을 달았으며, "하나의 달빛이 땅 위의 모든 강물에 비치니 강물은 세상 사람들이요, 달은 태극이며 그 태극은 바로 나다."라고 하였다.

① 병권 장악을 위해 금위영을 설치하였다.

② 명에 대한 의리를 지켜 청에 복수하자는 북벌을 추진하였다.

③ 육의전을 제외한 시전 상인의 특권을 폐지하였다.

④ 백성의 여론을 정치에 반영하기 위해 신문고제도를 부활하였다.

❋ TIP ❋ ③ 금난전권의 폐지에 대한 내용으로 위에 제시된 국왕(정조)의 업적 중 하나이다.
  ① 금위영 : 1682년(숙종 8)에 조선 후기 국왕 호위와 수도 방어를 위해 중앙에 설치된 군영으로 금위영은 당시 국가 재정으로 운영되던 훈련도감을 줄여 국가 재정을 충실히 하고 수도 방위에 대한 군사력 확보를 위해 설치한 것이다.
  ② 청에 대한 북벌론은 효종대에 계획한 것으로 효종은 병자호란으로 인해 얻은 민족적 굴욕을 씻기 위해 북벌론을 계획하였지만 효종이 일찍 죽음으로써 이 계획은 수포로 돌아갔다.
  ④ 신문고제도 : 조선시대에 원통하고 억울한 일을 풀지 못하고 해결하지 못한 자에게 그것을 소송함으로써 억울함을 풀 수 있도록 하기 위해 대궐에 북을 달아 소원을 알리게 했던 제도로 1401년(태종 1)에 처음 설치되었다. 신문고는 조선시대에 걸쳐 여러 차례 개정 폐지되었다가 1771년(영조 47)에 다시 부활하였다. 이 제도가 활발히 운영된 것은 태종~문종까지로 그 이후로는 일부 소수 지배층들의 이익을 도모하는 용도로 사용되어 유명무실해졌다.
  ※ 금난전권 … 난전(亂廛)을 금(禁)하는 권리(權利)라는 의미로 국역을 부담하는 육의전을 비롯한 시전상인들이 도성 안과 도성 밖 10리 이내의 지역에서 난전(亂廛)의 활동을 규제하고 특정 상품의 전매 특권을 지킬 수 있도록 조정으로부터 부여받은 상업상의 특권을 말한다. 하지만 오히려 이러한 특권으로 인해 건전한 상공업 발전이 저해되고 도시 소비자나 영세상인 및 소규모 생산자층의 피해가 증가되면서 일부 특권 상인들의 금난전권을 혁파하자는 목소리가 높아졌고 이에 1791년(정조 15) 신해통공으로 육의전을 제외한 일반 시전이 보유하고 있던 금난전권을 혁파하였다.

12 다음 괄호 안에 들어갈 국왕과 관련되는 내용은?

> (   )이 원나라의 제도를 따라 변발(辮髮)을 하고 호복(胡服)을 입고 전상(殿上)에 앉아 있었다. 이연종이 간하려고 문밖에서 기다리고 있었더니, 왕이 사람을 시켜 물었다. … (중략) … 답하기를 "변발과 호복은 선왕의 제도가 아니오니, 원컨대 전하께서는 본받지 마소서." 라고 하니, 왕이 기뻐하면서 즉시 변발을 풀어 버리고 그에게 옷과 요를 하사하였다.
>
> ―「고려사」―

① 노비와 관련된 문제를 처리하는 장례원을 설치하였다.

② 정동행성 이문소를 폐지하고 요동 지방을 공략하였다.

③ 「동국병감」과 같은 병서를 간행하여 원나라의 침략에 대비하였다.

④ 권문세족의 경제기반을 무너뜨리기 위해서 과전법을 시행하였다.

✽ TIP ✽ ② 공민왕의 업적으로 위 괄호 안의 국왕(공민왕)과 관련된 내용이다.

　① 장례원 : 조선시대 공·사노비문서의 관리와 노비소송을 관장한 관서로 1467년(세조 13)에 처음 시행되어 1764년(영조 40)에 폐지되었다.

　③ 동국병감 : 조선 문종 때 편찬한 이민족과의 전쟁, 전란을 기록한 책으로 정확한 편찬자나 편찬연대는 알 수 없다.

　④ 과전법 : 1391년(공양왕 3)에 공포된 토지제도로 고려 말 전시과 체제가 무너지고 권문세가들이 자신들의 농장을 확대하면서 불법으로 면세·면역에 대한 특권을 누리게 되자 고려 조정의 재정은 바닥나고 관료들은 녹봉을 제대로 지급받지 못하는 등 여러 사회적 모순이 발생하였다. 이에 신진사대부들의 상소로 과전법이 공포되었다.

12. ②　answer

13 다음은 조선과 일본, 중국의 인구 변화 추세를 나타낸 〈표〉이다. 이에 대한 설명으로 옳은 것은?

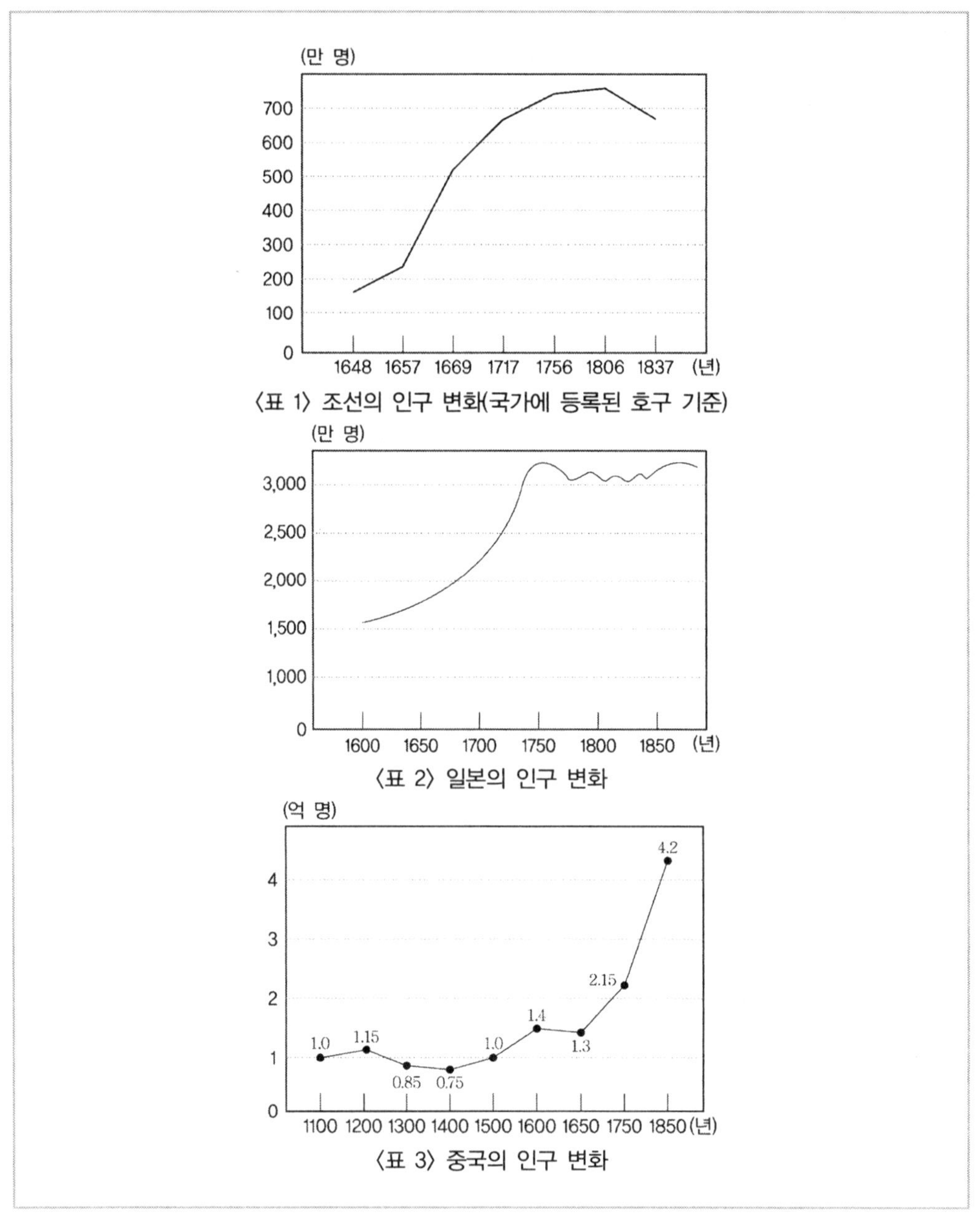

① 18세기 중반 이후 조선의 급격한 인구 증가는 삼남지방의 개발과 인구 유입 때문이었다.

② 명대 초기 1억 4천만 명 정도였던 중국의 인구는 청대 초기 3억 명을 돌파하였고, 19세기 중반에 4억 2천만 명에 이르렀다.

③ 17세기 ~ 18세기 초반 조선을 비롯한 삼국은 농업기술이 발달하고 농경지가 늘어나서, 결과적으로 인구가 많이 증가하였다.

④ 17세기 이후 일본의 인구는 정체현상을 보이는데, 이러한 경향은 18세기까지 지속되었다.

> ✱ TIP ✱ 위에 제시된 세 나라의 인구 변화 추세를 나타낸 표를 보면 모두 공통적으로 인구가 늘어난 것을 알 수 있다. 이는 17~18세기 근대사회로 오면서 다양한 농업의 기술이 발전하고 농경지가 늘어난 데 따른 결과라고 할 수 있다.

14 밑줄 친 '이 농서가 처음 편찬된 시기의 문화에 대한 설명으로 옳은 것은?

> 「농상집요」는 중국 화북 지방의 농사 경험을 정리한 것으로서 기후와 토질이 다른 조선에는 도움이 될 수 없었다. 이에 농사 경험이 풍부한 각 도의 농민들에게 물어서 조선의 실정에 맞는 농법을 소개한 <u>이 농서</u>가 편찬되었다.

① 현실 세계와 이상 세계를 표현한 「몽유도원도」가 그려졌다.

② 선종의 입장에서 교종을 통합한 조계종이 성립되었다.

③ 윤휴는 주자의 사상과 다른 모습을 보여 사문난적으로 몰렸다.

④ 진경산수화와 풍속화가 유행하였다.

> ✱ TIP ✱ 농사직설(農事直說)은 조선 세종 때 지어진 농서(農書)로 서문에서 밝히는 바와 같이 당시 까지 간행된 중국의 농서가 우리나라의 풍토와 맞지 않아 농사를 짓는 데 있어 어려움이 있다는 이유로 세종이 각 도 감사에게 명해 각 지역의 농군들에게 직접 물어 땅에 따라 이미 경험한 바를 자세히 듣고 이를 수집하여 편찬, 인쇄, 보급한 것이다. 이 책은 지역에 따라 적절한 농법을 수록하여 우리 실정과 거리가 먼 중국의 농법에서 벗어나는 좋은 계기를 마련했다고 볼 수 있다.
> ① 안견의 몽유도원도는 1447년(세종 29)에 안평대군이 도원을 거닐며 놀았던 꿈 내용을 당시 도화서 화가였던 안견에게 말해 안견이 그린 것으로 현재 일본 덴리대학(天理大學) 중앙도서관에 소장되어 있다.

14. ①

 answer

15 밑줄 친 '이번 문서를 보낸 조직에 대한 설명으로 옳은 것은?

> • 이전 문서에서는 몽고의 연호를 사용했는데, 이번 문서에서는 연호를 사용하지 않았다.
> • 이전 문서에서는 몽고의 덕에 귀의하여 군신 관계를 맺었다고 하였는데, 이번 문서에서는 강화로 도읍을 옮긴 지 40년에 가깝지만, 오랑캐의 풍습을 미워하여 진도로 도읍을 옮겼다고 한다.
>
> — 「고려첩장(高麗牒狀)」 —

① 최우가 도적을 막기 위해 만든 조직에서 비롯되었다.

② 최충헌이 신변 보호와 집권체제 강화를 위해 조직하였다.

③ 거란의 침입에 대비하기 위한 조직으로 편성되었다.

④ 쌍성총관부 탈환에 주도적인 역할을 한 조직이었다.

> ✱ TIP ✱ 위에 나온 내용 중 '이번 문서에서는 강화로 도읍을 옮긴 지 40년에 가깝지만, 오랑캐의 풍습을 미워하여 진도로 도읍을 옮겼다'는 내용을 통해 해당 조직이 고려시대 삼별초임을 알 수 있다.
> ※ 삼별초…정확한 설치 연대는 알 수 없으나 고려시대 최씨 정권의 최우 집권기 때 만들어진 야별초가 좌별초·우별초로 나뉘고 후에 몽고의 포로로 잡혀갔던 이들이 돌아와 편성된 신의군이 합쳐져 삼별초가 되었다. 따라서 삼별초의 형성은 최씨 정권 말엽이라 할 수 있지만 그 시작은 최우의 야별초에서 비롯되었다고 볼 수 있다.

16 다음 글을 남긴 국왕의 재위 기간에 일어난 사실로 옳은 것은?

> 보잘 것 없는 나, 소자가 어린 나이로 어렵고 큰 유업을 계승하여 지금 12년이나 되었다. 그러나 나는 덕이 부족하여 위로는 천명(天命)을 두려워하지 못하고 아래로는 민심에 답하지 못하였으므로, 밤낮으로 잊지 못하고 근심하며 두렵게 여기면서 혹시라도 선대왕께서 물려주신 소중한 유업이 잘못되지 않을까 걱정하였다. 그런데 지난번 가산(嘉山)의 토적(土賊)이 변란을 일으켜 청천강 이북의 수 많은 생령이 도탄에 빠지고 어육(魚肉)이 되었으니 나의 죄이다.
>
> — 「비변사등록」 —

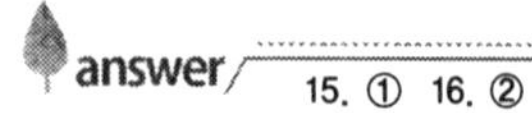

① 최제우가 동학을 창도하였다.

② 공노비 6만 6천여 명을 양인으로 해방시켰다.

③ 미국 상선 제너럴 셔먼 호가 격침되었다.

④ 삼정 문제를 해결하기 위해 삼정이정청을 설치하였다.

> ✱ TIP ✱ ② 위의 글은 1811년(순조 12) 12월부터 이듬해 4월까지 약 5개월 동안 일어난 홍경래의 난에 대한 내용으로 순조는 1801년(순조 1)에 궁방과 관아에 예속되어 있던 공노비를 혁파하였다.

17 조선 후기 천주교와 관련된 설명으로 옳지 않은 것은?

① 기해사옥 때 흑산도로 유배를 간 정약전은 그 지역의 어류를 조사한 「자산어보」를 저술하였다.

② 안정복은 성리학의 입장에서 천주교를 비판하는 「천학문답」을 저술하였다.

③ 1791년 윤지충은 어머니 상(喪)에 유교 의식을 거부하여 신주를 없애고 제사를 지내 권상연과 함께 처형을 당하였다.

④ 신유사옥 때 황사영은 군대를 동원하여 조선에서 신앙의 자유를 보장받게 해달라는 서신을 북경에 있는 주교에게 보내려다 발각되었다.

> ✱ TIP ✱ ① 정약전은 신유사옥(1801)으로 인해 흑산도로 귀양을 간 후 그 곳에서 자산어보를 지었다.

18 조선시대의 사상에 대한 설명으로 옳은 것은?

① 정도전은 성리학에만 국한하지 않고 다양한 사상을 포용하였으며, 특히 「춘추」를 국가의 통치 이념으로 중요하게 여겼다.

② 이황은 16세기 조선사회의 모순을 극복하는 방안으로 통치 체제의 정비와 수취제도의 개혁 등을 주장하였다.

③ 18세기에는 인간과 사물의 본성이 다르다고 주장하는 호론과, 이를 같다고 주장하는 낙론 사이에서 논쟁이 벌어졌다.

④ 유형원과 이익의 사상을 계승한 김정희는 토지제도 개혁론을 비롯하여 많은 저술을 남겼다.

> ✱ TIP ✱ ① 정도전은 여러 책을 집필하면서 고려 귀족사회의 정신적 지주였던 불교의 사회적 폐단과 철학적 비합리성을 비판, 공격하고 성리학만이 정학(正學)임을 이론적으로 정립해 조선시대 사상적 기반을 다졌다. 또한 조선의 통치 규범을 나타낸 「조선경국전(朝鮮經國典)」은 「주례(周禮)」에서 재상중심의 권력체계와 과거제도, 병농일치적 군사제도의 정신을 빌려왔다.
> ② 이이에 대한 설명이다.
> ④ 정약용에 대한 설명이다.

19 다음은 박은식이 저술한 「한국독립운동지혈사」의 일부분이다. 여기에서 언급된 사건과 관련된 설명으로 옳지 않은 것은?

> 만세시위가 확산되자, 일제는 헌병 경찰은 물론이고 군인까지 긴급 출동시켜 시위군중을 무차별 살상하였다. 정주, 사천, 맹산, 수안, 남원, 합천 등지에서는 일본 군경의 총격으로 수십 명의 사상자를 냈으며, 화성 제암리에서는 전 주민을 교회에 집합, 감금하고 불을 질러 학살하였다.

① 일제는 무단통치를 이른바 '문화통치'로 바꾸었다.
② 독립운동의 중요한 분기점이 된 대규모의 만세운동이었다.
③ 세계 약소 민족의 독립운동에도 커다란 자극을 주었다.
④ 파리강화회의에 신규식을 대표로 파견하여 이 사건의 진상을 널리 알렸다.

✽ TIP ✽ ④ 파리 강화 회의는 1919년 1월 18일에 개최되어 1920년 1월 21일까지 간격을 두고 열렸으며 우리나라에서는 1919년 1월에 신한청년당이 김규식을 파리강화회의에 파견해 조선의 독립을 요구하였지만 실패하였다.

20 4 · 19 혁명과 관련된 설명으로 옳은 것은?

① 5 · 10 총선거가 남한에서 실시되어 제헌의회가 구성되었다.
② 농지개혁이 실시되어 농민들은 자작농으로 발전하게 되었다.
③ 혁명 이후 남북통일 문제에 대한 논의가 전혀 이루어지지 않았다.
④ 과도 정부가 출범하고, 내각 책임제와 양원제를 골자로 하는 헌법으로 개정되었다.

✽ TIP ✽ ④ 4 · 19혁명 이후 허정, 장면을 중심으로 한 과도정부가 수립되었고 1960년 6월 15일에 는 내각 책임제(의원내각제)를 골자로 한 제3차 개헌이 실시되었다.

2014. 6. 21 제1회 지방직 시행

1 다음 유물이 만들어진 시대의 사회상으로 옳은 것은?

> • 충북 청주 산성동 출토 가락바퀴
> • 경남 통영 연대도 출토 치레걸이
> • 인천 옹진 소야도 출토 조개 껍데기 가면
> • 강원 양양 오산리 출토 사람 얼굴 조각상

① 한자의 전래로 붓이 사용되었다.

② 무덤은 일반적으로 고인돌이 사용되었다.

③ 조, 피 등을 재배하는 농경이 시작되었다.

④ 반량전, 오수전 등의 중국 화폐가 사용되었다.

✱ TIP ✱ 가락바퀴, 치레걸이, 조개껍데기 가면, 사람 얼굴 조각상과 같은 유물들은 모두 신석기시대를 대표 하는 유물들이다. 또한 신석기시대부터 농경이 시작되었기 때문에 이 시대 사회상을 보여주는 보기 는 ③번이다.

※ **치레걸이**: 일명 장신구라고도 하며 신체나 의복에 붙여 장식을 하거나 신분의 상징성을 나타내 기 위해 만들어진 도구의 총칭을 말한다. 치레걸이는 다른 나라의 경우 구석기시대 때부터 만들 어지기 시작했지만 우리나라에서는 아직 구석기시대의 치레걸이가 출토된 적이 없고 신석기시대 이래로 나타난다.

1. ③ **answer**

2 통일신라시대 민정문서(장적)에 대한 설명으로 옳지 <u>않은</u> 것은?

① 인구, 가호, 노비 및 소와 말의 증감까지 매년 작성하였다.

② 토지에는 연수유전답, 촌주위답, 내시령답이 포함되어 있다.

③ 사람은 남녀로 나누고, 연령을 기준으로 하여 6등급으로 구분하였다.

④ 호(戶)는 상상호(上上戶)에서 하하호(下下戶)까지 9등급으로 구분하였다.

> ❋ TIP ❋ 통일신라시대 민정문서는 촌주가 매년 조사하여 3년마다 작성하였다.
>
> ※ 민정문서 : 신라장적 또는 신라 촌락 문서, 정창원 문서라고도 부른다. 이 문서는 당시 통일신라의 서원경(지금의 청주) 지방 4개 촌의 경제 상황과 국가의 세무 행정에 대해 기록한 문서로 마을의 둘레, 연호수(煙戶數), 인구, 전답, 마전(麻田), 백자(栢子 : 잣), 추자, 뽕나무 등의 나무 수와 소·말의 수효까지 상세히 기록되어 있어 당시 촌락의 생태를 잘 알 수 있다. 또한 사람은 남녀별로 구분하여 16세에서 60세의 남자 연령을 기준으로 나이에 따라 6등급으로 분류하여 기록하였으며 호(가구)는 사람의 많고 적음에 따라 상상호(上上戶)에서 하하호(下下戶)까지 9등급으로 나누어 파악하였다. 이 민정문서는 3년간의 사망·이동 등 변동내용에 따른 변동이 기록된 점으로 보아 3년 만에 한 번씩 작성된 것으로 추정된다.

3 밑줄 친 '나'에 대한 설명으로 옳지 <u>않은</u> 것은?

> 나는 도(道)를 구하는 데 뜻을 두어 덕이 높은 스승을 두루 찾아다녔다. 그러다가 진수대법사 문하에서 교관(教觀)을 대강 배웠다. 법사께서는 강의하다가 쉬는 시간에도 늘 "관(觀)도 배우지 않을 수 없고, 경(經)도 배우지 않을 수 없다."라고 제자들에게 훈시하였다. 내가 교관에 마음을 다 쏟는 까닭은 이 말에 깊이 감복하였기 때문이다.

① 해동 천태종을 창시하였다.

② 이론과 실천의 양면을 강조하였다.

③ 교종의 입장에서 선종을 통합하였다.

④ 정혜쌍수로 대표되는 결사운동을 일으켰다.

> ❋ TIP ❋ 교관겸수는 고려 대각국사 의천의 주장으로 불교에서 교리체계인 교(教)와 실천수행법인 지관을 함께 닦아야 한다는 사상으로 교관병수(教觀並修)라고도 한다.
>
> ④ 정혜쌍수는 고려 보조국사 지눌이 주장하였다.

answer / 2. ① 3. ④

4 다음 활동을 전개한 단체로 옳은 것은?

> 평양 대성학교와 정주 오산학교를 설립하였고 민족 자본을 일으키기 위해 평양에 자기 회사를 세웠다. 또한 민중 계몽을 위해 태극 서관을 운영하여 출판물을 간행하였다. 그리고 장기적인 독립운동의 기반을 마련하여 독립전쟁을 수행할 목적으로 국외에 독립운동 기지 건설을 추진하였다.

① 보안회　　　　　　　　　② 신민회
③ 대한 자강회　　　　　　　④ 대한 광복회

> ✱ TIP ✱ 신민회는 교육구국운동의 일환으로 정주의 오산학교, 평양의 대성학교, 강화의 보창학교 등을 설립하였고 그 외 여러 계몽 강연이나 학회운동 및 잡지·서적 출판운동, 그리고 민족산업진흥운동, 청년운동, 무관학교 설립과 독립군 기지 창건 운동 등에 힘썼다.

5 다음 글을 쓴 인물에 대한 설명으로 옳은 것은?

> 이른바 3대 문제는 무엇인가. 첫째는 유교계의 정신이 오로지 제왕측에 있고, 인민 사회에 보급할 정신이 부족함이오, 둘째는 여러 나라를 돌아다니면서 천하를 변혁하려 하는 정신을 강구하지 않고, 내가 동몽(童蒙)을 찾는 것이 아니라 동몽이 나를 찾는다는 생각을 간직함이오, 셋째는 우리 대한의 유가에서 쉽고 정확한 법문을 구하지 아니하고 질질 끌고 되어 가는 대로 내버려 두는 공부만을 숭상함이다.

① ‘조선심’의 개념을 중시하고 한글을 그 결정체로 보았다.
② ‘5천년간 조선의 얼’이라는 글을 써서 민족 정신을 고취하였다.
③ 실천적인 새로운 유교 정신을 강조하는 유교구신론을 주장하였다.
④ 3·1운동 때 민족 대표 33인의 한 사람이며, 일제의 사찰령에 반대하였다.

> ✱ TIP ✱ 박은식은 유교구신론이라는 논문으로 통해 유교의 개량과 구신(求新)을 주장하였다.
> 　　　① 문일평에 대한 보기이다.
> 　　　② 정인보에 대한 보기이다.
> 　　　④ 한용운에 대한 보기이다.

6 ㈎～㈐는 고려시대 대외관계와 관련된 자료이다. 이를 시기 순으로 바르게 나열한 것은?

㈎ 윤관이 "신이 여진에게 패한 이유는 여진군은 기병인데 우리는 보병이라 대적할 수 없었기 때문입니다."라고 아뢰었다.

㈏ 서희가 소손녕에게 "우리나라는 고구려의 옛 땅이오. 그러므로 국호를 고려라 하고 평양에 도읍하였으니, 만일 영토의 경계로 따진다면, 그대 나라의 동경이 모두 우리 경내에 있거늘 어찌 침식이라 하리요."라고 주장하였다.

㈐ 유승단이 "성곽을 버리며 종사를 버리고, 바다 가운데 있는 섬에 숨어 엎드려 구차히 세월을 보내면서, 변두리의 백성으로 하여금 장정은 칼날과 화살 끝에 다 없어지게 하고, 노약자들은 노예가 되게 함은 국가를 위한 좋은 계책이 아닙니다."라고 반대하였다.

① ㈎→㈏→㈐

② ㈏→㈎→㈐

③ ㈏→㈐→㈎

④ ㈐→㈏→㈎

❋ TIP ❋ ㈏ 서희(942~998)는 거란의 침입(993) 때 활약했던 인물이다.

㈎ 윤관(?~1111)은 1107년 20만 대군을 이끌고 여진을 정복하고 고려의 동북 9성을 설치하여 고려의 영토를 확장시킨 인물이다.

㈐ 유승단(1168~1232)은 1232년 최우가 재추회의를 소집하여 강화도로 천도를 논의할 때 반대했던 인물이다.

7 조선 후기 예송에 대한 설명으로 옳지 않은 것은?

① 갑인예송에서 남인은 조대비가 9개월복의 상복을 입어야 한다고 주장하였다.

② 기해예송은 서인의 주장대로 조대비가 효종을 위해 1년복을 입는 것으로 결정되었다.

③ 기해예송은 효종이 사망하자 조대비가 상복을 3년복으로 입을 것인가, 1년복으로 입을 것인가를 둘러싸고 일어났다.

④ 갑인예송은 효종비가 사망하자 조대비가 상복을 1년복으로 입을 것인가, 9개월복으로 입을 것인가를 둘러싸고 일어났다.

answer 6. ② 7. ①

✽ TIP ✽ 갑인예송 당시 남인들은 기년복(朞年服 : 1년 동안 입는 상복)을 입어야 한다고 주장하였다.

　※ **예송논쟁** : 조선의 현종과 숙종 대에 효종과 효종비가 승하하자 인조의 계비이던 자의대비의 복상기간을 어떻게 할 것인가를 두고 남인과 서인이 두 차례에 걸쳐 격렬하게 논쟁을 벌였는데 이를 예송 또는 예송논쟁이라 한다.

8 (개) **시기에 볼 수 있는 장면으로 적절한 것은?**

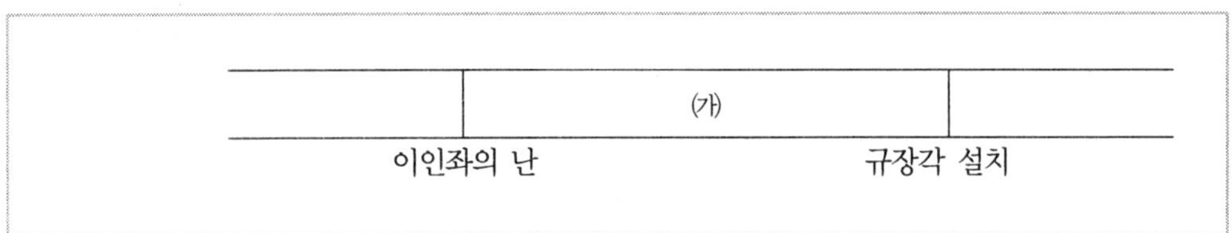

① 당백전으로 물건을 사는 농민

② 금난전권 폐지를 반기는 상인

③ 전(錢)으로 결작을 납부하는 지주

④ 경기도에 대동법 실시를 명하는 국왕

　✽ TIP ✽ 이인좌의 난은 1728년에 일어났고 규장각은 1776년에 설치되었다.

　　③ 균역법은 영조 26년(1750)에 실시한 부세제도로 종래까지 군포 2필씩 징수하던 것을 1필로 감하고 그 세수의 감액분을 결미(結米)·결전(結錢), 어(漁)·염(鹽)·선세(船稅), 병무군관포, 은·여결세, 이획 등으로 충당하였다.

　　① 당백전은 1866년(고종 3) 11월에 주조되어 약 6개월여 동안 유통되었던 화폐이다.

　　② 금난전권은 1791년 폐지(금지)되었다.

　　④ 대동법은 1608년(광해군 즉위년) 경기도에 처음 실시되었다.

8. ③ `answer`

9 다음 글을 쓴 인물에 대한 설명으로 옳은 것은?

> 이제 이 도(圖)와 해설을 만들어 겨우 열 폭밖에 되지 않는 종이에 풀어 놓았습니다만, 이
> 것을 생각하고 익혀서 평소에 조용히 혼자 계실 때에 공부하소서. 도(道)가 이룩되고 성인
> 이 되는 요체와 근본을 바로잡아 나라를 다스리는 근원이 모두 여기에 갖추어져 있사오니,
> 오직 전하께서는 이에 유의하시어 여러 번 반복하여 공부하소서.

① 일본의 성리학 발전에 크게 영향을 끼쳤다.

② 방납의 폐단을 개선하기 위해 수미법을 주장하였다.

③ 노장 사상을 포용하고 학문의 실천성을 강조하였다.

④ 성리학을 중심에 두면서도 양명학의 심성론을 인정하였다.

✽ TIP ✽ 성학십도(聖學十圖)는 조선 중기 학자인 이황이 올린 상소문으로 어린 나이에 즉위한 선조가 성군(聖
君)이 되기를 바라는 뜻에서 군왕의 도에 관한 학문의 요체를 도식(圖式)으로 설명한 상소문이다.
② 수미법(收米法)은 조선시대 공납의 문제점을 시정하기 위해 공납을 쌀로 거두는 제도를 말한다.
이는 원래 16세기 이이와 조광조 등이 공납의 폐단을 시정하기 위해 주장하였으나 받아들여지지
않고 이후 1608년 광해군 때 이원익에 의해 대동법으로 이어졌다.

10 다음은 일제 강점기 국외 독립운동에 관한 사실들이다. 이를 시기 순으로 바르게 나열한 것은?

> ㉠ 대한민국 임시 정부가 지청천을 총사령으로 하는 한국 광복군을 창설하였다.
> ㉡ 블라디보스토크에서 이상설, 이동휘 등이 중심이 된 대한 광복군 정부가 수립되었다.
> ㉢ 홍범도가 이끄는 대한 독립군을 비롯한 연합 부대는 봉오동 전투에서 대승을 거두었다.
> ㉣ 양세봉이 이끄는 조선 혁명군은 중국 의용군과 연합하여 영릉가 전투에서 일본군을 무찔
> 렀다.

① ㉠→㉣→㉡→㉢

② ㉡→㉢→㉣→㉠

③ ㉢→㉡→㉣→㉠

④ ㉣→㉢→㉠→㉡

✻ TIP ✻ ㉠ 한국광복군은 1940년 중국 충칭에서 조직되었다.
㉡ 대한광복군정부는 1914년 러시아 블라디보스토크에 세워졌던 망명 정부이다.
㉢ 봉오동 전투는 1920년 6월 7일 만주 봉오동에서 홍범도의 대한독립군이 일본 정규군을 대패시킨 전투이다.
㉣ 영릉가 전투는 1932년 4월 남만주 일대에서 활동하던 조선혁명군이 중국 요령성 신빈현 영릉가에서 일본 관동군과 만주국군을 물리친 전투이다.

11 삼국시대 금석문 자료에 대한 설명으로 옳지 않은 것은?

① 호우총 출토 청동 호우의 존재를 통해 신라와 고구려 관계를 살펴볼 수 있다.

② 사택지적비를 통해 당시 백제가 도가(道家)에 대한 이해를 하고 있었음을 알 수 있다.

③ 울진 봉평리 신라비를 통해 신라가 동해안의 북쪽 방면으로 세력을 확장하였음을 알 수 있다.

④ 충주 고구려비(중원 고구려비)를 통해 신라가 고구려에게 자신을 '동이(東夷)'라고 낮추어 표현했음을 알 수 있다.

✻ TIP ✻ ④ 중원고구려비를 통해 당시 고구려가 신라를 동이(東夷)라 칭하면서 그 국왕에게 종주국으로서 의복을 하사했다는 내용 등을 알 수 있다.

12 (개), (내)의 나라에 대한 설명으로 옳은 것만을 〈보기〉에서 모두 고르면?

> (개) 살인자는 사형에 처하고 그 가족은 노비로 삼았다. 도둑질을 하면 12배로 변상케 했다. 남녀 간에 음란한 짓을 하거나 부인이 투기하면 모두 죽였다. 투기하는 것을 더욱 미워하여, 죽이고 나서 시체를 산 위에 버려서 썩게 했다. 친정에서 시체를 가져가려면 소와 말을 바쳐야 했다.
>
> (내) 귀신을 믿기 때문에 국읍에 각각 한 사람씩 세워 천신에 대한 제사를 주관하게 했다. 이를 천군이라 했다. 여러 국(國)에는 각각 소도라고 하는 별읍이 있었다. 큰 나무를 세우고 방울과 북을 매달아 놓고 귀신을 섬겼다. 다른 지역에서 거기로 도망쳐 온 사람은 누구든 돌려보내지 않았다.
>
> — 삼국지 —

> ⊙ (개) – 왕 아래에는 상가, 고추가 등의 대가가 있었다.
> ⓛ (개) – 농사가 흉년이 들면 국왕을 바꾸거나 죽이기도 하였다.
> ⓒ (내) – 제천 행사는 5월과 10월의 계절제로 구성되어 있었다.
> ⓔ (내) – 동이(東夷) 지역에서 가장 넓고 평탄한 곳이라 기록되어 있었다.

① ⊙, ⓛ   ② ⊙, ⓔ
③ ⓛ, ⓒ   ④ ⓒ, ⓔ

❋ TIP ❋ (개)는 '살인자는 사형에 처하고 그 가족은 노비로 삼았다. 도둑질을 하면 12배로 변상케 했다'라는 부분을 통해 부여의 1책 12법임을 알 수 있고 (내)는 '천군', '소도'라는 용어로 보아 삼한에 대한 글임을 알 수 있다.
⊙은 고구려의 관직을 나타내고 있으며 부여의 관직으로는 마가 · 우가 · 저가 · 구가 등이 있었다.
ⓔ은 (개)에 해당되는 내용이다.

13 다음 중 해외로 유출된 우리 문화재는?

① 신윤복의 미인도   ② 안견의 몽유도원도
③ 정선의 인왕제색도   ④ 강희안의 고사관수도

❋ TIP ❋ ② 현재 안견의 몽유도원도(夢遊桃源圖)는 일본 덴리대학(天理大學) 중앙도서관에 소장되어 있으며 우리나라에서는 2009년 한국박물관 개관 100주년 기념 특별전으로 전시된 적이 있었다.

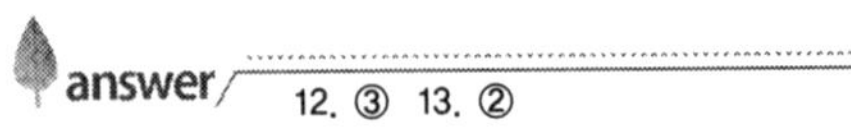

answer 12. ③ 13. ②

14 조선시대 의궤에 대한 설명으로 옳지 않은 것은?

① 왕실의 행사에 사용된 도구, 복식 등을 그림으로 남겨 놓았다.

② 이두와 차자(借字) 및 우리의 고유한 한자어(漢字語) 연구에도 귀중한 자료이다.

③ 왕실 혼례와 장례, 궁중의 잔치, 국왕의 행차 등 국가의 중요한 행사를 기록하였다.

④ 프랑스 국립도서관에는 신미양요 때 프랑스군이 약탈해 간 어람용 의궤가 소장되어 있다.

> ❈ TIP ❈ ④ 신미양요는 1871년(고종 8)에 미국 극동함대가 강화도에 쳐들어 온 사건이며 프랑군이 침입한 사건은 병인양요(1866, 고종 3)이다. 또한 병인양요 때 프랑스 군이 약탈해 간 조선 왕실 의궤는 2011년 프랑스 국립도서관에 있던 것을 우리나라가 5년 단위 임대 형식으로 반환받았다.

15 밑줄 친 '나'에 대한 설명으로 옳은 것은?

> 우리가 기다리던 해방은 우리 국토를 양분하였으며, 앞으로는 그것을 영원히 양국의 영토로 만들 위험성을 내포하고 있다. …… 나는 통일된 조국을 건설하려다가 38도선을 베고 쓰러질지언정 일신의 구차한 안일을 취하여 단독정부를 세우는 데에는 협력하지 아니하겠다.

① 통일 정부 수립을 위한 남북 협상을 추진하였다.

② 한국 민주당을 결성하여 미군정에 적극적으로 참여하였다.

③ 미국에서 귀국한 후 독립 촉성 중앙 협의회를 구성하였다.

④ 조선 건국 준비 위원회를 조직하고 위원장으로 활동하였다.

> ❈ TIP ❈ ① 김구는 「삼천만 동포에게 읍고함」이란 글을 통해 통일 정부 수립을 위한 남북 협상을 추진하였다.
> ② 한국 민주당은 처음에는 조선인민공화국의 타도와 충칭의 대한민국임시정부를 우리의 정부로 맞아들이겠다는 것을 당면한 대방침으로 삼고 임시정부 환국 후에도 그것으로 일관하였으나 1946년 제1차 미·소공동위원회가 결렬되는 무렵부터 이승만의 남한단독정부 수립운동에 동조하여 김구의 임시정부와 정치노선을 달리하게 되었다.
> ③ 독립촉성중앙협의회는 1945년 10월 23일 이승만을 중심으로 좌·우익을 망라한 민족통일기관 형성을 위해 조직된 정치단체이다.
> ④ 조선건국준비위원회를 조직하고 위원장으로 활동한 사람은 여운형이다.

14. ④ 15. ①　 answer

16 (가), (나) 국왕의 재위 시기에 있었던 사실로 옳은 것만을 〈보기〉에서 모두 고르면?

> (가) 대조영의 뒤를 이어 즉위하였다. 영토 확장에 힘을 기울여 동북방의 여러 세력을 복속하고 북만주 일대를 장악하였다.
>
> (나) 대부분의 말갈족을 복속시키고, 요동 지역으로 진출하였다. 이후 전성기를 맞은 발해를 중국에서는 해동성국(海東盛國)이라고 불렀다.

> ㉠ (가) - 수도를 중경에서 상경으로 옮겼다.
>
> ㉡ (가) - 장문휴가 수군을 이끌고 당(唐)의 산둥(山東) 지방을 공격하였다.
>
> ㉢ (나) - '건흥' 연호를 사용하고, 지방 행정 조직을 정비하였다.
>
> ㉣ (나) - 당시 국왕을 '대왕'이라 표현한 정혜공주의 묘비가 만들어졌다.

① ㉠, ㉡   ② ㉠, ㉣

③ ㉡, ㉢   ④ ㉢, ㉣

❋ TIP ❋ 대조영의 뒤를 이어 동북방의 여러 세력을 복속시키고 북만주 일대를 장악한 왕은 발해 무왕(가)이고 중국으로부터 해동성국이라 불리며 발해의 전성기를 맞이한 왕은 발해 선왕(나)이다.
  ㉠ 수도를 중경에서 상경으로 옮긴 왕은 발해 문왕이다.
  ㉣ 정혜공주의 묘비는 발해 문왕 때 만들어졌다.

17 다음에서 서술하고 있는 인물에 대한 설명으로 옳은 것은?

> 이 인물을 중심으로 한 도적 무리는 조선 전기 도적 가운데 그 세력이 가장 컸으며, 명종 14년부터 명종 17년까지 주로 활동하였다. 이들이 거점으로 삼았던 지역은 백정들이 많이 사는 지역과 공물이 운송되며 사신들의 왕래가 빈번하여 농민들의 부담이 무거웠던 역촌(驛村) 지대 및 주변에 갈대밭이 많은 곳 등이었다. 이들은 이러한 곳을 거점으로 약탈·살인·방화를 서슴지 않았다.

① 광대 출신으로 승려 세력과 함께 봉기하여 서울로 들어가려고 하였다.
② 허균이 이 인물을 주인공으로 하여 정치의 부패상을 비판한 소설을 썼다.
③ 황해도를 중심으로 경기·강원·평안·함경도 주변 지역에서 활동하였다.
④ 대동계라는 비밀결사를 조직하여 새 왕조를 세우려는 역성혁명을 꿈꾸었다.

✽ TIP ✽ 조선 명종 14년부터 명종 17년까지 주로 활동했던 인물은 임꺽정이다. 임꺽정은 황해도 구월산에 본거지를 만들고 황해도·경기도·강원도 일대에서 주로 활동하였다.

18 (가), (나)는 조선이 외국과 맺은 조약이다. 이와 관련한 설명 중 옳은 것은?

> (가) • 조선국은 자주국으로 일본국과 평등한 권리를 보유한다.
> • 경기, 충청, 전라, 경상, 함경 5도 연해 중에서 통상하기 편리한 항구 두 곳을 택하여 지정한다.
> (나) 이 수륙 무역 장정은 중국이 속방(屬邦)을 우대하는 뜻에서 상정한 것이고, 각 대등 국가 간의 일체 동등한 혜택을 받는 예와는 다르다.

① (가)는 '운요호 사건' 이후 체결된 것이다.
② (가)에는 일본 상인의 내지 통상권에 대한 허가가 규정되어 있다.
③ (나)는 갑신정변 이후 체결된 것이다.
④ (나)에는 천주교의 포교권 인정이 규정되어 있다.

✽ TIP ✽ (가) 조선이 일본과 체결한 강화도 조약(1876, 고종 13)에는 '조선국은 자주 국가로 일본국과 동등한 권리를 보유한다.(제1조)', '경기·충청·전라·경상·함경 5도 중에서 연해의 통상하기 편리한 항구 두 곳을 골라 개항한다.(제5조)'를 비롯하여 '일본국 항해자들이 수시로 조선국 해안을 측량하여 도면을 만들어서 양국의 배와 사람들이 위험한 곳을 피하고 안전히 항해할 수 있도록 한다.(제7조)'와 같은 내용이 들어있다.
　　　(나) 또한 조선이 청나라와 체결한 조중상민수륙무역장정(1882, 고종 19) 첫머리에는 '이 수륙무역장정은 중국이 속방(屬邦)을 우대하는 뜻에서 상정한 것이고, 각 대등 국가 간의 일체 균점하는 예와는 다르다'라고 적혀 있다.
　　　② 일본 상인의 내지 통상권에 대한 허가가 규정된 것은 '조일수호조규부록'과 조일수호조규속약에서이다.
　　　③ 조중상민수륙무역장정(1882년)은 갑오개혁(1884년) 이전에 체결되었다.
　　　④ 천주교의 포교권 인정은 프랑스와의 수교 때(1886)이다.

19 다음 선언을 지침으로 삼았던 애국 단체의 활동에 대한 설명으로 옳은 것은?

> 우리는 '외교', '준비' 등의 미련한 꿈을 버리고 민중 직접 혁명의 수단을 취함을 선언하노라. 조선 민족의 생존을 유지하자면 강도 일본을 내쫓을지며, 강도 일본을 내쫓을지면 오직 혁명으로써 할 뿐이니, 혁명이 아니고는 강도 일본을 내쫓을 방법이 없는 바이다.

① 이재명이 이완용을 습격해 중상을 입혔다.
② 나석주가 동양 척식 주식 회사에 폭탄을 투척하였다.
③ 장인환이 샌프란시스코에서 외교 고문 스티븐스를 사살하였다.
④ 안중근이 만주 하얼빈 역에서 초대 통감이었던 이토 히로부미를 사살하였다.

❋ TIP ❋ 신채호의 조선혁명선언을 지침으로 삼은 애국단체는 의열단이고 의열단은 1919년 11월 만주에서 조직되었다.
　① 이재명이 이완용을 습격한 것은 1909년 12월이다.
　③ 장인환이 외교 고문 스티븐스를 사살한 것은 1908년 3월이다.
　④ 안중근이 이토 히로부미를 사살한 것은 1909년 10월이다.

20 다음은 근대 개혁 방안에 관한 자료이다. 이를 시기 순으로 바르게 나열한 것은?

> ㉠ 내시부를 없애고 그 가운데서 재능있는 자가 있으면 뽑아 쓴다.
> ㉡ 왕실 사무와 국정 사무를 모름지기 나누어 서로 뒤섞지 아니한다.
> ㉢ 대한국 대황제는 육해군을 통솔하고 편제를 정하며 계엄과 해엄을 명한다.
> ㉣ 재정은 모두 탁지부에서 전담하여 맡고, 예산과 결산은 인민에게 공포한다.

① ㉠→㉡→㉢→㉣　　　　　　　② ㉠→㉡→㉣→㉢
③ ㉡→㉠→㉢→㉣　　　　　　　④ ㉡→㉠→㉣→㉢

❋ TIP ❋ ㉠ 갑신정변 14개조 중 제4항의 내용으로 갑신정변 14개조 정강은 1884년에 작성되었다.
　㉡ 왕실 사무와 국정 사무를 분리한 것은 제1차 갑오개혁(1894년 7월부터 11월까지) 때이다.
　㉢ 대한국 국제 제5조의 내용으로 대한국 국제(大韓國 國制)는 1899년인 광무 2년 8월 14일에 반포된 대한제국 헌법을 말한다.
　㉣ 헌의 6조 제3조의 내용으로 헌의 6조는 1896년 7월에 독립협회가 나라의 개혁을 위해 관민공동회를 개최하고 결의한 6개조의 개혁안이다.

2014. 6. 28 서울특별시 시행

1 다음에서 설명하고 있는 왕이 실시한 정책으로 옳은 것은?

> 충숙왕의 둘째 아들로서 원나라 노국대장공주를 아내로 맞이하고 원에서 살다가 원의 후원으로 왕위에 올랐으나 고려인의 정체성을 결코 잃지 않았다.

① 정동행성의 이문소를 폐지하였다.

② 수도를 한양으로 옮겼다.

③ 삼군도총제부를 설치하였다.

④ 연구기관인 만권당을 설립하였다.

⑤ 과전법을 공포하였다.

> ✽ TIP ✽ 지문에서 설명하고 있는 왕은 공민왕이다.
> ② 수도를 한양으로 옮긴 것은 조선 태조 때인 1394년이다.
> ③ 삼군도총제부는 1391년(공양왕 3)에 설치되었다.
> ④ 고려 충선왕 때 원나라 수도 연경에 설치되었다.
> ⑤ 1391년(공양왕 3)에 공포되었다.

1. ① **answer**

2 **다음 자료에 나타난 시기의 가족 제도의 특징으로 옳은 것을 〈보기〉에서 모두 고른 것은?**

지금은 남자가 장가들면 여자 집에 거주하여, 남자가 필요로 하는 것은 모두 처가에서 해결하고 있습니다. 그리하여 장인과 장모의 은혜가 부모의 은혜와 똑같습니다. 아아, 장인께서 저를 두루 보살펴 주셨는데 돌아가셨으니, 저는 장차 누구를 의지해야 합니까.

－「동국이상국집」－

㉠ 제사는 불교식으로 자녀들이 돌아가면서 지냈다.
㉡ 부계 위주의 족보를 편찬하면서 동성 마을을 이루어 나갔다.
㉢ 태어난 차례대로 호적에 기재하여 남녀 차별을 하지 않았다.
㉣ 아들이 없을 때에는 양자를 들이지 않고 딸이 제사를 지냈다.

① ㉠, ㉡
② ㉡, ㉢
③ ㉢, ㉣
④ ㉠, ㉢, ㉣
⑤ ㉡, ㉢, ㉣

✽ TIP ✽ 「동국이상국집」은 고려 후기 문인이었던 이규보가 지은 시문집이다.
㉠, ㉢, ㉣은 모두 고려시대 사회상의 모습이다.
㉡은 성리학의 영향을 받은 조선 후기 사회상의 모습이다.

3 **다음 사건을 일어난 순서대로 나열한 것으로 옳은 것은?**

㉠ 김종직의 무덤을 파헤쳐 시신을 참수하였다.
㉡ 조광조가 능주로 귀양 가서 사약을 받고 죽었다.
㉢ 명종을 해치려 했다는 이유로 윤임 일파가 몰락하였다.
㉣ 연산군은 생모 윤씨의 폐비 사건에 관여한 사림을 몰아냈다.

① ㉠－㉡－㉢－㉣
② ㉠－㉣－㉡－㉢
③ ㉡－㉠－㉢－㉣
④ ㉡－㉢－㉣－㉠
⑤ ㉢－㉡－㉠－㉣

answer 2. ④ 3. ②

❋ TIP ❋ ㉠ 무오사화(1498년, 연산군 4) 때의 일이다.
　　　　 ㉡ 기묘사화(1519년, 중종 14) 때의 일이다.
　　　　 ㉢ 을사사화(1545년, 명종 즉위년) 때의 일이다.
　　　　 ㉣ 갑자사화(1504년, 연산군 10) 때의 일이다.

4 **조선의 통치기구에 대한 설명 중 옳은 것은?**

① 의정부는 최고의 행정집행기관으로 그 중요성에 의해 점차 실권을 강화하였다.

② 홍문관은 정치의 득실을 논하고 관리의 잘못을 규찰하고 풍기·습속을 교정하는 일을 담당하였다.

③ 예문관과 춘추관은 대간(臺諫)이라 불렸는데, 임명된 관리의 신분·경력 등을 심의·승인하는 역할을 담당하였다.

④ 지방관은 행정의 권한만을 위임받았는데, 자기 출신지에는 임명될 수 없었다.

⑤ 지방 양반들로 조직된 향청은 수령을 보좌하고 풍속을 바로 잡고 향리를 규찰하는 등의 임무를 맡았다.

❋ TIP ❋ ① 의정부(議政府)는 조선시대 최고 합의 기구이고 조선 후기로 올수록 점점 실권이 약화되었다. 조선시대 최고의 행정집행기관은 육조(六曹)이다.
　　　　 ② 홍문관(弘文館)은 조선시대 궁중의 경서·사적의 관리와 문한(文翰)의 처리 및 왕의 각종 자문에 응하는 일을 담당하던 관서로 사헌부·사간원과 함께 삼사(三司)로 불렸다.
　　　　 ③ 대간(臺諫)이란 감찰 임무를 맡은 대관(臺官)과 국왕에 대한 간쟁 임무를 맡은 간관(諫官)의 합칭으로 조선시대 때 대관은 사헌부(司憲府), 간관은 사간원(司諫院)이었다. 예문관은 조선시대 임금의 말이나 명령을 대신하여 짓는 것을 담당하기 위해 설치한 관서이고 춘추관은 조선시대 시정(時政)의 기록을 관장하던 관서이다.
　　　　 ④ 조선시대의 지방관들은 왕의 대리인 신분으로 각 지방에 대한 행정권·사법권·군사권을 위임받았다.

4. ⑤

5 다음 ㉠, ㉡ 노선을 추구한 각 왕들의 정책으로 올바르게 연결된 것은?

> ㉠ 준론탕평 – 당파의 옳고 그름을 명백히 가린다.
> ㉡ 완론탕평 – 어느 당파든 온건하고 타협적인 인물을 등용하여 왕권에 순종시킨다.

① ㉠ – '환국'을 시도하였다.
② ㉠ – 서원을 대폭 정리하였다.
③ ㉡ – 신문고 제도를 부활하였다.
④ ㉡ – 초계문신제를 실시하였다.
⑤ ㉡ – 화성 건설에 힘썼다.

✽ TIP ✽ 조선시대 탕평책은 크게 ㉠ 준론탕평(정조)과 ㉡ 완론탕평(영조)으로 나뉜다. 영조는 왕권강화를 위해 어느 당파든 온건하고 타협적인 인물을 등용하여 왕권에 순종시키는 완론탕평을 추구한 것이고 정조는 자신의 아버지 사도세자를 죽음으로 몰아넣은 노론 벽파를 견제하기 위해 당파의 옳고 그름을 명백히 가리는 준론탕평을 추구한 것이다.
　① 조선시대 때의 환국(換局)이란 집권 세력이 급변하면서 이에 따라 정국(政局)이 바뀌는 것을 의미하는데 이러한 환국을 시도한 왕은 숙종이다.
　② 조선시대 서원을 대폭 정리한 인물은 흥선대원군이다.
　④, ⑤ 초계문신제와 화성 건설은 모두 정조 때 실시되었다.

6 다음 유물이 등장한 시기의 생활 모습에 관한 설명으로 옳은 것은?

> • 팽이처럼 밑이 뾰족하거나 둥글고, 표면에 빗살처럼 생긴 무늬가 새겨져 있다.
> • 곡식을 담는 데 많이 이용되었다.

① 철제 농기구로 농사를 지었다.
② 비파형동검을 의식에 사용하였다.
③ 취사와 난방이 가능한 움집에 살았다.
④ 죽은 자를 위한 고인돌 무덤을 만들었다.
⑤ 정복전쟁을 거치며 지배계급이 등장하였다.

✽ TIP ✽ 팽이처럼 밑이 뾰족하거나 둥글고 표면에 빗살처럼 생긴 무늬가 새겨져 있으며 곡식을 담는데 많이 이용된 유물은 빗살무늬 토기이고 이 토기는 신석기 시대의 대표적인 유물이다.
　　① 철제 농기구로 농사를 지은 것은 철기시대이다.
　　② 비파형 동검을 의식에 사용한 것은 청동기시대이다.
　　④ 고인돌 무덤을 만든 것 역시 청동기시대이다.
　　⑤ 정복전쟁을 하고 지배계급이 등장한 것은 청동기시대이다.

7　다음 보기 중 같은 나라에 대한 설명으로 묶인 것은?

> ㉠ 간음한 자와 투기가 심한 부인을 사형에 처하는 엄격한 법이 있었다.
> ㉡ 다른 부족의 경계를 침범할 경우에는 가축이나 노비로 변상해야 하는 풍습이 있었다.
> ㉢ 전쟁이 일어났을 때 소를 죽여 그 굽으로 점을 치는 풍습이 있었다.
> ㉣ 남자가 일정 기간 처가에서 살다가 본가로 돌아가는 풍속이 있었다.
> ㉤ 가족이 죽으면 가매장을 하였다가 뼈만 추려서 목곽에 넣는 풍습이 있었다.

① ㉠, ㉡　　　　　　　　　　　② ㉡, ㉣

③ ㉠, ㉢　　　　　　　　　　　④ ㉢, ㉤

⑤ ㉣, ㉤

✽ TIP ✽ ㉠, ㉢은 부여의 법과 풍습이다.
　　　　㉡은 동예, ㉣은 고구려, ㉤은 옥저의 풍습이다.

8　백제 근초고왕의 업적에 대한 다음의 설명 중 옳지 않은 것은?

① 남쪽으로는 마한을 멸하여 전라남도 해안까지 확보하였다.

② 북쪽으로는 고구려의 평양성까지 쳐들어가 고국천왕을 전사시켰다.

③ 중국의 동진, 일본과 무역활동을 전개하였다.

④ 왕위의 부자상속을 확립하였다.

⑤ 박사 고흥으로 하여금 백제의 역사서인 「書記(서기)」를 편찬하게 하였다.

✽ TIP ✽ ② 백제 근초고왕은 371년 고구려와의 평양성 전투에서 고구려의 고국원왕을 전사시키고 영토를 확장시켰다.

7. ③　8. ②　 answer

9 다음에서 설명하고 있는 기관의 공통된 이름으로 옳은 것은?

> • 고려와 조선에서는 왕명 출납, 군사 기무, 숙위의 일을 맡았다.
> • 대한제국에서는 정부의 자문기구로 개편되었고, 독립협회가 의회로의 개편을 시도하였다.

① 중추원   ② 홍문관

③ 규장각   ④ 성균관

⑤ 집현전

✱ TIP ✱ 중추원은 고려와 조선시대 때 왕명 출납, 군사기무, 숙위 등을 담당했던 관서였으며 갑오개혁이 한창 진행되던 1985년 3월부터 이후 대한제국이 멸망할 때까지 정부의 자문기관으로써의 역할을 하였다. 또한 독립협회는 1898년 7월 중추원의 의회식 개편을 구체화시키고 10월 중추원의 의회식 개편을 적극 추진한 후 결국 정부측과 중추원의 의회식 개편안에 합의하였다.

10 다음은 고려 시대 불교에 관한 내용이다. 옳은 것으로 묶인 것은?

> ㉠ 천태종의 지눌은 선종을 중심으로 교종을 포용하는 선교일치를 주장하였다.
> ㉡ 의천은 불교와 유교가 심성 수양이라는 면에서 차이가 없다고 하였다.
> ㉢ 의천이 죽은 뒤 교단은 분열되고 귀족 중심이 되었다.
> ㉣ 요세는 참회수행과 염불을 통한 극락왕생을 주장하며 백련사를 결성했다.

① ㉠, ㉢   ② ㉡, ㉣

③ ㉠, ㉡   ④ ㉠, ㉣

⑤ ㉢, ㉣

✱ TIP ✱ ㉠ 지눌은 천태종이 아닌 조계종이다.
        ㉡ 지눌의 제자 혜심이 주장하였다.

11 표 (가), (나)를 통하여 추론할 수 있는 역사적 사실에 대한 옳은 설명을 〈보기〉에서 모두 고른 것은?

(가) 쌀 생산량과 수출량 (단위 : 만석)			
연도	생산량	수출량	국내 1인당 소비량
1912~1916 평균	1,230	106	1124(0.74석)
1917~1921 평균	1410	220	1190(0.69석)
1922~1926 평균	1450	434	1016(0.59석)
1927~1931 평균	1580	661	919(0.50석)
1932~1936 평균	1700	876	824(0.40석)

(나) 농가 경영별 농민 계급 구성비율 (단위 : %)				
연도	지주	자작농	자작 겸 소작농	소작농
1916	2.5	20.1	40.6	36.8
1922	3.7	19.7	35.8	40.8
1925	3.8	19.9	33.2	42.2
1928	3.7	18.3	32.0	44.9
1932	3.6	16.3	25.3	52.8

> ㉠ 물산장려운동이 확산되었을 것이다.
> ㉡ 1920년대 이후 소작쟁의가 격화되었을 것이다.
> ㉢ 미곡공출제와 식량배급제를 실시하였을 것이다.
> ㉣ 만주산 조, 콩 등 잡곡의 수입이 증대되었을 것이다.

① ㉠, ㉡   ② ㉠, ㉢
③ ㉡, ㉢   ④ ㉡, ㉣
⑤ ㉢, ㉣

✱ TIP ✱ 일제강점기에 시행된 산미증식계획(1920~1934)으로 1920년대 이후 소작쟁의가 격화되었고(㉡) 일제의 과도한 수탈로 쌀이 부족해지자 만주에서 재배한 조, 콩 등을 수입해 식량부족을 해결하려 하였다. (㉣)
㉠ 물산장려운동은 1920년대 일제의 경제적 수탈정책에 맞서 전개하였던 범국민적 민족경제 자립실천운동이다.
㉢ 미곡공출제와 식량배급제는 일제가 민족말살통치기에 실시한 제도이다.

11. ④  answer

12 다음 사건을 순서대로 나열 한 것을 고르시오.

> ㉠ 자유시 참변   ㉡ 봉오동 전투
> ㉢ 간도 학살(경신 참변)   ㉣ 청산리 전투

① ㉠-㉡-㉢-㉣   ② ㉠-㉢-㉣-㉡
③ ㉡-㉠-㉣-㉢   ④ ㉡-㉣-㉢-㉠
⑤ ㉢-㉠-㉡-㉣

> ❋ TIP ❋ ㉠ 자유시 참변은 1921년 6월 러시아 스보보드니에서 러시아의 붉은 군대가 대한독립군단 소속 독립군들을 포위, 사살한 사건이다.
> ㉡ 봉오동 전투는 1920년 6월 만주 봉오동에서 독립군 부대가 일본 정규군을 대패시킨 전투이다.
> ㉢ 간도 학살(경신 참변)은 1920년 10월~1921년 4월까지 일본군이 봉오동 전투, 청산리 전투 등에서 독립군에게 패배한 것에 대한 보복으로 간도에 거주하는 한인들을 무참히 학살한 사건을 말한다.
> ㉣ 청산리 전투는 1920년 10월 21일부터 10월 26일까지 약 5일 동안 김좌진·나중소·이범석 등이 지휘하는 북로군정서군과 홍범도가 지휘하는 대한독립군 등을 주력으로 한 독립군부대가 일본군을 청산리 일대에서 대파한 전투이다.

13 다음 활동을 펼친 인물로 옳은 것은?

> 1915년에는 국혼을 강조한 「한국통사」를, 1920년에는 전세계 민중의 힘에 의한 일본의 패망을 예견한 「한국독립운동지혈사」를 지었다.

① 정인보   ② 박은식
③ 안재홍   ④ 신채호
⑤ 백남운

> ❋ TIP ❋ 「한국통사」, 「한국독립운동지혈사」를 지은 사람은 박은식이다.

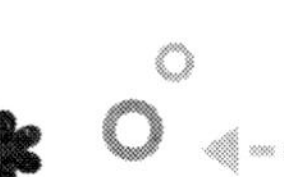

14 다음 사건 이후 전개된 대한민국임시정부의 활동으로 옳은 것은?

> 대한민국임시정부는 충칭에서 광복군을 창립하였다. 총사령에는 지청천, 참모장에는 이범석이 임명되었다.

① 건국강령을 공포하였다.　　　　② 국무령 중심의 내각책임제를 채택하였다.

③ 구미위원부를 설치하였다.　　　　④ 국민대표회의를 소집하였다.

⑤ 기관지로 독립신문을 창간하였다.

> ✱ TIP ✱ 대한민국 임시정부는 1940년 9월 중국 충칭에서 광복군을 창립하였다.
> ① 건국강령 발표는 1941년에 하였다.
> ② 국무령 중심의 내각책임제는 1925년 대한민국 임시정부의 임시헌법(제2차 개헌) 때 채택하였다.
> ③ 구미위원부는 1919년 미국 워싱턴에서 설립된 대한민국 임시정부의 외교담당 기관이다.
> ④ 국민대표회의는 1923년 중국 상하이에서 열렸다.
> ⑤ 독립신문은 대한민국 임시정부의 기관지로써 1919년 8월에 창간되어 1925년 9월에 폐간되었다.

15 다음 ㉠, ㉡, ㉢에 대한 설명으로 옳은 것은?

> ㉠ 6 · 15 남북 공동선언
> ㉡ 7 · 4 남북 공동 성명
> ㉢ 남북 간 화해와 불가침 및 교류 협력에 관한 협의서

① ㉠ - 한반도 비핵화를 선언하였다.　　　　② ㉠ - 남북한 동시 유엔 가입에 합의하였다.

③ ㉡ - 통일의 3대 원칙을 천명하였다.　　　　④ ㉢ - 남북정상회담의 성과였다.

⑤ ㉠ - ㉡ - ㉢ 순으로 발표되었다.

> ✱ TIP ✱ ① 1991년 12월 31일 남 · 북한은 국제적 쟁점이었던 한반도 비핵화 문제를 타결, 채택한 「한반도 비핵화에 관한 공동선언」을 발표하였다.
> ② 남 · 북한 동시 유엔 가입에 합의한 것은 1991년이다.
> ④ 2000년 6 · 15 남 · 북 공동선언 이후 남 · 북 정상 간의 회담이 이루어졌다.
> ⑤ 7 · 4 남 · 북 공동성명(1972), 남 · 북 간 화해와 불가침 및 교류 협력에 관한 협의서(1992), 6 · 15 남 · 북 공동선언(2000) 순이다.

14. ① 15. ③ 　answer

16 조선 시대 과학기술의 발전에 대한 다음의 설명 중 옳지 않은 것은?

① 조선 초기 농업기술의 발전 성과를 반영한 영농의 기본 지침서는 세종대 편찬된 「농가집성」 이었다.

② 세종대 해와 달 그리고 별을 관측하기 위해 간의대(簡儀臺)라는 천문대를 운영하였다.

③ 세종대 동양 의학에 관한 서적과 이론을 집대성한 의학 백과사전인 「의방유취」가 편찬되었다.

④ 문종대 개발된 화차(火車)는 신기전이라는 화살 100개를 설치하고 심지에 불을 붙이는 일종의 로켓포였다.

⑤ 조선 초기 140여 명의 인쇄공이 소속된 최대 인쇄소는 교서관이었다.

✽ TIP ✽ ① 세종 대 농업기술의 발전성과를 반영한 영농의 기본 지침서는 「농사직설(農事直說)」이고 「농가집성(農歌集成)」은 1655년(효종 6)에 신속이 편술한 농서(農書)이다.

17 다음 중 조선 후기 실학자와 그들이 주장하는 바에 대한 설명이다. 옳지 않은 것을 모두 고른 것은?

> ㉠ 정약용 : 농업 중심 개혁론의 선구자로 균전론을 제시하였다.
> ㉡ 홍대용 : 무역선을 파견하여 청에서 행해지는 국제무역에도 참여해야 한다고 주장하였다.
> ㉢ 유수원 : 우서를 저술하여 상공업의 진흥을 위한 사농공상의 직업적 평등과 전문화를 주장하였다.
> ㉣ 유형원 : 자영농 육성을 위한 토지제의 개혁뿐만 아니라 양반문벌제도, 과거제, 노비제의 모순도 지적하였다.

① ㉠, ㉡   ② ㉠, ㉢
③ ㉡, ㉢   ④ ㉡, ㉣
⑤ ㉢, ㉣

✽ TIP ✽ ㉠ 정약용은 여전론(閭田論)과 정전론(井田論)을 주장하였고 균전론을 주장한 사람은 유형원이다.
㉡ 박제가가 「북학의(北學議)」에서 주장한 내용이다.

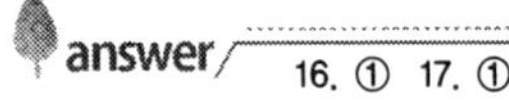

18 다음 정강에 들어간 내용으로 옳지 않은 것은?

> 첫째, 대원군을 가까운 시일 안으로 나라에 돌아오게 하도록 할 것
> 둘째, 문벌을 없애 인민이 평등한 권리를 갖는 제도를 제정할 것

① 혜상공국을 없앨 것 ② 공사노비법을 혁파할 것
③ 전국에 걸쳐 지조법을 개혁할 것 ④ 각 도의 환곡제도를 영원히 없앨 것
⑤ 재정을 모두 호조에서 관할하도록 할 것

> ✽ TIP ✽ ② 공사노비법의 혁파는 1894년 제1차 갑오개혁의 주요 내용 중 하나이다.
> ①③④⑤ 모두 1884년 갑신정변의 14개조 개혁정강의 일부이다.

19 다음 밑줄 친 '제국'에서 추진한 정책으로 옳지 않은 것은?

> 제1조 대한국은 세계만국에 공인되어온 바 자주독립한 제국이니라.

① 상무사 조직 ② 양전지계사업
③ 외국어학교 설립 ④ 서북철도국 개설
⑤ 군국기무처 설치

> ✽ TIP ✽ 대한제국은 1897.10부터 1910.8까지 존속하였던 조선왕조의 국가이다.
> ⑤ 군국기무처는 조선말기(1894년) 때 갑오개혁을 추진하였던 최고 정책 결정 기관이다.
> ① 상무사(商務社)는 1899년 상업과 국제무역, 기타 상행위에 관한 업무를 관장하기 위해 설립되었던 기관이다.
> ② 양전지계사업(量田地契事業)은 대한제국 정부에서 1898년 이후 전국토지의 정확한 규모와 소재를 파악하여 그에 의해 합리적인 조세 부과와 예산편성을 가능하게 하고 이를 통해 각종 개혁사업을 추진하여 근대화를 이루고자 했던 사업을 말한다.
> ③ 대한제국 선포이후 많은 외국어학교가 설립되었다.
> ④ 서북철도국은 1902년 서울과 신의주 사이에 경의선을 부설하기 위해 궁내부에 설치한 관서로 1904년 일본이 러일전쟁 수행의 일환으로 군용철도를 부설하기 시작하면서 폐지되었다.

18. ② 19. ⑤ \ answer

20 다음 사건에 대한 설명으로 옳지 않은 것은?

> ㉠ 3·1운동   ㉡ 6·10 만세 운동
> ㉢ 광주 학생 항일운동   ㉣ 소작쟁의

① ㉠은 중국의 5·4운동, 인도의 비폭력·불복종 운동 등에 영향을 주었다.

② ㉡은 순종의 장례일에 대규모 만세 시위를 계획하였다.

③ ㉡은 준비과정에서 사회주의 계열과 민족주의 계열이 연대하여 민족유일당을 결성할 수 있는 공감대가 형성되었다.

④ ㉢은 민족 차별 중지, 식민지 교육 제도 철폐 등을 요구하며 대규모 가두시위를 벌였다.

⑤ ㉣의 대표적인 사례는 암태도 소작쟁의로 1년여에 걸친 투쟁에도 효과가 없었다.

❋ TIP ❋ ⑤ 암태도 소작쟁의는 1923년 8월부터 1924년 8월까지 전라남도 신안군 암태도의 소작인들이 벌인 소작농민항쟁으로 1년여 간에 걸친 이 쟁의는 '지주와 소작인회 간의 소작료는 4할로 약정하고 지주는 소작인회에 일금 2,000원을 기부한다.', '1923년의 미납소작료는 향후 3년간 분할상환한다.', '구금 중인 쌍방의 인사에 대해서는 쌍방이 고소를 취하한다.', '파괴된 비석은 소작인회의 부담으로 복구한다.' 등 4개항이 약정되면서 소작인측의 승리로 일단락되었다.

2015. 4. 18 인사혁신처 시행

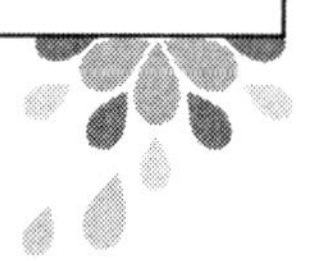

1 고려 사회의 모습으로 옳지 않은 것은?

① 천민 출신인 이의민이 무신 정권의 최고 권력자가 되었다.

② 외거 노비가 재산을 늘려, 그 처지가 양인과 유사해질 수 있었다.

③ 지방 향리의 자제가 과거(科擧)를 통해 귀족의 대열에 진입할 수 있었다.

④ 향·부곡·소의 백성도 일반 군현민과 동일한 수준의 조세·공납·역을 부담하였다.

> ✱ TIP ✱ ④ 향·부곡·소 등 특수행정구역의 백성들은 일반 군현민에 비해 과중한 수준의 조세·공납·역을 부담하였다.

2 조선 전기(15~16세기) 사림의 향촌을 주도하기 위한 동향으로 옳지 않은 것은?

① 도덕과 의례의 기본 서적인 「소학」을 보급하였다.

② 향사례(鄕射禮), 향음주례(鄕飮酒禮)의 실시를 주장하였다.

③ 향회를 통해서 자신들의 결속을 다지고, 향촌을 교화하였다.

④ 촌락 단위의 동약을 실시하고, 문중 중심으로 서원과 사우를 많이 세웠다.

> ✱ TIP ✱ ④ 촌락 단위의 동약을 실시하고, 문중 중심으로 서원과 사우를 많이 세운 것은 조선 후기에 나타난 현상이다.

1. ④ 2. ④ **answer**

3 과전법과 그 변화에 대한 설명으로 옳지 않은 것은?

① 수신전, 휼양전을 죽은 관료의 가족에게 지급하였다.

② 공음전을 5품 이상의 관료에게 주어 세습을 허용하였다.

③ 세조대에 직전법으로 바꾸어 현직 관리에게만 수조권을 지급하였다.

④ 성종대에는 관수관급제를 실시하여 전주의 직접 수조를 지양하였다.

✿ TIP ✿ ② 5품 이상의 관료에게 공음전을 주어 세습을 허용한 것은 고려 전시과이다.

4 다음은 동학농민운동과 관련한 연표이다. (개)~(래) 시기에 있었던 사실로 옳은 것은?

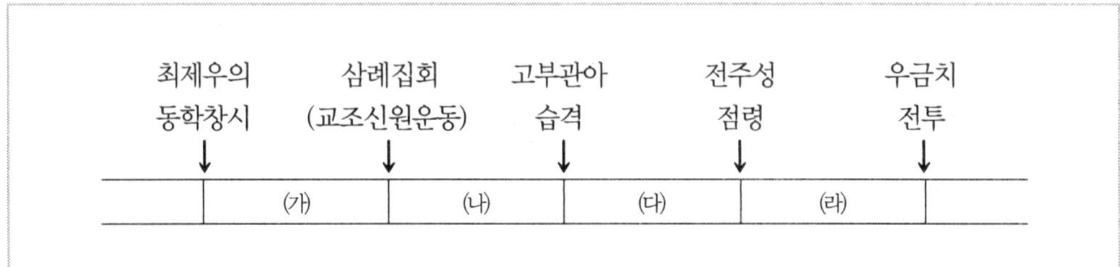

① (가) - 황토현 전투　　　　② (나) - 청·일 전쟁의 발발
③ (다) - 남·북접군의 논산 집결　　　　④ (라) - 일본군의 경복궁 점령

✿ TIP ✿

동학창시 (1860)	삼례집회 (1892.11)	고부관아 습격 (1894.1)	전주성 점령 (1894.4)	우금치 전투 (1894.11)
(가)	(나)	(다)	(라)	

④ 일본군의 경복궁 점령(1894.6) - (라)
① 황토현 전투(1894.4) - (다)
② 청·일 전쟁의 발발(1894.6) - (라)
③ 남·북접군의 논산 집결(1894.11) - (라)

5 다음 자료에 대한 해석으로 가장 적절한 것은?

> • 신라 지증왕 3년의 순장 금지 사료(史料)
> • 신라 무덤에서 출토한 순장 대용(代用) 흙인형

① 전쟁 노비의 소멸로 순장할 대상이 없어졌다.
② 농업생산력의 상승에 따라 노동력을 중시하였다.
③ 죽음에 대한 의식(儀式)에 도교 사상이 반영되었다.
④ 왕실은 귀족층의 사치와 허례허식을 막기 위해 노력하였다.

❋ TIP ❋ ② 제시된 자료는 순장 폐지의 경제적 이유와 관련 있다. 산 사람을 죽여 순장을 하면 그만큼 노동력
이 사라지게 되기 때문에 인구가 곧 국력이었던 시대에 적합하지 않았다.

6 밑줄 친 '이 시대'의 사회 모습으로 옳은 것은?

> 이 시대의 황해도 봉산 지탑리와 평양 남경 유적에서 탄화된 좁쌀이 발견되는 것으로 보아
> 잡곡류 경작이 이루어졌음을 알 수 있다. 농경의 발달로 수렵과 어로가 경제 생활에서 차지
> 하는 비중이 줄어들기 시작하였지만, 여전히 식량을 얻는 중요한 수단이었다. 한편 가락바
> 퀴나 뼈바늘을 이용하여 옷이나 그물을 만드는 등 원시적인 수공업 생산이 이루어지기 시작
> 하였다.

① 생산물의 분배 과정에서 사유 재산 제도가 등장하였다.
② 마을 주변에 방어 및 의례 목적으로 환호(도랑)를 두르기도 하였다.
③ 흑요석의 출토 사례로 보아 원거리 교류나 교역이 있었음을 알 수 있다.
④ 집자리는 주거용 외에 창고, 작업장, 집회소, 공공 의식 장소 등도 확인되었다.

❋ TIP ❋ 밑줄 친 이 시대는 신석기 시대이다.
①②④ 청동기

5. ② 6. ③ \ answer

7 조선 전기(15~16세기) 중앙 정치에 대한 설명으로 옳지 않은 것은?

① 붕당은 정치적 이념과 학문적 경향에 따라 결집되었다.

② 삼사는 권력의 독점과 부정을 방지하는 데 기여하였다.

③ 사화로 갈등이 격화되면서, 정국이 급격하게 전환되는 환국정치가 시작되었다.

④ 합리적인 인사 행정 제도가 갖추어져 이전 시기보다 관료제적 성격이 강해졌다.

❋ TIP ❋ ③ 환국은 17세기 숙종 대에 일어난 사림파 간의 갈등이다.

8 다음 건의를 받아들인 왕이 실시한 정책으로 옳은 것은?

> 임금이 백성을 다스릴 때 집집마다 가서 날마다 그들을 살펴보는 것이 아닙니다. 그래서 수령을 나누어 파견하여, (현지에) 가서 백성의 이해(利害)를 살피게 하는 것입니다. 우리 태조께서도 통일한 뒤에 외관(外官)을 두고자 하셨으나, 대개 (건국) 초창기였기 때문에 일이 번잡하여 미처 그럴 겨를이 없었습니다. 이제 제가 살펴보건대, 지방 토호들이 늘 공무를 빙자하여 백성들을 침해하며 포악하게 굴어, 백성들이 명령을 견뎌내지 못합니다. 외관을 두시기 바랍니다.

① 서경 천도를 추진하였다.

② 5도 양계의 지방 제도를 확립하였다.

③ 지방 교육을 위해 경학박사를 파견하였다.

④ 유교 이념과는 별도로 연등회, 팔관회 행사를 장려하였다.

❋ TIP ❋ 제시문은 최승로의 시무28조로 이 건의를 받아들인 왕은 고려 성종이다. 지방 교육을 위해 12목에 경학박사를 파견한 것은 고려 성종이 실시한 정책이다.
① 정종 ② 현종 ④ 태조

9 신라 승려 ㉠과 ㉡에 대한 설명으로 옳지 않은 것은?

> (㉠)은(는) 불교 서적을 폭넓게 이해하고, 일심(一心) 사상을 바탕으로 여러 종파들의 사상적 대립을 조화시키며, 분파 의식을 극복하려고 노력하였다. 한편 (㉡)은(는) 모든 존재가 상호 의존적인 관계에 있으면서 서로 조화를 이룬다는 화엄 사상을 정립하고, 교단을 형성하여 많은 제자를 양성하였다.

① ㉠은 미륵 신앙을 전파하며 불교 대중화의 길을 열었다.
② ㉠은 무애가라는 노래를 유포하며 일반 백성을 교화하였다.
③ ㉡은 관음 신앙과 함께 아미타 신앙을 화엄 교단의 주요 신앙으로 삼았다.
④ ㉡은 국왕이 큰 공사를 일으켜 도성을 새로이 정비하려 할 때 백성을 위해 이를 만류하였다.

✽ TIP ✽ ㉠은 원효, ㉡은 의상이다.
　　　① 원효는 아미타 신앙에 근거하여 불교 대중화의 길을 열었다.

10 밑줄 친 ㉠, ㉡에 대한 설명으로 옳은 것은?

> 일제의 가혹한 탄압으로 독립 운동은 큰 제약을 받게 되었다. 그러나 그러한 제약 속에서도 비밀 결사의 형태로 독립 운동 단체가 결성되었다. ㉠독립의군부와 ㉡대한광복회는 모두 이러한 비밀 결사 단체였다.

① ㉠은 공화국의 건설을 목표로 하였다.
② ㉡은 고종의 비밀 지령을 받아 조직되었다.
③ ㉠과 ㉡은 모두 1910년대 국내에서 결성된 단체이다.
④ ㉠은 박상진을 중심으로, ㉡은 임병찬을 중심으로 한 조직이었다.

✽ TIP ✽ ① 공화국의 건설을 목표로 한 것은 대한광복회이다. 독립의군부는 왕정복고를 목표로 하였다.
　　　② 고종의 비밀 지령을 받아 조직된 단체는 독립의군부이다.
　　　④ 대한광복회는 박상진을 중심으로, 독립의군부는 임병찬을 중심으로 한 조직이었다.

9. ① 10. ③  answer

11 통일신라의 지방 행정 조직에 대한 설명으로 옳지 않은 것은?

① 신문왕 대에 9주 5소경 체제로 정비하였다.

② 주(州)에는 지방 감찰관으로 보이는 외사정이 배치되었다.

③ 5소경을 전략적 요충지에 두고, 도독이 행정을 관할토록 하였다.

④ 촌주가 관할하는 촌 이외에, 향·부곡이라는 행정 구역도 있었다.

✱ TIP ✱ ③ 5소경을 관할한 것은 사신이다. 도독은 9주를 관할하였다.

12 고려의 농민을 위한 정책으로 옳지 않은 것은?

① 농민 자제의 과거를 위한 기금으로 광학보를 설치하였다.

② 개간지는 일정 기간 면세하여 줌으로써 농민의 부담을 경감해주었다.

③ 재해를 당했을 때에는 세금을 감면해 농민 생활의 안정을 꾀하였다.

④ 농번기에는 잡역 동원을 금지하여 농사에 지장을 주지 않으려 하였다.

✱ TIP ✱ ① 광학보는 고려시대 불법(佛法)을 배우는 사람들을 위하여 설치한 일종의 장학재단이다.

13 다음의 자료에 보이는 시기의 경제 동향에 대한 설명으로 옳지 않은 것은?

> 배에 물건을 싣고 오가면서 장사하는 장사꾼은 반드시 강과 바다가 이어지는 곳에서 이득을 얻는다. 전라도 나주의 영산포, 영광의 법성포, 흥덕의 사진포, 전주의 사탄은 비록 작은 강이나 모두 바닷물이 통하므로 장삿배가 모인다. … (중략) … 그리하여 큰 배와 작은 배가 밤낮으로 포구에 줄을 서고 있다.
>
> － 「비변사등록」 －

① 강경, 원산 등이 상업 중심지로 성장하였다.

② 선상은 선박을 이용해서 각 지방의 물품을 거래하였다.

③ 객주나 여각은 상품의 매매를 중개하고, 숙박, 금융 등의 영업도 하였다.

④ 상업 활동이 활발해지면서 삼한통보 등의 동전을 만들어 유통하였다.

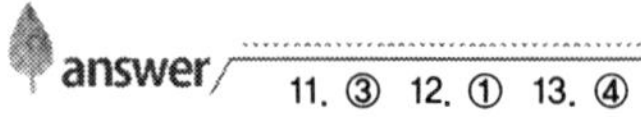

answer 11. ③ 12. ① 13. ④

✽ TIP ✽ 제시된 자료는 조선 후기의 경제 상황에 대한 내용이다.
④ 삼한통보는 고려 숙종 대에 주조된 화폐이다.

14 다음 중 '대한국 국제'의 내용에 해당되는 것은?

① 내시부를 없애고 그 중에 우수한 인재를 등용한다.

② 조세의 부과와 징수, 경비의 지출은 모두 탁지아문이 관할한다.

③ 칙임관은 황제가 정부에 자문하여 그 과반수의 의견에 따라 임명한다.

④ 대한국 대황제는 각 조약 체결 국가에 사신을 파견하고, 선전 강화(宣戰講和) 및 제반 조약을 체결한다.

✽ TIP ✽ ① 갑신정변 혁신정강 14개조 중 하나이다.
② 1차 갑오개혁 때의 일이다.
③ 관민공동회 헌의6조의 내용이다.

15 연표의 (가), (나) 시기에 있었던 사실로 옳은 것은?

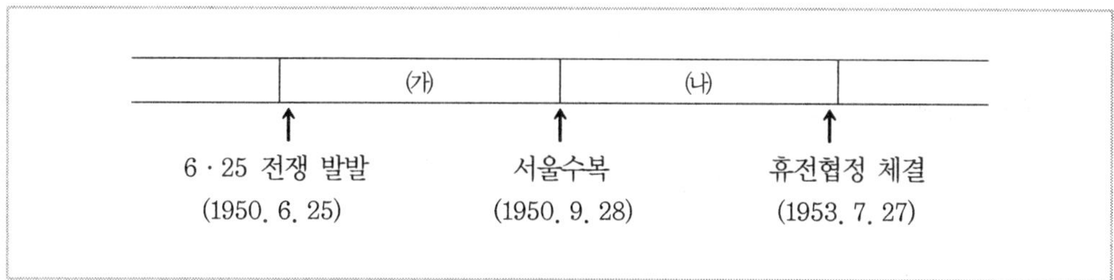

① (가) - 인천상륙작전이 실시되었다.

② (가) - 중국군의 참전으로 인해 한국군은 서울에서 후퇴하게 되었다.

③ (나) - 애치슨 선언이 발표되었다.

④ (나) - 유엔 안전보장이사회에서 유엔군 파병이 결정되었다.

✽ TIP ✽ ② (나) 시기의 일이다.
③ 6 · 25 전쟁 발발 이전의 일이다.
④ (가) 시기의 일이다.

14. ④ 15. ① answer

16 다음 두 사건이 일어난 이후의 사실로 옳은 것만을 〈보기〉에서 모두 고른 것은?

• 고종 황제의 강제 퇴위
• 일제에 의한 군대 해산

<보기>
㉠ 안중근이 만주 하얼빈에서 이토 히로부미를 사살하였다.
㉡ 민영환이 일제에 대한 저항을 강력하게 표현한 유서를 남기고 자결하였다.
㉢ 장지연이 민족의식을 고취하는 '시일야방성대곡'을 황성신문에 발표하였다.
㉣ 이인영을 총대장으로 하는 13도 연합 의병 부대(창의군)가 서울진공작전을 시도하였다.

① ㉠, ㉡   ② ㉠, ㉣

③ ㉡, ㉢   ④ ㉢, ㉣

✽ TIP ✽ 고종 황제의 강제 퇴위와 일제에 의한 군대 해산(정미조약)은 1907년의 일이다.
㉠ 1909년 ㉡ 1905년 ㉢ 1905년 ㉣ 1907~1910년

17 우리나라 농서에 대한 설명으로 옳은 것은?

① 「농가집성」은 고려 말 이암이 원에서 들여온 것이다.

② 「농사직설」은 정초 등이 왕명을 받아 편찬한 것이다.

③ 「산림경제」는 박세당이 과수, 축산 등을 소개한 것이다.

④ 「과농소초」는 홍만선이 화초재배법에 대해 저술한 것이다.

✽ TIP ✽ ① 이암이 원에서 들여온 농서는 「농상집요」이다. 「농가집성」은 조선 효종 대의 문신인 신속이 편술한
농서이다.
③ 「산림경제」는 조선 후기 실학자 홍만선이 저술한 농서이다. 박세당이 과수, 축산 등을 소개한 농서
는 「색경」이다.
④ 「과농소초」는 박지원이 저술한 농서로 농법과 농구의 개량, 농시의 중요성 등을 강조하고 있다.

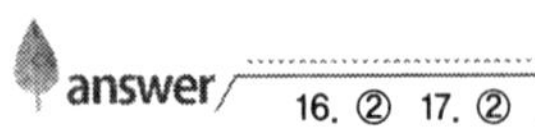

18 다음의 기록이 보이는 왕대의 정치 변화를 바르게 설명한 것은?

> (왕이) 양역을 절반으로 줄이라고 명하셨다. 왕이 말하였다. "호포나 결포는 모두 문제점이 있다. 이제는 1필로 줄이는 것으로 온전히 돌아갈 것이니 경들은 대책을 강구하라."

① 특정 붕당이 정권을 독점하는 일당 전제화의 추세가 대두되었다.

② 왕위 계승에 대한 정통성과 관련하여 두 차례의 예송이 발생하였다.

③ 정치 집단은 소수의 가문 출신으로 좁아지면서 그 기반이 축소되었다.

④ 붕당을 없애자는 논리에 동의하는 관료들을 중심으로 탕평 정국을 운영하였다.

> ✽ TIP ✽ 제시된 기록은 영조의 균역법에 대한 내용이다.
> ① 숙종 대의 일이다.
> ② 현종 대의 일이다.
> ③ 19세기 세도정치에 대한 설명이다.

19 밑줄 친 '우리'에 해당하는 계층의 활동으로 옳은 것은?

> 아! 우리는 본시 모두 사대부였는데 혹은 의(醫)에 들어가고 혹은 역(譯)에 들어가 7, 8대 또는 10여 대를 대대로 전하니 … (중략) … 문장과 덕(德)은 비록 사대부에 비길 수 없으나, 명공(名公) 거실(巨室) 외에 <u>우리</u>보다 나은 자는 없다.

① 집단으로 상소하여 청요직(淸要職) 허통(許通)을 요구하였다.

② 형평사를 창립하고, 평등한 대우를 요구하는 형평운동을 펼쳤다.

③ 관권과 결탁하고 향회를 장악하여, 향촌 사회에서 영향력을 키우려 하였다.

④ 유향소를 복립하여 향리를 감찰하고 향촌 사회의 풍속을 바로잡으려 하였다.

> ✽ TIP ✽ 밑줄 친 우리에 해당하는 계층은 중인 신분이다.
> ② 형평운동은 백정 출신들이 전개한 신분해방운동이다.
> ③ 조선 후기 신향(新鄕) 세력에 대한 설명이다.
> ④ 성종 대에 사림파가 주도한 유향소 복립 운동에 대한 설명이다.

18. ④ 19. ①

20 (개)~(래)는 광복을 전후해 일어난 사건을 시기순으로 나열한 것이다. (대)에 들어갈 수 있는 내용으로 적절하지 <u>않은</u> 것은?

> (개) 삼균주의를 바탕으로 대한민국 임시 정부가 '대한민국 건국 강령'을 발표하였다.
> (내) 이승만을 중심으로 독립촉성중앙협의회가 발족되었다.
> (대)
> (래) 제헌 국회에서 대한민국의 헌법이 제정, 공포되었다.

① 좌우합작위원회의 '좌우합작 7원칙'이 선포되었다.
② 김구의 '삼천만 동포에게 읍고함'이라는 글이 발표되었다.
③ 여운형, 안재홍 등을 중심으로 조선건국준비위원회가 조직되었다.
④ 유엔 총회에서 유엔 감시 하에 인구 비례에 의한 남북한 총선거의 실시가 결의되었다.

❋ TIP ❋ (개) 1942년 →(내) 1945년 10월 →(대)→(래) 1948년 7월 17일
③ 1945년 8월 ① 1946년 ②④ 1948년 2월

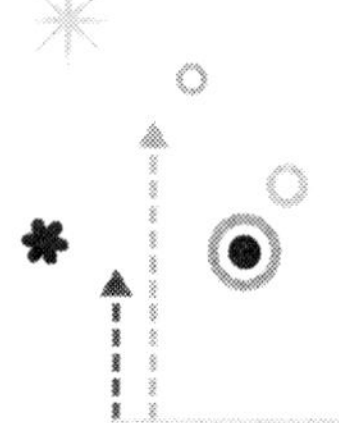

2015. 6. 13 서울특별시 시행

1 다음 글의 밑줄 친 왕 이 재위할 때의 사실로 옳은 것을 〈보기〉에서 모두 고른 것은?

> 왕이 군사 3만을 이끌고 백제에 침입하여, 백제왕의 도읍한성을 함락시키고 백제왕 부여경을 죽이고, 남녀 8천명을 사로잡아 돌아왔다.
>
> — 삼국사기 —

〈보기〉

㉠ 백제가 국호를 남부여로 고쳤다.
㉡ 고구려가 도읍을 평양으로 옮겼다.
㉢ 금관가야가 가야 연맹을 주도하였다.
㉣ 신라가 백제와 친선 정책을 추진하였다.

① ㉠, ㉡ ② ㉠, ㉢
③ ㉡, ㉣ ④ ㉢, ㉣

❋ TIP ❋ 제시문의 밑줄 친 왕은 장수왕으로 5세기 때의 일이다. 장수왕은 백제의 수도인 한성을 함락시키고 한강유역을 완전히 점령하였다. 이 과정에서 백제의 개로왕은 패사하였다.
㉡ 고구려 장수왕은 수도를 국내성에 평양으로 천도하였다(472)
㉣ 이 시기에 신라와 백제는 나·제동맹을 체결하였다.
㉠ 백제가 국호를 남부여로 고친 것은 6세기 성왕 때의 일이다.
㉢ 금관가야가 중심인 가야연맹은 전기 가야연맹으로 3~4세기 때의 일이다.

1. ③ **answer**

2 다음 중 유네스코(UNESCO)에 등재된 우리나라의 세계기록 유산이 아닌 것은?

① 난중일기　　　　　　　　　　② 일성록

③ 동의보감　　　　　　　　　　④ 비변사등록

    ✽ TIP ✽ 유네스코에 등재된 우리나라의 세계기록유산
        ㉠ 훈민정음 해례본(1997년)
        ㉡ 조선왕조실록(1997년)
        ㉢ 승정원일기(2001년)
        ㉣ 직지심체요절(2001년)
        ㉤ 조선왕조 의궤(2007년)
        ㉥ 해인사 팔만대장경판 및 제경판(2007년)
        ㉦ 동의보감(2009년)
        ㉧ 일성록(2011년)
        ㉨ 5.18민주화운동기록물(2011년)
        ㉩ 난중일기 (2013년)
        ㉪ 새마을운동 기록물(2013년)

3 남북국시대에 대한 설명 중 옳지 않은 것은?

① 발해는 일본과 교류하며 무역에도 힘썼다.

② 발해의 무왕은 신라와 연합해 당을 공격하였다.

③ 발해는 신라도라는 교통로를 이용해 신라와도 무역하였다.

④ 장보고는 청해진을 중심으로 동아시아의 무역을 장악하였다.

    ✽ TIP ✽ ② 발해의 무왕은 장문휴의 수군을 통해 당의 산둥반도를 공격하고, 돌궐·일본과 연결하여 당과 신라
        에 대항하였다.

4 다음 밑줄 친 왕에 대한 설명으로 옳은 것은?

> 왕의 이름은 소(昭)다. 치세 초반에는 신하에게 예를 갖추어 대우하고 송사를 처리하는 데 현명하였다. 빈민을 구휼하고, 유학을 중히 여기며, 노비를 조사하여 풀어 주었다. 밤낮으로 부지런하여 거의 태평의 정치를 이루었다. 중반 이후로는 신하를 많이 죽이고, 불법(佛法)을 지나치게 좋아하며 절도가 없이 사치스러웠다.
>
> －「고려사절요」－

① 쌍기의 건의로 과거제를 실시하였다.

② 12목을 설치하고 지방관을 파견하였다.

③ 호족을 견제하기 위해 사심관과 기인제도를 마련하였다.

④ 승려인 신돈을 등용하여 전민변정도감을 설치하였다.

✱ TIP ✱ 밑줄 친 왕은 고려의 광종으로 쌍기의 건의를 받아들여 과거제도를 실시하였으며, 문신 유학자를 등용하여 신·구 세력의 교체를 도모하였다.
　② 고려 성종은 지방에 12목을 설치하고 지방관을 파견하였다.
　③ 고려 태조는 호족을 견제하기 위해 사심관과 기인제도를 실시하였다.
　④ 공민왕은 승려 신돈을 등용하여 전민변정도감을 설치하였다.

5 다음 〈보기〉에서 백제의 문화재를 모두 고른 것은?

> 〈보기〉
> ㉠ 백률사 석당　　　　　　　㉡ 정림사지 5층 석탑
> ㉢ 창왕명석조사리감　　　　㉣ 법주사 쌍사자 석등

① ㉠, ㉡　　　　　　　　② ㉠, ㉣

③ ㉡, ㉢　　　　　　　　④ ㉢, ㉣

✱ TIP ✱ ㉡ 정림사지 5층 석탑은 백제의 석탑이다.
　㉢ 창왕명석조사리감은 사리를 보관하는 용기로, 백제 성왕의 아들인 창왕(위덕왕)에 의해 567년에 만들어졌다.
　㉠ 백률사 석당은 신라 때 이차돈의 순교를 기리기 위해 만들어진 신라 문화재이다.
　㉣ 법주사 쌍사자 석등은 통일신라시대의 화강암 석등이다.

4. ① 5. ③ answer

6 다음의 ㉠에 들어갈 부세 제도에 관한 설명으로 옳은 것은?

> 이때에 이원익이 ___㉠___ 을 시행할 것을 청하니, 봄가을로 민전 1결에 각기 8말의 쌀을 내어 경창(京倉)에 수납하게 하고, 때때로 각 관아의 사주인(私主人)에게 나누어 주어 스스로 상공(上供)을 교역하여 바치게 하였다. 이로써 물화를 저축하고 시장에서 값을 오르내리게 하여 그 수를 넉넉히 남겼던 것이다.
>
> — 「택당집」 —

① 부과 기준이 가호에서 토지로 바뀌는 결과를 가져왔다.

② 양인들이 지던 군포의 부담을 줄여주기 위해 시행되었다.

③ 연분9등법에 의해 복잡하게 적용되던 전세율을 고정시켰다.

④ 답험손실의 폐단을 줄이려는 제도로, 백성들의 여론조사까지 거쳤다.

✱ TIP ✱ 이원익의 주장으로 선혜청을 설치하고 경기도에서 처음으로 실시된 대동법에 대한 설명이다. 대동법은 토지의 결수에 따라 쌀·삼베·무명·동전 등으로 납부하는 제도로 대체로 1결당 미곡 12두를 납부하였다.
② 양인들이 지던 군포의 부담을 줄여주기 위해 시행된 것은 영조의 균역법이다.
③ 연분9등법에 의해 복잡하게 적용되던 전세율을 고정시킨 것은 인조의 영정법이다. 영정법은 풍흉에 관계없이 전세로 토지 1결당 미곡 4두를 징수하였다.
④ 답험손실의 폐단을 줄이려는 제도로 백성들의 여론까지 거친 것은 세종의 공법이다.

7 다음의 사건과 관련된 설명으로 옳은 것은?

> 김효원이 과거에 장원으로 급제하여 이조 전랑의 물망에 올랐으나, 그가 윤원형의 문객이었다 하여 심의겸이 반대하였다. 그 후에 심충겸(심의겸의 동생)이 장원 급제를 하여 이조 전랑에 천거되었으나, 외척이라 하여 김효원이 반대하였다.
>
> — 「연려실기술」 —

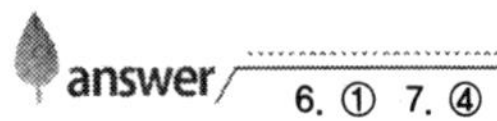

answer 6. ① 7. ④

① 외척들의 반발로 이 사건에 관련된 훈구 세력과 사림세력이 제거되었다.

② 심의겸 쪽에는 정치의 도덕성을 강조한 서경덕, 이황, 조식의 문인들이 가세하였다.

③ 이이, 성혼의 문인들은 주기론(主氣論)에 입각하여 양쪽을 모두 비판하며 타협안을 제시하였다.

④ 이 사건 이후 사림을 중심으로 정치적, 학문적 견해 차이에 따른 붕당정치가 나타났다.

> ✽ TIP ✽ 제시문은 이조전랑직을 두고 김효원과 신의겸의 대립을 나타내고 있다. 이를 계기로 사림은 동인과 서인으로 나누어져 붕당정치가 시작되었다.
> ① 을사사화에 대한 설명으로, 명종의 외척인 윤원형이 인종의 외척 윤임 일파를 제거하였고, 사림의 세력은 크게 꺾었다.
> ② 서경덕, 이황, 조식의 문인들은 김효원에 가세하였다(동인).
> ③ 이이, 성혼의 문인들은 서인에 가세하였다.

8 다음의 밑줄 친 ㉠과 관련된 설명으로 가장 옳지 않은 것은?

> 원의 간섭을 받으면서 그에 의존한 고려의 왕권은 이전 시기에 비하여 상대적으로 안정되었고 ㉠중앙 지배층도 개편되었다. …… 그들은 왕의 측근 세력과 함께 권력을 잡아 농장을 확대하고 양민을 억압하여 노비로 삼는 등 사회 모순을 격화시켰다.

① ㉠은 가문의 권위보다는 현실적인 관직을 통하여 정치 권력을 행사하였다.

② 공민왕은 ㉠의 경제력을 약화시키기 위해 전민변정도감을 설치하였다.

③ ㉠은 사원 세력의 대표인 신돈과 연대하여 신진사대부에 대항하였다.

④ ㉠에는 종래의 문벌 귀족 가문, 무신정권기에 등장한 가문, 원과의 관계에서 성장한 가문 등이 포함되었다.

> ✽ TIP ✽ 밑줄 친 중앙 지배층은 권문세족이다. 권문세족은 무선정권이 붕괴된 이후 새로운 지배세력으로 대두하였고, 음서제로 자신의 지위들을 세습하였으며, 친원세력으로 고위관직을 독점하면서 농장과 노비 소유를 확대하였다.
> ③ 공민왕은 권문세족들의 경제기반을 약화시키기 위해 전민변정도감을 설치하였다.

8. ③  answer

9 다음 제도의 시행에 대한 설명으로 옳은 것은?

> 6조에서 올라오는 모든 일을 영의정, 좌의정, 우의정이 중심이 되는 의정부에서 논의하여 합의된 사항을 국왕에게 올려 결재 받게 하였다.

① 이 제도의 시행으로 국왕이 재상들을 직접 통솔할 수 있게 되어 왕권 강화에 기여하였다.
② 무력으로 집권한 태종과 세조는 이 제도를 이용하여 초기의 불안한 왕권을 안정시켰다.
③ 민본정치를 추구한 정도전은 이 제도를 폐지하고 6조의 업무를 국왕에게 직접 보고하게 하였다.
④ 세종은 안정된 왕권과 경제력을 바탕으로 이 제도를 시행하여 왕권과 신권의 조화를 추구하였다.

✽ TIP ✽ 제시문은 세종이 시행한 의정부서사제에 대한 설명이다. 의정부서사제는 왕이 인사와 군사 두 분야만 친히 관여하고 나머지 6조에서 올라오는 모든 일들은 의정부의 영의정, 좌의정, 우의정이 논의 한 후 결정된 사항을 왕이 결재하는 형식으로 왕권과 신권이 조화를 이루었다.

10 밑줄 친 ⊙과 직접 관련된 천주교 박해에 대한 설명으로 옳은 것은?

> 프란치스코 교황은 16일 오전 순교자 124위 시복미사에 앞서 한국 최대 순교 성지이자 이번에 시복될 124위 복자 중 가장 많은 27위가 순교한 서소문 성지를 참배했다. 이곳은 본래 서문 밖 순교지로 불리는 천주교 성지였다. 한국에 천주교가 들어온 후 박해를 당할 때마다 이곳에서 많은 사람들이 처형당했으니 …… 「황사영백서」로 알려진 ⊙황사영도 이곳에서 처형되었다.
>
> ―한국일보, 2014년 8월 16일―

① 모친상을 당해 신주를 불태운 것이 알려지면서 박해가 일어났다.
② 함께 붙잡혀 박해를 받은 정하상은 「상재상서」를 통해 포교의 정당함을 주장하였다.
③ 순조 즉위 후 정권을 장악한 노론 벽파가 반대파를 정계에서 제거하려고 박해를 일으켰다.
④ 대원군 집권기에 발생한 대규모 박해로, 프랑스 선교사를 비롯한 수천 명의 희생자를 낳았다.

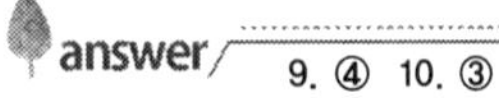

✽ TIP ✽ 밑줄 친 내용은 황사영 백서사건으로 신유박해(1801)에 대한 설명이다. 순조 때 노론 벽파는 천주교 신자가 많은 남인을 제거하기 위해 천주교 탄압을 강행하여 박해를 일으켰다.
① 신해박해(1791)에 대한 설명이다.
② 기해박해(1839)에 대한 설명이다.
④ 병인박해(1866)에 대한 설명이다.

11 다음 자료가 기록된 사서에 대한 설명으로 옳은 것은?

> 곰과 호랑이가 찾아와 사람이 되기를 원하므로 환웅이 그들에게 쑥과 마늘을 주면서 이것을 먹고 100일 동안 햇빛을 보지 않으면 사람이 될 것이다. 라고 하였다. 곰은 이를 지켜 여자의 몸이 되었으나 호랑이는 사람이 되지 못하였다. 환웅이 사람으로 변신하여 웅녀와 결혼하였다. 아들을 낳으니 이가 단군왕검이다.

① 왕력, 기이, 흥법, 탑상, 의해 등으로 구성되어 있다.
② 김부식을 비롯한 유학자들이 편찬한 역사서이다.
③ 현존하는 우리나라의 가장 오래된 역사서이다.
④ 삼국에서 고려까지 고승들의 전기를 정리하여 편찬한 책이다.

✽ TIP ✽ 단군신화가 기록된 삼국유사에 대한 설명이다. 삼국유사는 충렬왕 때 일연이 불교사의 입장에서 저술한 것으로 단군의 이야기를 수록하였으며 왕력, 기이, 흥법, 탑상, 의해, 신주, 감통, 피은, 효선의 9편으로 구성되어 있다.

12 조선후기 실학자의 저술에 대한 설명 중 옳은 것은?

① 유형원은 백과사전적 성격을 지닌 「반계수록」을 저술하였다.
② 이익은 「곽우록」을 저술하여 국가 제도 전반에 대한 의견을 제시하였다.
③ 박지원은 청에 갔던 기행문인 「연기」를 저술하였다.
④ 안정복은 각종 서적을 참고하여 조선시대 역사를 기술한 「동사강목」을 편찬하였다.

✽ TIP ✽ ① 유형원이 저술한 「반계수록」은 백과사전적 성격을 지니지 않는다.
③ 박지원이 청에 다녀온 후 기록한 것은 「열하일기」이며, 「연기」는 홍대용이 청나라에서 견문한 바를 기록한 것이다.
④ 안정복의 「동사강목」은 고조선부터 고려말까지를 다룬 책이다.

11. ① 12. ②  answer

13 다음 〈보기〉의 사건들을 발생 순서대로 옳게 나열한 것은?

> 〈보기〉
> ㉠ 일본은 러시아로부터 한국에 대한 지도·보호 및 감독의 권리를 인정받았다.
> ㉡ 미국은 한국에서 일본의 보호권 확립을, 일본은 미국의 필리핀 지배를 인정하였다.
> ㉢ 일본은 한국의 외교권을 박탈하고 통감부를 설치하였다.
> ㉣ 영국은 한국에서 일본의 특수 이익을, 일본은 영국의 인도지배를 서로 승인하였다.

① ㉠ - ㉡ - ㉢ - ㉣　　　　② ㉡ - ㉣ - ㉠ - ㉢

③ ㉢ - ㉠ - ㉡ - ㉣　　　　④ ㉣ - ㉡ - ㉠ - ㉢

> ✿ TIP ✿ ㉡ 가쓰라·태프트 밀약(1905.7)
> 　　　　㉣ 제2차 영·일동맹(1905.8)
> 　　　　㉠ 포츠머스강화조약(1905.9)
> 　　　　㉢ 을사조약(1905.11)

14 밑줄 친 '이 단체'에 관한 설명으로 옳지 않은 것은?

> 대한 민국 임시 정부에서는 만주 지역의 독립군과 각처에 산재해 있던 무장투쟁 세력을 모아 충칭에서 <u>이 단체</u>를 창설하였다.

① 김원봉이 이끄는 조선의용대의 일부를 통합하여 군사력을 증강하였다.

② 초기에는 중국군사위원회의 지휘와 간섭을 받았다.

③ 중국의 화북 전선에서 일본군에 대항하여 팔로군과 연합 작전을 전개하였다.

④ 중국 주둔 미국전략정보국(OSS)과 합작하여 국내진공작전을 계획하였으나 실현되지 못했다.

> ✿ TIP ✿ 밑줄 친 단체는 한국광복군이다. 한국광복군은 중국 정부의 지원으로 충칭에서 창설되어 총사령관에는 지청천, 참모장에는 이범석을 임명하였다. 한국광복군은 태평양전쟁이 발발하여 대일선전포고(1941) 후 연합군의 일원으로 참전하기도 하였으며, 김원봉이 이끄는 조선 의용대의 일부 병력이 편입(1942)되어 전투력이 증강하였다. 또한 미국 미국전략정보국(OSS)의 도움으로 국내 정진군 구성을 하였으나 국내진공작전은 실현되지 못하였다.
> ③ 중국 팔로군과 연합작전을 수행한 단체는 조선 의용군이다.

answer　13. ② 14. ③

15 다음 ⑦의 인물에 대한 설명으로 옳은 것은?

> ⑦은 조선시대에 민중을 위해서 노력한 정치가들과 혁명가들을 드러내고, 세종과 실학자들의 민족지향, 민중지향, 실용 지향을 높이 평가하는 사론을 발표하여 일반 국민의 역사의식을 계발하는 데 기여하였다. 또한 국제 관계에서 실리적 감각이 필요함을 절감하고, 이러한 시각에서 「대미관계 50년사」라는 저서를 내기도 하였다.

① 1930년대에 조선학운동을 주도하였다.
② 진단학회를 창립하여 한국사의 실증적 연구에 힘썼다.
③ 한국사가 세계사의 보편적 법칙에 입각하여 발전하였음을 강조하였다.
④ 우리의 민족 정신을 '혼'으로 파악하고, '혼'이 담겨 있는 민족사의 중요성을 강조하였다.

✽ TIP ✽ ⑦의 인물은 민족주의사학자인 문일평이다. 문일평은 민족문화의 근본으로 세종을 대표자로 하는 조선심 또는 조선사상을 강조하였다. 조선학운동은 정인보, 문일평, 안재홍 등이 「여유당전서」의 간행을 계기로 과거 민족주의 역사학이 국수적·낭만적이었음을 비판하고 실학에서 자주적인 근대 사상과 우리 학문의 주체성을 찾으려고 한 운동이다.
② 이윤재, 이병도, 손진태, 조윤제 등이 진단학회를 조직하고 한국학 연구에 힘썼다.
③ 백남운은 유물사관에 바탕을 두고 한국사가 세계사의 보편법칙에 따라 발전하였음을 강조하였다.
④ 박은식은 민족정신을 '혼'으로 파악하여 혼이 담겨 있는 민족사를 강조하였다.

16 다음 ⑦의 추진 결과 나타난 현상으로 옳지 않은 것은?

> 일본은 1910년대 이후 자본주의 경제가 급속하게 발전하면서 농민들이 도시에 몰려 식량 조달에 큰 차질이 빚어졌다. 이를 해결하기 위해 ___⑦___ 을 추진하였는데, 이는 토지 개량과 농사 개량을 통해 식량 생산을 대폭 늘려 일본으로 더 많은 쌀을 가져가고 우리나라 농민 생활도 안정시킨다는 목표로 추진되었다.

① 쌀 생산량의 증가보다 일본으로의 수출량 증가가 두드러졌다.
② 만주로부터 조, 수수, 콩 등의 잡곡 수입이 증가하였다.
③ 한국인의 1인당 연간 쌀 소비량이 이전보다 줄어들었다.
④ 많은 수의 소작농이 이를 통해 자작농으로 바뀌었다.

✽ TIP ✽ ⑦은 1920년대에 실시한 산미증식계획이다. 산미증식계획으로 증산량보다 많은 양을 수탈해 갔기 때문에 조선의 식량 사정은 악화되어 만주에서 잡곡을 수입하게 되었다. 이 사업의 결과, 수리조합비와 토지 개량사업비를 농민에게 전가하여 농민의 몰락이 가속화되었고 많은 수의 자작농이 소작농으로 바뀌었다.

15. ① 16. ④  answer

17 밑줄 친 '그들'이 추진했던 정책에 대한 설명으로 옳은 것을 〈보기〉에서 모두 고른 것은?

> 그들의 실패는 우리에게 무척 애석한 일이다. 내 친구 중에 이 사건을 잘 아는 이가 있는데, 그는 어쩌다 조선의 최고 수재들이 일본인에게 이용당해서 그처럼 큰 잘못을 저질렀는지 참으로 애석하다고 했다. 진실로 일본인이 조선의 운명과 그들의 성공을 위해 노력을 다 했겠는가? 우리가 만약 국가적발전의 기미를 보였다면 일본인들은 백방으로 방해할 것이 자명한데 어찌 그들을 원조했겠는가?
>
> ―「한국통사」―

〈보기〉

㉠ 토지의 평균 분작을 실현한다.
㉡ 러시아와 비밀 협약을 추진한다.
㉢ 보부상 단체인 혜상공국을 혁파한다.
㉣ 의정부, 6조 외의 불필요한 관청은 없앤다.

① ㉠, ㉡　　　　　　　　② ㉠, ㉢
③ ㉡, ㉣　　　　　　　　④ ㉢, ㉣

✽ TIP ✽ '그들'이 추진했던 정책은 갑신정변이다.
　　　㉠ 동학농민운동의 '폐정개혁안에 들어있는 내용이다.
　　　㉡ 갑신정변 이후 러시아와 조·러 비밀협약(1886)을 맺었다.
　　※ 신정부 강령 14개조
　　　　㉠ 대원군을 가까운 시일 안에 돌아오게 하고 청에 조공하는 허례의 행사를 폐지할 것
　　　　㉡ 문벌을 폐지하여 인민 평등의 권리를 제정하고 능력에 따라 관리를 등용할 것
　　　　㉢ 지조법을 개혁하여 간사한 관리를 뿌리 뽑고 백성의 곤란을 구제하며, 국가 재정을 넉넉하게 할 것
　　　　㉣ 규장각을 폐지할 것
　　　　㉤ 급히 순사를 두어 도둑을 막을 것
　　　　㉥ 혜상공국(보부상 조직)을 폐지할 것
　　　　㉦ 그 전에 유배, 금고된 사람들을 사정을 참작하여 석방할 것
　　　　㉧ 4영을 합쳐 1영으로 하고 영 중에서 장정을 뽑아 근위대를 설치할 것, 육군 대장은 세자를 추대할 것
　　　　㉨ 재정은 모두 호조에서 관할케 하고 그 밖의 재무 관청은 폐지 할 것
　　　　㉩ 대신과 참찬은 합문 안의 의정부에서 회의 결정하고 정령을 공포해서 시행할 것
　　　　㉪ 정부는 6조 외의 불필요한 관청은 모두 없애고 대신과 참찬이 협의해서 처리케 할 것

18 발생 시기 순서로 나열할 때 다음 빈칸에 들어갈 사건으로 옳은 것은?

> 을미사변 – 아관파천 – ☐ – 대한제국 수립

① 단발령 공포 ② 독립협회 결성

③ 홍범 14조 반포 ④ 춘생문 사건 발발

> ✽ TIP ✽ 을미사변(1895) – 아관파천(1896) – 대한제국 수립(1897)
> ② 독립협회 결성(1896)
> ① 단발령 공포(1895년 을미개혁)
> ③ 홍범14조(1894년 제2차 갑오개혁)
> ④ 춘생문 사건 발발(1985.11)

19 다음 원칙을 발표한 기구가 내세운 주장으로 옳은 것은?

> 조선의 좌우 합작은 민주 독립의 단계요, 남북 통일의 관건인 점에서 3천만 민족의 지상 명령이며 국제 민주화의 필연적 요청이었음에도 불구하고 저간의 복잡 다단한 내외 정세로 오랫동안 파란곡절을 거듭해 오던바, 드디어 …(중략)… 다음과 같은 7원칙을 결정하였다.

① 외국 군대의 철수

② 미소 공동 위원회의 속개

③ 토지의 무상 몰수, 무상 분배

④ 유엔(UN) 감시 하의 남북한 총선거 실시

> ✽ TIP ✽ 제시문은 좌우합작7원칙에 대한 내용이다. 1946년 김규식과 여운형을 중심으로 좌우 합작 위원회를 구성하였고, 이 과정에서 좌우 합작 7원칙을 발표하였다. 7원칙에는 미·소 공동위원회의 속개를 요청하는 공동 성명 발표가 포함되어 있다.

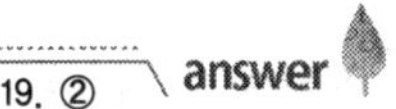

20 다음 자료에 해당하는 선거에 대한 설명으로 가장 옳지 않은 것은?

> • 총 유권자의 40%에 해당하는 표를 자유당 후보에게 기표하여 투표 당일 투표함에 미리 넣어 놓는다.
> • 나머지 60%의 유권자는 3인, 5인, 9인조로 묶어 매수 혹은 위협을 통해 자유당 후보에게 투표하도록 한다.
> • 투표소 부근에 여당 완장을 착용한 완장 부대를 배치하여 야당 성향의 유권자를 위협한다.
> • 야당 참관인은 적당한 구실을 만들어 투표소 밖으로 내쫓는다.
>
> — 「동아일보」, 1960년 3월 4일 —

① 4 · 19 혁명 발발의 중요한 계기가 되었다.

② 장면 정부는 이 선거 결과를 무효로 하고 재선거를 실시하였다.

③ 이승만의 대통령 당선 가능성이 높은 상황에서 실시되었다.

④ 정부는 이 선거를 규탄하는 시위의 배후에 공산주의 세력이 개입되었다고 발표하였다.

✽ TIP ✽ 제시문은 3 · 15 부정선거에 대한 내용이다. 3 · 15 부정선거는 이승만의 대통령 당선 가능성은 높았으나 부통령에 자유당 이기붕을 당선시키기 위한 목적으로 이루어진 것으로 이로 인해 4 · 19혁명이 일어났으며 그 결과 이승만 정권은 붕괴되었다. 이후에 수립된 허정 과도 정부는 재선거를 실시해 윤보선을 대통령으로 하는 장면 정부가 수립되었다.

한국사

2015. 6. 27 제1회 지방직 시행

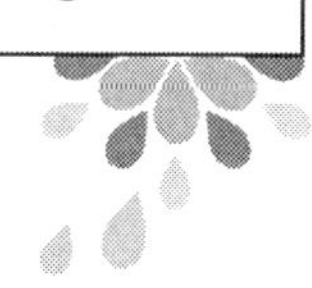

1 **㉠ 국가에 대한 설명으로 옳은 것은?**

> (㉠)에서는 백성들에게 금하는 법 8조가 있었다. 그것은 대개 사람을 죽인 자는 즉시 죽이고, 남에게 상처를 입히는 자는 곡식으로 갚는다. 도둑질을 한 자는 노비로 삼는다. 용서받고자 하는 자는 한 사람마다 50만 전을 내야 한다. 비록 용서를 받아 보통 백성이 되어도 사람들이 이를 부끄럽게 여겨 혼인을 하고자 해도 짝을 구할 수 없다.

① 옥저와 동예를 정복하였다.

② 족외혼과 책화의 풍습이 있었다.

③ 별도의 행정구역인 사출도가 있었다.

④ 중국의 한과 대립할 정도로 성장하였다.

✽TIP✽ 주어진 지문은 고조선의 8조법에 대한 설명이다. 8조법을 통해 고조선 사회는 개인의 생명을 존중하였으며, 사유 재산을 인정하였고, 화폐를 사용한 것은 물론, 농경 사회였으며, 계급 사회인 동시에 가부장적 사회였음을 알 수 있다.

④ 고조선은 위만의 집권과 철기 문화로 발전하여 세력을 확장시켰으며, 진국과 한나라 사이에서 중계 무역을 하면서 경제적인 이익을 얻었다. 강성해진 고조선을 경계한 한나라는 대군을 보내 공격하였으며, 철기 문화를 기반으로 약 1년간 항전하였으나 왕검성의 함락으로 멸망하였다.

① 고구려 ② 동예 ③ 부여

answer 1. ④

2 다음 고구려에서 일어난 사건을 시기 순으로 바르게 나열한 것은?

> ㉠ 불교를 수용하고, 율령을 반포하였다.
> ㉡ 고국원왕이 평양성전투에서 전사하였다.
> ㉢ 을파소를 등용하여 진대법을 실시하였다.
> ㉣ 한성을 공격하여 함락시키고 개로왕을 죽였다.

① ㉡→㉢→㉠→㉣ ② ㉡→㉢→㉣→㉠
③ ㉢→㉡→㉠→㉣ ④ ㉢→㉡→㉣→㉠

❋ TIP ❋ ㉢ 고국천왕(194년)
㉡ 고국원왕(371년)
㉠ 소수림왕(372년)
㉣ 장수왕(475년)

3 (개), (내) 사이의 시기에 있었던 사실로 옳은 것은?

> (개) 국호를 신라로 바꾸고, 왕의 칭호도 마립간에서 왕으로 고쳤다. 대외적으로는 우산국을
> 복속시켰다.
> (내) 한강 유역을 빼앗고, 고령 지역의 대가야를 정복하였다. 북쪽으로는 함경도 지역까지 진
> 출하였다.

① 백제 동성왕과 혼인 동맹을 맺었다.
② 김씨에 의한 왕위 계승권이 확립되었다.
③ 진골 귀족 세력의 반발로 녹읍이 부활되었다.
④ 병부를 설치하고, 백관의 공복을 제정하였다.

❋ TIP ❋ (개)는 지증왕(500~514), (내)는 진흥왕(540~576) 시기의 사건이다.
④ 법흥왕(514~540)
① 소지왕(479–500)
② 내물왕(356~402)
③ 경덕왕(742~765)

answer / 2. ③ 3. ④

4 1970년대 시행된 정책이 아닌 것은?

① 금융실명제의 실시
② 새마을운동의 추진
③ 통일벼의 전국적 보급
④ 수출 주도형 중화학 공업화

✱ TIP ✱ ① 금융실명제란 모든 금융거래를 금융거래 당사자 본인의 이름으로만 하도록 도입된 제도로, 1993년 김영삼 정부에서 시행되었다.

5 다음과 같은 현상이 일어나게 된 배경으로 옳지 않은 것은?

> 향회라는 것이 한 마을 사민(士民)의 공론에 따른 것이 아니고, 수령의 손 아래 놀아나는 좌수·별감들이 통문을 돌려 불러 모은 것에 불과합니다. 그 향회에서는 관의 비용이 부족하다는 핑계로 제멋대로 돈을 거두고 법을 만드니, 일의 원통함이 이보다 심한 것이 없습니다.

① 사족의 향촌 지배력이 약화되었다.
② 수령과 향리의 영향력이 약해졌다.
③ 향회는 수령의 부세 자문 기구로 전락하였다.
④ 양반 사족과 부농층이 향촌의 주도권 다툼을 벌였다.

✱ TIP ✱ 향회의 약화로 인하여 수령에 대한 견제세력이 사라지면서 수령을 중심으로 한 관권이 강화되고 관권을 맡은 향리의 영향력이 커졌다.

6 8·15 광복 직후 일어난 역사적 사실로 옳은 것은?

① 여운형은 조선건국동맹을 조직하였다.
② 대한민국임시정부는 건국강령을 발표하였다.
③ 조선어학회는 우리말 큰사전 편찬을 시작하였다.
④ 모스크바 3상 회의에서 한반도 문제가 논의되었다.

✱ TIP ✱ ④ 모스크바 3상 회의는 1945년 12월에 개최된 미국, 영국, 소련의 외상회의로 한반도 문제 및 제2차 세계대전 종전 후 제반 문제 처리를 위해 설립되었다(8·15 광복 1945년).
① 조선건국동맹은 조선의 독립을 목표로 여운형이 1944년 조직한 비밀결사 조직이다.
② 1941년 대한민국임시정부는 새 민주국가 건설을 위해 대한민국건국강령을 발표하였다.
③ 조선어학회는 1931년부터 우리말 큰사전의 편찬을 시도하였다.

4. ① 5. ② 6. ④  answer

7 다음 사건으로 인하여 발생한 역사적 사실은?

> 심충겸이 장원 급제를 하자 전랑으로 천거하려고 하였다. 김효원이 "외척은 쓸 수 없다." 하며 막으니, 심의겸이 "외척이 원흉의 문객보다는 낫지 않으냐." 하였다. 이때 김효원 편을 드는 사람들은 "효원의 말은 공론에서 나온 것이다. 그런데 의겸이 사사로운 혐의로 좋은 선비를 배척하니 매우 옳지 못하다." 하였다.

① 동인과 서인으로의 분화
② 남인과 북인으로의 분화
③ 노론과 소론으로의 분화
④ 서인과 남인 간의 예송논쟁

❋ TIP ❋ 주어진 사건은 이조 전랑 자리를 둘러싸고 일어난 김효원과 심의겸의 대립이다. 이를 계기로 기성 사림세력과 신진 사림세력의 갈등이 생기면서 동인과 서인으로 분화되어 붕당정치가 시작되었다.

8 다음에서 설명하는 밑줄 친 '청(廳)'에 해당하는 것은?

> 영의정 이원익이 의논하기를, "각 고을에서 진상하는 공물이 각 사의 방납인들에 의해 중간에서 막혀 물건 하나의 가격이 몇 배 또는 몇십 배, 몇백 배가 되어 그 폐단이 이미 고질화되었는데, 기전(畿甸)의 경우는 더욱 심합니다. 그러니 지금 마땅히 별도로 하나의 <u>청(廳)</u>을 설치하여 매년 봄·가을에 백성들에게서 쌀을 거두되, 1결당 매번 8말씩 거두어 본청(廳)에 보내면 본청에서는 당시의 물가를 보아 가격을 넉넉하게 헤아려 정해 거두어들인 쌀로 방납인에게 주어 필요한 때에 사들이도록 함으로써 간사한 꾀를 써 물가가 오르게 하는 길을 끊으셔야 합니다. … (후략) …"

① 어영청
② 상평청
③ 선혜청
④ 균역청

❋ TIP ❋ 임진왜란 후 농민의 공납 부담이 높아지면서 공납의 폐해는 다시 일어났다. 이런 상황에서 광해군이 즉위하자 한백겸은 대공수미법 시행을 제안하고 영의정 이원익이 이를 재청하여 경기도에 한하여 실시할 것을 명하고 선혜법이라는 이름으로 실시되었다. 중앙에 선혜청과 지방에 대동청을 두고 이를 관장하였다.

9 다음은 조선 후기 집필된 역사서의 일부이다. 이 책에 대한 설명으로 옳은 것은?

> 삼국사에서 신라를 으뜸으로 한 것은 신라가 가장 먼저 건국했고, 뒤에 고구려와 백제를 통합하였으며, 또 고려는 신라를 계승하였으므로 편찬한 것이 모두 신라의 남은 문적(文籍)을 근거로 했기 때문이다. … (중략) … 고구려의 강대하고 현저함은 백제에 비할 바가 아니며, 신라가 차지한 땅은 남쪽의 일부에 불과할 뿐이다. 그러므로 김씨는 신라사에 쓰여진 고구려 땅을 근거로 했을 뿐이다.

① 우리 역사의 독자적 정통론을 세워 이를 체계화하였다.
② 단군-부여-고구려의 흐름에 중점을 두어 만주 수복을 희구하였다.
③ 중국 및 일본의 자료를 망라한 기전체 사서로 민족사 인식의 폭을 넓혔다.
④ 여러 영역을 항목별로 나눈 백과사전적 서술로 문화 인식의 폭을 확대하였다.

✱ TIP ✱ 주어진 지문은 안정복의 「동사강목」 중 일부이다. 안정복은 이를 통해 중국 중심의 역사관을 탈피하고 삼한정통론을 기본으로 하여 우리 역사의 독자적인 정통성을 강조하였다.
② 이종휘 「동사」
③ 한치윤 「해동역사」
④ 이긍익 「연려실기술」

10 다음 취지서를 발표한 단체의 활동에 대한 설명으로 옳은 것은?

> 무릇 나라의 독립은 오직 자강(自强)의 여하에 달려 있는 것이다. … (중략) … 그러나 자강의 방도를 강구하려 할 것 같으면 다른 곳에 있지 않고 교육을 진작하고 산업을 일으키는 데 있으니 무릇 교육이 일어나지 않으면 민지(民智)가 열리지 않고 산업이 일어나지 않으면 국부가 증가하지 못하는 것이다. 교육과 산업의 발달이 곧 자강의 방도임을 알 수 있는 것이다.

① 만민공동회를 개최하여 러시아의 침략 정책을 강력하게 규탄하였다.
② 고종의 강제 퇴위 반대 운동을 전개하다가 일본의 탄압으로 해산되었다.
③ 방직, 고무, 메리야스 공장을 육성하여 경제 자립을 이루자는 운동을 전개하였다.
④ 일본의 황무지 개간에 대한 대중적인 반대운동을 일으켜 이를 철회시키는데 성공하였다.

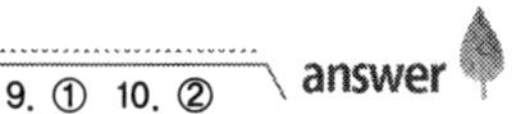

9. ① 10. ②

❋TIP❋ 주어진 지문은 대한자강회 취지서이다. 대한자강회는 국민교육을 강화하고 국력을 배양하여 독립의 기초를 다진다는 취지로 조직되었으며, 월보를 간행하는 등의 계몽운동을 전개하였다. 1907년 고종 황제의 퇴위와 순종 황제의 즉위를 반대하는 국민운동을 전개하자 통감부에 의해 강제 해산되었다.
① 독립협회 ③ 실력양성운동 ④ 보안회

11 다음에서 설명하는 인물의 업적으로 옳은 것은?

> 성은 김씨이다. 29세에 황복사에서 머리를 깎고 승려가 되었다. 얼마 후 중국으로 가서 부처의 교화를 보고자 하여 원효(元曉)와 함께 구도의 길을 떠났다. … (중략) … 처음 양주에 머무를 때 주장(州將) 유지인이 초청하여 그를 관아에 머물게 하고 성대하게 대접하였다. 얼마 후 종남산 지상사에 가서 지엄(智儼)을 뵈었다.
>
> —「삼국유사」—

① 「화엄일승법계도」를 저술하여 화엄사상을 정리하였다.
② 중국에서 풍수지리설을 들여와 지세의 중요성을 일깨웠다.
③ 「십문화쟁론」을 지어 종파 간의 대립을 해소하고자 하였다.
④ 인도와 중앙아시아 지역을 여행하고 돌아와 「왕오천축국전」을 저술하였다.

❋TIP❋ 원효와 함께 구도의 길을 떠났다는 대목으로 볼 때 주어진 지문에서 설명하는 인물은 의상임을 알 수 있다. 의상은 중국화엄종의 기초를 다진 지엄에게서 화엄을 공부하고 우리나라의 화엄의 개조가 되었다. 화엄십찰을 건립하였으며, 「화엄일승법계도」를 저술하여 제자들을 가르쳤다.
② 도선 ③ 원효 ④ 혜초

12 밑줄 친 '북국(北國)'에 대한 설명으로 옳지 않은 것은?

> 원성왕 6년 3월 북국(北國)에 사신을 보내 빙문(聘問)하였다. … (중략) … 요동 땅에서 일어나 고구려의 북쪽 땅을 병합하고 신라와 서로 경계를 맞대었지만, 교빙한 일이 역사에 전하는 것이 없었다. 이때 와서 일길찬 백어(伯魚)를 보내 교빙하였다.

① 감찰 기관으로 중정대가 있었다.
② 최고 교육 기관으로 태학감을 두었다.
③ 중앙의 정치 조직으로 3성 6부를 두었다.
④ 지방의 행정 조직으로 5경 15부 62주가 있었다.

✻ TIP ✻ 원성왕은 통일신라의 왕으로 북국은 발해를 의미한다. 태학감은 신라의 교육기관이며, 발해의 최고 교육 기관은 주자감이다.

13 다음 왕의 재위 기간에 있었던 사실로 옳은 것은?

> 왕은 중국에 36명의 승려를 파견하여 법안종을 배우도록 하였다. 또한 제관과 의통을 파견하여 천태학에 대한 관심을 보였다.

① 승과 제도를 시행하였다.
② 요세가 세운 백련사를 후원하였다.
③ 의천이 국청사를 창건하는 것을 후원하였다.
④ 거란과의 전쟁을 물리치기 위해 초조대장경을 조성하였다.

✻ TIP ✻ 제시된 지문의 왕은 고려 광종이다. 광종은 귀화인 쌍기의 건의를 받아들여 과거제도를 창설하였으며 이때 승과제도도 함께 시행하여 왕사·국사를 두고 불교 진흥을 도모하였다.
② 고종 ③ 숙종 ④ 현종

12. ② 13. ① answer

14 밑줄 친 '그'에 대한 설명으로 옳은 것은?

> 그는 송악산 아래의 자하동에 학당을 마련하여 낙성(樂聖), 대중(大中), 성명(誠明), 경업(敬業), 조도(造道), 솔성(率性), 진덕(進德), 대화(大和), 대빙(待聘) 등의 9재(齋)로 나누고 각각 전문 강좌를 개설토록 하였다. 그리하여 당시 과거 보려는 자제들은 반드시 먼저 그의 학도로 입학하여 공부하는 것이 상례로 되었다.

① 9경과 3사를 중심으로 교육하였다.

② 유교적 합리주의 사관에 기초하여 「삼국사기」를 편찬하였다.

③ 유교 사상을 치국의 근본으로 삼아 시무 28조의 개혁안을 올렸다.

④ 「소학」과 「주자가례」를 중시하고 권문세족과 불교의 폐단을 비판하였다.

✱ TIP ✱ 제시된 지문은 고려 때 최충이 설립한 9재학당에 대한 설명이다. 9재학당에서는 9경 3사를 중심으로 한 과거시험을 위한 교육이 주를 이루었다.
② 김부식 ③ 최승로 ④ 정도전 및 신진사대부

15 다음 설명과 관련된 사건으로 옳은 것은?

> 1975년 서지학자 박병선 박사는 이곳 도서관에서 조선시대 도서가 보관되어 있음을 발견하고 목록을 정리하여 그 존재를 알렸다. 그 후 1990년대 초 한국 정부가 반환을 공식 요청하기에 이르렀다. 그 결과 2011년에 '5년마다 갱신이 가능한 대여 방식'으로 반환되었다.

① 어재연이 광성보에서 결사 항전하였다.

② 제너럴 셔먼호 사건을 빌미로 일어났다.

③ 프랑스가 강화도 외규장각 도서를 약탈하였다.

④ 조선이 처음으로 서양 국가와 외교 관계를 맺었다.

✱ TIP ✱ 박병선 박사가 프랑스 국립 도서관에서 발견한 도서는 조선왕조의궤 등이며 이는 1866년 병인양요 때 프랑스가 약탈해간 강원도의 외규장각 도서이다.

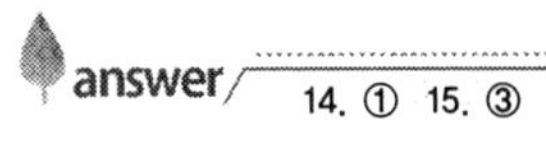
answer 14. ① 15. ③

16 동학농민운동에 관한 설명으로 옳지 않은 것은?

① 전주화약 이후 조선 정부는 청·일 군대의 철수를 요청하였다.

② 조선 정부는 농민들의 요구에 대응하여 삼정이정청을 설치하였다.

③ 청·일전쟁 발발 직후에도 전라도 지역을 중심으로 집강소가 운영되었다.

④ 일본군이 경복궁을 점령한 후 전라도와 충청도 지역의 농민군이 연합하였다.

> ✱ TIP ✱ ② 삼정이정청은 1862년(철종 13)에 임술민란을 비롯한 삼남지방의 농민봉기와 관련하여 삼정의 폐단을 고치기 위해 임시로 만들어진 관청이다.

17 1920년대 산미 증식 계획에 대한 설명으로 옳은 것은?

① 춘궁 퇴치·자력갱생 등을 내세웠다.

② 쌀·잡곡에 대한 배급제도와 공출제도가 실시되었다.

③ 소작농을 보호한다는 명목으로 소작조정령을 발표하였다.

④ 공업화로 인한 일본의 식량 부족 문제를 해결하고자 실시하였다.

> ✱ TIP ✱ 산미증식계획 … 1차 세계대전 후 자본주의가 급속히 발전(공업화)하고 농업생산력이 급격히 떨어진 일본에서 조선을 일본의 식량공급기지로 만들려는 식민지 농업정책

18 다음 법이 공포된 이후 나타난 일제의 지배 정책에 대한 설명으로 옳지 않은 것은?

> 제4조 정부는 전시에 국가 총동원 상 필요할 때에는 칙령이 정하는 바에 따라 제국 신민을 징용하여 총동원 업무에 종사하게 할 수 있다.

① 마을에 애국반을 편성하여 일상생활을 통제하였다.

② 일본식 성과 이름으로 고치는 창씨개명을 시행하였다.

③ 여성에게 작업복인 '몸뻬'라는 바지의 착용을 강요하였다.

④ 토지 현황 파악을 위해 전국적으로 토지 소유권을 조사하였다.

> ✱ TIP ✱ 제시된 법안은 1938년에 제정된 국가 총동원령으로 일본이 전쟁 수행에 필요한 인적·물적 자원을 마음대로 동원 및 통제할 목적으로 만든 법이다. 이 법에 의해 전시에는 노동력, 물자, 자금, 시설, 사업, 물가, 출판 등을 완전 통제하고, 평상시에는 직업능력 조사, 기능자 양성, 물자 비축 등을 명령했다.
> ④ 토지조사사업 : 1910년부터 일본이 한국의 식민지적 토지소유관계를 공고히 하기 위해 시행한 대규모의 한반도 국토조사사업

16. ② 17. ④ 18. ④ \ **answer**

 다음 괄호 안에 들어갈 사항으로 옳은 것만을 〈보기〉에서 모두 고른 것은?

> 2000년 12월에 유네스코 세계 유산으로 지정된 경주 역사 유적 지구는 남산 지구, 월성 지구, 대릉원 지구, 황룡사 지구, 산성 지구로 세분된다. 이 중에 남산 지구에 해당하는 문화 유산으로는 (   ) 등이 있다.

〈보기〉

㉠ 계림　　　　　　　　　　㉡ 나정(蘿井)
㉢ 포석정　　　　　　　　　　㉣ 분황사
㉤ 첨성대　　　　　　　　　　㉥ 배리 석불 입상

① ㉠, ㉡, ㉢　　　　　　　　② ㉠, ㉣, ㉤
③ ㉡, ㉢, ㉥　　　　　　　　④ ㉣, ㉤, ㉥

✽ TIP ✽ 경주 역사 유적 지구
　㉠ 남산지구 : 보리사마애석불, 미륵곡 석불좌상, 용장사곡 삼층석탑, 석불좌상, 용장사지 마애여래좌상, 천룡사지 삼층석탑, 남간사지 당간지, 남간사지 석정, 남산리 삼층석탑, 배리 석불입상, 윤을곡 마애불좌상, 삼릉, 불곡 석불좌상, 신선암 마애보살반가상, 칠불암 마애석불, 탑곡 마애조상군, 삼릉계곡 석조여래좌상, 삼릉계곡 마애관음보살상, 삼릉계곡 마애 석가여래좌상/선각여래좌상, 삼릉계곡 선각 육존불, 입곡 석불두, 침식곡 석불좌상, 열암곡 석불좌상, 약수계곡 마애입불상, 백운대 마애석불입상, 포석정지, 남산성, 서출지, 신라일성왕릉, 신라정강왕릉, 신라헌강왕릉, 신라내물왕릉, 지마왕릉, 경애왕릉, 나정, 남산동 석조감실(총 37개)
　㉡ 월성지구 : 계림, 월성, 임해전지, 첨성대, 내물왕릉계림월성지대(총 5개)
　㉢ 대릉원지구 : 미추왕릉, 대릉원 일원, 오릉, 동부사적지대, 재매정(총 5개)
　㉣ 황룡사지구 : 황룡사지, 분황사 모전석탑(총 2개)
　㉤ 산성지구 : 명활성

20 (가)~(다) 전시과에 대한 설명으로 옳은 것을 〈보기〉에서 모두 고른 것은?

			1	2	3	4	5	6	7	8	9	10	11	12	13	14	15	16	17	18
(가)	지급액수(결)	전지	110	105	100	95	90	85	80	75	70	65	60	55	50	45	42	39	36	32
		시지	110	105	100	95	90	85	80	75	70	65	60	55	50	45	40	35	30	25
(나)		전지	100	95	90	85	80	75	70	65	60	55	50	45	40	35	30	27	23	20
		시지	70	65	60	55	50	45	40	35	33	30	25	22	20	15	10			
(다)		전지	100	90	85	80	75	70	65	60	55	50	45	40	35	30	25	22	20	17
		시지	50	45	40	35	30	27	24	21	18	15	12	10	8	5				

－「고려사」 식화지－

〈보기〉

㉠ (가) – 관품과 함께 인품도 고려되었다.
㉡ (나) – 한외과가 소멸되었다.
㉢ (다)– 승인과 지리업에게 별사전이 지급되었다.
㉣ (가)~(다) – 경기 8현에 한하여 지급되었다.

---

① ㉠, ㉡ 　　　　　　② ㉠, ㉢

③ ㉡, ㉢ 　　　　　　④ ㉢, ㉣

❋ TIP ❋ (가)는 관직과 인품을 고려하여 지급된 시정전시과, (나)는 관직만을 고려하여 지급된 개정전시과, (다)는 현직 관리에게만 지급되는 경정전시과에 해당한다.
㉡ 경정전시과 때 한외과가 소멸되었다.
㉣ 전시과는 전국을 대상으로 지급되었으며, 경기 8현에 한하여 지급된 것은 녹과전이다.

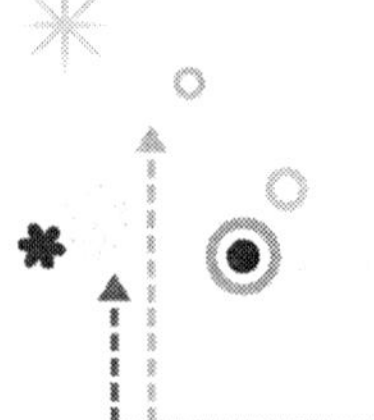

1 (가)와 (나)에 들어갈 역사서에 대한 설명으로 옳은 것은?

> - __(가)__ 은(는) 현존하는 우리나라의 가장 오래된 역사서로 고려 인종 때 편찬되었다. 본기 28권, 연표 3권, 지 9권, 열전 10권 등 총 50권으로 구성되어 있다.
> - __(나)__ 은(는) 충렬왕 때 한 승려가 일정한 역사 서술 체계에 구애받지 않고 자유로운 형식으로 저술한 역사서이다. 총 5권으로 구성되었으며, 민간 설화와 불교에 관한 내용들이 많이 수록되어 있다.

① (가) - 고조선의 역사를 중시하였다.
② (가) - 고구려 계승의식을 강조하였다.
③ (나) - 민족적 자주의식을 고양하였다.
④ (나) - 도덕적 합리주의를 표방하였다.

❋ TIP ❋ (가)는 인종 때 김부식에 의해 저술된 「삼국사기」이며, (나)는 충렬왕 때 일연에 의해 저술된 「삼국유사」이다.
③ 「삼국사기」는 신라 계승의식을 강조하였으며 「삼국유사」는 단군조선을 계승한 자주의식에 입각하여 서술되었다.

answer   1. ③

2 밑줄 친 '그'에 대한 설명으로 옳은 것은?

> 그는 즉위하여 정방을 폐지하고 사림원을 설치하는 등의 관제 개혁을 추진하는 한편, 권세가들의 농장을 견제하고 소금 전매제를 실시하여 국가 재정을 확충하고자 하였다.

① 만권당을 통해 고려와 원나라 학자들의 문화 교류에 힘썼다.

② 도병마사를 도평의사사로 개편하여 국정을 총괄하게 하였다.

③ 철령 이북의 영토 귀속 문제를 계기로 요동 정벌을 단행하였다.

④ 기철을 비롯한 부원 세력을 숙청하고 자주적 반원 개혁을 추진하였다.

> ✽ TIP ✽ 밑줄 친 그는 고려의 충선왕이다.
> ② 충렬왕
> ③④ 공민왕

3 다음 글을 근거로 할 때, 사료를 탐구하는 자세로 옳지 않은 것은?

> 역사라는 말은 사람에 따라 다양한 뜻으로 사용되고 있지만, 일반적으로 '과거에 있었던 사실'과 '조사되어 기록된 과거'라는 두 가지 뜻을 지니고 있다. 즉, 역사는 '사실로서의 역사'와 '기록으로서의 역사'라는 두 측면이 있다. 전자가 객관적 의미의 역사라면, 후자는 주관적 의미의 역사라 할 수 있다. 우리가 역사를 배운다고 할 때, 이것은 역사가들이 선정하여 연구한 '기록으로서의 역사'를 배우는 것이다.

① 사료는 '과거에 있었던 사실'이므로 그대로 '사실로서의 역사'라고 판단한다.

② 사료를 이해하기 위해 그 사료가 기록된 당시의 전반적인 시대 상황을 살펴본다.

③ 사료 또한 사람에 의해 '기록된 과거'이므로, 기록한 역사가의 가치관을 분석한다.

④ 동일한 사건 또는 같은 시대를 다루고 있는 여러 다른 사료와 비교·검토해 본다.

> ✽ TIP ✽ 제시된 글은 역사가의 주관적 입장을 강조하는 '기록으로서의 역사'에 대한 관점이다.
> ①은 객관적 사실로서의 역사를 강조하는 랑케의 사관이다.

2. ① 3. ①　answer

4 다음 결정문에 근거하여 실행된 사실로 옳은 것은?

> 조선을 독립시키고 민주국가로 발전시키는 동시에, 가혹한 일본의 조선 통치 잔재를 빨리 청산하기 위해 조선에 임시 민주주의 정부를 수립한다.

① 미 · 소 공동위원회가 개최되었다.
② 서울에서 건국준비위원회가 조직되었다.
③ 유엔 감시 하에 남한에서 총선거가 실시되었다.
④ 한반도에서 미군과 소련군의 군정이 시작되었다.

✱TIP✱ 제시된 결정문은 모스크바3상회의의 결정문이다. 이 결정문의 주요 내용은 우리나라에 대한 신탁통치와 독립의 유예에 대한 것으로, 차후의 문제는 미 · 소 공동위원회를 통하여 처리하기로 합의하였다.

5 밑줄 친 '사건'에 대한 설명으로 옳은 것은?

> 4~5명의 개화당이 <u>사건</u>을 일으켜서 나라를 위태롭게 한 다음 청나라 사람의 억압과 능멸이 대단하였다. …(중략)… 종전에는 개화가 이롭다고 말하면 그다지 싫어하지 않았으나 이 <u>사건</u> 이후 조야(朝野) 모두 '개화당은 충의를 모르고 외인과 연결하여 매국배종(賣國背宗)하였다'고 하였다.
>
> －「윤치호일기」－

① 정동구락부 세력이 주도하였다.
② 일본군과 함께 경복궁을 침범하였다.
③ 차관 도입을 위한 수신사 파견의 계기가 되었다.
④ 일본 공사관이 불타고 일본군이 청군에 패퇴하였다.

✱TIP✱ 밑줄 친 사건은 갑신정변이다.
④ 갑신정변은 청군의 공격을 받은 개화당 세력과 일본군이 철수하면서 실패로 끝났다.

answer 4. ① 5. ④

6 개항기 체결된 통상 협약에 대한 설명으로 옳지 않은 것은?

① 조·일 통상장정(1876) — 곡물 유출을 막는 방곡령 규정이 합의되었다.

② 조·청 수륙무역장정(1882) — 서울에서 청국 상인의 개점이 허용되었다.

③ 개정 조·일 통상장정(1883) — 일본과 수출입하는 물품에 일정 세율이 부과되었다.

④ 한·청 통상조약(1899) — 대한제국 황제와 청 황제가 대등한 위치에서 조약을 체결하였다.

✸TIP✸ ① 방곡령 규정이 합의된 통상 협약은 1883년의 개정 조·일 통상장정이다. 1876년의 조·일 통상장정은 무관세, 무항세, 무제한 양곡 유출의 규정을 포함한 불평등 조약이다.

7 ㈎ ~ ㈐의 시기에 해당하는 백제 역사에 대한 설명으로 옳지 않은 것은?

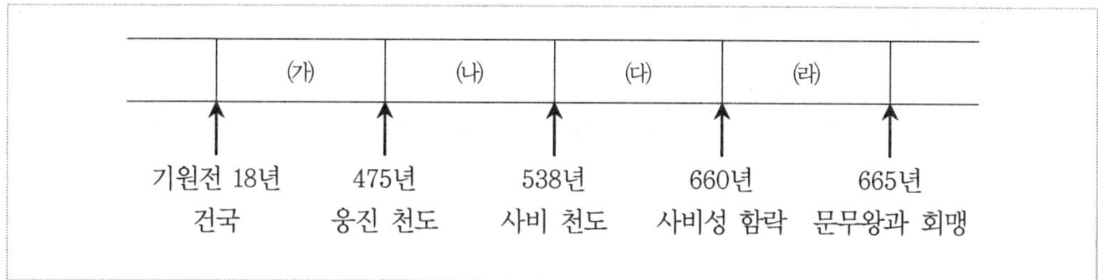

① ㈎ – 관등제를 정비하고 공복제를 도입하는 등 국가 통치 체제의 근간을 마련하였다.

② ㈏ – 남쪽의 마한 잔여 세력을 정복하고, 수군을 정비하여 요서 지방까지 진출하였다.

③ ㈐ – 신라와 연합하여 한강 유역 일부 지역을 수복했으나 얼마 후 신라에게 빼앗겼다.

④ ㈑ – 복신과 도침 등이 주류성에서 군사를 일으켜 사비성의 당나라 군대를 공격하였다.

✸TIP✸ ② 백제가 마한 잔여 세력을 정복하고 수군을 정비하여 요서 지방까지 진출한 것은 4세기 중반 근초고왕 때의 일이다. 웅진 천도는 개로왕 때의 일이다.

8 다음 자료에 나타난 통일신라시대의 신분층과 연관된 설명으로 옳은 것은?

> (그들의) 집에는 녹(祿)이 끊이지 않았다. 노동(奴僮)이 3천 명이며, 비슷한 수의 갑병(甲兵)
> 이 있다. 소, 말, 돼지는 바다 가운데 섬에서 기르다가 필요할 때 활로 쏘아 잡아먹는다. 곡
> 식을 남에게 빌려 주어 늘리는데, 기간 안에 갚지 못하면 노비로 삼아 부린다.
>
> － 「신당서」 －

① 관등 승진의 상한은 아찬까지였다.

② 도당 유학생의 대부분을 차지하였다.

③ 돌무지덧널무덤을 묘제로 사용하였다.

④ 식읍 · 전장 등을 경제적 기반으로 하였다.

> ✸ TIP ✸ 제시된 자료를 통해 유추할 수 있는 신분층은 진골귀족이다. 진골귀족은 식읍 · 전장 등을 경제적 기반
> 으로 하였다.
> ①② 6두품에 대한 설명이다.
> ③ 돌무지덧널무덤은 6세기 전후의 신라 무덤양식이다. 통일신라시대의 무덤양식은 굴식돌방무덤이다.

9 임진왜란 때의 주요 전투를 벌어진 순서대로 바르게 나열한 것은?

> ㉠ 권율 장군이 행주산성에서 왜군을 크게 무찔렀다.
> ㉡ 조선과 명나라 군대가 합세하여 평양성을 탈환하였다.
> ㉢ 진주목사 김시민이 왜의 대군을 맞아 격전 끝에 진주성을 지켜냈다.
> ㉣ 이순신 장군이 한산도 앞바다에서 왜의 수군을 격퇴하고 제해권을 장악하였다.

① ㉠→㉡→㉢→㉣　　　　　② ㉠→㉢→㉡→㉣

③ ㉣→㉡→㉢→㉠　　　　　④ ㉣→㉢→㉡→㉠

> ✸ TIP ✸ ㉣ 한산도대첩(1592년 7월) → ㉢ 진주대첩(1592년 10월) → ㉡ 평양성 탈환(1593년 1월) → ㉠ 행주대
> 첩(1593년 2월)

10 밑줄 친 '이 법'에 대한 설명으로 옳지 않은 것은?

> 현물로 바칠 벌꿀 한 말의 값은 본래 목면 3필이지만, 모리배들은 이를 먼저 대납하고 4필 이상을 거두어 갑니다. 이런 폐단을 없애기 위해 <u>이 법</u>을 시행하면 부유한 양반 지주가 원망하고 시행하지 않으면 가난한 농민이 원망한다는데, 농민의 원망이 훨씬 더 큽니다. 경기와 강원에서 이미 시행하고 있으니 충청과 호남 지역에도 하루빨리 시행해야 합니다.

① 토지 결수를 과세 기준으로 삼았다.

② 인조 때 처음으로 경기도에서 시행하였다.

③ 이 법이 시행된 후에도 왕실에 대한 진상은 계속되었다.

④ 이 법을 시행하면서 관할 관청으로 선혜청을 설치하였다.

> ✽ TIP ✽ 밑줄 친 이 법은 대동법이다.
> ② 대동법은 광해군 때 경기도에서 처음 실시하여 숙종 때 전국적으로 확대 실시하였다.

11 밑줄 친 '왕' 때의 사실로 옳은 것은?

> • 왕 재위 2년에 전진 국왕 부견이 사신과 승려 순도를 보내며 불상과 경문을 전해왔다. (이에 우리) 왕께서 사신을 보내 사례하며 토산물을 보냈다.
> • 왕 재위 5년에 비로소 초문사를 창건하고 순도를 머물게 하였다. 또 이불란사를 창건하고 아도를 머물게 하였다. 이것이 해동 불법(佛法)의 시작이었다.
>
> — 「삼국사기」 —

① 역사서인 「신집」을 편찬하였다.

② 진휼 제도로 진대법을 도입하였다.

③ 유학 교육 기관인 태학을 설치하였다.

④ 왜에 종이와 먹의 제작 방법을 전해 주었다.

> ✽ TIP ✽ 밑줄 친 왕은 고구려의 소수림왕이다. 소수림왕은 불교를 수용하고 유학 교육 기관인 태학을 설치하였으며 관등제를 정비하는 등 율령체제를 정비하였다.
> ①④ 영양왕
> ② 고국천왕

10. ② 11. ③ answer

12 1920년대 만주지역 독립운동에 대한 설명으로 옳지 않은 것은?

① 대종교 계통 인사들이 신민부를 결성하였다.

② 독립군 연합부대가 봉오동 전투에서 승리하였다.

③ 민족 유일당운동의 일환으로 국민부를 결성하였다.

④ 한국독립군이 한·중 연합작전으로 동경성에서 승리하였다.

✽ TIP ✽ ④ 한국독립군이 한·중 연합작전으로 동경성에서 승리한 것은 1930년대이다.

13 다음 자료와 같은 현상이 나타난 시기의 사회 모습에 대한 설명으로 옳지 않은 것은?

> 근래 세상의 도리가 점점 썩어가서 돈 있고 힘 있는 백성들이 갖은 방법으로 군역을 회피하고 있다. 간사한 아전과 한통속이 되어 뇌물을 쓰고 호적을 위조하여 유학(幼學)이라 칭하면서 면역하거나 다른 고을로 옮겨 가서 스스로 양반 행세를 하기도 한다. 호적이 밝지 못하고 명분의 문란함이 지금보다 심한 적이 없다.
>
> － 「일성록」 －

① 사족들이 형성한 동족 마을이 증가하였다.

② 향회가 수령의 부세자문기구로 변질되었다.

③ 유향소를 통제하기 위하여 경재소가 설치되었다.

④ 부농층이 관권과 결탁하여 향임직에 진출하였다.

✽ TIP ✽ 제시된 자료는 조선 후기의 사회 모습이다.
　　　　③ 유향소를 통제하기 위하여 경재소가 설치된 것은 조선 중기인 15세기의 일이다.

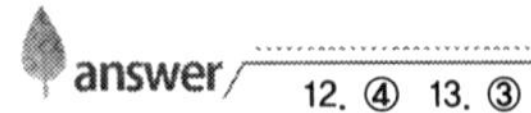

answer / 12. ④ 13. ③

14 밑줄 친 '이 사람'에 대한 설명으로 옳은 것은?

> <u>이 사람</u>은 34세에 문과에 급제하여 관직 생활을 시작하였지만 곧 모친상을 당하여 3년간 상복을 입었다. 삼년상이 끝나고 관직에 복귀하였으나 을사사화 등으로 조정이 어지러워지자 이내 관직 생활의 뜻을 접고, 1546년 40대 중반의 나이에 향리로 퇴거하여 학문 연구에 전념하였다. 이후 경상도 풍기군수로 있으면서 주세붕이 창설한 백운동서원에 대한 사액을 청원하여 실현을 보게 되었으니, 이것이 조선 왕조 최초의 사액서원인 '소수서원'이다.

① 서리망국론을 부르짖으며 당시 서리의 폐단을 강력하게 비판하였다.
② 아홉 차례의 과거 시험에 모두 장원하여 '구도장원공'이라는 별칭을 얻었다.
③ 주희의 성리설을 받아들였으며, 이기철학에서 이(理)의 절대성을 주장하였다.
④ 우주자연은 기(氣)로 구성되어 있으며, 기는 영원불멸하면서 생명을 낳는다고 보았다.

✹ TIP ✹ 밑줄 친 이 사람은 퇴계 이황이다.
　　① 조식　② 이이　④ 서경덕, 최한기

15 다음 선언문을 강령으로 했던 단체의 활동으로 옳지 않은 것은?

> 우리는 일본 강도 정치 즉 이족 통치가 우리 조선 민족 생존의 적임을 선언하는 동시에, 우리는 혁명 수단으로 우리 생존의 적인 강도 일본을 살벌함이 곧 우리의 정당한 수단임을 선언하노라.

① 민족혁명당 창당에 가담하였다.
② 경성 부민관에 폭탄을 투척하였다.
③ 일본 제국의회와 황궁을 공격할 계획을 세웠다.
④ 임시정부 요인과 제휴한 투탄 계획을 추진하였다.

✹ TIP ✹ 제시된 선언문은 신채호의 '조선혁명선언'으로 의열단의 강령이다.
　　② 한인애국단에 대한 설명이다.

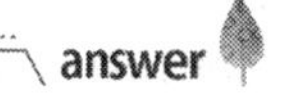
14. ③　15. ②　answer

 다음 상황이 나타난 시기에 추진한 정부 정책으로 옳지 <u>않은</u> 것은?

> 외국 사람들이 조계지를 지키지 않고 도성의 좋은 곳에 있는 집은 후한 값으로 사고 터를 넓히니 잔폐(殘廢)한 인민의 거주지가 침범을 당한다. 또한 여러 해 동안 도로를 놓고 있기 때문에 집들이 줄어들었다. 탑동(塔洞) 등지에 집을 헐고 공원을 만든다 하니 …(중략)… 결국 집 없는 사람이 태반이 될 것이다.
>
> − 매일신문 −

① 경운궁을 정궁으로 삼았다.
② 한성은행, 대한천일은행 등 민족계 은행을 지원하였다.
③ 중추원을 개조하여 우리 옛 법령과 풍속을 연구하였다.
④ 한성전기회사를 통하여 서울에 전차노선을 개통하였다.

✱ TIP ✱ 제시된 상황은 광무정권 때이다.
　　　③ 중추원을 개조하여 우리 옛 법령과 풍속을 연구한 것은 한일합방 이후이다.

17 밑줄 친 '이 사상에 대한 설명으로 옳지 <u>않은</u> 것은?

> 신라 말기에 도선과 같은 선종 승려들이 중국에서 유행한 <u>이 사상</u>을 전하였다. 이는 산세와 수세를 살펴 도읍·주택·묘지 등을 선정하는, 경험에 의한 인문 지리적 사상이다. 아울러 지리적 요인을 인간의 길흉 화복과 관련하여 생각하는 자연관 및 세계관을 내포하고 있다.

① 신라 말기에 안정된 사회를 염원하는 일반 백성의 인식이 반영되었다.
② 신라 말기에 호족이 자기 지역의 중요성을 자부하는 근거로 이용하였다.
③ 고려시대에 묘청이 서경 천도의 필요성을 주장하는 논리로 활용하였다.
④ 고려시대에 국가와 왕실의 안녕과 번영을 기원하는 초제로 행하여졌다.

✱ TIP ✱ 밑줄 친 이 사상은 풍수지리사상이다.
　　　④ 초제는 도교적 행사이다.

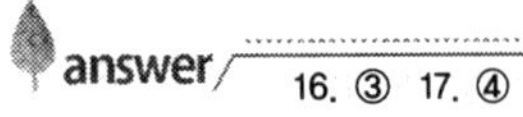

18 전시과 제도의 변천 과정을 나타낸 것이다. ㈎ 제도에 대한 〈보기〉의 설명으로 옳은 것만을 모두 고른 것은?

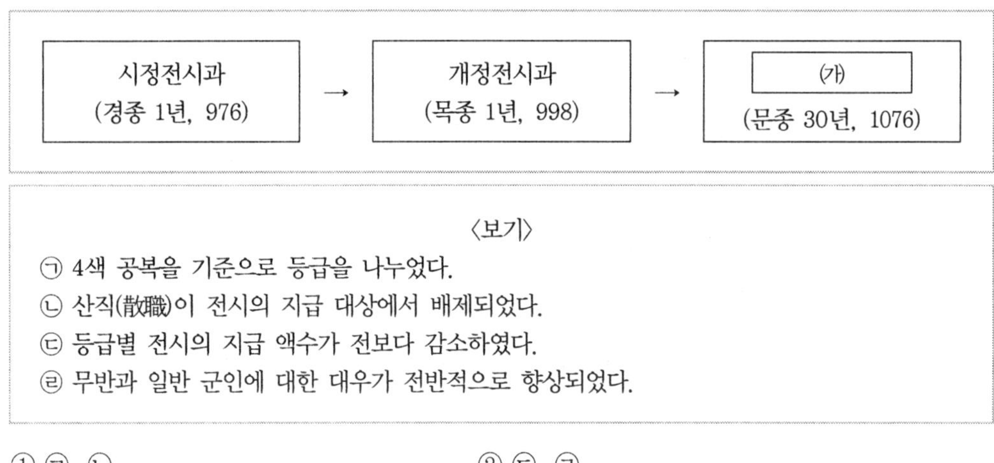

① ㉠, ㉡ ② ㉢, ㉣

③ ㉠, ㉡, ㉢ ④ ㉡, ㉢, ㉣

❋ TIP ❋ ㈎는 경정전시과이다.
　　　 ㉠ 4색 공복을 기준으로 등급을 나눈 것은 시정전시과이다.

18. ④

19 (개)와 (내) 시기 고조선에 대한 〈보기〉의 설명으로 옳은 것만을 고른 것은?

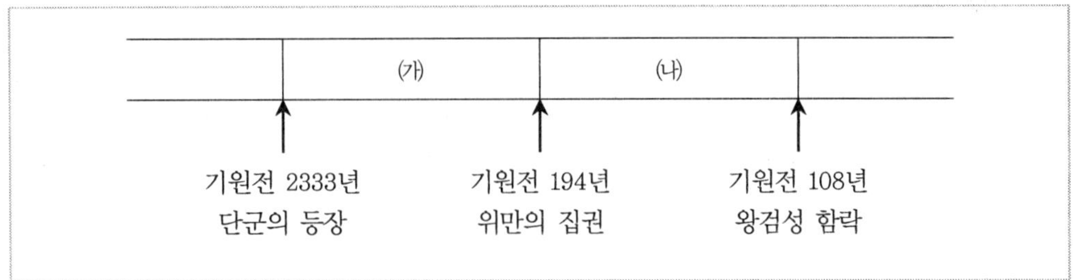

〈보기〉
㉠ (개) - 왕 아래 대부, 박사 등의 직책이 있었다.
㉡ (개) - 고조선 지역에 한(漢)의 창해군이 설치되었다.
㉢ (내) - 철기 문화를 본격적으로 수용하며, 중계 무역의 이득을 취하였다.
㉣ (내) - 비파형동검과 고인돌의 분포를 통하여 통치 지역을 알 수 있다.

① ㉠, ㉢　　　　　　　　　　② ㉠, ㉣
③ ㉡, ㉢　　　　　　　　　　④ ㉡, ㉣

✿ TIP ✿　㉡ 고조선 지역에 한의 창해군이 설치된 것은 (내) 시기이다.
　　　　　㉣ 비파형동검과 고인돌의 분포를 통하여 통치 지역을 알 수 있는 것은 (개) 시기이다.

20 다음 법령에 대한 설명으로 옳은 것은?

> 제17관 임시토지조사국은 토지대장 및 지도를 작성하고, 토지의 조사 및 측량한 것을 사정하여 확정한 사항 또는 재결을 거친 사항을 이에 등록한다.

① 토지와 임야를 함께 조사하도록 하였다.

② 토지 등급은 물론 지적, 결수, 지목 등을 신고하도록 하였다.

③ 지역별 지가와 그것의 1.3%를 지세로 하는 과세 표준을 명시하였다.

④ 본 법령에 따라 토지 소유를 증명하는 토지가옥증명규칙과 시행세칙이 공포되었다.

> ✽ TIP ✽ 제시된 법령은 1912년부터 1918년까지 실시한 토지조사사업의 내용이다.
> ① 농경지에 한해 시행되었다.
> ③ 1918년 지세령 개정
> ④ 대한제국의 양전사업 내용

20. ② \ **answer**

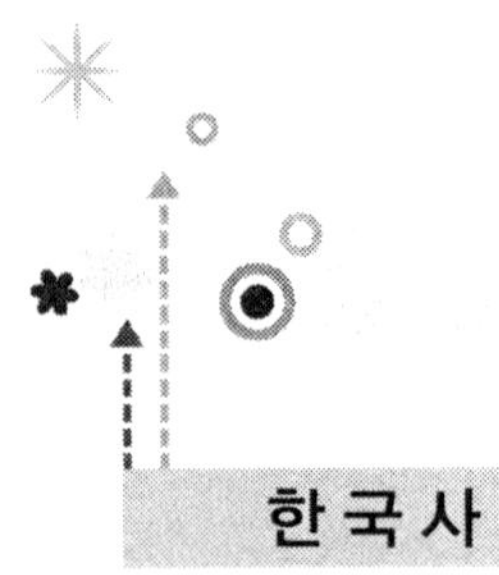

2016. 6. 18 제1회 지방직 시행

1 밑줄 친 '이 토기'가 주로 사용되었던 시대에 대한 설명으로 옳은 것은?

> 이 토기는 팽이처럼 밑이 뾰족하거나 둥글고, 표면에 빗살처럼 생긴 무늬가 새겨져 있다. 곡식을 담는 데 많이 이용된 이 토기는 전국 각지에서 출토되고 있는데, 대표적 유적지는 서울 암사동, 봉산 지탑리 등이다.

① 농경과 정착 생활이 이루어졌다.
② 고인돌이나 돌널무덤을 만들었다.
③ 빈부의 격차가 나타나고 계급이 발생하였다.
④ 군장이 부족의 풍요와 안녕을 기원하는 제사를 지냈다.

> ❋ TIP ❋ 밑줄 친 이 토기는 빗살무늬 토기로 신석기 시대에 사용되었다.
> ②③④ 청동기 시대

2 다음과 같은 문서가 작성되었던 시대에 대한 설명으로 옳지 않은 것은?

> 토지는 논, 밭, 촌주위답, 내시령답 등 토지의 종류와 면적을 기록하고, 사람들은 인구, 가호, 노비의 수와 3년 동안의 사망, 이동 등 변동 내용을 기록하였다. 그 밖에 소와 말의 수, 뽕나무, 잣나무, 호두나무의 수까지 기록하였다.

answer / 1. ① 2. ④

① 관료에게는 관료전을, 백성에게는 정전을 지급하였다.

② 인구는 남녀 모두 연령에 따라 6등급으로 나누어 파악하였다.

③ 전국을 9주로 나누고, 주 아래에는 군이나 현을 두어 지방관을 파견하였다.

④ 국가에 봉사하는 대가로 관료에게 토지를 나누어 주는 전시과 제도를 운영하였다.

> ✱ TIP ✱ 제시된 문서는 통일 신라 시대의 민정문서이다.
> ④ 고려 시대의 일이다.

3 다음 ㉠의 주민에 대한 설명으로 옳은 것은?

> 고려 시기에 　㉠　은(는) 금, 은, 구리, 쇠 등 광산물을 채취하거나 도자기, 종이, 차 등 특정한 물품을 생산하여 국가에 공물로 바쳤다.

① 군현민과 같은 양인이지만 사회적 차별을 받았다.

② 죄를 지으면 형벌로 귀향을 시키는 처벌을 받았다.

③ 지방 호족 출신으로 지방 행정의 실무를 담당하였다.

④ 재산으로 간주되어 매매 · 상속 · 증여의 대상이 되었다.

> ✱ TIP ✱ ㉠은 고려 시대의 특수행정구역인 '소'이다. 향 · 소 · 부곡의 주민은 양인의 신분이었지만 사회적 차별을 받았다.
> ② 귀족 ③ 향리 ④ 노비

3. ①　\ answer

4 다음 대화에 나타난 수취 제도에 대한 설명으로 옳은 것은?

> • 갑 : 호(戶)에 부과하던 공물을 토지에 부과하게 되면서 땅이 많은 대가(大家)와 거족(巨族)이 불만을 가져 원망을 하고 있으니 가뜩이나 어려운 시기에 심히 걱정스럽군.
> • 을 : 부자는 토지 소유에 비례하여 많은 액수의 세금을 한꺼번에 내기 어렵다고 불평하지만, 수확과 노동력이 많은 부자가 가난한 사람도 여태껏 그럭저럭 납부해온 것을 왜 못 내겠소?

① 광해군 때 경기도에서 처음으로 실시되었다.

② 농민의 군포 부담을 1년에 1필로 줄여 주었다.

③ 지주에게 토지 1결당 2두의 결작미를 징수하였다.

④ 농민 부담을 낮추기 위해 전세를 토지 1결당 미곡 4두로 고정하였다.

✱ TIP ✱ 대화에 나타난 수취 제도는 대동법이다.
　　②③ 균역법에 대한 설명이다.
　　④ 영정법에 대한 설명이다.

5 다음 법령의 시행 결과에 대한 설명으로 옳은 것은?

> 제5조 정부는 다음에 의하여 농지를 매수한다.
> 1. 다음의 농지는 정부에 귀속한다.
> 　(개) 법령 및 조약에 의하여 몰수 또는 국유로 된 토지
> 　(내) 소유권의 명의가 분명하지 않은 농지
> 2. 다음의 농지는 본법 규정에 의하여 정부가 매수한다.
> 　　　　　 … (중략) …
> 제12조 농지의 분배는 1가구당 총 경영 면적 3정보를 초과하지 못한다.

① 협동조합이 모든 농지를 소유하게 되었다.

② 많은 일반 민유지가 총독부 소유로 되었다.

③ 소작지가 크게 줄어들고 자작지가 늘어났다.

④ 지주 소유 토지를 몰수하여 농민에게 무상으로 분배하였다.

answer 　4. ① 　5. ③

❋TIP❋ 제시된 법령은 농지개혁법이다. 농지개혁법의 시행으로 지주의 권한이 줄어들고 자기 땅을 가진 소작
농이 증가하였다.
② 토지조사사업에 대한 설명이다.
④ 농지개혁법은 유상매입, 유상분배를 원칙으로 한다.

6 다음 사실들을 시기 순으로 바르게 나열한 것은?

> ㉠ 고구려 – 살수에서 수 양제의 군대를 격파하였다.
> ㉡ 백제 – 사비로 도읍을 옮기고 국호를 남부여로 고쳤다.
> ㉢ 신라 – 율령을 반포하고 백관의 공복을 제정하였다.
> ㉣ 가야 – 고령 지역의 대가야가 신라의 공격으로 멸망하였다.

① ㉡→㉢→㉣→㉠   ② ㉡→㉣→㉢→㉠
③ ㉢→㉡→㉣→㉠   ④ ㉢→㉣→㉠→㉡

❋TIP❋ ㉢ 520년→㉡ 538년→㉣ 562년→㉠ 612년

7 밑줄 친 '왕'의 재위 기간에 있었던 사실로 옳은 것은?

> 주전도감에서 왕에게 아뢰기를 "백성들이 화폐를 사용하는 유익함을 이해하고 그것을 편리하
> 게 생각하고 있으니 이 사실을 종묘에 알리십시오."라고 하였다. 이 해에 또 은병을 만들어
> 화폐로 사용하였는데, 은 한 근으로 우리나라의 지형을 본떠서 만들었고 민간에서는 활구라
> 고 불렀다.

① 주요 지역에 12목을 설치하고 목사를 파견하였다.
② 여진 정벌을 위해 윤관이 건의한 별무반을 설치하였다.
③ 지방 호족을 견제하기 위해 사심관과 기인 제도를 도입하였다.
④ 왕권을 강화하기 위해 과거 제도를 시행하고 독자적인 연호를 사용하였다.

❋TIP❋ 밑줄 친 왕은 고려의 숙종이다.
① 성종 ③ 태조 ④ 광종

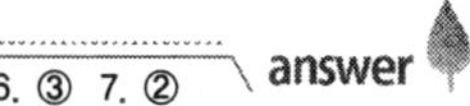

6. ③ 7. ②   answer

8 다음 내용을 주장한 인물에 대한 설명으로 옳은 것은?

> • 한 마음(一心)을 깨닫지 못하고 한없는 번뇌를 일으키는 것이 중생인데, 부처는 이 한 마음을 깨달았다. 깨닫는 것과 깨닫지 못하는 것은 오직 한 마음에 달려 있으니 이 마음을 떠나서 따로 부처를 찾을 수 없다.
> • 먼저 깨치고 나서 후에 수행한다는 뜻은 못의 얼음이 전부 물인 줄은 알지만 그것이 태양의 열을 받아 녹게 되는 것처럼 범부가 곧 부처임을 깨달았으나 불법의 힘으로 부처의 길을 닦게 되는 것과 같다.

① 국청사를 창건하고 천태종을 창시하였다.

② 부석사를 창건하고 화엄 사상을 선양하였다.

③ 불교계를 개혁하기 위해 수선사 결사를 주도하였다.

④ 십문화쟁론을 저술하여 종파 간의 사상적 대립을 조화시키고자 하였다.

> ✽ TIP ✽ 제시된 내용을 주장한 인물은 지눌이다.
> ① 의천 ② 의상 ④ 원효

9 다음 정책을 시행한 왕에 대한 설명으로 옳은 것은?

> • 속대전을 편찬하여 법령을 정비하였다.
> • 사형수에 대한 삼복법(三覆法)을 엄격하게 시행하였다.
> • 신문고 제도를 부활시켜 백성들의 억울함을 풀어주고자 하였다.

① 신해통공을 단행해 상업 활동의 자유를 확대하였다.

② 삼정이정청을 설치해 농민의 불만을 해결하려 하였다.

③ 붕당의 폐단을 제거하기 위해 서원을 대폭 정리하였다.

④ 환곡제를 면민이 공동출자하여 운영하는 사창제로 전환하였다.

> ✽ TIP ✽ 제시된 정책을 시행한 왕은 영조이다.
> ① 정조 ② 철종 ④ 흥선대원군

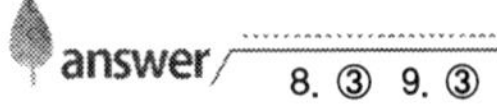

answer   8. ③ 9. ③

10 다음 법령이 시행되던 시기에 볼 수 있는 모습으로 옳은 것은?

> 제1조 3개월 이하의 징역 또는 구류에 처하여야 할 자는 그 정상에 따라 태형에 처할 수 있다.
> 제6조 태형은 태로써 볼기를 치는 방법으로 집행한다.
> 제13조 본령은 조선인에 한하여 적용한다.

① 회사령 공포를 듣고 있는 상인
② 경의선 철도 개통식을 보는 학생
③ 동양척식주식회사의 설립식에 참석한 기자
④ 대한광복군정부의 군사 훈련에 참여한 청년

> ✱TIP✱ 제시된 법령은 조선태형령으로, 일본의 무단통치 시기인 1912년에 제정되었다.
> ④ 대한광복군정부는 1914년에 블라디보스토크에 세워진 망명 정부이다.
> ① 1910년 ② 1906년 ③ 1908년

11 다음 자료에 나타난 시기에 대한 설명으로 옳은 것은?

> 곳곳에서 도적이 벌 떼같이 일어났다. 이에, 원종, 애노 등이 사벌주(상주)에 의거하여 반란을 일으키니, 왕이 나마 벼슬의 영기에게 명하여 잡게 하였다.

① 지방에서는 호족 세력이 성장하였다.
② 신진 사대부가 대두하여 권문세족을 비판하였다.
③ 농민들은 전정, 군정, 환곡 등 삼정의 문란으로 고통을 받았다.
④ 봄에 곡식을 빌려 주었다가 가을에 추수한 것으로 갚게 하는 진대법을 실시하였다.

> ✱TIP✱ 제시된 자료는 신라 하대 진성여왕 때 발생한 원종·애노의 난에 대한 설명이다.
> ② 고려 후기
> ③ 조선 후기
> ④ 고구려 고국천왕

10. ④ 11. ①  answer

12 다음 사건에 대한 설명으로 옳은 것은?

> 임오년 서울의 영군(營軍)들이 큰 소란을 피웠다. 갑술년 이후 대내의 경비가 불법으로 지출되고 호조와 선혜청의 창고도 고갈되어 서울의 관리들은 봉급을 못 받았으며, 5영의 병사들도 가끔 결식을 하여 급기야 5영을 2영으로 줄이고 노병과 약졸들을 쫓아냈는데, 내쫓긴 사람들은 발붙일 곳이 없으므로 그들은 난을 일으키려 했다.

① 군대 해산에 반발한 군인들은 의병 부대에 합류하였다.

② 보국안민, 제폭구민의 대의를 위해 봉기할 것을 호소하였다.

③ 정부의 개화 정책에 반대하는 서울의 하층민들도 참여하였다.

④ 충의를 위해 역적을 토벌한다는 명분을 내걸고 유생들이 주동하였다.

> ✿ TIP ✿ 제시된 사건은 임오군란이다.
> ① 정미의병 ② 동학농민운동 ④ 을미의병, 의사을병

13 다음 내용이 포함된 개혁에 대한 설명으로 옳지 않은 것은?

> • 공 · 사 노비 제도를 모두 폐지하고, 인신 매매를 금지한다.
> • 연좌법을 폐지하여 죄인 자신 외에는 처벌하지 않는다.
> • 과부의 재혼은 귀천을 막론하고 그 자유에 맡긴다.

① 중국 연호의 사용을 폐지하였다.

② 독립 협회 활동의 영향을 받았다.

③ 군국기무처의 주도 하에 추진되었다.

④ 동학 농민 운동의 요구를 일부 수용하였다.

> ✿ TIP ✿ 제시된 내용이 포함된 개혁은 1894년에 일어난 제1차 갑오개혁이다.
> ② 독립협회는 1896년에 창립되었다.

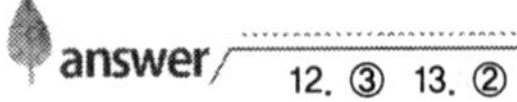

14 밑줄 친 '무덤 주인'이 왕위에 있었던 시기의 사실로 옳은 것은?

> 1971년 7월, 공주시 송산리 고분군 배수로 공사 도중 벽돌무덤 하나가 우연히 발견되었다. 무덤 입구를 열자, 무덤 주인을 알려주는 지석이 놓여 있었으며, 백제는 물론 중국의 남조와 왜에서 만들어진 갖가지 유물들이 고스란히 남아 있었다.

① 중앙에는 22부 관청을 두고 지방에는 5방을 설치하였다.

② 고구려의 남진 정책에 맞서 나제동맹을 처음 결성하였다.

③ 활발한 대외 정복 전쟁으로 한강 유역을 차지하고 가야를 완전히 정복하였다.

④ 지방에 22개의 담로를 두고 왕족을 파견하여 지방에 대한 통제를 강화하였다.

    ✱ TIP ✱ 밑줄 친 무덤 주인은 백제의 무령왕이다.
            ① 백제 성왕 ② 백제 비유왕 ③ 신라 진흥왕

15 밑줄 친 '그'에 대한 설명으로 옳은 것은?

> 묘청의 천도 운동에서 그가 패하고 묘청이 이겼더라면 조선사는 독립적·진취적으로 진전하였을 것이니 이것이 어찌 일천년래 제일 사건이라 하지 아니하랴.

① 성리학적 유교 사관에 입각한 사략을 저술하였다.

② 현존하는 우리나라의 최고(最古) 역사서를 편찬하였다.

③ 우리나라 역사를 단군에서부터 서술한 역사서를 저술하였다.

④ 동명왕의 업적을 칭송한 영웅 서사시인 동명왕편을 저술하였다.

    ✱ TIP ✱ 제시된 내용은 신채호의 '조선역사상 일천년래 제일대사건'의 일부로 밑줄 친 그는 김부식이다.
            ① 이제현에 대한 설명이다.
            ③ 일연의 「삼국유사」, 이승휴의 「제왕운기」 등이 해당한다.
            ④ 이규보에 대한 설명이다.

16 (가)~(라)의 시기에 있었던 사실로 옳은 것은?

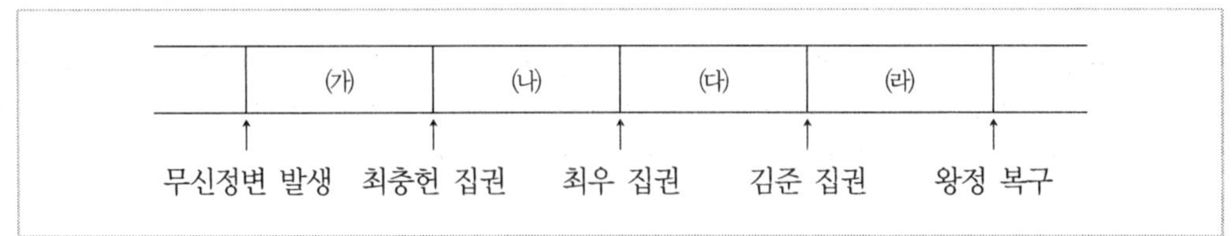

① (가) – 국정을 총괄하는 교정도감이 처음 설치되었다.
② (나) – 망이·망소이 등 명학소민이 봉기하였다.
③ (다) – 금속활자로 상정고금예문을 인쇄하였다.
④ (라) – 고려대장경을 다시 조판하여 완성하였다.

  ✱ TIP ✱ ③ 1234년
       ① 교정도감은 최충헌이 설치하였다. →(나)
       ② 1176년→(가)
       ④ 최우 집권기→(다)

17 밑줄 친 '왕'의 재위 기간에 있었던 사실로 옳지 않은 것은?

> 왕이 이순지, 김담 등에게 명하여 중국의 선명력, 수시력 등의 역법을 참조하여 새로운 역법을 만들게 하였다. 이 역법은 내편과 외편으로 구성되었다. 내편은 수시력의 원리와 방법을 해설한 것이며, 외편은 회회력(이슬람력)을 해설, 편찬한 것이다.

① 천체 관측 기구인 혼의, 간의 등을 제작하였다.
② 경기 지역의 농사 경험을 토대로 금양잡록을 편찬하였다.
③ 경자자(庚子字), 갑인자(甲寅字) 등 금속 활자를 주조하였다.
④ 우리 풍토에 맞는 약재와 치료법을 정리한 향약집성방을 편찬하였다.

  ✱ TIP ✱ 밑줄 친 왕은 조선의 세종으로, 제시된 내용은 세종 때 만든 칠정산에 대한 설명이다.
       ② 금양잡록은 조선 성종 때 강희맹이 편찬하였다.

answer / 16. ③ 17. ②

18 다음 자료에 나타난 시기의 사회 모습에 대한 설명으로 옳은 것은?

> 옷차림은 신분의 귀천을 나타내는 것이다. 그런데 어찌된 까닭인지 근래 이것이 문란해져 상민·천민들이 갓을 쓰고 도포를 입는 것을 마치 조정의 관리나 선비와 같이 한다. 진실로 한심스럽기 짝이 없다. 심지어 시전 상인들이나 군역을 지는 상민들까지도 서로 양반이라 부른다.

① 불교의 신앙 조직인 향도가 널리 확산되었다.
② 서얼의 청요직 진출이 부분적으로 허용되었다.
③ 양민의 대다수를 차지한 농민을 백정(白丁)이라고 하였다.
④ 선현 봉사(奉祀)와 교육을 위한 서원이 설립되기 시작하였다.

   ❋ TIP ❋ 제시된 내용은 조선 후기의 사회 모습이다.
          ①③ 고려 시대
          ④ 서원이 설립되기 시작한 것은 조선 중종 때이다.

19 다음 사실들을 시기 순으로 바르게 나열한 것은?

> ㉠ 김좌진을 중심으로 한 신민부가 조직되었다.
> ㉡ 민족협동전선론에 따라 정우회가 조직되었다.
> ㉢ 노동 조건의 개선을 요구한 원산 노동자 총파업이 일어났다.
> ㉣ 백정의 사회적 차별을 철폐하고자 하는 형평사가 창립되었다.

① ㉠→㉡→㉣→㉢
② ㉠→㉣→㉢→㉡
③ ㉣→㉠→㉡→㉢
④ ㉣→㉢→㉠→㉡

   ❋ TIP ❋ ㉣ 1923년 → ㉠ 1925년 → ㉡ 1926년 → ㉢ 1929년

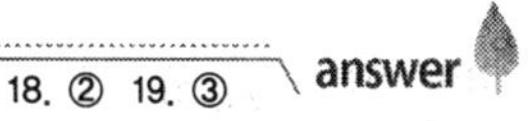

20 다음과 같이 주장한 붕당에 대한 설명으로 옳은 것은?

> 기해년의 일은 생각할수록 망극합니다. 그때 저들이 효종 대왕을 서자처럼 여겨 대왕대비의 상복을 기년복(1년 상복)으로 낮추어 입도록 하자고 청했으니, 지금이라도 잘못된 일은 바로 잡아야 하지 않겠습니까?

① 인조반정으로 몰락하였다.

② 기사환국으로 다시 집권하였다.

③ 경신환국을 통해 정국을 주도하였다.

④ 정제두 등이 양명학을 본격적으로 수용하였다.

❋ TIP ❋ 주어진 내용은 조선 현종 때 인선왕후 장씨가 사망하자 자의대비의 복제문제를 두고 일어난 논쟁인 갑인예송에서 남인들이 주장한 내용이다.
② 남인은 기사환국으로 서인을 대거 숙청하고 다시 집권하였다.
① 북인 ③ 서인 ④ 소론

answer/ 20. ②

2016. 6. 25 서울특별시 시행

1 다음 자료와 관련된 나라에 대한 설명으로 가장 옳지 않은 것은?

> • 풍속에 장마와 가뭄이 연이어 오곡이 익지 않을 때, 그 때마다 왕에게 허물을 돌려 '왕을 마땅히 바꾸어야 한다.'라거나 혹은 '왕은 마땅히 죽어야 한다.'라고 하였다.
> • 정월에 지내는 제천 행사는 국중 대회로 날마다 마시고 먹고 노래하고 춤추는데 그 이름은 영고라 한다.
>
> —「삼국지」 위서 동이전 —

① 쑹화 강 유역의 평야 지대에서 성장하였다.

② 왕 아래 가축의 이름을 딴 여러 가(加)들이 있었다.

③ 왕이 죽으면 노비 등을 함께 묻는 순장의 풍습이 있었다.

④ 국력이 쇠퇴하여 광개토대왕 때 고구려에 완전 병합되었다.

> ✽ TIP ✽ 제시된 자료와 관련된 나라는 부여이다.
> ①②③ 부여와 관련된 설명이다.
> ④ 고구려 문자왕 때의 일이다.

1. ④   answer

2 삼국 간의 경쟁 과정에서 일어난 사건을 순서대로 바르게 나열한 것은?

> (가) 백제 성왕이 관산성 전투에서 전사하였다.
> (나) 백제 의자왕은 신라의 대야성을 함락시켰다.
> (다) 고구려 광개토대왕은 신라 지역으로 쳐들어온 왜국의 침략을 격퇴하였다.
> (라) 백제는 고구려의 침략으로 말미암아 수도를 웅진으로 옮겼다.

① (나) – (다) – (라) – (가) ② (다) – (가) – (라) – (나)
③ (다) – (라) – (가) – (나) ④ (라) – (다) – (나) – (가)

✻ TIP ✻ (다) 5세기 초 → (라) 5세기 중반 → (가) 6세기 → (나) 7세기

3 삼국시대의 사상과 문화에 대한 설명으로 가장 옳지 않은 것은?

① 부여 능산리에서 발견된 백제대향로에는 신선이 산다는 봉래산이 조각되어 있어 백제인의 신선사상을 엿볼 수 있다.

② 삼국 불교의 윤회설은 왕이나 귀족, 노비는 전생의 업보에 의해 타고났다고 보기 때문에 신분 질서를 정당화하는 관념을 제공하였다.

③ 신라 후기 민간사회에서는 주문으로 질병 치료나 자식 출산 등을 기원하는 현실구복적 밀교가 유행하였다.

④ 고구려의 겸익은 인도에서 율장을 가지고 돌아온 계율종의 대표적 승려로서 일본 계율종의 성립에도 영향을 주었다.

✻ TIP ✻ ④ 겸익은 백제 성왕 때의 승려이다.

answer / 2. ③ 3. ④

4 빈칸에 들어갈 왕의 재임 시기에 일어난 사실로 가장 옳은 것은?

> 발해와 당은 발해 건국 과정에서부터 대립적이었으며 발해의 고구려 영토 회복 정책으로 양국의 대립은 더욱 노골화되었다. 당은 발해를 견제하기 위해 흑수말갈 지역에 흑수주를 설치하고 통치관을 파견하였다. 이러한 당과 흑수말갈의 접근을 막기 위하여 발해의 ⬚은 흑수말갈에 대한 정복을 추진하였다. 이 계획을 둘러싼 갈등이 비화되어 발해는 산둥 지방의 덩저우에 수군을 보내 공격하였다. 이에 대응하여 당은 발해를 공격하는 한편, 남쪽의 신라를 끌어들여 발해를 제어하려고 하였다.

① 3성 6부를 비롯한 중앙 관서를 정비하였다.
② 융성한 발해는 '해동성국'이라는 칭호를 얻었다.
③ 왕을 '황상(皇上)'이라고 칭하여 황제국을 표방하였다.
④ 일본에 보낸 외교문서에서 고구려 계승 의식을 천명하였다.

  ✽ TIP ✽ 빈칸에 들어갈 왕은 발해의 무왕이다.
           ①③ 발해 문왕 ② 발해 선왕

5 고려시대의 대장경을 설명한 것으로 가장 옳지 않은 것은?

① 대장경이란 경(經) · 율(律) · 논(論) 삼장으로 구성된 불교 경전을 말한다.
② 초조대장경의 제작은 거란의 침입을 받으면서 시작되었다.
③ 의천은 송과 금의 대장경 주석서를 모아 속장경을 편찬하였다.
④ 초조대장경과 속장경은 몽골의 침입으로 소실되었다.

  ✽ TIP ✽ ③ 고려 문종의 아들인 의천은 송과 요의 대장경 주석서를 모아 속장경을 편찬하였다. 금나라가 세워진 것은 고려 예종 때이다.

6 다음 사건을 일어난 순서대로 바르게 나열한 것은?

> (개) 김보당의 난 발생　　　　　(내) 이의민의 권력 장악
> (대) 김사미와 효심의 난 발생　　(래) 교정도감의 설치

① (개) – (내) – (대) – (래)　　　　② (개) – (내) – (래) – (대)
③ (내) – (개) – (대) – (래)　　　　④ (내) – (개) – (래) – (대)

　✿ TIP ✿ (개) 1173년 → (내) 1183년 → (대) 1193년 → (래) 1196년

7 고려의 정치와 사회에 대한 설명으로 가장 옳지 않은 것은?

① 정치제도는 당과 송의 제도를 참고하여 2성 6부제로 정비하였다.
② 지방제도는 5도 양계 및 경기로 구성되었고 태조 때부터 12목을 설치하였다.
③ 관리 등용 제도로는 과거와 음서 등이 있었으며 무과는 거의 실시되지 않았다.
④ 성종 대에 최승로는 시무 28조를 건의하는 등 유교정치 이념의 토대를 닦았다.

　✿ TIP ✿ ② 12목을 설치하여 최초로 지방관을 파견한 것은 고려 성종 때이다.

8 충선왕 대의 개혁 정책으로 옳은 것은?

① 원나라 연호와 관제를 폐지하였다.
② 몽골풍의 의복과 변발을 폐지하였다.
③ 왕권을 강화하고 개혁을 주도하기 위한 기구로 사림원을 두었다.
④ 정치도감을 두어 부원 세력을 척결하였다.

　✿ TIP ✿ ①② 공민왕　④ 충목왕

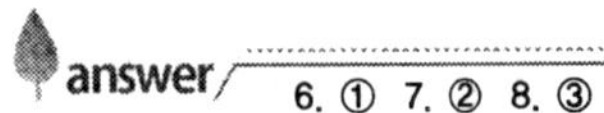

answer　6. ① 7. ② 8. ③

9 고려 말에서 조선 초에 있었던 요동정벌 운동을 설명한 것으로 옳지 않은 것은?

① 우왕 때 최영은 명이 철령위 설치를 통고하자 요동을 공격할 계획을 세웠다.

② 태조 이성계는 요동정벌을 추진하였고 정도전과 남은은 군사 훈련을 강화하였다.

③ 명은 정도전을 '조선의 화근'이라며 명으로 압송할 것을 요구하였다.

④ 이방원은 태조의 요동정벌 운동을 적극 지지하였다.

✽ TIP ✽ ④ 태조의 요동정벌 운동을 적극 지지한 것은 정도전이다. 이에 이방원은 1차 왕자의 난을 일으켜 정도전 일파를 숙청하였다.

10 다음 중 영조 대에 편찬된 서적은?

① 「동국문헌비고」 　　　　② 「동국지리지」

③ 「동사강목」 　　　　④ 「동의보감」

✽ TIP ✽ ② 광해군 때 한백겸이 편찬한 역사지리서이다.
　　　　③ 정조 때 안정복이 편찬한 역사서이다.
　　　　④ 광해군 때 허준이 편찬한 의학서이다.

11 조선 전기 일본과 관계된 주요 사건이다. (개)~(라) 각 시기에 있었던 사건으로 옳지 않은 것은?

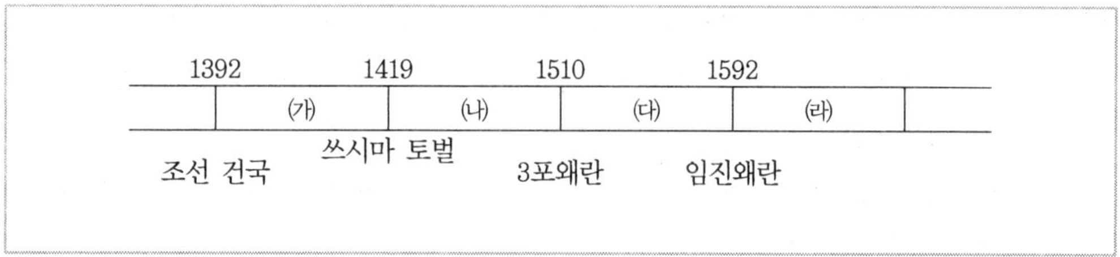

① (가): 부산포, 제포, 염포 등 3포를 개항하였다.

② (나): 계해약조를 체결하여 쓰시마 주의 제한적 무역을 허락하였다.

③ (다): 왜선이 침입하여 을묘왜변을 일으켰다.

④ (라): 조선은 포로의 송환 교섭을 위해 일본에 사신을 파견하였다.

✽ TIP ✽ ① 3포 개항은 1426년 세종 때의 일이다.

9. ④　10. ①　11. ① 　answer

12 다음 (개)~(대)의 설명에 해당하는 인물을 바르게 연결한 것은?

> (개) 스승 이벽의 권유로 북경에 갔다가 서양인 신부의 세례를 받고 귀국하였다.
> (내) 성리학의 입장에서 천주교를 비판하는 천학문답을 저술하였다.
> (대) 신부가 되어 충청도 당진(솔뫼)을 근거로 포교하다가 붙잡혀 처형되었다.

	(개)	(내)	(대)
①	이가환	안정복	황사영
②	이승훈	이기경	황사영
③	이승훈	안정복	김대건
④	이가환	이기경	김대건

✿ TIP ✿ (개) – 이승훈, (내) – 안정복, (대) – 김대건

※ 보기의 인물
- 이가환 : 조선 후기의 문신이자 학자로 남인 중 청남 계열의 지도자로 부상하였으나 천주교 신봉으로 인해 1801년(순조 1) 옥사하였다.
- 이기경 : 조선 후기의 문신으로 이조좌랑 등을 지냈다. 주자학과 다르다 하여 천주교를 배척하는 데 앞장섰다.
- 황사영 : 조선 후기의 천주교도로 신유박해 때 산중으로 피신하여 조선의 천주교 박해 실상을 알리는 「백서」를 작성하였고, 이것이 발각되어 사형되었다.

13 근대의 구국 계몽 운동에 대한 설명으로 가장 옳은 것은?

① 송수만, 심상진은 대한자강회를 조직하고 일본의 황무지 개척에 반발하는 운동을 전개하여 이를 철회시켰다.

② 이종일은 순한글로 간행한 황성신문을 발간하여 정치논설보다 일반 대중을 위한 사회계몽 기사를 많이 실었다.

③ 최남선은 을지문덕, 강감찬, 최영, 이순신 등의 애국 명장에 관한 전기를 써서 애국심을 고취하였다.

④ 고종은 을사늑약의 불법성을 폭로하는 친서를 양기탁과 영국인 베델의 대한매일신보를 통하여 발표하였다.

✿ TIP ✿ ① 송수만 삼상진이 조직한 것은 보안회이다.
② 이종일이 순한글로 간행한 것은 제국신문이다.
③ 을지문덕, 강감찬, 최영, 이순신 등의 전기를 쓴 것은 신채호이다.

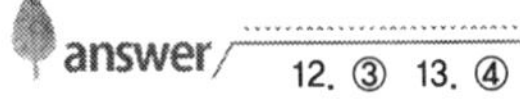

answer 12. ③ 13. ④

14 대한제국의 성립 과정에 대한 설명으로 가장 옳지 않은 것은?

① 을미사변 이후 위축된 국가 주권을 지키고 고종의 위상을 높여야 한다는 여론이 높아졌다.

② 고종은 러시아 공사관에 있는 동안 경운궁을 증축하였다.

③ 고종은 연호를 광무라 하고 경운궁에서 황제 즉위식을 거행하였다.

④ 대한제국의 헌법이라 할 수 있는 대한국 국제를 발표하였다.

❋TIP❋ ③ 고종은 연호를 광무, 국호를 대한제국으로 정하고 환구단에서 황제 즉위식을 거행하였다.

15 일본이 대한제국의 정부 기관에 자신들이 추천하는 고문을 두게 하여 대한제국의 내정에 간섭함으로써 실질적으로 주권을 침해하는 결과를 가져왔던 조약은?

① 1904년 2월 한·일 의정서

② 1904년 8월 제1차 한·일 협약(한·일 협정서)

③ 1905년 제2차 한·일 협약(을사늑약)

④ 1907년 한·일 신협약(정미7조약)

❋TIP❋ 제1차 한·일 협약(1904) … 공식명칭은 '외국인 용빙(傭聘)협정'으로 한일협정서라고도 한다. 러시아와 전쟁을 일으킨 일본은 한국정부를 무력으로 강압해서 한일의정서를 체결하고 한반도를 군사기지로 확보하고, 전쟁이 일본에 유리하게 기울자 한국의 재정·외교의 쇄신을 위하여 외국고문을 초빙해야 한다고 주장하며 외국인 용빙(傭聘)협정 체결을 강요하였다. 이에 일본인 재정고문 1명과 일본이 추천하는 외국인 외교고문 1명을 초빙한다는 내용의 제1차 한·일 협약이 체결되었다.

14. ③ 15. ②  answer

16 다음 약력에 해당하는 인물은?

> • 1872년 철종의 딸 영혜옹주와 결혼
> • 1884년 갑신정변에 참여함. 실패 후 일본 망명
> • 1894년 내무대신에 임명됨. 다음해 일본 망명
> • 1910년 국권 피탈 이후 일본의 작위를 받고 동아일보사 초대사장, 중추원의장·부의장, 일본 귀족원 의원 등 역임

① 박영효   ② 윤치호
③ 김옥균   ④ 김홍집

✿ TIP ✿ 제시된 내용은 박영효의 약력이다.

17 대한민국 정부 수립 이후에 일어난 사건을 〈보기〉에서 모두 고른 것은?

> 〈보기〉
> ㉠ 반민족 행위 특별 조사 위원회 설치   ㉡ 농지 개혁법 시행
> ㉢ 안두희의 김구 암살   ㉣ 제주 4·3 사건 발생
> ㉤ 여수·순천 10·19 사건 발생

① ㉠, ㉡, ㉤   ② ㉠, ㉡, ㉢, ㉤
③ ㉠, ㉡, ㉣, ㉤   ④ ㉠, ㉡, ㉢, ㉣, ㉤

✿ TIP ✿ ㉣ 제주 4·3 사건은 1948년에 일어난 사건으로 대한민국 정부 수립(1948년 8월 15일) 이전이다.
       ㉠ 1948년 10월
       ㉡ 1949년 제정, 1950~1957년 시행
       ㉢ 1949년 6월
       ㉤ 1948년 10월

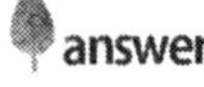

18 1950년대 정치와 사회에 대한 설명으로 가장 옳지 않은 것은?

① 이승만 정권은 1951년 국민회, 대한청년당, 노동총연맹, 농민총연맹, 대한부인회 등 우익 단체를 토대로 자유당을 조직하였다.

② 이승만 정권은 신국가보안법을 제정하였고 반공청년단을 조직하였으며 진보당의 조봉암을 간첩 혐의로 사형에 처하였다.

③ 미국의 원조로 소비재 공업이 성장하였고 밀가루, 설탕, 면화 산업 등 삼백산업이 중심을 이루었다.

④ 이승만 정권은 1954년 의회에서 부결된 대통령 직선제 개헌안을 사사오입의 논리로 통과시켰다.

✸ TIP ✸ ④ 1954년 이승만 정권이 통과시킨 제2차 개헌, 일명 사사오입 개헌의 주 내용은 초대 대통령에 한에 중임 제한을 철폐한다는 내용이다. 직선제개헌은 제9차 개헌이다.

19 다음 자료와 관련된 사업에 대한 설명으로 가장 옳지 않은 것은?

> 만약 지주가 정해진 기한 내에 조사국 혹은 조사국 출장소원에게 신고 제출을 게을리 하거나 신고를 제출하지 아니하는 때는 당국에서 이 토지에 대해 지주의 소유권 유무 등을 심사하여 만약 소유자로 인정하지 못할 경우에는 이 토지를 지주가 없는 것으로 간주하여 당연히 국유지로 편입하는 수단을 집행할 것이니, 일반 토지 소유자는 고시에 의한 신고 제출을 게을리 하지 말도록 하였더라.
>
> – 「매일신보」 –

① 소유권 분쟁을 인정하지 않아 분쟁은 발생하지 않았다.

② 명의상의 주인을 내세우기 어려운 동중·문중 토지의 상당 부분이 조선 총독부의 소유가 되었다.

③ 한·일 병합 조약이 체결된 직후 신속하게 사업이 시작되었다.

④ 사업의 결과 조선 총독부의 재정 수입이 크게 증가하였다.

✸ TIP ✸ 제시된 자료는 1910년대에 실시한 토지조사사업에 관련된 내용이다.
① 일본에 의해 국유지로 편입된 토지에 대하여 다수의 분쟁이 발생하였다.

20 다음 사건들을 일어난 순서대로 바르게 나열한 것은?

> (가) 김영삼 신민당 당수 국회 제명
> (나) 김대중 납치 사건 발생
> (다) 유신 헌법의 국민투표 통과
> (라) 국민교육헌장 제정
> (마) 7 · 4 남북 공동 성명 발표

① (라) – (마) – (다) – (가) – (나)　　　② (라) – (마) – (다) – (나) – (가)

③ (마) – (다) – (라) – (가) – (나)　　　④ (마) – (다) – (라) – (나) – (가)

✿ TIP ✿ (라) 1968년 → (마) 1972년 7월 → (다) 1972년 11월 → (나) 1973년 → (가) 1979년

공무원 기출문제집

서원각 기출문제집으로 시험 출제경향 파악하자!

▲ 기출문제 정복하기

전 직렬 공통 필수과목
일반행정직
사회복지직
교육행정직

▲ 최신 기출문제

필수과목/행정직
교육행정직/사회복지직

▲ 최근 5개년 기출문제

국어/영어/한국사/사회
행정법총론/행정학개론
교육학개론

▲ 최근 10개년 기출문제

국어/영어/한국사/사회
행정법총론/행정학개론
교육학개론

▲ 문제만 담았다!

영어/한국사/사회
행정법총론/행정학개론
교육학개론

▲ 해설만 담았다!

국어/영어/한국사/사회
행정법총론/행정학개론
교육학개론

▲ 기출문제 정복하기

9급 건축직/7급 건축직/
기계직

▲ 서울시 공무원

필수과목 기출문제 정복하기,
국어/영어/한국사/행정학개론/
행정법총론

네이버 카페 검색창에서 **공무공부**를 검색하셔서 네이버 카페 공무공부에 가입하시면 각종 시험 정보를 보실 수 있습니다.

상식키우기

서원각과 함께하는 상식키우기!

▲ 공사공단 일반상식

▲ 시사일반상식

▲ MAC을 짚어 주는 시사일반상식

▼ **공사/시사 일반상식**

정치·법률, 경제·경영, 사회·노동, 과학·기술, 지리·환경, 세계사·철학, 문학·한자, 매스컴, 문화·예술·스포츠 관련 상식을 중요한 것만 모아 수록하였다.

▲ 공기업/공공기관 채용 빈출 일반상식

▼ **공기업/공공기관 채용 시리즈**

공기업과 공공기관 채용시험에 나올 법한 상식만을 모았다! 정치·법률, 경제·경영, 사회·노동, 과학·기술, 지리·환경, 세계사·철학, 문학·한자, 매스컴, 문화·예술·스포츠 관련 상식을 중요한 것만 모아 수록하였다. 또한 한국사의 기출유형문제를 정리하여 포함하였다.

빈출 일반상식 – 중요 시사상식 및 빈출용어 수록
간추린 일반상식 – 출제가 예상되는 문제와 해설 수록

▲ 경제용어사전

▲ 부동산용어사전

▼ **한눈에 쏙! 시리즈**

경제용어사전 – 단기간에 완성하는 경제용어 및 금융상식
시사용어사전 – 시사용어 및 시사 상식을 한눈에 쏙
부동산용어사전 – 부동산과 관련된 핵심 용어를 쉽고 간결하게 정리